寺西重郎

Teranishi Juro

日本経済システムの誕生

経済行動と宗教

Religious Foundations of Economic Behavior in Japan

勁草書房

経済行動と宗教——日本経済システムの誕生　目次

第6章 市場経済化と村落共同体——日本とイギリス 383

経済行動と宗教——日本経済システムの誕生

序章　日本経済システムの探求

日本の経済システムには、欧米のシステムとは必ずしも同一でない特質があるとされる。たとえば、個人の析出が十分でなくグループ行動に頼る傾向が強いとか、製造業にかかわる「ものづくり」に比較優位を持つとか、人的資本が重視されるとかである。こうした日本経済の特質とされるものが、適切な特徴づけであるか否か、あるいはどのような社会的文化的な条件の下に成立したかについて、制度や情報にかかわる経済学だけでなく社会学や文化人類学などの視点からもさまざまな研究がなされてきた。本書はこの問題について、宗教の変化とその経済行動へのインパクトに関する日英比較史分析により検討する。こうした比較宗教史に基づく経済システム分析に関しては、すでにマックス・ウェーバーによるプロテスタンティズムの勤労倫理と資本主義の精神に関する古典的研究があり、日本を視野に置いた比較宗教史の研究については極めて初期の業績として原勝郎（1911）と1960年代におけるロバート・ベラーの諸論考がある。村上泰亮・公文俊平・佐藤誠三郎（1979）はいわゆる日本の経済社会の特質を「イエ（家）社会」であることに求めその生成発展を文明史的に考察したものであるが、宗教の役割にも触れている。また最近では経済制度の内生的変化機構を分析するという立場からアブナー・グライフによる中世以降の西欧史に関する意欲的な研究がでている。

しかし、ウェーバーのプロテスタンティズムの研究は、われわれの問題意識からは、カルヴァン派の予定説と職業労働に問題を限定しすぎており、同じく宗教の変化の影響の結果である私的所有権の容認などの近代資本主義成立の重要な要件に触れていないという点に加えて、1904―05年という時期に書かれたものであるため、その後のアジア経済の発展など資本主義の制度と「精神」の多様化にかかわる諸要素を十分に取り入れていないという問題点がある。グライフの研究は制度変化理論の展開に中心が置かれたため、少なくとも中世後期のキリスト教の役割の分析が必ずしも十分になされていない。このため彼の言う個人主義のキリスト教的「文化的基礎」が説得的に考察されていないという問題点を持つ。加えて、宗教や制度・行動がともに内生変数であり同時的に変化している状況下では、宗教の「変化」と制度や行動の「変化」の関係を問題とすべきであるのにかかわらず、ウェーバーは資本主義の一定の制度と宗教の「変化」の関係を、グライフは行動（予想形成）のタイプと宗教の種類の関係を問題にしているという方法上の問題点がある。また両者とも日本に関してはわずかにしかあるいはほとんど言及していない。グライフの研究において日本への言及がないのは、それがキリスト教とイスラム教の比較にかかわるものであったことによる。ウェーバーにおいて日本への言及が十分でないのは、彼の生きた時代には日露戦争と第一次大戦に日本がやっと勝ったばかりでありアジアの大部分がいまだ眠っていたことと、ヨーロッパのオリエント学が不十分であったことに加えて、日本における宗教研究の蓄積自体がいまだ十分でなかったことによる。

本書で中心的テーマとなる鎌倉新仏教が自我とか民衆性とかといった近代的な歴史の視点から見直されるのは1910年代以降のことであり、本覚（ほんがく）思想の重要性が広く認識されるに至ったのは1970年代以降のことであった（末木文美士1992、173頁、196頁）。[1] ウェーバーの『宗教社会学論集』第2巻『ヒンドゥー教と仏教』には日本の宗教を概観した部分があるが、それは主として江戸時代に関する議論であり、以下でわれわれが問題とする鎌倉新仏教の「出現」などという問題には全く触れていない。[2] これに対して原勝郎（1911）は西洋の宗教改革と日本の鎌倉仏教を比較したパイオニア的論文である。いくつかの興味深い指摘がなされており、その先見性は特筆に値する。しかし分析的には、二つの宗教の変化の類似点と相違点を列挙したにとどまっている。

ベラーはその博士論文（Bellah 1957）で徳川期の宗教を日本の近代化との関係において論じただけでなく、その後の Bellah（1963）ではさらにコンパクトに日本の経験を西洋と比較し、Bellah（1964）では、中東・インド・中国をも含む世界史的視野で宗教の変化と社会の近代化の問題に取り組んだ。これらの諸論文はいずれも洞察に富む力作である。しかし日本に関する論述は、日本の宗教のうちでどの部分がプロテスタンティズムに類似しているか（Bellah 1957）、またはなぜ日本で西洋的な超越神が制度化されなかったか（Bellah 1963, 1964）という、徹頭徹尾西洋的か否かという問題意識の下になされており、また鎌倉仏教などに関する理解が不十分であるため、日本の近代化における宗教の役割は必ずしも十分に解明されているとは言いがたい。

また村上泰亮・公文俊平・佐藤誠三郎（1979）の第3章は、「宗教改革」を教会など専門的聖職者の仲介を介しない直接救済と定義し、日本において仏門の仲介を必要としない直接救済が十分には成立しなかったことから、日本の歴史では「宗教改革」が存在しないと結論している。この研究は主意主義に立つ西方型有史宗教と主知主義に立つ東方型有史宗教という比較の視点を明確にした意欲的な論考であり、宗教との関係での求道主義の問題に初めて触れたという意味で[3]、本書が受けた影響は極めて大きい。しかしその論理展開はあまりにイエ社会概念にこだわりすぎており、必ずしも説得的とはいえない。たとえば、律令制の衰亡期に「突然変異体」として出現したイエ社会が救済のための思想を必要としたという視点から、宗教の変化を論じており、易行（いぎょう）化という宗教の変化が求道主義に基づく人的資本の蓄積継承のための組織として「家」の形成につながった、という本書の論理とは全く逆の論理構成となっている。この点に関しては第5章で論じる。

以下では、日本については仏教を、イギリスについてはキリスト教を取り上げ、歴史上これらの宗教が大きな変化を示した時期に注目して、その経済行動に対するインパクトを分析する。日本では平安末期から鎌倉期にかけての鎌倉新仏教や本覚思想の成立の影響を、イギリスでは近世初期のいわゆる宗教改革にかかわる影響を取り上げる。

平安末期の日本では、古代律令制秩序が解体に向かい、内乱と天変地異により苦しむ民衆の宗教的救済への希求はかつてないほど高まっていた。また16世紀初めの西欧は、新大陸の発見に伴う経済環境の激変と国家権力の強大化を伴う中世秩序の動揺に対して、腐敗しガバナンスを喪失した教皇庁はそれ自体が秩序のかく乱要因となり、不安におののく大衆の救済には手が回りかねていた。言い換えると、日本とイギリスのこれらの時期は、なんらかの形の宗教の改革とそれによる大衆救済が社会的に喫緊の課題となっていた。

冒頭に掲げた問題について、あらかじめ本書の基本的な結論をシェーマ的に要約しておくと次のようになる。日本人の経済行動と経済システムの特質は、平安末期以後の仏教の世俗内易行化という宗教変化のインパクトを反映して生み出された、世俗の営みのなかに宗教的世界観・人生観を追求するための求道主義に源流を持つ。易行とは比較的容易な宗教実践で悟りに達し、救済を受けることができるという教えであり、この時期の大衆救済の必要の高まりに対応した宗教の変化であった。易行化の結果、人々は従来の難行を伴う膨大な仏門内での知的作業から解放され、宗教的世界観・人生観を日常的・世俗内生活における職業・芸術行動のなかで追究するようになった。この行動が本書で求道主義と呼ぶものであり、その達成度ないし成果は、仏門に替えて、「顔の見える」範囲のすなわち個別に認識されうる範囲の身近な他者集団のなかで、評価されることとなった。身近な他者集団に評価機能を託した求道主義は自己実現を重視する個人主義を生み出した。そこでは個人の善き生を求める行動は、個人的目的を周りの個別の他者やさまざまな集団の目的に優先させつつも、他者を競争により排除するのではなく、宗教的世界観と人生観の追求という次元での自己実現を身近な他者集団により高く評価されることに強いインセンティブを感じる意識を人々の心に植え付けた。

宗教の変化はまた、求道主義と身近な他者集団によるその評価システムの生成を通じて、経済システムに強い影響を及ぼした。経済的生産活動における職業的求道の成果の評価は、消費者である需要者によってなされる。情報・交通・流通の制度が不完全な中世・近世においては、評価をなしうる消費者は各地に点在していた。求道の結果として生み出された高品質の生産物の評価者である消費者を見つけ出し、それを「顔の見える」他者の集団とする作業は、隔地間交易に従事する商人によって行われた。商業が高度な「ものづくり」の生み出した成果である財・サービスを、適切な消費者・需要者に結びつけ、そこに含まれる求道の達成度を評価せしめるシステムを提供したのである。世俗における求道主義とその成果の顔の見える身近な他者による評価システムは、経済システムにおける人的資本の役割を高めると同時に、古代律令制期以来の官営工房での専門技術重視の伝統と相まって、顧客の需要へのレスポンスとして高品質の財とサービスの生産活動を行うという需要主導型の生産に基づく経済システムを生み出した。

イギリス人の経済行動と経済システムの特質は、一二世紀に及ぶ宗教改革における、教会による仲介の拒否と信仰の位階秩序の否定という宗教変化のインパクトに源流を持つ。こうした変化は近世初頭における大衆救済への希求に対する教皇庁の無力化を受けて生じたものである。この変化のインパクトの下で、カルヴァン主義の予定説は、イギリス伝統の経験主義哲学による他者を排除する認識論と相まって、身近な他者に距離を置き個人の独立を重視する個人主義を生み出した。すなわち、教会による信仰仲介の否定と予定説の下での恐怖と孤立感は、人々をして神との間の一対一の疑似的対話に入る強い動機を与えた。経験主義哲学は、個人的な感覚と内省（内観）に知識生産の基礎を求めたため、他者の感覚の弱い認識論に立つ人間観をもたらし、カルヴァン主義の下で重視された被造物神化の拒否の思想は、人々の身近な他者への関心を禁止し、集団的なマスとしての厚生のみを重視する功利主義思想を生み出した。こうして培われた身近な他者への関心を排除し神との対話を重視する人間観が、道徳的判断を神の定めた自然法にできるだけゆだねるという薄い道徳哲学と相まって、個別の、目に見える範囲の他者に対して意識的に距離をとる個人の独立性を重視した個人主義を生み出したのである。

宗教の変化はまた、身近な他者に対して距離を置く個人主義の発生を通じて、経済システムに強い影響を与えた。すなわち、日常生活の肯定ないし聖化は、神の望みとしての人間による自己保全のために日常生活の場を利用するインセンティブを与え、このことは人々をして神の栄光のために、禁欲的労働に励むとともに、労働の成果である私有財産の効率的利用や科学的探究に専心することを促した。こうして生み出された同質的労働者群と正当性を得た有産者の行動は、他者の意識の薄い個人主義の特質と相まって、個人の顔の見えない、集団としての他者へ向けての消費財の大量生産という、後の産業革命につながる供給主導型経済システムの形成を結果したのである。

以上の要約は、冒頭に掲げた日本経済の特質とされる主張が、実は欧米とは異なる文化的・宗教的基礎から生じた特質を十分に把握していないことから導かれたものであることを示唆している。欧米とは異なる文化的背景から生まれた特質を十分に理解していないために、日本では欧米的な特質が欠如しているに違いない、あるいは日本人は異質であるとの短絡的な結論が導かれた可能性があるのである。日本においては個人主義が未発達なのではなく、身近な他者の取り扱いについてイギリスとは異なる個人主義が発達したこと、グループ行動は個人の弱さを補うためでなく、身近な他者の間での評価のなかに自己実現を目指すための行動を意味するものであること、「ものづくり」における優位は単なる集中力や器用さなどによるものではなく、求道主義を背景に持つ需要主導型の財・サービス生産システムの一つの属性の現れであること、日本経済における人的資本の重視は中世における求道主義にその源流を持つこと、などが本書の分析から明らかになる。

要するに、本書の結論は、ともに時代が必要とした大衆救済のために生じた宗教の変化が、イギリスでは個人の独立を重視する個人主義と供給重視の経済システムをもたらし、日本では自己実現を重視する個人主義と需要主導型経済システムをもたらしたということであり、次の四命題に集約される。

(1) 大衆救済のための宗教の変化は、イギリスではカルヴァン派プロテスタンティズムの台頭、日本では仏教の易行化という形をとった。

(2) この変化はイギリスでは禁欲的労働と私有財産運用という経済活動の宗教的正当化を、日本では世俗内職業活動の場での仏教的真理の探究という意味での求道主義をもたらした。

(3) イギリスのカルヴァン主義は経験主義哲学の伝統と相まって、身近な他者に距離を持った個人の独立を重視する個人主義に帰結したが、日本では世俗内求道主義の身近な他者による評価のなかで、自己実現を重視する個人主義がもたらされた。

(4) このため、イギリスでは、禁欲的労働と私有財産の配分効率化に依拠した、顔の見えない個人に対する大量生産という供給主導型の経済システムが発達したが、日本では律令制時代の官営工房に基礎を持つものづくりが職業的求道主義によって引き継がれ、そこで生み出された高品質製品を評価するシステムが消費者と生産者を緊密に結びつける需要主導型の経済システムに結果した。

この四命題からわかるように、本書においてわれわれは、日本とイギリスにおける宗教の変化の影響をできるだけ対照的な形でシステマティックに比較分析する。こうすることにより、第一に中世以来東アジアの一角に育った日本の経済システムの基層にある歴史的特質を比較史の視点から析出し、第二に幕末開港以来のイギリスなどの西欧文明受容が、経済システムの基層的特質に及ぼしつつあるインパクトの意味を把握するための概念的枠組構築のための素材を提供することが可能になる、と期待される。本書の副題「日本経済システムの誕生」における「誕生」とは、現在の日本経済システムの基層にある歴史的特質の形成の意味である。

以下におけるわれわれの分析の理解を容易にするために、イギリスと日本における経済行動と経済システムの宗教的基礎に関する本書の主要な論点を、若干詳しく紹介しておこう。

1　二つの個人主義と二つの経済システム

イギリス：世俗内経済活動の正当化と他者に距離を置く個人主義・供給主導型経済

イギリスにおける宗教の変化は、16世紀から17世紀にかけての二世紀に及ぶプロテスタント運動すなわちカソリックに対するプロテスタントの対立と反抗という形で生じた。その結果救済における教会の仲介と信仰の位階秩序は基本的に否定された。すなわち教会による救済仲介は不要とされ、修道院の特別な召命、神との距離に関する聖と俗の差別も正当性を失った。救済における仲介が否定されたことは個人の主意主義的な宗教とのかかわり、個人的コミットメント、を決定的に重要なものとした。位階秩序の否定の結果、サクラメント（秘跡・聖礼典）は簡素化され、神の前ですべての人は平等となり、実質的な信仰活動は日常生活の活動のなかでなされるに至った。このことは必然的に日常生活の評価を引き上げることとなった。労働は神によって承認を受けた天職とみなされ、結婚・家族生活とともに私有財産保有についても神の前での正当性を与えられることとなった。日常生活の肯定ないし聖化の基本的前提は、神がその作品である人間の保全を望んでいるという理解であった。神のために生活を送り神の栄光へと導かれるためには神の秩序のなかに正しく位置づけられる必要があり、そのためには神の御望みになる人間の保全のために日常生活を逸脱なく送り、人生を神の栄光のために捧げなければならない、という論理であった。

イギリスでは、二つの要因がこの変化に追加的にかかわり、宗教改革が極めて大きな政治的社会的帰結を持つことになった。その第一はカルヴァン主義、とくにピューリタニズムの強い影響である。その最も先鋭化された形で主張された恩寵による選びの教説すなわち予定説は、人々を悲壮な内面的孤立化に導くことで、単に世俗内禁欲主義に立つ労働者と企業者を生み出しただけでなく、効率を目指す科学的探究や財産蓄積についても、人間の自己保存を通じる神の栄光への奉仕という意味付けを極めて強い形で与えた。第二はイギリス特有の反古典的・反理性的な経験主義哲学である。この哲学は予定説の下での孤立した個人観をさらに徹底した形に推し進め、薄い道徳思想と個別の他者との間に距離を置く個人主義を生み出した。[4] すなわちすべての知識の蓄積を個別主体の経験すなわち感覚と内省から積み上げるという経験主義に立つと、他者の個別的内省は知ることができないため、人々の内面において、他者への関心は知性の働きの対象には含まれないことになる。加えてカルヴァン主義は、全能の神への全面的な帰依のために、道徳的判断を極力神の定めたルールである自然法にゆだねるというインセンティブを与えた。人がその知性の働きにより何が善であると決めることは神の手を縛ることであり、避けるべき行為であるとされたのである。このため他者への配慮、人生の意味に対する関心、人間の尊厳などの道徳哲学の基本問題は、人の知性の対象から排除され、主として快楽を善とする「薄い」道徳哲学が採用されたのである。

またウェーバーが指摘したように、カルヴァン主義は被造物神化の拒否を突き進めることで、個別の人間の幸福に代えて集合体としての人間への奉仕という意味での功利主義を生み出した。特定の個人に関する配慮や思いやりは、単なる被造物でしかないものを神化するという冒瀆的行為に陥りかねないという疑いをかけられるからである。またそうした配慮は神の手を縛る可能性があるという意味でも厳に避けられなければならないことであった。こうして生まれた集計量としての効用水準を対象にするという功利主義は、高位の善を否定するという意味で日常生活の重視とも整合的であったし、観照でなく実践により人類の状態の救済を目指すというフランシス・ベイコンの経験主義とも親和的であった。トーニー（Tawney 1926）が主張したように、こうしたカルヴァン主義の教義は商業や金融の利潤を地代や賃金と同じように尊いものとみなし、商工業者の経済的活動の社会的意義を是認することとも調和的であった。また功利主義を認めた個人主義は、公共ないしマスとしての公共の目的に対しては個人の目的が劣後する可能性を認めている。この意味ではイギリスにおける個人主義は基本的に公共善に対する意識とセットをなしていると考えられるのである。こうした個別の身近な他者との間に距離を置く姿勢は、教会による信仰仲介を否定し個人の神との間の一対一の疑似的交流を促した宗教変化の直接的影響と相まって、イギリスに個人の独立を重視する個人主義の成立をもたらした。

他方、予定説の恐怖は、禁欲的労働倫理を持った企業者と均質な大量の未熟練労働を生み出し、日常生活の聖化の一環としての私有財産制の是認は、有産者による財産管理が資源配分効率を追求するシステムを正当化した。こうした変化は最終的に、身近な個人の嗜好などを考慮の外に置き、顔の見えない大衆を相手に消費財の大量生産を行うことを目的とする供給主導型経済システムの発生を結果することとなった。このシステムは、顔の見えない消費者を相手に、他者をあえて意識しないで商品を生産供給するという意味で、被造物神化の疑いを免れることができ、功利主義による倫理観と整合的であった。また予定説の下で、神の定めた救済されるグループの「規定枠」に入るために培われた競争の意識は、目に見えない他者との間での価格指標に基づく市場競争メカニズムと極めて親和的であった。加えて、階級社会において基本的に経験を同じくする同一階級に所属する大衆に一括して消費財を供給することは、階級的模倣、すなわちそれぞれの階級に属する個人はほぼ同一の経験をしているため全員が同一の消費財嗜好を持つことによる大量画一的な消費行動、に対応するという意味で合理的であった。イギリスに生まれた産業革命は、単に蒸気機関や力織機の発明やミクロ・インベンションに長けた熟練工の存在などという科学技術要因だけでなく、顔の見えない消費者を対象とする大量生産といういま一つの供給側の哲学的要因とこうした階級的模倣による大量消費需要の動員という需要側の要因にも依存して生じた。しかしこのシステムでは、供給はあくまでマスないし大衆としての消費者群や集団としての階級を対象とするものであり、顔の見えない他者に対してその嗜好の個別的差異を考慮することなく、財の大量生産を行うという意味でイギリスに生まれた経済システムは供給主導的であった。

イギリスのシステムでは農民ないし農業関連者が通常複数の副業をこなすことで手工業品を供給した。多くは大衆品であり、労働者の技能は一般的な市場性のある技能であった。このため労働市場は極めて早期から発達した。プロテスタンティズムにより禁欲的倫理というエトスを与えられた均質的労働力は、大量生産による供給主導型経済システムに親和的であった。またこうした労働市場では、家族にとっての固有の伝承すべき技能という観念は発達せず、家族の資産は主として土地および実物・金融資産などの有形資産であり、家族の構造は外部の労働市場の需給に依存して変化した。すなわちイギリスでは家計の資産に占める人的資本、とくに家業などにかかわる特殊人的資本の重要性が小さく、このことが汎用的な副業労働に始まる一般的技能を持った労働者を対象とするオープンな労働市場の早期的形成をもたらした。このため家族の構造はこの労働市場の利用可能性に適応しつつフレキシブルに調整され、結果的にかなり早期からの家族構造の核家族化が進行した。ピーター・ラスレット（Laslett 1965）が16世紀以後のイギリスに見出した家族構造は、遅くとも黒死病期以後は一般に成立していた可能性が高い。また労働市場を効率的に利用するためには市場性を持つ一般的技能が便利であることから、共同体などに固有な特殊性を持った人的資本の形成が少なく、このことがイギリスの近代化過程における村落共同体のスムーズな解体を可能にした。

日本：求道主義と他者を意識した個人主義・需要主導型経済

日本における宗教の変化は、6世紀に渡来した仏教の12世紀の平安末期以降における民衆救済に向けての易行化としてとらえることができる。仏教の渡来は、古代思想における肯定的人生観と連続的世界観を破壊し、平安末期にかけて末法思想の広まるなかで現世否定の高まりと現世・来世という二元的世界観をもたらした。また、平安末期から院政期を経て南北朝期までの時期は、古代的律令制秩序が解体に向かう時期であり、古代的共同体秩序が弛緩するなかで、貴族は体制の不安定化に無常観を高め、一般の民衆は貧富の格差発生と階層分解により、地獄観や末法思想の説く現世否定思想から強い影響を受けた。こうしたなかで、一方で御霊信仰や権力目的の、建て前的には鎮護国家のための祈禱呪法として、密教が広く浸透し、他方で無知・貧困・破戒の民衆救済のために、易行化による解決の道が模索された。易行化は第一に、天台本覚思想の流れにおいて生じた。仏性（ぶっしょう）すなわち仏となりうる素質の一般性が強調され、凡夫ですら成仏するという形で、古代的な現世肯定への回帰的な転換がなされた。第二に、鎌倉新仏教とくに浄土系仏教では、専修念仏という易行化を経て、最終的には浄土真宗の絶対他力による救済への道が開かれた。こうした易行化により、少なくとも教行上は、原始仏教以来悟りによる救済のために必要とされた難行や厳しい知的鍛練は不要とされるに至ったのである。

こうした易行化と現世肯定への宗教の変化は、この時期の社会経済の大きな構造的変化を背景に生じた。すなわち、律令制の解体と荘園（公領）制への移行が商工業の萌芽的発生をもたらし、それはまた律令的運輸流通組織の基礎と海外市場の影響の下に、市場経済の発展につながったという変化である。

変化に対応するために、人々は自己のイニシァティブと自己責任において行動することが求められ、また市場経済化のなかでの生存のために、一芸の獲得と有徳（うとく）人への道すなわち人的資本と金融的資産の蓄積に意を用いるという現世的課題を背負うこととなった。こうした変化は宗教の教理の面でも対応を必要ならしめたと思われる。すなわち宗教の側でも、易行化による救済の容易化だけでなく、現世否定から現世容認・肯定への変化に適合した思想として本覚思想などの導入と展開が生じたと考えられる。

逆に、現世肯定の確立と易行化へ向けての宗教の変化は、人々の経済行動と経済システムに大きな影響をもたらした。すなわち自己実現を目指す個人主義と需要主導型経済システムの出現である。まず仏教の易行化は、知の放棄でなく知の日常生活における活用を引き起こし、それは自己実現を目指す個人主義の発達につながった。すなわち基本的に主知主義に立つ悟りの宗教である仏教において、解脱（煩悩からの解放）のために必要とされた膨大な知的作業を免除された人々は、もっぱら職業生活や日常的営為のなかで仏教的な人生観世界観の探求を行った。さまざまな方面における（世俗内での）求道主義と言われるものがこれである。

求道主義は、その成果を他者ないし目に見える範囲の身近な他者集団に対して表現し、仏門にかわって他者集団内での評価を得るという評価システムを伴うことで、一層強いインセンティブを与えられた。身近な他者の評価のなかに自己表現・自己実現を目指す個人の出現は、身近な他者の評価のなかに自己実現を目指す自我の発見ないし自己実現を重視する個人主義の発生と呼ぶことができよう。[5] それは顔の見えない他者と価格設定で競争したり、競争相手を押しのけたりするのでなく、求道の結果としての自己実現の様子を表現し、その求道の成果を理解しうる顔の見える範囲の個別の他者によって評価を受けることで自己の達成度を感得するというシステムであった。

このことは、易行化の下での救済は原則として資格審査であり全員救済が建前とされていることがかかわっている。資格の評価が重要であり、競争はあえて必要とされなかったのである。このシステムの下で同じ求道の方法をとるグループは、他の方法をとるグループと競争関係に入ることはありうる。しかしこの競争も他のグループを打ち負かし排除するための競争ではなく、あくまでより効率的な悟りないし解脱への道を競うための競争である。しかもこのシステムにおいて、人々は善き生を求めるという自己の目的を、所属するさまざまな集団の目的に従属・劣後させているわけではない。求道により悟りという資格を獲得しようとする個人的意思の下で、前者の目的は基本的に後者の目的に優先していた。その意味で、評価のための他者集団のなかで求道する個人は極めて個人主義的であったのである。

こうした現世における求道は、前世までの因果と業をも考慮しながらもあくまで現世における達成度の向上と自己実現を目指すものであり、現生の合理化を目指した前向きの生き方をもたらした。とりわけ職業生活にかかわる求道は、その成果の評価者である顔の見える需要者の嗜好に裏打ちされた需要主導型の手工業とそれに関連する商業活動の発達を促した。すなわち南北朝期以後の商工業化・国際化を伴う経済発展は、少なくともインセンティブの上では、律令制官営工房の下で始発した専門性重視のものづくりの伝統に立ち、こうした人々の職業生活の場での求道による自己実現という動機を背景に生じたものであった。中世から近世にかけての時代は、いまだ情報や交通・物資の流通は未発達であり、生産活動における求道の結果としての高品質製品の評価者である十分な規模の消費者層を同一地域内で見出すことは容易ではなかった。この点に、各地に点在する高度の嗜好を持った消費者を結びつけた商業と商人の画期的な役割があった。

職業的求道の下にある生産過程は、そこから流れ出る商品とサービスに対する他者の評価、とりわけ評価のための他者集団である消費者による綿密な吟味、をパスすることを条件として機能した。それを可能にしたのはこの時代の商業の基本的特質である隔地間交易、すなわち「異郷を結ぶ」商人による活発な流通活動であった。言い換えれば、いわゆる「ものづくり」の伝統は、消費者による厳密な評価を、商業と流通を担当する商人の活動が仲介することによって生まれたのである。各地に散在する消費者は、商人の隔地間交易を通じて、生産者にとっていわば「顔の見える」存在となり、商品の質に込められた求道の成果を評価した。芸能などのサービス生産には商人がかかわらなかったであろうが、こうしたサービスの生産者の多くは自ら各地を巡って、需要に応じた供給を行った。これは消費者の嗜好と審美眼への配慮が生産過程を支配している需要主導のシステムであり、高度な消費需要が原因となって高品質な製品の供給を結果したのである。

それゆえこのシステムは、物言わぬ無知な大衆による大量消費を前提とした供給主導の生産システムとは無縁なものであった。またそのシステムの下では、生産と流通に携わる人々の求道の結果としての人的資本の蓄積、すなわち人づくりが主要な経済発展のエンジンとなった。蓄積された人的資本は幾世代にわたって継承され、それとともに「顔の見える」個別の身近な他者への意識を背景に持った自己実現のための個人主義を培う土壌も継承されてきたのである。ちなみに本書では、「ものづくり」という概念は単に製造業的な「もの」だけでなく、サービス生産における商品をも含む概念として定義されている。

日本の労働者は高品質の手工業品生産のための専門的技能を身につけることが普通であった。農民の副業も広域の市場に出す地域特産物などはそうした技能を必要とした。こうした労働者の技能は、生産物や地域などに固有の一般性のないものが多く、労働市場の発達は日本では遅れ気味であった。かわって物納を基本とした貢租品にかかわる全国的商品市場が早期から発達し、商品市場の展開は極めて初期から生じた。家族の資産は、土地や実物・金融資産とともに家業などにかかわる特殊技能からなる人的資本が大きなシェアを占め、その継承・蓄積のための「家」システムが創出され利用された。地域に固有の技能などがある場合は、そうした技能の価値保全のために、近世以後の近代化に伴う地域共同体の解体が遅れるという側面もあった。

2　本書の構成

以下、第1章「経済行動と宗教はどうとらえられてきたか」では、まず主要な既存研究であるウェーバーとベラーおよびグライフの分析を批判的に検討し、あわせて本書の分析の方法を明らかにする。第2章「宗教の革新——日英比較」では、イギリスと日本における宗教の変化の特質を、日本については平安末期以後の仏教の変化、イギリスについては宗教改革の歴史的経過を、経済行動への意味合いに焦点を合わせつつ論じる。「宗教の変化と経済社会システム——イギリス」と題する第3章と「宗教の変化と経済社会システム——日本」と題する第4章では、宗教の変化がそれぞれイギリスおよび日本で経済行動と経済システムに対してどのような効果を持ったかを考察する。第3章では、プロテスタンティズムの影響をイギリス伝統の経験主義哲学の展開と関連づけながら、最終的にはイギリス的な個人の独立を重視する個人主義と供給主導型経済システムの発生につながった経緯を明らかにする。第4章では仏教の変化に起源を持つ職業的・趣味的求道主義が、律令制的官営工房の伝統と相まって、自己実現を重視する個人主義と需要主導型経済システムの誕生をもたらした過程を分析する。第5、6章は以上の分析のいわば応用編である。それまでの諸章で明らかにされたことの一つは、日本経済における求道主義に起源を持つ人的資本の重要性ということであり、この2章ではこのことが持つ日本とイギリスの経済システムの相違点への含意を考察する。第5章「家族の構造の日英比較史」では、イギリスと日本の家族構造の変化を分析し、あわせて日本のいわゆる「家」システムの発生について論じる。第6章「市場経済化と村落共同体――日本とイギリス」は、両国における伝統的な農村共同体の解体過程を市場経済の発展における特質との関係で論じたものであり、日本については、いわゆる「村（ムラ）」の問題に関するわれわれの分析の含意を取り扱っている。最後に終章「宗教の革新と日本経済システム」では、以上の6章で得られた主要な分析結果の日本の経済システムや経済行動への含意を取りまとめる。

第1章　経済行動と宗教はどうとらえられてきたか

本章は以下の分析のための準備作業を行うためのものであり、最初に関連する既存研究の代表として、ウェーバー、ベラーおよびグライフの研究を批判的に検討する。次にわれわれが以下で行う分析の方法論を論じる。最後に、以下の分析の主要テーマの一つである経済行動における個人主義の定義について準備的考察を行う。

1　ウェーバー、ベラーとグライフ

ウェーバーにおける経済行動の宗教的基礎

マックス・ウェーバーはその論文『プロテスタンティズムの倫理と資本主義の精神』（Weber 1905、その後『宗教社会学論集』第1巻に再録）において、主としてイギリスの社会を念頭に置いて、宗教改革と資本主義的行動様式の関係を考察し、近代資本主義における企業者や労働者による合理的な最適化行動の精神が神との疑似的人格交流のなかから生まれた世俗内禁欲というプロテスタントの行動倫理に密接にかかわっていることを主張した。その後ウェーバーは『宗教社会学論集』全三巻におさめられた諸論考において、インドのヒンドゥー教と仏教およびジャイナ教、中国の儒教・道教、ユダヤ教などを検討し、プロテスタンティズムとくにピューリタンの宗教的態度と同じものを他のどこにも発見することはできなかったこと、これらの宗教は世俗外禁欲すなわち世俗からの隠遁を説くか、既存の社会秩序への適応の原則を述べ伝えるかのいずれかであり、変革に向かうような社会的行為の規範的要請を掲げるものではなかったことを見出した（Mommsen 1974、邦訳133―135頁）。[1] またその第1巻に収録されている「プロテスタンティズムの教派と資本主義の精神」（Weber 1920a）と題する論文では、北アメリカの例を引きながらプロテスタンティズム諸派の信団ないし教派（Sekte、英語ではsect）の形成原理（自由意思による参加、信団としての主権、自治による聖餐式の清浄の維持）を分析し、信仰による救いと恩恵の証明を得るために、信団へ参加する信者の自己のコミットメントに基づく行動の個人主義的性格が資本主義の成立の背景にあることを指摘した。[2]

さらに、ウェーバーが『プロテスタンティズムの倫理と資本主義の精神』の最後の部分で現代資本主義ではもはや禁欲の精神は必要とされないと主張したことは極めて重要である。すなわち「ピューリタンは天職人たらんと欲した――われわれは天職人たらざるをえない……禁欲の精神は……この鉄の檻から抜け出してしまった……勝利をとげた資本主義は、機械の基礎の上に立って以来、この〔禁欲――引用者〕という支柱をもう必要としない」（Weber 1905、邦訳364―365頁）と述べていることである。ウェーバーはここで、誕生した資本主義のその後の成長が、大企業化と官僚組織化をもたらし、「鉄の檻」に人々を閉じ込めたことにより、初期の資本主義成立においてクルーシャルな役割を果たした禁欲の精神がもはや必要とされなくなったと指摘したのである。これは経済社会構造の機能を規定するインセンティブ・システムのダイナミックスの重要性の指摘であり、成立期において初期資本主義を支えた禁欲的労働倫理に立つエトスは、成熟した資本主義では別のものである広義の官僚制というシステムによって代替されている、という認識である。モムゼンはウェーバーの功績の最大のものをこの点に見出し、近代産業資本主義の文化的意義を「成熟した資本主義が、それ自身の出現のための必要不可欠の前提条件であった社会的行為の諸価値と諸形式が存在しなくても存続し得た」点に見た（Mommsen 1974、邦訳31頁）と述べている。モムゼンによれば、これが1922年に刊行された『経済と社会』第1部第3章の「支配の諸類型」、第2部第9章の「支配の社会学」の執筆という官僚制に関する有名な研究につながったのである。こうした経済行動の背景にあるインセンティブ・システムの動学的性質はおそらくウェーバーのこの分野の研究を貫く一つの基本的モチーフともみなすべきものであり、ウェーバーの洞察は極めて深い。大著『経済と社会』の「近代資本主義の成立」を論じた最後の部分で、ウェーバーは「近代資本主義の萌芽を求めんと欲すれば、東洋および古代の経済教説とことなり、徹頭徹尾、営利資本を敵視して止まないところの経済教説が公然と行われていた領域に、これをもとめねばならぬという事実、これである」（Weber 1924、邦訳（下巻）241頁）と述べていることも、同様な意味で注目されねばならない。すなわち、営利追求や金利の賦課を徹底して否定していたキリスト教の精神的風土がそれを逆に合理化する論理を生み出し、かえってそれが資本主義を樹立する強力なエトスを生み出した、という指摘である。

経済行動のインセンティブ・システムの重要性だけでなくその複雑さを深く洞察していたウェーバー

は、資本主義の「精神」を宗教の倫理に結びつけるという作業にあたっての論理展開には極めて慎重である。「近代文化のもつ一定の特徴ある内容のうち、どれだけを歴史的原因としての宗教改革の影響に帰属させることができるか、ということだけを問題とする」（Weber 1905、邦訳135頁）と述べて分析の目的が限定されたものであることを明確に確認していることで、宗教以外のさまざまな要因の効果を十分に許容した議論となっている。また「経済制度としての資本主義は宗教改革の産物だなどというような馬鹿げた教条的テーゼを、決して主張したりしてはならない」（Weber 1905、邦訳135頁）と述べ、資本主義の発展を宗教改革に安易に結びつけることを戒めている。その後提起されたブレンターノ、ゾンバルトあるいはエルトンなどによる批判は、少なくともその一部があらかじめ封じられているのである。

たとえば、エルトン（Elton 1963）の「資本主義はルターが出現するはるかまえに、イタリアとドイツで栄えており……商業はカルヴァン主義がそこに到達するはるか以前からネーデルランドに根をおろしていた。国教会のイギリスにしろカトリックのベルギーにしろ、プロテスタントとして喧伝された国ぐにより遥か以前に工業化をとげていた」（邦訳234―236頁）というような批判は、ウェーバーが資本主義の発生を論じているのではないと断っていることから見て適切な批判であるとは言えない。しかしながらウェーバーの慎重な但し書きにかかわらず、次のような問題は残っている、と言えそうである。すなわち、『プロテスタンティズムの倫理と資本主義の精神』において、ウェーバーはプロテスタントの「倫理」に関してはルターの天職論、カルヴァンの予定説など包括的な議論を展開したが、資本主義の「精神」に関しては、その議論は暫定的な展開にとどまっていることである。このため、「倫理」に関しては、その資本主義の成立期にのみ効果を持ったのであるとの明確な限界に関する説明を与えているものの、資本主義の「精神」に関しては、包括的な資本主義の精神論を展開することを避け、プロテスタンティズムにかかわる資本主義の「精神」にのみ限定したことから、混乱が生じたことと考えられる。すなわちウェーバーは資本主義の「精神」を明確な形で定義するには、特殊個体的な色彩を持つ具体的な発生的関連という姿にまとめ上げるという「歴史的概念構成」の手続きを踏むことが必要であり、この書での定義は「暫定的な例示」にとどまる、という立場に立っているのである（邦訳39頁）。

こうした条件を付した上で、ウェーバーはおおよそ次のように近代資本主義の精神を定義している。すなわち、伝統主義[3]を脱し、職業労働の遂行と正常な利潤の追求に「天職」[4]として励む必ずしも合理的でない心情（エトス）である。このため、ウェーバーが近代資本主義の「精神」と言うとき、第一にどの程度この精神がそれ以前から存在していた資本主義的行動原理と異なったものを念頭に置いていたかということと、第二に彼の定義した「精神」がどの程度宗教的「倫理」の産物であるかということ、の二点があいまいなままに残されているのである。「天職」という用語を用いている以上、この「精神」がプロテスタンティズムの禁欲的職業倫理に関連していることは十分想像できる。ブレンターノの資本主義の精神を宗教的色彩を持った禁欲的生活態度に関連させて定義することにより、「貨幣そのものを目的とする」本来の資本主義の精神の問題をも「資本主義の精神から除外する」（Brentano 1923、邦訳174頁）とか資本主義の精神は十字軍遠征の後の外国貿易の開始によってキリスト教的営利否定が不可能になったことによって発生した（邦訳154—155頁）という批判はこの第一の点にかかわっている。またゾンバルトは資本主義の精神を、合理的・契約的・計算的ないし市民的契約という合理的な営利と冒険・投機ないしロマン主義的な契機という非合理的な利益追求の二面からとらえる立場に立ったが、かのルネサンスの偉人であるアルベルティの家産の教訓とウェーバーの取り上げるベンジャミン・フランクリンの営利原則は同一のものである、との批判[5]も同様に、同じく第一点の矛盾にかかわっていると思われる。ブレンターノについては、歴史上のさまざまな資本主義的精神を同一のものとみなすあまりに包括的な議論に対して強い批判があり（小笠原真1988、112頁）、またゾンバルトについては、アルベルティの家訓は被造物の神化というプロテスタントが最も強く拒否した財産意識があるとのウェーバー自身による批判[6]があり（山之内靖1997、70頁）、これらの批判はもっともな面を持つと思われる。しかしこうしたウェーバーに対する批判が十分な批判となっていないとのコメントは、ウェーバーの論理構成上の欠陥を正当化するものではないことも指摘に値するであろう。

ウェーバーは、『プロテスタンティズムの倫理と資本主義の精神』の最後の部分で資本主義の「精神」は「禁欲の内容から析出」されると述べている。しかしそれにもかかわらずそうした「精神」の典型としての企業者としてベンジャミン・フランクリンを引用しながら、彼については天職意識に基づく職業的禁欲には「宗教的基礎づけがすでに生命を失って欠落している」としている（邦訳364頁）。この点は上記第二点の問題点から生じた矛盾というか、説明不足である。フランクリンは18世紀の人（1706—90年）であり、この時期のアメリカにはいまだ個人を鉄の檻として縛る資本主義の官僚機構は存在したとは言えないはずである。そうした世界に生きたフランクリンの資本主義の精神に宗教的基礎がないとすれば、「精神」を形成した宗教以外の要素が存在したことを認めざるをえないのである。[7]思うに、ウェーバーのこの論文における論理展開上の最大のアポリアないし難題は、ベンジャミン・フランクリンをプロテスタンティズムの禁欲思想の影響を受けた資本主義の精神の体現者として取り上げたのにもかかわらず、フランクリン自身は極めて現実主義的で功利主義的な人物であり、彼のなかにプロテスタンティズムに基づく非合理的な天職・召命の意識とそれを育んだ思想環境を見出すことが難しいという点にあったと思われる。言い換えるとフランクリンに関してはその資本主義の「精神」をプロテスタンティズムの「倫理」から説明することが容易でないのである。ウェーバーはそのために、フランクリンの実際に生きた時代に触れることなく、あたかも後の資本主義の変質期に生きたかのような無理な想定を導入せざるをえなかったと思われる。羽入辰郎（２００２）は、この点を補強するためにウェーバーがとった論理構成上の問題点を指摘し、それがルターのBeruf概念に関するウェーバーの矛盾にもつながっていると論じている。またトーニーがその『宗教と資本主義の興隆』（Tawney 1926）において、16、17世紀の宗教運動がオランダやイギリス社会をつくり替えた経済的進歩と密接な関係を持って展開したことを強調し、その１９３７年版の序文で、ピューリタニズムは社会秩序を形作るのには役立ったが、それ自体は社会秩序によってつくられたとした、としてウェーバーを批判したこともこの点にかかわっている（邦訳（上）所収）。言い換えると資本主義の精神と同じ意味で宗教の教義自体も長期的には内生変数なわけであり、宗教が劇的に変化したが、資本主義ないしその「精神」もまた劇的に変化したこの時期について、宗教の変化の影響を資本主義の精神に単純に結びつけることは、必ずしも容易ではないのである。

　少なくとも、ウェーバーは近代資本主義の「精神」の発生そのものを問題にすべきではなく、中世以来の多様な意味を持つ資本主義（ウェーバー流に言えば「人類の歴史とともに古い」資本主義）の精神へのインパクトすなわち宗教の「変化」による資本主義の精神の「変化」を問題にすべきであったのであろう。そうすることによってのみ、「精神」を定義するという「歴史的概念構成」の手続きを有効にスキップしえたと思われるし、内生性の問題も回避できたと思われるからである。[8] 問題は統計学の時系列論におけるコインテグレーションの問題に類似している。なんらかの定常化の手続きを踏んだ上でなければ、この問題は容易には解決できないと思われる。

ちなみに、ウェーバーは宗教との関係で見出された西欧的合理主義ないし合理的社会秩序にある種の普遍性を認めているが、その普遍性を無批判に美化しているわけではないこと、そこにニーチェ的な近代知への懐疑の諸問題を見出していたことは、よく知られている。[9]『プロテスタンティズムの倫理と資本主義の精神』の末尾に出てくる「文化発展の最後に現れる「末人たち」」という表現はニーチェの『ツァラトゥストラはこういった』からの借用なのである（山之内靖1997、37頁）。また単にニーチェ的なペシミズムだけでなく、官僚的組織形態の普遍的進展が、西洋における自由主義的個人主義の創造的活力を抹殺する可能性について多大の不安をいだいていたことも、指摘されている。たとえばモムゼンは、資本主義の成長が随伴した巨大化と官僚制、目的志向的社会類型の成長が、個人の一切の創造的活動を永久に犠牲化するであろうことをウェーバーは憂えた、ことを強調している。すなわち「かつては、世界史のもっとも有効な二つの革命的な力であった合理化と知性化は、個人の創造性と個人的諸価値が再び顕著な社会的役割を果たすことを不可能」にするという逆説的な結末の予想である（Mommsen 1974、邦訳130頁）。[10]

以上はウェーバーの『プロテスタンティズムの倫理と資本主義の精神』をめぐる膨大な議論の一端を垣間見たにすぎないが、これらをふまえた上で、われわれの関心である宗教の変化の経済行動への影響という観点からは、次のような点が問題点として残っているように思われる。すなわち、ウェーバーはカルヴァン派の予定説の禁欲的労働へのインセンティブ効果に過度のウェイトを置いており、主としてルターの功績である日常生活の肯定全体のもたらした広範な経済システムへの影響を十分にとらえていないという点である。ウェーバーはルターによる天職概念を高く評価して、ルターが世俗の職業生活に神の召命という道徳的価値を与えたことがルターの最大の功績であったと指摘する（邦訳114頁）が、しかし同時にルターは職業労働と宗教的原理を結合する新しい基礎的原理を構築することはなかったとして、ルターの教説では伝統主義からの脱却ができなかったと主張する。しかしこの点に関するウェーバーの論拠は、ルターの段階では代表的な個人の職業労働の心理的な合理化プロセスが首尾一貫した論理、たとえば予定説のもたらす深い内面的孤立からの脱却のインセンティブ、によって導出されていないというにとどまる。またウェーバーは、ルターが宗教的救済を確認するための方法として、神の容器となり神秘的合一によるというインド的な呪術的な方法をとったことを指摘し、その方法はカルヴァンの主張した神の道具となるという方法に比べて、倫理的生活態度の組織化・合理化という社会秩序の組織的変革につながる効果が小であったとも指摘している。

しかしながら、社会現象として禁欲的職業労働が資本主義出現のための精神構造を準備したというプロセスは、トレルチ『ルネッサンスと宗教改革』（Troeltsch 1913）が控えめながら明確に指摘しているように、二つの段階から構成されるのではないだろうか。すなわち第一段階は世俗の職業労働が世俗外の宗教活動と並ぶ宗教実践の場として認められること、第二段階として職業労働の禁欲的実践が神の栄光への貢献として人々の心理において認識されること、である。よく知られているように、ルターはローマ教会との戦いを通じて、聖俗の位階秩序を否定し、教会による信仰仲介を排除した。こうすることによりルターは日常生活の宗教的価値を引き上げ、世俗世界での宗教実践を世俗外での修行と並ぶ場として聖化した。このことは日常生活の一部である労働についても成立する。すなわち上記第一段階は、日常生活の肯定というルターの活動の成果の一部として成立するのである。ルターがローマからの破門など多大な苦難に遭遇しながら達成したことは、この点であり、このルターの功績があるがゆえにカルヴァンによる禁欲的労働の宗教的意味の成立すなわち上記の第二段階が可能になったのである。予定説という恐怖心をもたらす教説とカルヴァン派の被造物神化の拒否が禁欲的労働のインセンティブを高める効果を持ったことはおそらく正しい指摘であろうが、それはあくまでこの第一の前提が満たされた上でのことである。言い換えると、カルヴァン派の教説の樹立が可能であったのは、あらかじめルターが日常生活の肯定という形で人々の世俗における行動の価値を認める前提を構築していたからである、と言えるのである。ウェーバーの議論は、第一の段階におけるルターの功績を無視し、第二の段階に関してのみルターを評価している（そのため低評価に終わっている）という点で不十分である。

ウェーバーはルターを、上で指摘したように、世俗の職業生活に道徳的価値を与えた、として評価しているのであるから、こうしたウェーバーの批判は不公平ではないかという批判があるかもしれない。しかしわれわれの言わんとすることは、ルターは単に労働に道徳価値を与えただけでなく、従来、世俗外に比べて一段下に見られていた世俗内におけるさまざまな経済行動を含む日常的行動すべてについてその価値を引き上げたことにルターの功績があることが重要であるということである。以下の諸章で論じるように、日常生活の肯定は、単なる労働だけでなく、結婚に関する教会による規制の有効性を否定して自由な遺産相続を可能にしたこと、利子獲得に関する規制を否定し私有財産の保有と運用を宗教的に肯定したことなど広範な社会経済的活動の肯定を含む。[11] こうした広義の経済社会行動がルターの活動によって容認されることになった点をウェーバーの議論は見逃す結果となっており、このためその議論は資本主義の始動の精神構造の解明には成功したとしても、その始動が優れてイギリス的ないし西欧的な形をとったことを説明しえない、というのがわれわれの論点である。資本主義社会の始動にかかわるインセンティブ・システムの重要性を指摘したウェーバーの業績の画期的な価値をいささかも否定するわけではない。経済行動のパターンを比較史的に見たいというわれわれの問題意識からすると、ウェーバーは問題を絞りすぎており、いささか物足りないということである。また同様な世俗価値の引き上げが生じた日本との比較の上でも、この点を明確にしておかなければ、十分に比較史的な把握を行うことがむずかしくなる。ちなみに西欧社会における個人主義の発展・自我の認識の確立において日常生活の肯定が持った重要な役割についてはTaylor（1989）が詳しい。

こうしたウェーバーの議論の「欠陥」は、ウェーバーが資本主義の精神に最も密接にかかわると考える禁欲的プロテスタンティズムを論じるにはカルヴァン派の議論に重点を置かざるをえないという論理上の理由があったことは言うまでもない。しかしそれとともに、ウェーバーがルター派の教説にドイツの伝統的保守主義を見出し、ルターの功績を限定的に評価することで、ドイツ社会の批判を行ったというこことがある、ということもかかわっている。ウェーバーには、ピューリタニズムを受け入れ、いち早く近代市民社会を打ち立てた16世紀後半以降のイングランドと建国初期のアメリカに対比して、帝政ドイツには権威主義と隷属性がはびこっており、「「自発的結社」に立脚したデモクラシーも、「近代資本主義」を支える合理的精神も、総じて「市民的自立性」が欠けて」いるという強い想いがあったと言われる（柳父圀近1983、56頁）[12]。『プロテスタンティズムの倫理』は、ピューリタニズムを導入したアングロ・サクソンに先進性を見出す立場からのドイツ社会批判の書であった、ルターの功績を低く評価したのは、ルター派的ドイツに対する批判の裏返しの側面に他ならない、というのである。興味深い論点であると思われる[13]。

最後に、ウェーバーは『プロテスタンティズムの倫理と資本主義の精神』において二つの意味での個人主義について触れている。第一は神との一対一の対話という意味での宗教的個人主義であり、第二は営利企業の起動力としての個人主義である。第一のものは予定説の下での救済の確認を求めて禁欲的労働に励むという職業労働のインセンティブとしての悲愴な個人観にかかわるものであり、この点はウェーバーによって十分に展開されていることは言うまでもない。しかし第二の点に関しては、ウイリアム・ペティを引用しつつピューリタンが国の関与する営利形態を否定したという点を論じているだけであり（Weber 1905、邦訳361頁）、たとえばテイラーが後に論じたように歴史的な共同体を否定し自己の意思でコミットした共同体を重視するといった一般的な意味での組織とのかかわりに対するピューリタンの態度（Taylor 1989、邦訳225頁）にまでは、議論が及んでいない。この問題は第3章で検討するように晩年に発表された「プロテスタンティズムの教派と資本主義の精神」（Weber 1920a）で取り上げられるのであるが、そこでも資本主義的組織との関係は十分には論じられていない。このことの一つの理由は、ウェーバーがトレルチとの親交を深め、彼がプロテスタンティズム分析を含む大著を準備していることを知り、自らはこの問題に関与する必要がないと思ったことがかかわっているのかもしれない（Weber 1920a、邦訳85—86頁、小笠原真1988、41頁）。この個人主義についてもウェーバーの目的上は十分であったかもしれないが、日本との経済行動の比較史分析というわれわれの目的からすると、この点もまた物足りない。以下ではピューリタニズムの下で培われた人間観という視点からこの点を補完する分析が行われる。

ベラーの埋没された超越性論

ロバート・ベラーの『日本近代化の宗教倫理』（Bellah 1957）はその博士論文を書きなおしたものであり、その後の発表論文を集めた『社会変革と宗教倫理』[14]のなかの「近代日本における価値と社会変動」と題する第8章（Bellah 1963）とともに、宗教と経済発展に関する西欧の経験の視点から日本の宗教の変化の意味をシステマティックに考察したおそらく唯一の論考である。類似の論点が他の論者においても時折見られることと、われわれの議論の性格を明確にするには役立つので、ここでこの議論を取り上げておこう。[15]

比較史の観点からの日本の宗教に関するベラーの議論は次の三点で要約できると思われる。第一に、西欧の近代宗教はプロテスタントの宗教改革により教会組織に仲介された救済から直接的救済に道を開き、その下で、あるべき世界である彼岸から現世批判がなされることにより個人主義[16]が芽生え、自発主義的・民主的な社会秩序への社会変動が生じた。第二に、親鸞の教義など鎌倉新仏教では、現世否定から西欧的な超越神の視点が導入されたが、超越神の思想は西欧的な形で制度化されることはなく、現世否定はまもなく現世肯定という日本的伝統の基調音に打ち消されてしまった。第三に、日本ではその代わりに、家族や民族あるいはさまざまな集団が宗教的存在として（低次元の）神のような位置を占めており、そこでの上位の者に対して忠誠を果たすことが究極的意義を持つ。超越神への動きは徳川期までにこうした日本的な「宗教」観念のなかに埋没してしまい、西欧的な超越神に代わって宗教的な集団への忠誠心が、勤勉や節約などといった近代化促進的な世俗内禁欲主義をもたらした、というのである。

このうちの第一点はウェーバーなどの標準的議論であり、ベラーの理解が適切であるか否かは別にして、ここでは問題にする必要はなかろう。第三点は、集団への宗教的忠誠心という概念によらずして日本の個人主義・集団主義の宗教的基礎は説明可能であるというのが、本書が明らかにする命題の一つであり、ベラーの議論は必ずしも成立しない。問題は第二点における親鸞などの教義において超越神の概念が導入されたという見解である。この種の議論は日本の通俗的書きものでも散見されるのであるが、おそらく全く間違った理解であるといって差し支えないであろう。

多少議論を先取りすることになるのであるが、親鸞教義における阿弥陀仏とキリスト教における神とは単純な超越神という単語で同一視されるものでなく、両者はさまざまな次元で異質の概念である。最も基本的なことは、キリスト教の神は人間をも含む万物の創造主でありいわば「存在全体の始源が神」であるに対して、仏教の世界には、いかなる教義においても「創造論」のようなものはなく、親鸞における阿弥陀仏は、人々に解脱の意味での救済を施すことはできるが、世界を作り上げるような絶対的能力を持っているわけではないことである。仏教においては原始仏教・大乗仏教あるいは浄土真宗においても、世界ないし宇宙の諸現象は縁起論で説明される。縁起論とは人の心のなかの世界を構成する諸要素がいわばアンカーのない多元連立方程式体系で記述される状態であり、互いに他との関係で生起する世界である。したがって世界は神によって与えられた所与で不可侵なものではなく、各自が修行を通じて知識を深め悟りに達することにより、心のなかに作り上げなければならないものである。親鸞教義においては激しい修行ではなくひたすら阿弥陀仏を信仰することによって救済されるのであるが、仮に救済されたとしても、人は来世において悟りに達するための修行を行うことを求められる。要するに親鸞における阿弥陀仏は、予定説さえも主張しえたキリスト教の神概念とは全くの別物であり、ベラーの第二点は成立しない。したがってそうした「超越神の埋没」を前提とする彼の主張の第三点すなわち集団への忠誠論という日本「宗教論」もその論理的根拠は否定されるべき性質のものである、ことも付言しておこう。

ちなみに、この基本的な相違点を除けばキリスト教の神と親鸞の教義における阿弥陀仏の間に表面的な類似性は容易に認められる。しかし丁寧に見ていくと両者の「細部の深奥部には」（東光寛英197

4）極めて異質のものがあることを指摘することができるのである。このことをトーマス・アキナスと親鸞の教義の比較において考察した東光の考察に依拠する形で要約しておこう。第一に、キリスト教の神は唯一神であり人間にとって絶対他者であるのに対し、親鸞における阿弥陀仏論は信一念の上からは一神論ではあるが、人間も救済されたあかつきには仏になるであり絶対他者ではない。第二に、キリスト教における神の超越性は内在的因果法（神が万物の存在の原因である）、排除法（神は万物から相違隔絶している）、卓越法（神は万物を超越している）によって形而上学的に規定されるが、そうした超越性の要素は親鸞の阿弥陀仏に関しては、阿弥陀仏の光が空間的に十方に普く照らし、時間的に三世を貫く無限性を持つという形で漠然と示唆されるのみである。ただし両者は感覚的な超越者のイメージを用いて形而下的形式で超越性を強調するという点では類似性を持つ。第三にキリスト教では神は三位（父なる神・子なる神および聖霊なる神）一体論の性格をもって人間に対して愛をはたらく人格神である。これに対して親鸞における阿弥陀仏は、衆生救済のための四十八願を誓い、修行の末に願いを達成し悟りを開いた法蔵菩薩の新しい姿であるという意味で人格的（報身仏ないし方便仏としての性格）であるが、その本質は涅槃の悟りを開くという目的に向けた理念（理法）を体した存在であり、全くの人格神と見ることはできない。

グライフの比較宗教論

グライフ（Greif 1993, 1994, 2006）は、文化に根差した予想形成行動という概念を用いて、中世後期（11—12世紀）におけるキリスト教世界とイスラム教世界の地中海商人の経済行動を分析した。グライフの主たる目的は、制度の発展メカニズムの解明にあった。すなわち、ノースとトーマスが、国家によって人々に与えられた私的所有権などの「社会におけるゲームのルール」としての制度が取引コストの低下を通じて経済の効率化や経済成長をもたらすと論じたのに対し、グライフは制度を人々の間の「ゲームの均衡」と定義し、制度が内生的に生成・発展する過程を重視した。[17]その際、ゲームの均衡としての制度を決定するものは国家ではなく、ゲームを行う経済主体の相互の行動に関する予想形成のあり方であり、グライフはそれを、主として宗教などに基づく「文化に根差した予想」(cultural belief) であるとしたのである。要するに、宗教が文化に根差した予想に影響することにより、人々の間の相互依存的な行動のパターンを決定し、その結果予想が自己実現する均衡において、制度が実現すると考えるのである。[18]しかしGreif (2006) の重要性はこうした新しいゲーム論的制度論にあるのはもちろんだが、本書の観点から興味深いのは、それがキリスト教を基礎とした一つの西欧経済社会の新しい発展論を展開していることである。

まずGreif (2006) の第3章、第9章により基本的なモデルである中世地中海交易のモデルを検討しよう。中世の地中海の遠隔地に関する交易では、商人は賃金を支払って代理人を雇い、商品の運搬や代金の受領を管理した。両者の利害は必ずしも一致せず、代理人はつねに契約を破棄して代金の横領などをする誘因を持っている。商人は代理人の誘因整合性制約を満たす賃金を支払い、代理人が不正を働かなければ、次期も契約し、不正を働くと解約し二度と契約をしないという行動をとる。こうした状況を前提に、グライフはイスラム教の影響下にあったユダヤ人の拠点であるマグリブのユダヤ人商人とキリスト教の支配するジェノヴァの商人の行動を比較する。まずマグリブでは、代理人の不正はグループに対する不正とみなし、商人は不正を行った代理人を解約した後はグループの誰に対しても不正を働いた履歴のない代理人とのみ契約する。[19]すなわち代理人の不正はマグリブの商人集団全体に対する不正とみなされ、グループ（結託）のメンバーの一人をだました代理人とはグループ全員が再雇用しないという多角的懲罰の戦略が均衡となる。この戦略が均衡となるのは、代理人には相対的に高い賃金が支払われ、代理人にとっても誘因整合的な契約となるためである。多角的懲罰がなされるから不正が防止されるという予想は自己実現的となる。これに対してジェノヴァでは、商人は不正を行った代理人を解約するが、その後は潜在的な代理人の候補者のなかから履歴を問わず契約する。すなわち結託による多角的懲罰の慣習がないため、商人はジェノヴァの他の商人の行動にこだわることがない。この場合、代理人が過去に他の商人をだましたかどうかとは無関係に代理人を選ぶという雇用契約が均衡となる。

グライフはマグリブの制度は、イスラム的文化に基づく集団主義的予想形成に立つ均衡であり、ジェノヴァの制度はキリスト教に基づく個人主義的予想形成に立つ均衡であると考える。イスラム世界では、この世界に特有の血縁に基づくウンマというコミュニティーの文化に根差して予想形成がなされる。「ウンマのメンバーは皆、コミュニティーの他のメンバーが行った「誤りを正す」基本的な義務を」(Greif 2006、邦訳239頁) 負っており、この考え方が多角的懲罰という集団主義的予想形成の基礎を提供した。マグリブの交易方法は、多角的懲罰のための結託として効率性を発揮したが、その血縁に基づく集団主義的システムの効率性のゆえに、法的な契約システムに基づく制度へ向けての改革のインセンティブが生ずることがない。このためその社会は効率的な国家を持つことなく、近世以後も定常的にとどまった。他方ジェノヴァの制度は、キリスト教社会に特有な個人主義的な予想に基づくものであり、それ自体はマグリブの制度に比べて非効率な側面を持つものであったが、その非効率性を克服するために、人々は法的な契約に基づく制度改革の意欲を持った。この結果キリスト教世界では、さまざまな形の共同体責任に基づく自治的団体（ギルド・組合・町）が発達し、その下で近世以降は制度的に完備した国家機構が成長した。

以上のようなグライフのイスラム世界とキリスト教世界の比較は、比較としては大変興味深いものであるが[20]、その比較は単なる二つの枢軸宗教の比較であり、コントロール変数の導入などのなんら気配りがなされていないかなり大胆な方法に立っている。少なくとも二つの世界における血縁社会の違いにかかわる土地所有の様態の相違とか正義のルールにかかわる裁判制度のあり方に関する比較を行っておくべきであろう。しかも比較史としてではなく、西欧世界の発展モデルとして見ても、11―12世紀におけるキリスト教世界が個人主義的であり、それがその後の西欧経済の制度的発展の出発点となったという主張はかなり強いものであり、16―17世紀の宗教改革にイギリスの個人主義の発生を見るというわれわれの視点と鋭く対立している。しかしながらグライフによるこの主張の提示は、十分な論拠に立つものではなく説得的とは言い難い。この点を以下で簡単に確認しておきたい。

グライフは「西欧の個人主義を示す証拠は、中世後期以前に遡る」（Greif 2006、邦訳240頁）として、三つの論拠を呈示する[21]。第一は、キリスト教がその布教に当たって、創造主たる神と信者の関係を強調するために血縁的社会のつながりを弱体化させることに多くの努力を払ったことである。第二は封建社会においての階層的な契約は個人対個人の関係であったことである。第三はジェノヴァの政治は氏族を構成単位として行われたがその建国などにかかわる契約は個人単位でなされ、その後もさまざまな条約締結など契約には個人の署名が添えられていたことである[22]。

これらの西欧における個人主義の早期的発生にかかわる三つの論点はそれぞれ軽重が異なる。最も意味の薄い論拠は第三の政治的契約に個人の署名が添えられていたという論点である。氏族の構成員が流動的であるだけでなく、その統制システムが法的に確定したものでないため、氏族の代表者を確定することが必ずしも容易でなかったことは、多くの氏族社会で見られることであり、氏族間の契約が個人名でなされることは取引コストの観点からもごく普通のことである。したがってこれをもって西欧の氏族社会が早期に解体していたことの証左とすることにはかなりの無理がある。同様な点は第二の封建契約に関しても成立する。封建的な保護と忠誠の契約は、たといそれが特定の氏族全体をカバーするものであったとしても、契約自体は個人間のものであり、氏族を単位になされることではない。これも取引コストの問題である。

したがってグライフの挙げる根拠のうちもっとも重要な論点は第一のキリスト教の教えにあるということになる。この点について、家族・一族あるいは社会にかかわる連帯に別れを告げ、神の国の一員となることを勧める教えが新約聖書にしばしば登場することはよく知られた事実である。たとえば、ルカ伝第18章29ではナザレのイエスが「だれでも神の国のために、家、妻、兄弟、両親、子を捨てたものは、必ずこの時代ではその幾倍をも受け、また来たるべき世では永遠の生命を受けるのである」と言い、マタイ伝第10章35—37では「わたしが来たのは、人をその父と、娘をその母と、嫁をその姑と仲たがいさせるためである……わたしよりも父または母を愛するものは、わたしにふさわしくない。わたしよりもむすこや娘を愛する者はわたしにふさわしくない」と述べているがごとくである。[23] しかしこのことをもって、あるいはこうした方向で初期のキリスト教団が布教を行ったことをもって、ジェノヴァの人々が血縁組織を弱体化させ、個人主義に染まったと論じることは以下の三点の理由からかなりの危険を伴う。

第一の理由は、この種のトレルチの表現での「神との関係における個人」という意味での個人主義が貫徹したのは、当初はごく限られた世俗外の世界にとどまっていたことである。ルイ・デュモンによれば、ここでの個人の解放は「大地にありながらも心を天上に置く共同体における世俗外個人の結合」

（Louis Dumont 1983、邦訳49頁）としての解放、その下での友愛と平等の成立であって、世俗外における個人の無限の価値の強調はありのままの世界すなわち世俗の価値の低下を意味した。すなわち初期のキリスト教における個人主義は世俗外個人の神との関係における個人主義であった。そこは世俗外の個人主義と世俗社会という序列化された二分法の世界であり、世俗社会は至上の価値を持つ神との関係における世俗外の個人主義社会に従属していたのであり、個人が至上の価値を持つのではなく、一つの全体としての社会に価値を見出すホーリズムの世界であった。

こうした二分法の世界は、世俗外個人主義による世俗生活の圧迫と侵食により次第に変化していった。その第一のきっかけは、紀元８００年におけるカール大帝の教皇による戴冠という事実である。このことを契機に、4世紀初頭のコンスタンスティヌス帝のキリスト教への改宗以来続いていた、教会による国家の従属化に対するヘレニズム的神聖王の抵抗の歴史に一つの区切りがつけられ、教皇は至高の現世的勢力となり、政治的機能を僭主したのである。ルイ・デュモンはこれにより「〔世俗外の――引用者〕キリスト教的個人が前例のない深い度合いで世俗的世界と関わることになった」（邦訳84頁）という。しかし、ルイ・デュモンも認める通り、これは神との関係における個人主義の世俗世界への侵食の第一歩であり、世俗外個人主義による世俗世界の完全な支配が成立するにはなお8世紀以上の年月が必要であった。16世紀半ばにおけるカルヴァニズムの成立のインパクトに他ならない。この点に関しての分析が以下の本書の分析における一つの中心的テーマとなる。

グライフのキリスト教的個人主義論の第一の問題点は、少なくとも中世初期の西欧個人主義が世俗外世界のものであったことおよび世俗外個人主義の世俗社会への侵食過程にほとんど触れることなく、[24] そして何よりも重要なことは宗教改革とプロテスタンティズムのインパクトになんら触れることなく、西欧における個人主義の成立を説いていることである。もちろんグライフが主として問題としたのは中世から近世にかけての西欧である。しかし西欧社会の制度的発展という長期的問題に関して、宗教改革になんら触れることのないキリスト教論で西洋の個人主義化と制度発展を説明しようとする大胆な試みをいかに評価すべきか、という問題が残らざるをえない。

グライフのキリスト教に基づく個人主義論の第二の問題点は、グライフが個人主義の根拠とする血縁社会の衰退におけるジェノヴァないしイタリアの特質を無視していることである。イタリアの共同体社会は大塚久雄（1955）において古典古代的共同体として分類されるものの典型であり、奴隷制に基礎を置くこの社会は早くから都市化しており、戦士共同体（マルクス）ないし戦士ギルド（ウェーバー）としての貴族社会であった。ここでは古い血縁的共同体の関係の著しい弛緩が見られ、戦士持分の私有による小家族制の下での強固な私有制が早くから成立していた（大塚久雄1955、74頁）。ルイ・デュモンは、ローマ時代におけるエピキュロス派・ストア派など新しいヘレニズム哲学によって、かつては自給自足的な存在と考えられていた政治共同体における社会生活が個人の背景に押しやられたとしている。すなわち世俗の囮である迷蒙な人間と区別された英知にあふれた自己充足的な個人を想定する哲学的個人主義が成立したと指摘する。古典古代ではキリスト教の拡大以前に「個人主義の急激な出現」が見られたのである（Louis Dumont 1983、邦訳45頁）。この点に留意するならば、ジェノヴァにおける個人主義を簡単にキリスト教に結びつけることはできないことになる。

加えて第三のクルーシャルな問題点として、グライフがキリスト教による血縁的組織の弱体化というとき、キリスト教による血縁組織の解体は単なる教義ないしイデオロギーによるだけでなく、教会の資産保有組織体としての勢力の拡大という経済的動機が大きな役割を果したことをほとんど無視していることである。文化人類学者のグッディは、ヨーロッパの結婚・血縁・家族組織は紀元300年ごろまでは古代ローマ・ギリシャ・イスラエル・エジプトおよびその他の中東・北アフリカの地中海沿岸諸国のそれと大差なかったのに、ローマ皇帝のキリスト教への改宗の生じた4世紀初期を境に、これらの地域の制度から大きくかい離したことに着目し、次のように論じている（Goody 1983）。

すなわちこの改宗を機に、ローマ皇帝はキリスト教の土地取得を認めまた帝国の上流階級の教会への土地の寄進を奨励したのである。これと歩調を合わせてキリスト教は、寡婦の夫の兄弟との再婚や養子縁組など、同族内で土地を相続する可能性のある行動をすべて禁止し、いとこ同士の結婚などによる血縁集団の拡大に厳しい態度で臨むようになった。血縁集団が小さくなることは、同族内での財産相続が難しいことを意味し、それは教会が土地を購入したり、贈与や遺贈を受けるのに好都合な環境を準備することになる。こうした血縁関係の拡大を制限する結婚のルールは、厳しい罰則を伴っており[25]、また聖職者が寄進への圧力をかけたこともあって[26]、同族による土地などの資産に対する支配力を大幅に弱体化し、教会への土地の遺贈を飛躍的に増大させることになったと考えられる。もちろん、キリスト教の教義は、家族より神との関係や信団内の交際を重視すべきこと、家族は夫婦を単位とすること、また結婚は両性の合意によること、女性にも相続権があることなどを説いてきた。しかし、上に記したような血縁集団による土地支配力を弱体化する諸手段は聖書など初期のキリスト教の教義や慣行のどこにも根拠は見出せない（Goody 1983, pp.83-102）。

すなわち、グライフがキリスト教文化の個人主義的傾向として最も重視する血縁集団の否定は、柔らかい形ではその教えや教義のなかにその部分的根拠を見出せるのであるが、もっとも強力な効果を持った結婚と土地相続にかかわるローマ教会の規制政策は、4世紀に始まる教会の財産保有法人化[27]を背景とする経済的動機によるものであった。[28] このことが結果的に、ヨーロッパ各国において教会が最大の土地所有者となったことの基礎を提供したのである。このグッディの主張を認めるとすると、グライフのように、キリスト教社会の早期における血縁的社会組織の解体による個人主義化現象は、宗教的文化的ロジックに基づくものであるとは言えなくなる。

以上要するに、12世紀ごろのイタリアで都市文明が栄え、人々が自由と個人主義を謳歌したことは間違いない。しかしその理由の多くをキリスト教文化ないしキリスト教の宗教的教理に帰することは、正しくないということになる。[29]

最後にグライフのキリスト教とイスラム教を比較するという方法は方法論としてロジカルに正しい方法で行われていない、ということを指摘しておこう。二つの宗教が異なった「文化に根差した予想」を導く、あるいは「文化に根差した予想」が宗教の違いに依存しているということを言うためには、正確には二つの宗教の成立以前にすなわちキリストとマホメットが出現する以前の二つの世界では「文化に根差した予想」に大きな差異はなかったということおよび二つの宗教の成立後それらの宗教には大きな教義上の変化がなかったことが少なくとも前提となろう。それを証明した上でないとグライフの議論は正確には成立しないのである。おそらく宗教（枢軸宗教ないし有史宗教）の成立以前の状況を実証的に把握することは極めて難しいことであろう。グライフの行おうとすることは実際には極めて難しい作業を必要とするものであることが指摘されなければならない。

ちなみにこの点で、キリスト教の普遍的教えの効果でなく宗教改革というキリスト教の変化のインパクトを問題にしたウェーバーの方法は巧妙であるが、上で述べたように資本主義の精神については所与の近代資本主義の精神に焦点を絞っており、精神の変化を問題にしていないという不整合性がある。宗教はさまざまな制度や思想と同様に、それぞれの時代の要請に応えるために絶え間ない調整と変化を繰り返している。したがってその経済システムへの影響を分析するためには、宗教がなんらかの経済外的理由で大きな変化を起こした時期に焦点を絞り、同じく経済システムの変化との関係を問うしか方法がないのである。

2　本書の分析の課題と方法

ウェーバーが問題としたのは資本主義の始動時のエンジンにおけるスターターとしての宗教的要素、あるいはトーニーの言葉を借りると近代資本主義の精神の始動のための酵母ないし強壮剤としてのピューリタニズムの役割（Tawney 1926、邦訳（下）136頁）であった。これに対してわれわれは、ウェーバーの論じたスターターの問題に関しては一応ウェーバーの主張を所与として受容した上で、イギリスと日本における経済行動の長期的に見たさまざまな質の違いを、宗教の影響の視点から考察したい。すなわち、ウェーバーの議論には資本主義の「精神」の変化でなく水準を宗教倫理（エトス）の変化によって説明しようとしている点で、不十分さが残る。また単なる勤労倫理への影響のみを取り上げ、日常的な経済活動全般に対して宗教の変化が及ぼした広範かつ創造的で破壊的なインパクトに触れることがなかったことで、その議論は大きな限界を持つ。その意味でウェーバーの論文は、本質的な問題提起として画期的ではあったが、あくまで（トーニーの言うように）一つの「試論」でしかない[30]。しかし以下ではこれらの点についてはひとまず目をつぶり、宗教改革期におけるキリスト教の変化が資本主義の始動に禁欲的職業労働のエトス醸成という意味で一定の意味を持ったという前提で以下の議論を進めることにしたい。

　さて以上のウェーバーとグライフの批判的検討からわかったように、宗教の経済行動に対する影響を分析するためには、単なる宗教の違いではなく、宗教の変化のインパクトを分析せねばならない。以下では宗教としていわゆる有史宗教であるキリスト教と仏教を取り上げ、その変化のインパクトを考える。有史宗教[31]は、人々と彼らが生きている現世社会が自然ないし神の宇宙と融合している古代宗教と異なり、現世拒否ないし現世否定の思想に立脚するため、神の世界での救済に対する希求を人々の基本的なインセンティブとして埋め込む。すなわち原始宗教では、現世肯定ないし現世の受容の立場をとり、この結果宗教からの要求と社会的な支配服従関係とは緊張をはらむことはなく、政治エリートと宗教エリートは基本的に同一であった。これに対し有史宗教では、現世拒否が宗教の基本的な教義上の前提となり、救済の世界である超自然的世界は現世の上にあるという宗教上の階統制が導入されるため、政治エリートと宗教エリートの間に緊張関係が生じ、そのことはまた人々の宗教エリートの優越性孤高性への疑義を招くという構造を持つ。有史宗教の成立自体ははるか紀元前にさかのぼるものが多いが、それが現世拒否を基本的教義とし、人々の魂の救済が問題とされるようになったのは紀元前後のことであった。立川武蔵（2013）は、ユーラシア大陸では仏教とキリスト教だけでなく、ゾロアスター教、ミトラ教、ヒンズー教をふくめた多くの宗教でこの時期に魂の救済を中心的問題とする地殻変動が生じたとしている（11頁、84―85頁）。

　キリスト教における原罪の意識と仏教における輪廻の世界観は、現世拒否をもたらし、人々の魂に救済への希求を埋め込んだ。紀元前後における、キリスト教でのキリストの十字架上での死による贖罪と仏教における魂の救済者としての如来を想定しつつも他方で現世での成仏を原則的に否定した大乗仏教の誕生、がそれである。これは宗教の信仰形態に関するまことに大きな変化であった。しかし現実の社会経済行動への影響という視点から見ると、その変化が影響したのは上層の宗教エリートと政治支配層のみであり、一般の人々への経済社会的な広範なインパクトという意味では、さしたる変化はなかったと思われる。現世否定と救済への希求が問題となったのは、知的な意識の高い政治的・経済的エリート層であり、この階層はまた宗教エリート層と社会的に深い関係にあった。救済は世俗外の宗教的達人や宗教的エリートのみなしうる業であり、人々はその仲介によってのみ救済の可能性を得た。宗教的エリートと政治的エリートの間に芽生えた対立や優越・従属の関係は政治的には重要な問題を引き起こしたが、経済社会全体への基層的構造に影響を持つものではなかった。

しかしながら、その後の歴史におけるさまざまな理由による現世否定の一般大衆への広がりと彼らの救済への要求の高まりは、宗教エリートの世俗外での隔離された優越性を否認し、宗教の救済にかかわる行為を世俗外ではなく世俗内において実践することが求められる状況をもたらした。この宗教の世俗化の現実の経済社会へのインパクトは、おそらくけた外れに強大であった。なぜならこの変化により、現世否定がマスとしての大衆の問題となっただけでなく、救済への希求に基づく行動が個人の意思の問題となり、さまざまな日常生活上の行動と同時決定されることを不可避にし、救済という宗教行動が世俗世界のあり方、現実の経済社会に大きな影響を与える可能性をもたらさざるをえなくなったからである。われわれが本書で注目するのは、二つの有史宗教が世俗化に向けて大きく変化したこの時期であり、以下では日本においては平安末期から鎌倉期・南北朝期にかけての鎌倉新仏教や本覚思想による仏教の易行化の時期を、[32] イギリスにおいては16世紀から17世紀にかけてのプロテスタントによる宗教改革の時期を取り上げる。[33] 言い換えると、両国の宗教が世俗化と大衆化に向けて〝激変〟した時期を考察することにより、両国の経済社会行動の違いを説明するための宗教の側面からの手掛かりをつかむこと、これが本書の分析の課題である。ちなみに、ベラーは Bellah（1964）において、救済方法の変化を宗教的エリートないし教会により仲介された救済から直接的救済への変化の制度化としてとらえ、プロテスタントの宗教改革はその制度化に成功したが、日本の浄土真宗は急進的な意味合いが維持されず、間もなく仲介された救済が再開されたとしている。このことからベラーは、ウェーバーの注目したプロテスタント的改革が日本においては不十分にしか生じなかった、と結論するのであるが、彼の注目する救済制度の形式的な変化はわれわれにとってはさほど重要ではない。われわれが問題とするのは、救済の仲介か否かということではない。救済の直接化現象は宗教の世俗化の一環として理解されるべきであり、その意味での広義の世俗化が、教義と宗教実践の変化を通じて一般大衆の世俗におけるさまざまな行動にどのようなインパクトを与えたか、がわれわれの問題である。

宗教の〝激変〟は両国の経済社会に対して次の二つの側面からかつてない大きなインパクトを及ぼした。第一に、これらの時期、両国において、日常生活ないし経済活動を含む世俗の営みが、宗教そして社会にとって極めて大きな意味を持ち始めたことである。イギリスでは教会による救済媒介と聖俗の位階秩序が否定され、修道院や教会における世俗外での宗教活動に替えて、世俗内の日常における労働・結婚・家族生活などの活動が宗教的そして社会的に大きな意味を持つに至った。日本においても、鎮護国家のための宗教から大衆救済の宗教へと仏教の役割の重点がシフトし、易行化の下で日常の職業活動や芸術・娯楽追求などでの活動が主知的かつ求道的な意味を持ち、社会的に強い影響を及ぼすこととなった。第二に、これらの時期を画期に、両国において、人間観と人間の社会とのかかわりに関し大きな思想的変化が生じたことである。イギリスでは、プロテスタンティズムにおける宗教的個人主義がイギリス経験論における人間観の展開と相乗して、個人vs社会という二分法的思考に立つ個人の独立の意味での個人主義が大きな影響を持ち始め、その結果、顔の見える身近な他者の集団や既存の共同体はかつての意味を失い始めた。日本では、求道に基づく技能や人的資本形成の評価を軸とした他者集団が意味を持ち始め、個人と律令制的な公の意識の間にくさびが生じた。人々はさまざまな集団的な目的や価値との比較において、主として自己実現の意味での個人主義を確認し始めた。

ちなみに、イギリスでは1689年の名誉革命まで、日本では少なくとも南北朝時代（1336—1392年）まで、宗教は人々のあらゆる側面を支配していたと言って過言ではない。このことは、たとえばイギリスに関しては「宗教が生のあらゆる部門を包摂するものであるとした中世思想の理論的遺産は、宗教改革後も変わることなく、〔名誉——引用者〕革命の最後まで低迷していたと考えなければならない」（越智武臣1966、445頁）という一文からもわかろう。また日本については、宗教の政治思想への影響にかかわる（後述の）顕密体制論の立場からは、「社会や国家の秩序＝理念の問題が国家と宗教との関係の問題に置き換えられ、それが国家と宗教とのあいだでなく、宗教における正統派と異端＝改革派との間の論争として展開したところに日本中世の宗教が負わされていた国家の重さがあった。……日本中世の国家が、実際、それほどにも宗教的であったということであろう」（黒田俊雄1975、499頁）という指摘があり、黒田はおよそ戦国末期まで顕密体制が存続したとしている。[34] われわれが注目する鎌倉新仏教などによる宗教の変化の民衆思想への影響としては、たとえば家永三郎（1940）は、彼が強調する宗教による人々の世界観の現世否定から現世肯定への変化の影響は、室町期前半に織田信長などによる天下統一の動きが始まるまですなわち戦国末期までの時期の「時代の思想」を支配したとしている。したがって日英両国において、これらの時代における宗教の変化は人々の思想や行動に圧倒的な影響力を持っていたのであり、そこで醸成された経済行動のパターンは幅広い影響をその後の時代の日英経済のあり方に及ぼしたと考えられるのである。

さて、経済行動への宗教の変化のインパクトの比較のためには、できるだけコントロール変数を導入して宗教の変化の影響を純粋にとらえる必要がある。思考実験のコントロールに関しては日本とイギリスの比較ということでかなり有効なコントロールができていると思われる。梅棹忠夫（1974）の文明の生態史観によれば、日本（および東南アジア諸国）とイギリス（およびドイツ、フランスなど西欧諸国）は東西に長い長円形のユーラシア大陸の東と西の「はしっこ」に位置する第一地域に所属する。第一地域は残りの広大な長円の中央部分からなる第二地域に比較して、恵まれた自然環境にあり、何よりも第二地域を北東から南西にかけて走る細長い乾燥地帯の諸民族からの破壊と征服の影響をかなりの程度免れてきたという特性を持つ[35]。また梅棹はあまり触れていないが両国が島国・海洋国家であるということも重要であろう[36]。こうした生態学的な意味でのコントロールに加えて、以下では日本についてはその神道とそれにかかわる古代思想の影響を、イギリスについては特有の唯名論の伝統を引くイギリス経験主義の影響を取り込むことで、さらに実験のコントロール度を引き上げたい。『プロテスタンティズムの倫理と資本主義の精神』においてウェーバーは主としてイギリスの宗教に関して分析したのだが、経験主義哲学について触れることはなかった。ウェーバーにあっては西欧に生まれた〝ザ〟資本主義だけが問題であったが、現代的な視点からは〝諸〟資本主義のタイプということも一つの問われるべき問題となり、その場合はイギリス経済の性格規定に当たって経験主義哲学が果たした役割が問われなければならない。

もちろん日本については神道やそれに関係する古代思想だけをコントロールすることでは不十分で、

山岳信仰や陰陽道などの影響あるいは浄土観や遺骨信仰などの民俗的要因を取り入れる必要があろう。[37]山折哲雄（1993）の言う民俗仏教としての性格である。しかしこの点についてはわれわれの議論の大筋にはさほど影響しないのではないかと考え省略した。また儒教の影響についても同様な理由から考察は省いている。[38]イギリスについても経験主義哲学だけでよいのかどうかという問題が残る。たとえばBate（1946）は、オッカム以来経験論が反復してイギリスの思想界に支配的影響を及ぼしたが、他方で流動的で非体系的な古典主義とイギリス・ロマン主義が、経験主義が過度の主観主義に陥ることやドグマ化することを妨げた、としている。しかし水田洋（2003、2006）が示唆するように、アダム・スミスによる市場秩序の発見は、言語論にかかわる唯名論からの経験論的推論と強い関係にあり、経済行動における他者の認識の制約や倫理性に関する考察に関連して、少なくとも経験論の伝統の影響はコントロールすべきであろう。ただこの点に関しても、できるだけのことはしたつもりだが、筆者の力不足から十分なことができていない可能性がある。[39]率直に言って多くの論点が今後の課題として残されている。

以下ではかなり異なった時間的展開過程を持つ日英の歴史比較を行うことになる。両国の宗教の変化についてのクノロジーを、時間軸の対照性が明確になる形で整理しておこう。

宗教の成立と伝来

イギリス：紀元前後にユダヤ教体制下での迫害のなかからイエス・キリストによって生み出されたキリスト教は、コンスタンティヌス大帝（在位306—337年）の時、ローマ帝国の公認宗教となった。イギリスは1世紀末にローマ軍により征服され、ローマ帝国による支配は410年まで続いた。キリスト教のイギリスへの伝来は2世紀末ごろとされるが、ローマ帝国による征服の終焉後も、ローマ教皇庁は広大な修道院領を持ち、教会法と主教（司教）制度を通じてイギリスの社会や政治経済への強い影響力を持った。

日本：ゴータマ・ブッダ（紀元前5―4世紀）によって生み出された仏教は、部派宗教の時代を経て、紀元前1世紀ごろ大衆救済を志向するものの輪廻を強調し現世否定の世界観に立つ大乗仏教を確立する。大乗仏教は中国・朝鮮を経て、日本には紀元552年欽明天皇のとき伝来したとされる。その後聖徳太子の保護などにより南都六宗の国家仏教が栄えた。

宗教の変化

イギリス：ヘンリー8世（在位1509―47年）によるローマ教会からの断絶により、英国国教会が成立した。ヘンリーはルター（1483―1546年）の教義を部分的に受け入れ、これにより英国国教会のプロテスタント化が始まった。メアリ（在位1553―58年）によるプロテスタントの迫害を境に、カルヴァン（1509―64年）派のプロテスタンティズムの影響が強まる。エリザベス1世（在位1533―1603年）による宗教改革では英国国教会は教義的にはカルヴァン主義に移行したが、その治世末期に清教徒主義（ピューリタニズム）が芽生える。しかしその後の17世紀のスチュアート朝の王たちは、エリザベス路線に従いつつも親カソリック的であり、急進的カルヴァン派は迫害され、その過程でピューリタニズムが大きな力を持つに至った。

日本：空海（774―835年）と最澄（767―822年）が中国での修行をもとに、それぞれ高野山金剛峯寺と比叡山延暦寺に開いて広めた真言宗と天台宗により、仏教の日本化が始まる。真言宗は密教を、天台宗は本覚思想を広め、そのなかから法然（1133―1212年）、親鸞（1173―1262年）、日蓮（1222―82年）、道元（1200―53年）などの鎌倉新仏教の始祖が育ち、その後の民衆救済に向けての宗教の大変化につながった。

3　個人主義について

ここで、人々の経済行動の様式において個人主義的とは何を言うかということについて本書の立場を整理しておこう。[40] 本書では、自律した個人の行動において、その個人の独立性や自己実現などの善き生を求める経済的な行動目的が他者のなんらかの目的や価値より優越するほど個人主義的ということにしたい。自律した個人とは最適化行動をとりうるという意味で合理的に行動する個人を表す。いかなる他者のいかなる目的をも配慮しない行動は最も個人主義的であり、ある特定の他者集団の目的に個人の行動目的が従属劣後するとき、行動はその他者集団に関して集団主義的である。ここで他者というものの認識パターンはさまざまである。グループとして形のないものが他者である場合と形のあるものが他者を構成する場合がある。グループとして形のない他者としては、不特定の個別の他者、世間、仲間、友人、社会、公共圏などが考えられる。グループとして形のある他者は、国家、民族などが最大のものであり、労働組合、宗教的信団、村落共同体、教会、血縁集団、企業などがある。この後者はさらに、メンバーが固定しているものといないもの、参加や脱退が自由である者そうでないものに分けることができるであろう。われわれが以下の分析で導入する「評価のための他者の集団」は、サロン的なグループ組織の形態をとる場合もあるが、多くの場合はグループとしての形のない不特定な他者の集団であり、しばしば単に個人の意識においてのみ存在するグループである。

他者がグループとして形がある場合、個人の善き生を求める行動目的がそのグループのなんらかの目的や価値に従属・劣後するならば、そのグループと特定の目的に関して個人は集団的に行動していると言うことができる。個人の行動が完全に特定のグループの目的に包摂される場合はホーリズム（全体主義）と言えるであろう。ちなみに、しばしば個人主義はなんらかのグループと個人の間の価値の共有の概念を用いて、価値が共有される場合を集団主義的、そうでない場合を個人主義的と定義されることがある。われわれがこの概念を用いないのは、共有という場合価値を全く共有する場合とそうでない場合の二者択一を意味し、部分的な共有という状況はイメージしにくいことによる。目的ないし価値の優先と劣後という概念を用いる場合はその優先と劣後に程度のニュアンスを込めることが可能になり、個人主義の程度を表すことが可能になる、と思われる。

以下では、他者への配慮の下での個人主義とは、目に見える範囲のあるいは顔の見える個別の他者の行動の目的や価値への配慮が個人の行動の強い制約として働くが、しかし他者の目的より個人の善き生を求める行動の目的を優先する状況を表す。また、他者との間に距離を置く個人主義は、個人の行動において、いかなる目に見える個別ないし集団としての他者の行動も考慮することがない場合、すなわち他者の行動を制約条件として全く意識しないで、いかなる場合も個人の善き生を求める目的を優先する状況をいう。

また、以下では宗教的（神学的）個人主義という用語を用いる場合があるが、これは神の前では、他者の行動目的は一切考慮しないで純粋に神と個人との一対一の疑似的人格的交流を求める行動をあらわす[41]。この場合も神の前ではいかなる場合も、個人の善き生を求める目的が神の承認の下で優先される。さらに、コミュニタリアンがしばしば批判の対象とするネガティブな意味での個人主義の概念もわれわれの定義では無理なく取り込むことができる。たとえがベラーは、アメリカ人は公共を考える「心の習慣」を喪失したという論脈で（Bellah 1985）、個人のみ存在し社会は実在しないと主張する功利主義的な存在論的個人主義を批判しているが、この立場はわれわれの定義では公共圏の目的を個人の善き生を求める行動目的がつねに優越する場合として表すことができよう。またマイケル・サンデル（Sandel 1996）はカント的リベラルが「負荷を負わされたアイデンティティ」の概念を否定することを批判するが、この概念は個人の自然・神・国家・国民・文化・伝統の構成員としてのアイデンティティを重視するものであり、この概念の否定は「慣習や伝統・世襲の地位から拘束を受けず、選択に先行する道徳的絆にも縛られず、至高権を持つ存在」として措定された自己を評価するものである（邦訳13頁）。この概念はわれわれの定義では、個人の目的や価値が自然・神・国家などの目的や価値に従属・劣後する状態としてとらえることができよう。ネガティブな意味合いを持った個人主義、すなわちトクヴィルが見出し、18世紀後半以後現代に至るまでの西洋社会を特徴づけているネガティブで「社会解体の病気」となる可能性を持つ個人主義については、終章で再論する。ちなみに個人主義という言葉はトクヴィルが最初に文献上で用いた用語であるとされるが、この点については、宇野重規（２００７、81頁）およびベラー（Bellah 1985、邦訳３７９頁、原注１２４）を参照されたい。

ところで、われわれは個人主義を個人の独立の確保と自己実現という二つの積極的な側面においてとらえるのであるが、この個人の独立の意味については慎重な意味付けが必要である。比較文化・思想史のルイ・デュモンは、近代的イデオロギーにおける個人を独立し自律的な、本質的に非社会的な精神的存在としてとらえ[42]、個人が至上の価値を持つ社会を個人主義、一つの全体としての社会に価値を見出す社会をホーリズム（全体論）と定義した（Louis Dumont 1983、邦訳97―98頁）。ルイ・デュモンの定義に関して、哲学者アラン・ルノーは個人主義の定義において独立と自律の二つの要件を用いていることに異を称え、近代的な個人は独立すなわち足枷からの自由としてのみ定義すべきであると論じた。その理由は、自律とは束縛のないという意味での独立とは次元を別にする概念であり、自らの理性や意思に基づいて自分自身を基礎づけるという意味での主体の確立を意味する。近代化の問題点を考えるためには、個人主義は独立（個人）にのみ関連づけて定義されるべきであり、近代化を自律（主体）に代わり独立（個人）が徐々に地位を高めていく過程であるととらえる必要がある、と論じた。このアラン・ルノーの著書（Alain Renaut 1989）は、近代化の過程での変化を個人が主体性を失い、彼の言う人間主義が侵食される過程としてとらえ、主体ないし人間主義の哲学的復活の必要性を主張したものであり、われわれの歴史的分析とは問題意識が異なるし、おそらくルイ・デュモンとも関心が異なると思われる。（その意味ではアラン・ルノーの著書は公共圏への関心の復活の必要を称えるコミュニタリアンの関心と類似した面を持つ。）しかし個人にかかわる概念である独立と、主体にかかわる概念である自律の区別はわれわれの個人主義の定義の意味を考える上で有用である。[43] この区別を用いると、われわれは、最初から自律した個人を仮定している。このことは、経済的目的の追求に関しては、人々はわれわれが問題とする時期の全体において常に、日英両国において等しく、個人は善き生を求めて自らの意思において合理的な最適化行動をとっている、と仮定していることになる。もちろん、自律性に関するわれわれのこの想定は、本書の分析の簡単化のための仮定である。またこのことは経済以外の面で人々の自律性が妨げられることを排除しない。

　これに対して、独立の意味では、個人の目的はしばしばさまざまなレベルでの集団に従属しうる、すなわち個人の行動目的が集団のそれに従属・劣後する可能性のある存在であると仮定されている。そうした従属・劣後は社会的・政治的な強制によって生じる場合もあれば、個人の価値観に基づいて選択される場合もありうる。前者の場合は、個人の行動は制約付きの最適化で表され、後者の場合は、個人は効用関数に集団の目的をなんらかの形で、すなわち効用関数の形状の特性や効用に影響する追加変数として取り込む形で表される。またここで重要なことは、制約付きの最適化の場合、制約が有効な時は、均衡における行動は端点解となり、制約が行動を規制しているという現象が観察される、しかしそれは個人が自律的に最適化行動を行っていないことを意味するのではない、ということである。最適化行動の結果制約が有効になったにすぎないのである。

さて、ウェーバーは個人主義という語は「おそろしく異なった意味をそのなかに包含している」と述べた（Weber 1905、邦訳162頁）。われわれの個人主義の定義の意味を明らかにするために、それが代表的なさまざまな定義とどう関連するかを以下でかいつまんで論じておこう。まず、オーストリア学派経済学の重鎮であるフォン・ミーゼスは、集団や社会は実体として存在しない、「個人のみが行為する」と主張した。「個人の協力によってもたらされた結果」としての集団を否定するものではないが、「個人の思考と行為によって集団が作られるのであって、個人がこれと異なる考え方や行為をとれば、集団は消滅する」というのである（von Mises 1962、邦訳99―100頁）。オーストリア学派の方法論的個人主義はこうした存在論的個人主義によって裏付けられていると見られよう。[44]

政治哲学者グレイは、規範的個人主義を倫理学の基本的立場とすることに反対するにあたって、規範的個人主義とは集合財（集団主義ないし集団行動）に個人の「善き生」に貢献する道具的価値以外いかなる価値をも認めない道徳理論であると定義する（Gray 1993）。この定義に従うと、グレイの集団主義ないし集団的行動には、二種類のものがあることになる。（ｉ）個人の「善き生」への貢献をもたらすための道具としてのグループ行動と（ii）個人の「善き生」には還元できない集団行動自体の価値を追求するグループ行動、である。(ⅰ)ではグループのメンバーの行動はその善き生を追求する行動の目的がグループの目的に優先するから個人はわれわれの定義では個人主義的である。個人はこの条件が満たされる限りでグループの行動に参加する。(ⅱ)では、個人はこの集団に関して集団主義的である。個人の善き生を求める行動目的はこの集団の目的に従属・劣後している。

この分類で言うと、ミーゼスの個人主義に関する言明は(ⅰ)のグループ行動は認めるが(ⅱ)の形のグループ行動は実在しない、あるいは経済分析の方法としては無視してかまわないという主張であると読みかえることができよう。言い換えるとミーゼスにおいては、(ⅰ)のグループ行動は個人主義の枠内で説明できるものであり、仮に集団行動として意味のあるグループ行動を考えるとすれば、それは(ⅱ)のみであるということになる。

また、以下でたびたび登場するヘーゲル研究で有名な思想史のチャールズ・テイラーは、西欧の歴史における個人の意識ないし自我の概念の発生を論じるにあたって、歴史的・自然的に形成されてきた共同体への忠誠と、個人のコミットメントによって形成された共同体への忠誠の区別を強調する。すなわちテイラーは、西欧における「自我の形成」が、個人の探求とともに個人的コミットメントを重視する態度を軸に形成されてきたために、歴史的・自然的な共同体への忠誠を否定する傾向を持ったと主張する。この基準によれば、歴史的・自然的に形成された共同体はそれ自体が忠誠の対象とするに足りる価値を有していることになる。この論脈では、集団主義は個人のコミットメントによって形成された共同体に対してだけでなく歴史的・自然的に形成された共同体への忠誠を重視することを意味し、個人主義とは、歴史的・自然的共同体への忠誠を否定し、個人のコミットメントによって形成された共同体のみに忠誠心を持つ心理的行動的な態度であるということができる。前者の集団主義の場合、個人の善き生を求める行動目的は、個人的コミットメントにより形成された共同体の行動目的に従属・劣後するだけでなく歴史的・自然的に形成されてきた共同体の行動目的にも従属・劣後している。後者の個人主義の場合は、個人の善き生を求める行動目的は個人的コミットメントにより形成された共同体の行動目的に従属・劣後するが、歴史的・自然的に形成された共同体の行動目的に優先している。上述のマイケル・サンデルの「負荷なきアイデンティティ」の概念は自己が選択したのでない目的や帰属関係によって負荷を負わされない自己像を意味するのであり、このテイラーの概念に極めて近い。

最後に、個人主義の定義にあたって、複数集団への忠誠という概念で個人のアイデンティティの強さを表現する方法が用いられる場合がある。丸山真男の「忠誠と反逆」（丸山真男1960）はその代表であろう。この論文で丸山は、武士的な忠誠の非合理性、組織への忠誠と原理への忠誠の違いと相克、忠誠と反逆の可能性など、集団への帰属を多様な角度から分析した。議論は多岐にわたっており、そのすべてを取り上げることはできないが、丸山のアプローチの中心的なテーマである反逆を可能にするないし反逆の余地のある忠誠のタイプとして「複数の対象への忠誠」という概念を提起していることが興味深い。すなわち、個人の多様な集団への多重帰属に基づく多元的中間勢力の体系の存在が、国家による社会の一元化、等質化に抵抗しうる基盤を提供すると主張したのである。自己の多元化が可能になる社会、言い換えると個人が各種の複数的な集団に同時に属し、したがって個人の忠誠が多様に分割されているような社会が個人の複合的なアイデンティティを可能にし、国家の専制に対する抵抗力になるという主張と読むことができる[45]。この場合、個人の善き生を求める行動の目的は、複数の集団のうちのいくつかについてその目的に従属・劣後しなければならないが、残りのものについては優先することができる。従属・劣後する集団に関しては、個人は集団的に行動し、残りの集団については個人主義的に行動することになる。すべての集団に対して集団主義的に行動することは、集団間の目的が多様で相互に整合的でない限り困難であろう。すべての集団について個人主義的に行動することは可能であるが、その場合の集団の力は脆弱なものとなり、丸山の期待したような抵抗力は希薄なものとなるであろう。ただしこの状態、すなわちすべてないし大部分の集団に関して個人の目的や価値が優先する場合、個人はもっとも個人主義的であるのだが、そうした状態が国家に対する抵抗力が一番弱いということは、西欧的個人主義の理想に矛盾する可能性がある。おそらく丸山は、国家とその他の中間勢力とは別の次元の集団であるとして、この問題を回避するのであろうが、われわれの問題意識においては、こうした性質を持つ丸山的な忠誠の概念は理論的な限界を持っているように思われる。

第2章　宗教の変化――日英比較

この章では日本とイギリス両国に関して宗教の大きな変化の時期を取り上げ、その経過と特質を考察する。イギリスについては、中世から近世への移行期におけるプロテスタンティズムの成立と拡大、すなわちいわゆる宗教改革の時期、日本については古代から中世への移行期における仏教の易行化の進展の時期を取り上げる。

日本とイギリスのそれぞれの宗教の変化は、大衆レベルでの救済要求の高まりという変化の直接原因と現世に対する否定意識の変化の歴史的パターンに関して極めて類似した性質を持っていると見ることができる。しかしその変化の結果は、二つの宗教の性質の違いを反映して、重点の置き方のある意味で対照的な方向への変化であった。この章ではこの宗教変化の結果の対照的な性格を明らかにし、第3章と第4章ではそれぞれの国の宗教変化への対応が、両国の経済行動と経済システムに極めて対照的な結果をもたらしたことを論じる。

両国における宗教の変化の直接原因は、ともに一般大衆ないし宗教の専門家以外の世俗人の救済の要求ないし必要性の高まりにあった。変化は「不幸な時代」の到来という人々の認識を背景に生じた。イギリスでは、ペストの流行と対外戦争や内戦などうち続く戦乱の惨禍のなかで、千年王国運動[1]が主張され、社会が直面する深刻な問題を終末論的現象ととらえて、集団的救済への期待が高まっていた。日本でも相次ぐ地震や飢饉という自然災害に加え平安末期以後の戦乱が社会の混乱と人々の崩壊観の危機に追い込んでいた。加えてブッダの死後二千年には仏法の行われない時代が来るという末法思想が人々の不安観を掻きたてていた。こうしたなかで、世俗内の人々の救済への要求が高まったが、既存の宗教界の対応は、権力闘争へのかかわりや自らの経済基盤の立て直しに追われて、人々の期待に十分にこたえることはできなかった。

非常にブロードに見ると、両国の現世否定意識の歴史的変化のパターンは類似したコースをたどったと理解することが可能である。すなわちベラーの指摘するように、原始宗教ないし古代宗教[2]と現代宗教の間には、有史宗教[3]による現世拒否の段階があり、そこでは人間の断罪による現世拒否ないし現世否定の発生が宗教による救済をその中心的な役割とするのである（Bellah 1964）。この点を家永三郎（1940）に従って説明しておこう。日本でも西洋でも外来の宗教が既存の現世肯定的思想を否定することから宗教の問いかけが始まり、そこから生じた現世否定に対して、既存宗教は十分に対応できず、人々の救済への要求が高まったことで、改革への動きが生じた。西洋では、ギリシャ神は人間の最も円満な状態を投影した現実界の極限的な理想形態を示すものであり、それは人間のエロス的努力すなわち自己中心的な愛や知的情熱によって完成されると考えられていたが、この古代のヘレニズム的理想主義は、ヘブライイズムに立つキリスト教の伝来により否定された。すなわちギリシャ理想主義を象徴するエロスは神の前で否定され、この否定を通じて神の前から流れ出るアガペという新しい愛の概念が成立した。[4] この古代思想の中世的否定は、ルネサンス期に至り、その現世肯定的思想のなかで再び否定され、古代思想の高次の復活が見られた。しかしながらルネサンスは現実に不幸な時代のなかにあった人々の問題に対する有効な対応ではなかった。またローマ教皇庁をはじめとする既存の宗教界は腐敗堕落し、大衆の集団的な救済への希求にこたえることはできず、現世否定意識が再び高まる中で宗教の改革が不可避となった。

日本では、もともと肯定的人生観と連続的世界観からなる神道的世界観が支配していた。地上の世界である葦原の中つ国（なかつくに）は地下にある黄泉（よみ）の国と天上にある高天原（たかまのはら）と空間的に連続するものとされており、三つの国を人々は自由に行き来できると考えられていた。現実がそのまま肯定され、人々は現実を否定しその彼方に理想世界を見ることはなかった。すなわち否定の論理は存在しなかったのである。6世紀における仏教の伝来は、死の間際の聖徳太子をして「世間は虚仮（こけ）にして、唯だ仏のみこれ真なり」と言わしめたように日本に初めて現世否定の論理を導入した。この否定の論理は当初は平安初期の前進的世界にあって容易には受け入れられなかった。しかし律令制度が弛緩・崩壊に向かい、貴族の時代から武士の時代へ移行が進むにつれ、否定の論理は急速に広まった。貴族は階級の危機におびえ、生活そのものが罪業の塊であった武家階級は人間悪に対する真摯な格闘のなかに否定の論理を受け入れたのである。もともと鎮護国家のための宗教として支配層を中心に勢力を拡大した仏教界は、こうした情勢を踏まえて大衆救済の宗教へと大きくかじを切った。

こうした宗教の変化の直接原因とブロードな現世否定意識の歴史的変化パターンにおける類似性を背景に持ちながら、以下で見るように大衆救済にあたっての両国の宗教の変化は極めて対照的な形で生じた。すなわち、イギリスでは教会による救済仲介と位階秩序の否定という形での宗教実践システム自体の大変革と教義上は予定説の強調という形で、ルネサンスにおける古代的現世肯定思想の復活が再否定された。これに対して日本では、易行（いぎょう）化という形で、現世否定におののく人々への教義的および宗教実践的対応が進行し、広範な人々に比較的容易な宗教実践による救済と現世の再肯定への道が開かれたのである。

ちなみに、近代西欧世界の起点としてしばしばルネサンスを取り上げることがあるが、われわれはルネサンスにはさほどとらわれることなく以下の議論を進める。トレルチは、ルネサンスをカソリック的禁欲からの「解放」として、（世俗外世界を中心とする）カソリック的禁欲の否定としての「禁欲の徹底」であるプロテスタンティズムに対比し[5]、後者に比べて前者は歴史形成の強力な社会的推進力にはならなかったと主張する。その理由として、ルネサンス的な自由は特定の職業的束縛からの解放にとどまり、そこでの典型的人間像である万能人は、教養的個人主義を体現していたものの、依然として既存の国家や教会勢力などの支配権力に寄生していたことを指摘する。このためルネサンスは近代的な個人的自由とは全く逆の絶対主義の理論を基礎づけることとなったし、宗教改革に比べてそれが持った社会的エネルギーは比較にならないほど弱い、ルネサンスはしょせん「フランスの神学的騎士的理念世界に対するイタリア文化の対抗」でしかなかった（Troeltsch 1913、邦訳24頁）、というのがトレルチの判断である。トレルチが社会的改革の推進力としてルネサンスと宗教改革を比較することには歴史分析としてはそれなりに意味があるが、しかしルネサンスの影響をそのように限定して考えることはかなり一面的であることは言うまでもない。第一に、ルネサンスの近代への影響は、現世の肯定と個性の重視を通じて中世を乗り越えるための基礎的な力となった人文主義をもたらしただけでなく、スコラ哲学を批判的に乗り越えるための思想的土壌を用意した点を忘れてはならない。その芸術、哲学、文学、歴史学、文献学などにおける極めて広範な影響がなければ、宗教改革自体の社会的インパクトもはるかに小さなものであったと思われる。第二に、トレルチは、ルネサンスと宗教改革のいわば中期的な社会的インパクトを比較したのであるが、宗教改革自体は長期的に見れば、神中心の中世文化から人間中心の近代文化への転換というルネサンス的な西欧近代化における通過点であったと見る必要がある。[6] たとえば、政治的にはルネサンスが絶対主義の受容に終わったことは事実としても、それが長期的に目指したものは共和主義であり、その後の展開はその方向へと西欧は進んだのである。また哲学的にはたとえば、人文主義者エラスムスとルターの自由意思に関する論争が参考になるであろう。ルターは神の恩恵と予定の前では自由意思は無であると主張したが、エラスムスは神の恩恵を認めながらも、自由意思がなければ人々の善に向かう道徳的責任が成り立たないとして自由意思の力を強調した。この点においても、ルターの思想が宗教改革に結実したことは事実であるが、長期的には神なき世界での道徳律のあり方が西欧個人主義の課題となっているのである。この意味で宗教改革の影響は中間的な通過点であった。しかしながら、これらの問題に深入りすることは著者の能力をはるかに超えている。ここではこうした問題のあることを挙げるにとどめて、さしあたっては宗教改革の単独のインパクトに問題を絞って先に進みたい。

第1節　イギリスにおける宗教の変化

1　宗教改革の背景

イギリスないし西欧の宗教の変化は中世後期におけるプロテスタントによるローマ・カソリックへの批判と反抗という形で生じた。すなわちいわゆる宗教改革である。前章のクロノロジーで説明したように、イギリスの宗教の変化はヘンリー8世によるローマ教会からの断絶と英国国教会の設立を画期としたが、その過程は主として大陸で進行しつつあったプロテスタンティズムの高まりという宗教改革と密接な関連を持って生じたものであった。以下ではまず大陸での宗教改革の内容の検討から考察を始めよう。

プロテスタントによる宗教改革の基本的理念は、「聖書に帰れ」ということであり、ルター（Martin Luther、1483―1546年）が1517年の万聖節前夜祭で九五カ条の提題をヴィッテンベルグ城教会の壁に張り出し免罪符による教会の収益活動などを批判したことに始まるとされる。[7] この背景にはよく知られているように、資格不十分な司祭の叙品、不在や兼任の聖職、聖職禄の売買などのローマ教会の教皇庁や修道院の腐敗と堕落があったと言われる。[8] 免罪符はその典型とみなされたのである。またグーテンベルグによる印刷術の発明により聖書の印刷が可能になり、新約聖書・詩篇集・使徒書簡集などが広く普及したことと人文主義者による聖書の再検討が進んだことも重要であった。たとえばその過程で明らかにされた初期の教会の簡素さの発見は人々に衝撃を与えたと言われる（Christin 1995、邦訳33頁）。人間の徳と能力に関する高邁な思想を主張する人文主義者は、原罪論に立ち罪に隷属する悲観的な人間観から出発するルターなどとは相いれない面を持っていたが、聖書の重視とその下での教会批判という点では両者は一致していた。[9] 当時が不幸な時代であったことが教会への批判を高めたということもある。1347年と58年に大流行したペストはその後も繰り返しヨーロッパを襲った。またイギリスとフランスの百年戦争、その後のイギリスでのばら戦争など、戦乱が社会に深刻な被害をもたらしていた（Christin 1995、邦訳18頁）。

ルターなどの聖書のみの立場からする神学研究に立つ教会批判は単に一般のキリスト教徒の支持を受けただけでなく、各地の君主層からも強力な支援を受けた。その背景には、単なるローマの腐敗・堕落だけではなく、8世紀末以来の教会権力の世俗権力に対する圧迫という事実と12—13世紀以来の商業の拡大と地理上の発見による経済発展を背景とした国民国家建設への動きがあった。[10] 4世紀初頭のコンスタンティヌス帝のキリスト教への改宗により、国家としてのローマ帝国はキリスト教に従属する建前となっていたが、実質は国家の保護下に入ったと考えられたし、ヘレニズム的な神聖王の伝統は国家の上に立とうとする教会と常時対立していた（Louis Dumont 1983、邦訳72頁）。教会と国家の対立は、しかしながら、8世紀末以降、とくに紀元800年における教皇レオ3世によるローマのサンピエトロ大聖堂でのカール大帝の戴冠式の施行を画期として大きく変化した。すなわち教会側はこの時以来国家の上位に立ち、前例のない深い度合いでキリスト教が世俗世界にかかわることとなったのである（Louis Dumont 1983、邦80頁）。

しかしながら中世末期に至り中世封建体制から絶対主義的な中央集権的国民国家への移行が始まると、

こうした教会権力の存在は民族を単位とする国民国家・国民経済圏の建設にとって大きな桎梏と意識されるに至った。とくに教会の裁治権と教会法による諸特権は、それぞれの国家の中央集権的支配の強化を図っていた俗権支配層にとって、排除せざるをえないものであった。たとえば各国において司教や修道院長など高位聖職者はローマの教皇庁が叙任権を持ち、独自の裁判権と免税特権を持つ僧院領は、それぞれの国で広大な割合の領地を支配していた[11]。後述するようにルターの敬虔君主論、すなわち世俗の裁治権はすべて神の摂理の現れとする立場からの教会の裁治権の否定と世俗権威の擁護、はこの意味で絶対王政の確立へ向かう政治経済的動向に完全に親和的であり、各国の支配層の支持を受けたのである。1520年のドイツでローマによって破門されたルターをザクセンの選帝侯にして賢明侯フレデリックが保護したこと、後述するようにイギリスのヘンリー8世がルターの教説を嫌悪しながらも敬虔君主説を利用したのもこうした背景を抜きにしては理解しがたい。また「もしルターがいなかったならばルイ14世という人も断じてありえなかった」という政治思想家フィギスのエピグラムも絶対主義の成立に与えたルターの教説の衝撃を極めて巧みに表現しているとされる(Skinner 1978、邦訳391頁)。

ルターに始まる宗教改革がカルヴァン主義の成立普及により急進的な社会改革運動へと発展したことの背景には、また、地理上の大発見に始まるヨーロッパの経済革命と商工業者ないしブルジョアジーの経済的徳性の旗手としての登場があることも忘れてはならない。カルヴァン主義がそれが起こったジュネーヴや、近接するアントウェルペン、ロンドン、アムステルダムなどに多くの帰依者を見出したが、これらの都市では国際的な手形交換を行う取引所、両替商による銀行と商社経営、貿易商人組合などが展開し、金融商業が目覚ましい興隆を示していた。トーニーが指摘したように、カルヴァン主義は都市の商工業者の利害を前提とし、彼らの経済的な徳性を是認・称賛する最初の宗教的教理体系としての側面を持っていた。ブルジョアジーは自分たちの生活規範と天職に誇りを持ち、政治革命や戦争をも辞せず、道徳的価値の新しい尺度と社会行為の新しい理想を主張していた。カルヴァン主義はこれら商工業者の主張に神の意志という裏書きを与えたのである（Tawney 1926、邦訳（上）１７０―２１５頁）。

2　宗教の変化

ルター

さて卓越した聖書研究者であったルターは[12]「聖書に帰れ」として聖書重視の神学を主張した。その核心は信仰によってのみ神に義とされる（justify）すなわち「信仰あるのみ」という義認論[13]である。原罪を持ち堕落した存在である人間が、神の前で義なる存在すなわち救済の対象としての資格を満たす者として認められるためには、ただひたすら神の教えを信じるしかない、罪は決して廃棄されることはないが、神の慈悲深い恩寵によって義認される可能性がある、というのである。[14]ルターの堕落と罪に隷属した人間という悲観的な人間観は、一人の人間すなわちアダムの逸脱のために、われわれすべてが罪と破滅の運命にあるというパウロ的な人類の連帯責任としての原罪論に加えて、自己愛と人間意思の傲慢さによる人間全体への原罪の支配を強調したアウグスティヌス的な人間の本性としての原罪論に立つ。[15]人には神の意思を推し量る能力はなく、また人の行動はその堕落した本性を容赦なく表すため、神の義認を受けるために人間にできることは何もない。すなわち人は自分の業により救われることはないのであり、罪びとの目指すべき唯一のことは、キリストの贖罪[16]により義認される可能性へ向けての、神の慈悲深い恩寵に対する受動的な信仰しかない、というのである。中世のスコラ哲学に基づくローマ・カソリックの義認論では信仰だけでなく功績をも義認の不可欠な条件としたが、ルターは信仰を唯一の条件とした。

以上の説明はルターを信仰に結び付けて評価する標準的な理解に従ったのであるが、ここで重要なことは、トレルチが、ルターの根本的教義を精神的な「信仰の宗教」としてとらえる考え方をとることに抵抗を覚える、としていることである（Troeltsch 1925、邦訳188頁）。トレルチは、「信仰の宗教」は「サクラメントの宗教」[17]の反対概念であり、ルターの真意は、サクラメントによっては救いの確証は見出しえないこと、すなわちカトリシズムの根本教説を否定することにあったと主張する。サクラメントの宗教の本質は、倫理的、宗教的な力が、すべて恩恵の奇蹟を通じて教会から生みだされるというものであり、聖職者の持つ超自然的な力を強調し、聖俗の位階秩序と救済における教会の媒介を正当化するものである、というのが、ルターがその10年に及ぶ修道院生活から得た結論であった。

この観点から見るとき、ルターの教説が単なる思想上の革新ではなく、新しい異端的な宗教実践観と制度観に帰結するものであったことが理解できる。すなわち「信仰あるのみ」というルターの教えは、教会による救済仲介の否定と聖俗位階秩序の否定という既存のキリスト教の秩序を根底から揺るがす含意を持つものであった。第一に、信仰の重要性は、救いすなわち罪を許す神の恩恵と生を高める神の力が、教会からそそがれる聖なる事物ではなく、内面的な魂の闘いのなかで、われわれに確証されることにある。信仰がキリスト者の救いを望みうる唯一の手段であるならば、個々の信者と神の間に入って仲立ちする権威としての教会という正統派的な可視的な教会の余地はないということである。聖書の教えという見えざる教会のみで十分であり、教会による救済仲介は否定されざるをえない。第二に、誰でも信仰により義認されるということは、すべての人は神の前において平等であるということであり、そこには聖と俗という二種類の位階の区別は不必要であるということになる[18]。いままでキリストの聖別を継承してきた聖職者がかざしてきた超感覚的諸力は意味を持たない。われわれはすべて洗礼によって聖別された聖職者であるのであって、司祭や修道士の特別な召命の余地はない、ことになる。

ルターがサクラメントの宗教を否定し、宗教的な行為は信仰という個人的態度以外のものではないとしたことは[19]、すべての宗教的行為は現世すなわち世俗の生活のなかでなされなければならないことを意味する。修道院の外にある非聖職者の存在も同じく聖なるものとすれば、その日常生活すなわち結婚、家族、職業という諸活動は聖俗にかかわらず肯定されなければならないし、そうした営みは神のみ心に沿って行われなければならないということになる。聖俗の区別なく結婚して神の愛と知識の下に子供を育てるべきであり、あらゆる職業は神の召命に従い隣人に奉仕するべく営まれなければならない（ルター研究所編1995、111―113、135―156頁）。すなわち、世俗世界と現世的生活は「信仰の実践に形式と内容を与えるもの」として高く評価されるに至ったのである（Troeltsch 1925、邦訳39頁）。家族、国家、私有財産、商業、身分社会などあらゆる世俗的・社会的秩序は、その本質において「罪の現実を予想する施設、言い換えれば罪の存在を前提とした上で理性が建設したものであり、罪に対する罰と救済手段」であるということは変わらないものの、宗教改革は日常生活（現世的生）を肯定し聖化することにより、それらを祭司的・僧侶階層による統治から解放した。言い換えると中世においては、こうした非宗教的・世俗的な生活システムは自然に与えられた合理的秩序でしかなかったし、宗教的には罪に汚された人間世界の表現であったのであるが、宗教改革の結果これらは一定の価値あるものとして肯定され、すべての信徒にとって宗教的な働きかけの対象となったのである。

もちろん、世俗的職業それ自体やそれと密接不可分の現世的生は、自己目的では決してないのであるが、日常生活の聖化は、教会支配からの解放の結果として現世ないし世俗的秩序に、キリスト者の愛の精神をつぎ込む対象としての意味を与えたのである。トレルチは宗教改革運動における現世改造の真の意味は「キリスト教的なる理想主義でありキリスト教的ユートピア」（Troeltsch 1913、邦訳43頁）にあるのであり、近代市民社会や産業社会の建設などとは何ら直接的関係を持たないものであったことを強調したが、結果として生じた世俗生活の聖化は、日常生活ないし現世的生の肯定を通じて、近代的政治経済システムに大きな意図せざる効果を及ぼすことになったと考えることができる。[20] このことは第3章においてあらためて論じる。

教会による救済仲介の否定と聖俗の位階秩序の否定は、またよく知られているように強い政治的含意を持つものであった。すなわちルターはローマ教皇の権威と教会の持つ裁治権、教皇と教会会議の決定に基づき築かれてきた教会法の体系そのものの意味を否定したのである。ローマの権威を否定した上で、その権力の空白を埋めるものとしてルターは世俗権力に一定の権威を許容した。敬虔君主説と呼ばれるその主張は次のようなものであった（Skinner 1978、邦訳292―293頁）。キリスト者はキリストの王国とこの世の王国という二つの王国に同時に生活する。キリストの王国（＝教会）ではキリストが支配し、この世の王国（＝世俗）ではその支配者たる国王に剣（暴力行使権）の保有が認められる（二世界統治説ないし二王国説）。[21]「神のみ言葉を説き聞かせることしか権限のない」教皇や司教の裁治権・世俗的権限の主張は世俗の支配者に許された剣保有の権利の簒奪に当たる。権力の空白を埋めるものとして世俗権力は必要であり、世俗の権威は神から与えられたものであると考えねばならない。それは信心深いやり方で行使されなければならないし、またキリスト者は神から与えられた世俗的権威へは無抵抗であるべきであり、これに完全服従しなければならない。

こうした敬虔君主論の背景には、人間を自己愛に規定された堕落した存在であるとする上述のルターの深刻な原罪観・悲観的人間観があると言われる。罪人たる人間が現世に理想状態を形成しうるというユートピア主義は成り立たず、現実社会の秩序については伝統的世俗権力の手にゆだねるしかない、とルターは考えた。神と自然の間にローマ教会を置きこれを物神化したカソリシズムの思想を全面的に否定し、ローマ教会の呪縛から人々を解放し、教会組織を純化したルターは、しかしながらこの上なく高い精神的達成にもかかわらず、社会的には現存勢力を無限に正当化したと評価されることがある。たとえばこうしたルターにおける現世秩序への自己適応の姿勢が、ウェーバーには「許しがたい」ドイツ的保守性としてルター改革を低評価する理由を提供したと言われる（柳父圀近1983、78—79頁）。しかし、ルターの現世秩序への適応の理由を、単なる保守性に求めることは一面的な見方であると思われる。トレルチは、ルターはカルヴァンやツヴィングリ[22]などに比べて、はるかに一途にキリスト教的な社会的理想と宗教的自由を人間の態度を律する唯一の真の規則として高く評価した、ことを強調する。ルターにとって、「宗教的精神の自由はいかなる強制・法・人工組織とも無縁であって」（Troeltsch 1925、邦訳225頁）、それを守ること自体に彼の使命があったのである。また農民戦争に関して急進派と対立したルターの態度は、決して領主たちの力に屈したわけでなく、教会の法的圧力と経済的圧力から解放され、内面化され市民化された中世末の自然法による領邦の統治を評価した上での行動であった、とも指摘している。[23]

カルヴァン

カルヴァン（Jean Calvin、1509—64年）のプロテスタンティズムは、西欧における近代社会成立の一つの主要な原動力となった。トレルチは１９０９年の論文で、「われわれのもと〔すなわちルター派の下でのドイツ――引用者〕では依然として、教会は〔自立できずに〕国家の前だれに縋っておりいたるところで守勢に立っていて、秩序の精神や恭順の姿勢を強めている……カルヴァン派が……活発な前進をつづけ、指導的諸国民の近代における政治的＝社会的発展に、ルター派以上に密接な関係をもちつづけていることは、否定できない」（Troeltsch 1909、邦訳２６５頁）と、ルター派との違いを述べているのはその一つの代表的な見解である。次の第3章ではこうしたカルヴァン派ないしピューリタンの教説が持った強い政治経済的インパクトをイギリスの経験を題材にわれわれなりに分析する。ここでは主として宗教上の教義の観点からカルヴァンをルターと比較考察しておこう。以下ではまずルターとの比較で見たカルヴァンの教義の特質をその接近法の違いから考え、次にその社会的インパクトの源泉となった教義上の特質を心理面では予定説、実践面では神の栄光の重視という視点で考察する。

カルヴァンとルターの教説の接近法的に見た主要な違いは、ルターが人間から出発してその神学を構成したのに対し、カルヴァンは世界の創造主としての神の全能から出発したことである。すなわちルターは、アウグスティヌス的な人間の本性的な原罪論に立ち、人間がその業によって救われることはないとしたのに対し、カルヴァンは神の万能を強調する立場から、人間には自力で神による創造の全面的理解に到達することは不可能であるとする。アダムの逸脱に由来する原罪を負う人間にはそうした認識への道は閉ざされている、というのである。

二者の教説における出発点に関するこうした違いは、ウェーバーの言うルターのカルヴァンの神秘主義に関する違いの問題にもかかわりを持つ。ウェーバーによれば、ルターの教説にはいまだ人の魂のなかで神との合一があるといった神秘主義が残っていたが（Weber 1905、邦訳１８２頁）、カルヴァンに至るとこうした感情的救済神学の傾向は排斥された、とされる。たとえば聖餐（ミサ）に関して、ルターはパンと葡萄酒が外観はそのままにとどまるが実体的にキリストの血肉的実体に変化するとのカソリックでとられてきた実体変化説（化体説）[24]は採用しなかったが、パンと葡萄酒はそのままの実体の実態を保ちつつ、同時にキリストの身体も現在（real presence）するとし、神秘的な意味づけを与えた。しかしカルヴァンは、このルターの現在説と関係を持とうとせず、秘蹟のなかに天にいて霊的存在であるキリストの血と肉があることはないと考えた。[25]しかし信じる者にとっては、キリストは精神的に現存し、聖体拝命に際しては、パンと葡萄酒という手段を選んで、恩寵を悔い改めた人の心に注ぎ込むとしたのである。

しかしながら、神秘的感情の培養の有無でルターとカルヴァンを区別し、呪術からの解放という観点からカルヴァンの教説に「近代性」を見るウェーバーの見方は必ずしも適切でないかもしれない。なぜなら神の全能から出発するカルヴァンにおいては、神は人間存在を超越する最高存在であり、人は自力では神を知ることはできず、創造の全面的理解には到達できないということである。しかしもしそうなら、そのためには人は解くことのできない神秘に対する信仰を必要とする、という議論が当然成り立つからである（Elton 1963、邦訳162頁）。この意味ではカルヴァンの聖書主義は正確には、霊感を重視しつつその判定は常に聖書に求めなければならないとするものであり、アーチを構成する両半分のように、神秘主義と教義に関する知識のバランスの上に構成されていると見る必要があるのかもしれない。[26]

さてカルヴァンとルターの重要な相違点は、一義的にはその社会的インパクトにあり、それは心理面では予定説への力点の置き方にある。カルヴァンの師であるルターにも予定説の輪郭はあり、聖アウグスティヌスにも聖パウロにもそうした考えは見られるとされる。カルヴァンの予定説は突き詰めて言うと、ルターの教説の根本的な要素と、パウロの教説の主要点を論理的かつ体系的に取り出したにすぎないものであるとも言えるのかもしれない。しかしトレルチは、予定説に関しては「カルヴァンはルターの弟子以上であり、亜流以上のものであった」と指摘する。すなわち神の全能と全知というカルヴァンの出発点は、彼を、ルターを超えてさらに厳しい「予定説」の強調へと導いたのであるが、それは逆に、「神の性格は絶対かつ至上の意思である」ことを示す目的をもって定式化された、という面を持つと主張する[27]（Troeltsch 1925、邦訳２５９—２６１頁）。

予定説（二重予定説）とは次のような教説である。神はあらゆるものの現在および将来の状態をも知った上で、あらゆるものを創った。神の人間に対する計画（予定）は、あるものは救いに、あるものは破滅へと予定されているということをも意味する。この計画は神のみ知るものであり人はそれを知ることはできない。自らが神の選ばれたものか棄てられたものかを知ろうとする試みは不遜であり、人はそれをうかがい知ることはできないし、人の行為によっては神の予定は変更することはできない。

予定説の中心部分は人間には神の計画によりあらかじめ救済の対象から除外されているものがいるという点にある[28]。多くの信者を絶望に追い込みかねない悲惨極まりない教説である。しかし、カルヴィンの思考は人間ではなく神から出発しており、人が神の予定に対して人が無力であること、選ばれたものが極めて少数であることあるいは選ばれなかった者に対しては永遠の罰しかないということは、さしたる問題とはしなかったと言われる。予定説は全能の神ないし神の摂理の絶対性という中心的教義から派生する結論であり、その聖書的基礎さえもあえて問う必要がない。「選びの反対物が意味されていないのならば、そもそも選びということが意味を失うであろう。またすべてが選ばれているならば、これも選びということが意味をなさない――「少数者が選ばれている」ということで初めて意味を持つ。そして少数者が選ばれているとするならば、残りのものには永罰以外何があるというのか」（Elton 1963、邦訳163頁）というわけである。

この点をトレルチは次のように神の意思の絶対性という視点から説明する。「あるものには、別に功績もないのに意のままに救済を恵み、他の者にはその罪業に応じて破滅を用意するのが、神の本領なのである。……何人も苦情を申し立てることはできない。……神の荘厳な意思はあらゆる原因の原因であり、あらゆる規範の規範である……神は完全に自由な恣意の下にみずからの律法を定める」（Troeltsch 1909、邦訳260頁）。

予定説が、ウェーバーによってプロテスタンティズムの経済社会的インパクトの基本的な心理的動因として取り上げられたことは、言うまでもない。予定説によって、人々の内面にかつて見ない孤独化の感情ないし言い知れない不安の感情が呼び覚まされた[29]。すなわちこの厳しい教えを耐え忍ぶうちに、「信徒一人びとりの胸には、私はいったい選ばれているのか、私はどうしたらこの選びの確信がえられるのか、という疑問」が生じてきた。不安と孤独感にさいなまれたカルヴァンの後継者たちにとっては、救いの確認を得ることが不可欠となってきたのであるが、もちろん神のカルテはだれも見ることはできない、のである。ウェーバーはこの結果二つの動きが生じたと言う。一つは、信徒がそれぞれの生活全体を徹底的に合理化し、自分が救われているかどうかを自己審査する傾向である。すなわち「自然の地位を克服し、人間を非合理的な衝動の力と現世及び自然への依存から引き離して計画的意思の支配に服させ、彼の行為を不断の自己審査と倫理的意義の熟慮のもとにおくこと」（Weber 1905、邦訳201頁）を目的として、世俗内禁欲に進むことである。有名な近代社会特有の、そして資本主義の出現にかかわる、職業倫理の確立がこれから生じたとされる。第1章でも述べたように、われわれはこのウェーバーの主張を受容する。[30] いま一つの傾向は、救いの確証を得たと思う信徒によるグループ行動の発生である。救いの確証を得た聖徒たちがその清浄を保ち、神の栄光への寄与を効果的ならしめるために、共同体として教派・信団を形成する動きが生じたのである。ウェーバーはこのことを、現世を超えた修道士たちの世俗外の宗教的貴族主義に代わって、救済を予定されたとの確信を持った信徒たちによる世俗内における宗教的貴族主義が発生したと表現している（Weber 1905、邦訳２０７頁）。17世紀のピューリタン運動において生じたこうした傾向の重要なインパクトについては後に改めて検討する。

予定説はカルヴァン主義の社会面のインパクトをその心理面のインセンティブから説明するものであったが、不安や孤独感という心理要因だけで、たとえばイギリス革命のような激しい政治社会的運動が生じたとは考えにくい。この点を補うために、ルターが「信仰あるのみ」として人間の救済を求める行為を禁止したのに対し、カルヴァンは「神の栄光」のために神の業に行為を伴って参加することを説いたことが指摘されてきた。すなわちカルヴァニズムの行動面でのインセンティブの側面であり、予定説の心理的インパクトを超えた政治社会的インパクトの源泉の問題である。カルヴァンはルターとともに、信仰のみが神の人間に対する贈り物であると考えたが、しばしばルターの「信仰あるのみ」を超えて、「神の栄光あるのみ」を標語としたとされる（久米あつみ１９９８ａ）。人間の営み一切は神のわざに参加するという意識を持った時初めて喜びと自発性を伴うものとなる、「政治統治または国家・富・商業などすべては神が人間に与えた道具であり、正しくこれらを使うことによって神の栄光があらわされる」と説いたとされるのである。[31][32]

カルヴァンの「神の栄光」の教義は聖書第一主義と相乗して、聖書以外のすべての権威（国家、慣習、伝統等）の価値を相対化し、神の道具となって神の栄光のために尽くすことを要請する可能性を持ち、後にカルヴァン派の「戦闘的」な政治的行動の思想的根拠を与えた。しかしこうした「神の栄光のみ」という強い社会的意味を持つ規範の根拠はどこにあるのかはかなり難しい問題であるようである。『キリスト教綱要』の冒頭には、神と人の二重の認識において、人生の目的は神を知ること、それも神を崇め神の栄光に帰する仕方で知ることである、と説かれている。[33] 久米あつみ(1998a)は、救いの確認または感謝として神の栄光のための善行が生じると主張する。しかし確認と感謝ではかなりその意味が異なると見るべきであろう。キリストの十字架の贖いによって再生されたという恩寵の認識を持ち、それへの感謝の印として積極的に神にささげた生活を送ること、すなわち救いの条件としてではなく、救いへの感謝が人々を神の道具となることを動機づけたという説明は説得的である。しかしこの論理はカルヴァン派においてのみ神の栄光の主張が生じたことを説明しえないという問題点を持つ。他方、ウェーバーは、上述したように、確認を得るためという視点から禁欲的職業労働や信団形成などのインセンティブの発生を説明した。すなわち宗教的達人が、自分が救われているという確信を得る方法には、神の容器になるという方法と神の道具になるという方法がある。ルター派の考え方は前者に近く、その教説は神秘的な感情の培養に依拠するものとなったのに対し、カルヴァン派は後者に当たるとした。すなわちカルヴァン派では自分で自分の救いの確信を作り出すために(Weber 1905、邦訳185頁)、信徒は禁欲的な行為を行い、また組織的に倫理的生活態度を規律づけ、組織的に自己審査するという行動をとったとされる。

しかしながらこの確認を求めるためという説明に関しても問題点を指摘することができる。すなわち、カルヴァンの主張するような無力な人間にそうしたいわば神の最高機密に属する事柄に関する確認を得ることがそもそも可能か、という問題である。エルトンは、カルヴァンは、救いを確かめるというより、救いが得られるという希望を持って生きなければならないと説いたと指摘する（Elton 1963、邦訳164頁）。しかし善い行いをしたからといって、救いを受ける少数者のグループに入れるわけではない、この世における正しい行いや成功が、決して選びを意味するものではないことは予定説の基本である。それゆえ全く救いに関する確証のない段階で、人々がいかに希望を持って生きようとしたとしても、神の栄光に邁進するという強い行為の動機が生まれてくるとは考えがたい、と考えざるをえない。

おそらく、この問題の解は、ウェーバーの指摘するカルヴァン主義の功利主義的含意にあるのであろう。神の全能から出発するカルヴァン主義は、人間を含むすべての被造物を神化することを極力否定した。この被造物神化否定の考え方は、次章で指摘するように、個々の人間の厚生ではなく集計量としての社会的な厚生に行動の価値を見出すことを動機づける。社会的な意味を持った行動として功利主義的意識を持つことは「神の栄光」という旗印に適合的であったのであろう。柳父圀近（1983）もこの点を指摘して、「実は「予定説」が与えた「不安」だけでは「社会論」を欠いた「孤独」しか分析できないのであり、「プロテスタントの倫理」論文におけるウェーバーの初期資本主義の論理は決して十分には成立しない」（64—65頁）として、ウェーバーの「隣人愛の非人間（人格）性」[34]がキーワードになるとの見解を示している。柳父の説明は必ずしもわかりやすいものではないが、次のように解釈されよう。ルター派やカソリックにおいて、隣人愛は個人的に身近な隣人への献身を意味するものであり、ルターにおいては、隣人愛は職業労働を正当化する論理であった。しかし被造物神化拒否の下では隣人愛は個別の人間に向けられてはならない、すなわち被創造物神化の拒否のためには、社会的な対象へ隣人愛を向けなければならないのであり、このことから一種の功利主義的目的への貢献を「神の栄光」という標語に込めたという理解である。ウェーバーの表現では次のように説明される。「ルッターにおいて、分業にもとづく職業労働が「隣人愛」から導き出される……カルヴァン派においては、いまや〔隣人愛は――引用者〕その倫理体系の特徴的な部分となるにいたったのである。「隣人愛」は――被造物でなく神の栄光への奉仕でなければならないから――何よりもまず lex naturae（自然法）によって与えられた職業という任務の遂行のうちに現れるのであり、しかもそのさいに、特有な事象的・非人格的な性格を、つまり、われわれを取り巻く社会的秩序の合理的構成に役立つべきものという性格を帯びる……この非人格的、社会的な実益に役立つ労働こそが神の栄光を増し、聖意に適うものと考えられることになってくる」（Weber 1905、邦訳166―167頁）。このウェーバーの説明は職業労働の社会的貢献にかかわるものであるが、功利主義的目的への貢献として広く解釈することが可能であろう。

以上要するに、「神の栄光のみ」という行動のインセンティブは、神の全能という出発点のいま一つの論理的系である「被造物神化の拒否」と一体となって、社会的貢献への行動のモチベーションを与えたと考えることができるのである。ちなみに「被造物神化の拒否」がイギリス的な個人主義の生成、ひいてはイギリス的経済システムの出来にクルーシャルな役割を果たしたことが次章で論じられる。

3　イギリスにおける宗教改革

本題であるイギリスにおける宗教の変化の問題に移ろう。トーニーの言うように、問題は「スペインの無敵艦隊の撃滅〔1588年――引用者〕と名誉革命〔1688年――引用者〕との間にイギリスが経験した政治と宗教と経済の三方面」（Tawney 1926、1937年版への序文、邦訳（上）24頁）における相互作用のなかにあり、そのなかでの宗教の変化とりわけピューリタニズムの出現とその意味こそ問われなければならないからである。

改革の経過

イギリス（イングランド）の宗教改革は、公式にヘンリー8世の離婚問題をきっかけとするローマ教皇庁との断絶、英国国教会の設立に始まり、エリザベス1世のいわゆる「エリザベスの解決」によってカソリックとプロテスタントの折衷体系として完成する。プロテスタンティズムはその後もカルヴァン主義の強い影響の下に進化し、ピューリタン革命を経て、17世紀末の寛容法において英国国教会システム内に包摂された。その過程の概略は次のように要約できよう。

（i）ローマとの断絶と英国国教会の設立：妻キャサリンの離婚（1533年）[35]をきっかけに、ヘンリー8世（在位1509―47年）はイギリス国内の教会に対してローマ教皇によって行使されてきた独立の裁治権を否定（1533年のローマへの上訴禁止法および1534年の聖職者服従法）し、最終的に国王を「イングランド教会の唯一の地上における首長」と定める国王至上法（1536年）の制定[36]により王権と聖権に関するカソリック的な論理をすべて排除して英国国教会を成立させた。ただしその教理におけるルター主義の受容は十分でなく、宗教的実践面ではミサについて実体変化説を採用する（八代崇1993、107頁）などカソリック的色彩が濃厚であった。

（ii）教理のプロテスタント化：ヘンリーの死によりルター主義の本格的導入が可能になった。後を継いだエドワード6世（在位1547―53年）の下でカンタベリー大主教[37]クランマーはルター主義に立つプロテスタント化を推進した。ただしエドワードは短命であり、彼を継いだメアリ（在位1553―58年）は、カソリック教徒でありカソリック国スペインの王子と結婚するとともに、プロテスタントを弾圧し英国国教のカソリック化を進めた。[38] 宗教改革者[39]の多くは大陸（チューリッヒ、ジュネーブなど）に亡命した。[40]

（iii）エリザベスの解決：エリザベス（在位1558―1605年）[41]は、即位の翌年1559年国王至上法と礼拝統一法を定め、使徒継承に基づいて聖別された主教による歴史的な主教制度を維持し、聖職服規定などのカソリック的規制を強めるとともに、「三十九ヶ条」[42]の信仰箇条を定め教理的にはプロテスタンティズム化を進めた。この折衷的宗教政策は「エリザベスの解決」（Elizabethan Settlement）として知られる。エリザベスの治世45年間に成立したこのカソリックとプロテスタントの折衷システムは[43]アングリカンと呼ばれる。

エリザベスは、カソリック色を徹底して拒否するプロテスタントであるピューリタンによる独自の教会運営方針に強い否定的態度をとり、非国教信従者の反抗を抑えて聖職服規定を強制し、また彼らによる聖書釈義集会や長老派[44]主義に基づく教会改革を弾圧した。他方カソリック教徒はとくにイングランド北部において数多く残存していたが、ローマ教皇による1570年のエリザベスの破門を機にカソリックに対する弾圧をも行った（小泉徹1990a）。[45] 1581年の反カソリック法の制定によりカソリックの布教に厳しい制限が課され、事実上カソリックは禁止されることとなった。[46]

エリザベス時代の主教は、1559年にカンタベリー大主教となったパーカー以外は、全員メアリー時代の大陸亡命者であり（八代崇1979、178頁）、亡命先のジュネーヴなどで学んだカルヴァニズムの強い影響下にあった。[47] 当初エリザベスが受け入れたプロテスタンティズムはエドワード時代の流れをくむルター主義に立つものであったが、1570年パーカーの後を継いだグリンドルはエリザベスとの激しい確執のなかでカルヴァニズム化を進めた（八代崇1979、210―220頁）。

（iv）アングリカンの強制からピューリタン革命へ：エリザベスの没後スコットランド国王であったジェームズ1世（在位1603—25年）がイングランド国王を兼ね、そのあとはチャールズ1世（在位1625—49年）に引き継がれる。ともに課税問題などでジェントリーの支配する議会と対立を深め、宗教的にはアングリカン政策に立ち、英国国教からカソリック色を排除しようとする急進的カルヴァン派や非国教信従者としての色彩を強めつつあったピューリタンと対立した。ジェームズは「主教なくば国王なし」として、カソリック的主教制度を擁護し、また王権神授説に立って絶対王政を実行しようとした。1621年セント・デーヴィスの主教、1628年ロンドン主教[48]を経て1633年にカンタベリー大主教となったウィリアム・ロードは、自身はカソリック教徒ではないが、チャールズ1世の支持の下で英国国教会のカソリック化を推進した。その思想は[49]、「聖書のみ」ではなく「聖書と伝承の尊重」（聖書は教会から独立ではなく、教会によって解釈されるべきものである）およびローマ教会の重視（ローマ教会も英国国教会と同じキリストの教えに立つ真の教会である）を主要内容とするものであり、そうした立場は教会による信仰仲介を否定し、カソリック的な被造物神化を拒否するカルヴァン主義者なかんずくピューリタンの思想と真っ向から対立するものであった。しかし和解を目指して開催されたウェストミンスター宗教会議（1643—53年）において採択された信仰告白[50]は、基本的に二重予定説などカルヴァン主義に立つものであり、最終的に会議はさきの「三十九カ条」を長老派主義的に改革[51]することとなった。また1641年に宗教裁判所や検閲制などの英国国教会による非信従者に対する抑圧機構は廃止された。1642年に始まる内戦を伴ったピューリタン革命において1649年チャールズ1世は処刑された。

（v）王政復古から寛容法の成立へ：オリバー・クロムウェルの没後の1660年の王政復古で即位

したチャールズ2世（在位1665―85年）とその子ジェームズ2世（在位1685―88年）はピューリタンと対立する。ピューリタン革命に強い反発心を抱く厳格な英国国教会重視派が多数を占めていた議会と国王は、ピューリタン革命で廃止された主教制を復活し、非国教徒が都市自治体の役職に就くことを禁じたり、秘密礼拝集会を禁止したりしてピューリタンを厳しく弾圧した[52]。また（次章でも触れるように）1679年にはフランス寄りの親カソリックと見られたジェームズの王位継承問題をめぐってチャールズ2世とシャフツベリー伯など後のホイッグとなる一派との間で三年間にわたる抗争が生じた。

しかし「政治史的にみたとき、王政復古がピューリタン革命の否定でないことは明らかである。王権に対する議会の優位は揺るがなかったし、後にジェームズ2世がこの優位に挑戦したとき、英国民は名誉革命によってこれを斥け、ピューリタン革命が確立した原則を固守したのである」（八代崇1979、278頁）。名誉革命の翌年1689年権利章典と寛容法が成立する。これらにより立憲君主制が確立し、ピューリタンなど英国国教に対する非信従者も国王への忠誠を誓いさえすれば宗教的罰則から除外されることが定められた。ただしカソリックは寛容法の適用から排除された。

教皇・国王そして神

以上の歴史的経過の概観を踏まえて、以下ではイギリスにおける宗教改革が持つ二つの顕著な特色を指摘しよう。その第一は、改革が、少なくとも形の上では、ヘンリー8世のローマとの対立から始まったことからわかるように、改革の経路はイギリスの統治権をめぐる闘争の過程でもあった。すなわちローマ教皇の教会支配権、イギリス国王の統治権さらに聖書による神の権威の優越性の問題が複雑に絡み合いながら進行したことである。第二はカルヴァン派ないしその中心をなすピューリタンによる個人主義への思想的な動きが大きな意味を持ったことである。自己の意思による信仰という宗教的個人主義の確立に始まり、教区から信団へという社会的な運動が既存の共同体を破壊し、聖意を体した個人のイニシァティブに基づく政体の樹立まで進む過程は、イギリスにおける個人主義の確立が劇的に進行した過程にほかならない。

まず、第一の特質について考えよう。イギリスの統治権をめぐる思想闘争は教皇と国王の間で始まった。ルターは聖書あるのみの立場から、可視的な教会による救済仲介と聖俗の位階秩序を否定した。言い換えると、聖書と説教という教会は見えざるもののみで十分であり、ローマの権威には根拠がないことになる。同様な論理から、ルターはサクラメントに関しても、ローマ・カソリックが、それが洗礼、堅信、ミサ（聖餐）、告解、終油、叙階、結婚の七つからなるとしたのに対し、ルターは厳密には聖書が定めたもの、すなわち洗礼とミサのみからなるとした。この点に関してヘンリー8世は1521年に「七つのサクラメントの主張」なる文書を著して、ルターを批判し、それによりローマ教皇から「信仰の擁護者」の称号をさずけられた。しかしヘンリーは英国国教会を樹立し、結局はローマから離反した。ヘンリーはその後も宗教教理上はルター派の異端に激しい嫌悪を抱いていたと言われるが、教皇からの至上権奪取を正当化するという政治的目的のためにルターの敬虔君主論を利用したのである（八代崇1979、96頁）。

ヘンリーのローマ教皇との争い・ローマ教会離脱と英国国教会樹立の動機は、単純な信仰上のものではないし、離婚問題はメアリが後に王位継承権を得たことからすると口実ないしきっかけである可能性も否定できない。第一に、グッディも指摘したように、ローマ教会は結婚のルールに介入することにより、土地の同族内での相続を困難にし、教会への土地の移転（寄付や遺贈）を増加させる政策をとっており、イギリスでも20―30％程度の土地が教会の所有となっていたから（Goody 1983、127頁）、教会を介した教皇の権益の排除が基本的な理由をなしていたことは間違いない。[53] 対外戦費から巨額の財政赤字を余儀なくされていたチューダー王朝にとって、ローマの支配下にあった教会・修道院の財産と徴税権を入手することはこの上なく魅力的であった。初穂税、十分の一税などが王権に移行することで王室の歳入は三倍以上になり、また入手した膨大な修道院領を売却[54]することで莫大な収入を手にすることができた。（Hill 1967、邦訳38―39頁）。第二に、フランス・スペインといった強国に対抗するために、プロテスタンティズムを利用したことが考えられる。教皇との断絶はイギリス国内の教会の支配を可能にするだけでなく、国内にカソリックという敵がいるという状況が現出することは、すぐ隣のアイルランドがカソリックであることとともに、カソリックへの対抗という意味でイングランドに国民的統一感をもたらす効果があったのであろう（Hill 1967、邦訳48頁）。

しかしルターの敬虔君主論の受け入れは、ヘンリーの国王としての至上権は神に対しては通用しないことを意味した。聖書を最高の権威とするプロテスタンティズムでは、理論的に教皇だけでなく国王も批判の対象になりうる。ヘンリーは「ルターが国王と聖職者からすべての権力と権威を奪ったと感じていた」と言われる（Hill 1967、邦訳42頁）。事実、ルターの影響を直接間接に強く受けた殉教者ティンダル（William Tyndale, 1492-1536）が翻訳した聖書はアントワープで出版されたが、政府の禁止にかかわらず、商人たちの手で大量にイングランドに持ち込まれ、1537年にはヘンリーとその側近トーマス・クロムウェルは英訳聖書公認を約さざるをえなくなる。ティンダルは「もっともいやしい者も神とキリストの国においては国王と対等である」と述べた（Hill 1967、邦訳42頁）と言われる。

こうしてヘンリー8世の死後のイギリスの宗教改革は、国王と神の地位をめぐって、王権と神権の激しい抗争のうちに進行する。とくにメアリ時代におけるプロテスタント迫害で大陸へ亡命した信者が、聖書主義に非妥協的に固執するカルヴァン主義の強い影響を受けたため、この問題は極めて深刻化した。メアリの治世下では、カンタベリー大主教クランマーが、国王への忠誠と神への忠誠の二律背反に悩みつつも、聖餐の実体説を否定し、礼拝儀式の簡素化を進め、最終的には処刑された。続くエリザベス時代には、おなじくカンタベリー大主教のグリンダルが、エリザベスによる聖書釈義集会の禁止を批判し、神が王権に優越することを主張した。また後述のように神学者カートライト（1535―1603年）は、主教制を批判しただけでなく、カルヴァニズムに基づく一種の神権政治的な教会自治主義である長老主義を導入しようとしたため、エリザベスの強い怒りを買った。エリザベスの下で成立したアングリカニズムは、教理的にはカルヴァニズムを基本的に受け入れたものであったが、教会制度的にはカトリシズムに近く、政治的には国王と神の地位に関してカルヴァニズムとくにピューリタニズムと決定的に対立するものであり、後のピューリタン革命はその意味では不可避のものであった。参考までに八代崇（1979）に依拠して、ピューリタニズムとアングリカニズムの比較を行っておこう。

まず教理的には、両者ともに予定説を受け入れている。[55]ただしピューリタニズムは聖書のみの立場であるが、アングリカニズムは聖書と伝承の立場に立った。ピューリタニズムは信仰告白主義の立場から直接無媒介的な宗教的個人主義を唱えたが、アングリカニズムは非信仰告白主義であり間接媒介的な聖餐共同体主義に立ち、神と人との間の仲保者として主教などの聖職者の存在とサクラメントを不可欠とした。したがって教会制度の上では、ピューリタニズムは主教制を否定し、聖餐の人効論を主張し、アングリカニズムは歴史的な主教制の維持と聖餐の事効論を主張した。[56]そして決定的な違いは、ピューリタンが国家体制に対する神の法の優越を主張したのに対し、アングリカニズムは国王大権を神与の自然法という立場から擁護しようとした点にある。より原理的に言うと、ピューリタンは、人間が堕落の結果、その意思も理性も罪も影響を受けているから、国家は神の法に従って人間生活を規定しなければならない、自然は神より離れて独立して存在するものではないから、自然法の自然的性格を強調することは、人間理性を崇めることであり、被創造物神化にあたる、したがって国家の定める実定法を自然法によって基礎づけることはできないと主張した。これに対してアングリカニズムは、こうしたピューリタンの考えは自然の創造主である神と神が与えた自然の法則に対する冒瀆であり、国家は、自然の秩序に属しその一部である社会から自然に発生したものであるから、教会と同一の次元に立つものであり、自然法に基づく国王による統治は正当であると反論した（八代孝1979、240—253頁）。おそらくアングリカニズムの自然的な国家の成立論による王権の擁護は説得力を欠き、その後の展開では王権神授説など無理な論理をせざるをえなくなったものと思われる。この点については第3章で論じる。ちなみにアングリカニズムはその後ロードによる修正を経て、ジェームズ1世・チャールズ1世の下で一時中断されるが、王政復古の下で復活して以来、今日まで英国国教会の基本的な立場を表すものとされる（八代崇1979、223頁）。

教区から信団へ：独立を目指す個人主義

イギリス宗教改革の第二の特質の問題に移ろう。「イングランドがまがりなりにも「プロテスタントの国民」となるのは旧世代に代わってエリザベスの体制のもとで育った世代が社会の中心となる一五八〇年代のことである」（指1998、164頁）と言われる。すなわち、エリザベス時代の前半までは、カソリックがそれ以前のイングランド国民の間に根強く浸透していたし、プロテスタントもまた英国国教会のなかにとどまり、漸進的なプロテスタント化が進行していた。プロテスタント化の本格的な進行の一つの重要な契機は、長老会による教会統治[57]という教会システムの脱カソリック化の試みが、弾圧により失敗したということにある。その事情とはこうである。１５８３年、エリザベスとの対立で職務停止処分を受けながら引退を拒否していたグリンダルが死去し、代わってカンタベリー大主教となったホイットギフトが主教制を通じた規律の強化に乗り出した。これに対し、エリザベス朝ピューリタニズムの中心的指導者であるケンブリッジ大学の神学者カートライトは、グリンダルの遺志を継ぐ形で、ローマ教会の残滓である主教制度を廃止し、ジュネーヴのモデルに従って長老会に基づく国民教会とするというかねてからの主張を実行に移そうとし始めた。しかしカートライトによる急進的な改革はエリザベスの怒りを買いその弾圧により失敗に終わった（小泉徹１９９０ａ）。こうしたなかで、急進的なプロテスタントが次第に認知され、ピューリタンとして社会的に登場したのである。すなわち、ピューリタンとは、もともとエリザベスの「宗教改革を不満とし、聖書に従い、ジュネーブの宗教改革を模範として、禁欲的かつ勤勉な生活を送ろうとした人々に付けられたあだ名」（久米あつみ１９９８ｂ）であったのであり、「エリザベスの解決に満足しえなかった急進的プロテスタントで、ジュネーヴやチューリッヒの教会の模範にならって英国国教会内部の非聖書的要素やローマ教会の「腐敗堕落」の残滓を一掃し、より純粋な教会改革を志向した人々」（八代崇１９７９、１８８頁）を指す言葉として生まれたのである。エリザベス期にはそれは、ピューリタンの説教者、貴族とジェントリーのなかの支持者、および同時代の人々が「敬虔な人」（the godly）と呼ぶ場合に念頭に置いた民衆層（the popular element）の三本の脚からなっていた（Collinson 1983, p.2）。

ここで重要なことは、当時の感覚ではピューリタンとは敬虔なプロテスタントの意味であったのであり、プロテスタントによる改革は当初はあくまで英国国教会内部での運動であったということである。しかしながら、こうした改革派の人々の間には、おそらく純粋な信仰とともに、予定説を自分なりに解釈した「選ばれし者」したがって「神の栄光のみ」のためにという使命感が生まれつつあったものと考えられる。今関恒夫（１９８８）は、コリンソンの一連の業績を要約しつつ、当時の様子を「一方で「敬虔な人々」「聖書に生きる人々」「説教を聞きに行く連中」と他方で当時の人口の大部分を構成していた……「どっちつかずの人々」の間には明確な区別があった……「敬虔な人々」は多くの場合国教会内にありながら彼らだけの特別な人間関係を結んでいた……「敬虔な人々」は道徳的社会的行動と自発的信仰的訓練とにおいて」異質な根源的な何かを持っていた（6―7頁）と社会学的に描写している。それにもかかわらず長老派教会運動にかかわったのはピューリタンの一部であり、大部分のピューリタンは英国国教会内部にとどまっていたと言われる。ピューリタニズムは当初から分離主義的な運動であったのではなく、基本的にその集会は「相互に励ましあい、すでに習い覚えたことがらを教化しあう」ための復習の集会であったとされる（今関恒夫１９８８、11頁）。彼らはしばしば日曜日の夜、持ち回りで誰かの家に七、八人から二〇人ほどの規模で集まり、食事をとりながらその日の教理問答について話し合い、『殉教者列伝』を読み合い、詩篇の唱和と祈りで会を閉じるといった集まりを行っていた（Collinson 1983, pp.10-11）。

しかしながら、カートライトたちの改革運動の失敗の後、「敬虔な人々」は英国国教会を脱して非教区的な集会に参加するようになったと言われる。その一部は排他主義的な契約集団を形成し、分離主義的教派や信団の形成に向かった。こうした動きは、エリザベス以後スチュアート朝のジェームズ１世、チャールズ1世の時代にはさらに顕著になったものと思われる。ウェーバーは予定説をめぐって国教会の分裂が恒久化したのはジェームズ1世のときであったとしている（Weber 1905、邦訳145頁）。アメリカへの移住も増加した。メイフラワー号によるピューリタンのアメリカ渡航は1620年のことである。王政復古以後名誉革命までの期間はさらにピューリタンにとって冬の時代であり、非信従者としてピューリタンは弾圧の対象となったのである。

ウェーバーは、『プロテスタンティズムの教派と資本主義の精神』と題する『宗教社会学論集』のなかの論文（Weber 1920a）で、エリザベス朝の時代に、ピューリタンのなかに「選ばれし者」という感覚が広範に広まっていたと主張する。すなわち「聖別されない人間を聖餐式から排除し聖餐式の清浄を保つという思想はエリザベス1世の治世で重要性を決定づけた」。人々は神と一対一で疑似的人格交流を行い、信仰において共通する仲間と教派・信団を形成したのである。ウェーバーによれば信団とは、「宗教上・倫理上の有資格者だけに加入を許す自発的団体であり、ひとが自由意思により信仰を証明して迎え入れられるとき、ひとは自由意思により団体の成員となる。」（Weber 1920a、邦訳89頁）ものであり、教派に加入することにより教団の権利を完全に享受してよいとの許可とくに聖餐式への参加の許可を得たが、この権利の持つ社会的意義は（とくに初期のアメリカでは）非常なものであったとされる。おのおのの信団は、自由意思による参加、各地方聖餐団体の独立、教団の自治による道徳的規律（聖餐式の清浄）の維持という三つの原理によって規律づけられていたとされる。ちなみに、聖別とは他と区別され神のものとしてささげられたという意味であり、前にも記したがウェーバーはこうした信団による運動の帰結を次のように総括している。「別して禁欲的集会と教派の形成こそは、家父長的・権威的な束縛を根こそぎひっくり返し、またひとは人間に従うよりは神に従わねばならないという命題を自己流に解釈しなおして、近代『個人主義』の歴史的基礎のうちのもっとも重要なもののひとつを形成した行為であった」(Weber 1920a、邦訳112頁)。

このウェーバーの主張すなわちピューリタンによる教派・信団の形成が、家父長的・共同体的な既存の伝統的紐帯を寸断し、それが人々による近代的自我の発見ないし個人主義の原点をなしたという仮説は、Taylor (1989) などその後の諸研究によっても強い裏付けを得ている。カソリック的ないし英国国教会的な「教区」からピューリタン的な「信団」への人々の所属にかかわる意識と行動の変化は、当時の人々にとっては人生と家族をかけた決断を伴ったものであり、それはイギリス的な独立と自己の意思決定に立つ個人主義の成立を決定づけたものであったと言って差し支えないであろう。

ヒルは Hill (1964) において、革命前のイギリス社会におけるピューリタニズムを論じて、17世紀初めのイギリス社会で、伝統的な宗教制度の上に立つ教区に基づいた共同体が急速に衰退したことを指摘している。魔術は衰え、ミサの奇蹟に代わって説教が宗教実践の基本となり、人々を教区に縛り付けていたその宗教的機能に代わって教区は課税と浮浪者の取り締まりといった行政的機能の場となった。

1616年には個人主義の広まるロンドンで、「貪欲と汚職にまみれた市民であっても個人的な富の蓄積は公共的に有益である」という趣旨の、後のマンデヴィルに見られるような逆説を唱えるパンフレットが出回っていたことも記している (pp.483-487)。教区から信団への変化は、「救済される少数者に含まれるためには、救済されるものの共同体に忠誠をつくし、家族・地域共同体・政治社会と縁を切る用意がなければならない」という意識に支えられ、それはついには「不信心な者たちと袂を分かちキリスト教社会を建設するために、ニュー・イングランドの荒野を目指して大西洋を渡る」(Taylor 1989、邦訳225頁) ことすらいとわないという決意にまでつながった。階層的従属支配関係、受け継がれてきた儀式、季節ごとの祭礼および共同体の精神生活を指導する司祭などからなる伝統的な地縁的共同体は否定され、新しい信団に基づく共同体は自由意思による個人のコミットメントを構成原理とし、契約によって結ばれた個人によって形成された。信団の集会のための牧師も賃金契約に基づいて双方の合意によって選定された。長期議会の開催に引き続き内戦のはじまった１６４０年代には、信団は神学と教会統治に関する合意によって成立する自発的結社であり、合意が成り立たなくなると分裂した。ちなみに、１６６０年以降国教会はジェントリーと教区司祭の支配下に置かれ、騎士議会は厳格な国教徒によって支配されるが、クラレンドン法（注50）による非信従者の追放や排除は農村部においては有効であったが都市部では有効でなく、ピューリタニズムは名誉革命まで商工業者の間に根強く残存したとされる。

17世紀においてピューリタニズムによって伝統的な教区に基盤を置く村落ベースの共同体が解体されていった様子は、「17世紀にいたって村落共同社会は史上初めてイデオロギーの上で頂点から底辺まで引き裂く分裂を経験した」（Spufford 1974, pp.346-347）とするスパフォードのケンブリッジシャー州に関する実証研究にヴィヴィッドに描かれている。自らが選ばれた少数のグループに属すると考えた、あるいはそのように考えないまでも自らも神の栄光にかかわる業に参加したいと考えた人々は、遠さをものともせず信団の集会に集まり、そうした行動の結果、村落共同体は次第に解体への道を進んだのである。「会衆教会の会員は教区と村落の境界をズタズタにした……ほとんどの村は一人か二人の清教徒を持っていたにすぎない……日曜日ごとに会員は長い道のりを歩いて集会に集まった」（Spufford 1974, p.344）。集会は既存の教会、集会所、[58]秘密礼拝所などで行われた。１６４４—６６年の間にケンブリッジシャーのあるバプティスト教会において洗礼を受けた会員は、ケンブリッジシャー・ハンティンドンシャーおよびベッドフォードシャーの三〇ほどの村や町から集まってきていたと言われる。任意の自由意思による教会的集会（"gathered" church）は自然村や地域社会（"natural" parish and community）の境界を寸断した（pp.344-355）。

こうした個人のコミットメントを強調し、個人の独立を重視する個人主義の拡大は、教区から教派・信団への移行に伴う共同体の解体とともに、家族観と結婚観の変化を通じても生じた。伝統的な教会に代わって次第に家族が信仰にとって本質的な単位となっていくことでも生じた。ウォルツァー（Walzer 1965）はカルヴァニズムが伝統的な家族観を破壊したこうした行動は、カルヴァン主義の思想そのものに根差していると主張する。すなわちウォルツァーによれば、カルヴァン主義は家族の「統治」の視点から血縁関係を理解したとされる。「家族は国家と同様に神の preemptory な命によって作られた "聖なる組織" であり人々は契約によって参加している……家族は小さな教会であり小さな王国である。それは宗教的規制と政治的従順さを鍛錬する場である……父親は子供を信徒と市民に育て上げるための神と君主の道具である」（Walzer 1965, pp.188-192）。ピューリタンの家庭では、戸主は家族に教理問答を教え、信仰教育を行った。家族愛に基づく自然的な家族の結合ではなく恵みと信仰による繋がりを重視したのである。こうした思想は結婚観も大きく変化させた。カルヴァン主義では「信徒間の結婚は精神的結合であり、互いに潜在的な godliness をたたえあう二つの個人の自由意思的な同意である」（Walzer 1965, p.193）とされた。ここでも自由意思と自己のコミットメントによる個人間の契約関係が強調されたのである。

最後にピューリタンの社会的広がりの程度を見ておこう。小泉徹（１９９０ａ）は、「ピュリタンは最下層をのぞき、エリザベス時代の社会のすべての部分に浸透していた」（82頁）としている。また、スパフォードもそのフィールド・リサーチの場であったケンブリッジシャー州では少なくとも1630年にはピューリタンの感情かつ反ロード主義・反主教主義が広範に根を張っていたと見られる、としている（Spufford 1974, p.353）。しかし王政復古後のデータで見る限り、ピューリタンの社会的広がりは広範なものであったとしてもその密度は薄いものであった。[59] スパフォードは1669年におけるピューリタンの人数を長老派四万人、バプティスト七千人ほどであり会衆派とクェーカーが長老派に次ぐ位置にあったとしている。また1667年において非国教徒は人口の4—5％ほどであり、それぞれの村で一人か二人の活動的な非国教徒がいたという程度であるとも述べている（Spufford 1974, p.22, p.344）。

しかしながら密度は低くとも、ピューリタンはそれぞれの所属する階層ないし社会で影響力を持ったメンバーからなっていたことに注意が必要である。今関恒夫は、ピューリタンの社会層を次のように総括している。すなわちその中核は独立自営農（ヨーマン）と都市の商工業者からなる独立した小生産者であり、極貧の人は含まない。またピューリタン貴族は少数ながらエリザベス朝の宮廷で強い影響力を持つ人々であったし、ピューリタン・ジェントリー[60]も国有化された教会を買い取り、領内に教会堂を建設し、牧師・説教師を雇用するなどして、ピューリタン運動を支援した、とされる（今関恒夫1988、65—71頁）。トーニーもまたピューリタンは「経済的には独立しておりその身分に対してはある程度のたしなみのある誇りを抱いていた社会層」（Tawney 1926、邦訳（下）100頁）であった、としてこうした見方を支持している。

イギリスの宗教改革の性格規定

以上のようなイギリスの宗教改革の性格規定に関して二つの見方がある。[61] 一つは宗教改革の「国家の行為」としての側面を重視するものであり、イギリスの宗教改革は16世紀前半の出来事であり、ヘンリー8世に始まりエリザベス1世によって完成された英国国教会の成立こそそれにほかならないと主張するものである。宗教史ではヘイグ（Haigh 1975）、社会経済史ではヒル（Hill 1967）、日本の研究者では八代崇（1979）によって代表される見解である。

ヘイグの見解は、ヘンリーによる政治的な宗教改革が新しい宗教をもたらしたのであり、宗教運動が教会体制に変化をもたらしたのではないということである。教区レベルの教区巡回記録、教区委員記録、遺言状などの実証的検討を踏まえて、宗教改革前夜のカソリック教会は十分に機能しており制度としての教会や聖職者への反発や不満は見られないことを主張する。実際にプロテスタンティズムが確立するのは、16世紀後半のエリザベス時代であり、人々がヘンリーの恐怖政治と持ち前の功利主義的行動規範から国王の権威に従ったことが、その原因であったと主張する。

ヒルはイングランドの宗教改革は制定法に基づいて行われたことを特徴とすると主張した。ヘンリーの宗教改革がティンダルなどによる宗教運動の強い影響の下に行われたことは認めるものの、改革の実行には財政的・国際環境的影響が大きいことを指摘し、宗教改革とその後の革命を峻別して考える。また八代もイギリスの宗教改革の特色は、国教会の設立という合法的な制度改革としてなされたことに一つの特色があると主張し、ピューリタニズムは「結局のところ「宗教的達人」の宗教であり、ピューリタンは「宗教的音痴」を切り捨てざるを得ない前衛」であったとの位置づけを与えている。

他方、いま一つの見解は、宗教の変化の契機を「普通の人々」の意識に求めるものであり、宗教改革をロラード派に始まる民衆の意識レベルのプロテスタント化の過程としてとらえ、ピューリタン革命によって完成されたものとする考え方である。宗教史ではディケンズ（Dickenz 1964）、社会経済史ではトーニー（Tawney 1926）などによって代表される。ディケンズの主張は、16世紀までにイングランドではルターなどの改革思想を受け入れる素地として十分なプロテスタント化があったとするものである。ウィルクリフ以来のロラード派の伝統、カソリック教会の腐敗と堕落、その結果としての反聖職者意識・反教皇感情などを背景に、ヘンリー8世の改革が本格化した1530年代には、イギリスは十分にプロテスタント国として成熟していたと主張される。この研究はいわゆるホイッグ的史観に立つものとしての性格を有しており、17世紀のピューリタン革命と18世紀におけるホイッグの制覇につながる流れを統一的にとらえようとする立場と言えよう。またトーニーは、「清教徒革命こそ英国の真の宗教改革であった」（Tawney 1926、邦訳（下）94頁）として、宗教改革は基本的にエドワード6世によるルター主義の導入に始まり、ピューリタニズムの成立により完成されたとの見解をとる（邦訳（下）10頁）。トーニーの議論は地理上の発見とそれに続く商業革命など中世末期における社会・経済の変化を背景に置く資本主義勃興論から宗教の変化を分析したものである。宗教の経済システムへのインパクトに関しては基本的にウェーバーの「プロテスタントの倫理」説に立っている。

第2節　日本における宗教の変化

1　宗教の変化の背景

古代律令社会の崩壊と中世社会への移行

新しい宗教運動ないし宗教改革が開始された平安中期から院政期にかけての時期は古代律令社会崩壊の開始と中世社会への移行の時期であった。日本の中世社会は律令制統一国家が厳然とそびえたっていたその真っ只中で形成されたということになる（黒田俊雄1975、32頁）。この点はおそらく西欧の中世への移行期と決定的に異なるのであり、日本の「中世社会」への移行はそれに先立つ既存の律令的集権的な政治経済システムの解体・崩壊という劇的な構造変化を伴った。このため社会的文化的には西洋における中世から絶対王政への移行時に比肩するあるいはそれ以上のインパクトが及び、宗教的にも根本的な改革運動が生じたのである。

経済的背景としては、9世紀に本格化し11世紀中に完了した私的大土地所有の拡大すなわち私営田領主の出現と荘園公領制への移行がある。古代的共同体秩序や祭祀に代わって、私的な富が決定的に重要となり、私的な開墾地の増大と貧窮した浮浪民の発生が見られ、家父長的な奴隷制ないし農奴的小農民経営を支配した荘園的生産関係が拡大した。貴族は寄進地系荘園を中心に荘園経営に乗り出すが、その領有権は荘官・荘民による侵害などにより不安定化していた。政治的には律令制に立つ中央集権的行政組織すなわち天皇を頂点とする古代専制国家体制の解体と権門勢家システムへの移行が背景にある。貴族と国家は荘園制と自立小農民（「百姓」）の成長に受動的に対応し、兵（つわもの）や武士の武力への依存、本所・領家の重層的保護関係の錯綜するなかで、権門勢家が支配権を拡大した。社会的には、「公民」に代わる自立小農民の台頭、豪民（名主層）と細民の発生、そして武士階級の出現・台頭が生じた。私的な隷属関係が広範に展開し、地方豪族から天皇に至るさまざまな段階の権威が解体するなかで、支配層たる貴族社会は危機感に覆われた。うち続く戦乱と天変地異・飢饉の連続する状況において、貴族における日本的無常観、社会的現象としての末法の時代の感覚[62]、民間における地獄観などの高まりが見られた。

仏教への期待と仏教界

こうしたなかで仏教は、かつての中央の国家と為政者のための「官営の」鎮護国家宗教としてだけでなく社会の底辺の構造変化と結びつき始めていた。この時期の仏教の動きは次の三点により要約されよう。

第一に、たび重なる地震・飢饉・疫病などの天変地異[63]、治安の混乱、末法思想による価値体系の危機化のなかで、人々の思考方法は仏教の現世否定から強く影響を受けた。貴族は階級の危機を自覚することから現世否定による来世への志向を強め、不安に満ちた有限的存在を否定することで無限者の懐に身を投じようとした。末法思想は貴族社会のみのものではなく、無常観とともに、貧窮・破戒・無知無学の下層民の社会まで広く受け入れられ、救済への渇仰は社会を覆った。殺人を職務とする生活そのものが罪業の塊であった新興の武士階級においては、救済の要求はさらに熾烈であった。無常観・末法思想・地獄観の広まるなかで、仏教には大衆救済の機能が強く要請された。平安中期以後院政期にかけての天台本学思想とそれに密接に関連しての鎌倉新仏教の成立はこうした要請を背景に持つものであった。

第二に、律令制下では制度的に国家に従属していた寺社勢力は、荘園制の進行する過程で荘園領主としての自立性を強め、俗権（王法）に対して独立した立場をとるようになっていた。しかしそのためには国司や配下の国衙勢力による妨害を排除して一円支配を達成することとともに独自の住民への支配体制の構築が必要であり、王権による保護を必要とした。王権たる天皇も天孫たる属性に加えて、仏教の外護者としそれを信任するとともに、仏法による守護を得ることでその地位の安泰を確保しようとした。こうした両者の相互利害の調和点において成立した王法仏法相依論の下で、改めて仏教は鎮護国家の役割を分担し、その方法として密教が広範に採用された。それは、[64]実質的には密教の名において行われた祈禱呪法であり、御霊信仰などの鎮魂呪術的信仰の広がりを背景に、権力奉仕的意味の濃厚な鎮護国家の理論と現実において統合していた。また仏教側は、律令支配以来「王土」とされてきた国土を理想の浄土である仏国土でもあるという形で聖化することで、王権の正当化と王土思想の肯定の論理を提供した（佐藤弘夫１９８７、56―64頁）。

第三に、仏教と政治権力の癒着は、私的関係による律令的公的組織の侵食と既存権威の失墜の動きと相まって、仏門の堕落を広範に生み出したことである。上級の僧位は貴族の子弟によって独占された。法親王・門跡の制が導入されるとともに、僧侶の住居の寺院化、寺院の住居化が生じた。下級の僧は僧兵となり、横暴を極め、宗門間の争いだけでなく寺院の世俗的係争への係わりは、仏教の権威失墜と学問の衰退につながった。聖・上人と呼ばれた民間布教者の活動、非僧非俗の沙弥や民間念仏者の増加などは貴族的既成教団の腐敗への反発の反映でもあった。とくに浄土宗の信仰はこうした民間の修行僧による布教努力の下で幅広い支持を獲得しつつあった。

2　仏教における革新

こうした状況下で、日本の仏教は鎮護国家のみを目的とする宗教から、その役割を維持しつつも、大衆救済の機能を果たす宗教、そのために世俗世界における宗教実践を可能にする宗教として、その性格を大きく変更した。この変化は、平安中期にはじまり、鎌倉期に体系的に完成された天台本覚思想と浄土教・浄土真宗、日蓮宗、禅宗などの鎌倉新仏教の発展の形をとった。天台本覚思想では能力的などの理由からさほど修業を行えない衆生すなわち凡夫に対しても救済の道を開いた。その根拠は、人はすべて生まれながらに成仏する可能性を持つという一切衆生悉有仏性（しつうぶっしょう）の仏性論であった。凡夫に対しては極めて緩やかな修行義務という易行化が徹底され、哲理的には事常住の考え方すなわち現実の事象こそが真理の生きた姿であるとの思想が論理の基礎を提供した。現世における成仏すなわち即身成仏の可能性は、現世肯定の人生観と、現世・来世の区別のない絶対一元論に立つ世界観につながるものであった。他方、日本浄土教は、極楽浄土概念に立つ徹底した現世否定と現世・来世の相対二元論から出発し、救済の方法を自力による悟りの達成から絶対者による救済の信仰へと切り替えて、絶対他力本願の体系を構築した。そこに導入された専修称名念仏という宗教実践の方法は、悟りのための修行の易行化として導入されたが、次第に衆生による信仰の表明・絶対者による信仰の確認の手段とみなされるべきものに変質した。

大乗仏教

もちろん、インドから中国を経て日本に伝来した大乗仏教そのものは、それ以前の原始仏教や部派仏教[65]に比べて、自利よりも利他を強調するという意味でも、また出家修行者だけでなく在家信者の救済を目指すという意味でも、大衆救済の志向性の強いものであった。しかし日本仏教の平安末期から鎌倉期にかけての変化は、ウェーバーの言う主知主義という本質を変更しかねない仏教思想の根本変革にかかわるものであり、結果として日本社会における知のあり方と人々の世俗的行動様式に大きな変更をもたらしたのである。先に進む前に、大乗仏教における大衆救済への転換の内容を、大乗仏教の原始仏教・部派仏教との三点の違いの形で整理しておこう。

第一は、ブッダ観の大幅な転換である。大乗仏教では紀元前5ないし4世紀のある時点に苦行ののち菩提樹の下で悟りを開いたゴータマ・ブッダは真のブッダではなく、真のブッダは久遠の昔に成仏し、現在も教えを説き続けていると考える。現在世界でない他の世界（他方世界）も無数にあり、そこではさまざまな形で如来と呼ばれるブッダが活躍している（多仏世界）。法華経における阿弥陀仏[66]もそうした如来のひとりであり、西方の極楽浄土に現在すると考える。悟りに達し解脱の境地に入るには、厳しい修行を自らの責任において行うだけではなく、如来に帰依しその教えに従うという方法をとることが可能になった。ブッダを開祖であるゴータマ・ブッダに限定するとき、信者はあくまで伝承された教えを間接的に聞くにとどまるが、この転換により瞑想経験を通じて直接に現在するブッダと接することが可能になった。またこのことから、原始仏教・部派仏教ではゴータマ・ブッダの言行録をまとめた限られた経典のみを仏説としたのに対し、大乗仏教では時代を下って新たにまとめられた経典をも仏説として認めることとなった。代表的な大乗仏教の経典としては、般若経、華厳経、法華経および無量寿経・

観無量寿経・阿弥陀経などの浄土経典がある。

第二は修行・成仏観の転換である。大乗仏教登場までは成仏（悟りの獲得）は出家し難行をやり遂げたもののみに可能であったが、大乗仏教では、すべての衆生が修行により出家者・在家者を問わず、ブッダと同じ悟りに達する（すなわち成仏する）か、あるいはすべてのものがそのような悟りに達した諸仏により救済されると説かれる。ただし大乗仏教では、現世での救いの完成を理想とせず、菩薩すなわち悟りを目指す衆生として、何度も輪廻[67]を繰り返しながら苦しみつつ長期の困難な修行を行うものとされた。また来世において悟りを得たあかつきには輪廻の世界にとどまりながらも、煩悩から離れて自由に衆生救済にあたるとされる（無住処涅槃）。死後にしか成仏する可能性がないため[68]、大乗仏教の下で、衆生は現象世界を否定的に評価せざるをえないこととなる。すなわち大乗仏教は衆生に向けて成仏の可能性を広げたが、それは他方で強度の現世否定の宗教であった。

第三は空（くう）思想の本格導入である。原始仏教や部派仏教では空思想は重視されず、部派仏教の説一切有部（せついっさいうぶ）では、空概念は否定されていた。すなわち、経験世界における存在や現象、人間の精神作用の一切をなす要素としての法（ダルマ）は、それ事態に備わるそれぞれの特性を保持しつつ、過去・現在・未来の三世にわたって実在する、それゆえ人は過去や未来のことを認識でき、また過去になした業（煩悩によってなされた行為）の果報を受けるとされた（池田練太郎１９９８）[69]。これに対してナーガールジュナ（竜樹、紀元前約２５０—１５０年）は、空を縁起と仏説の根本概念として重視して新たな法の解釈学を展開した。これを受けて、大乗仏教では、あらゆる法は他の法に依存して生起するという縁起の道理に従うから、すべてのものに固有不変の本質や実在はなく、無自性、すなわち空であると考えるに至った（斎藤明１９９８ａおよび１９９８ｂ）。すなわち、空とは無ではなく、すべての事物が無自性に縁起するという原理のことである。般若経では、ブッダの本質を般若あるいは一切智と呼ばれる智恵とみなし、ブッダはあらゆることに固定した特徴を見ることなく無執着であるとして、悟りや涅槃（煩悩からの解放）を含むあらゆるものごとに対する無執着のあり方を空と考えたと言われる。[70] 平たく言うと、空とは、何もないということではなく、世界を構成するすべての要素が、実体を持って自ら存在するのではなく、相互依存の関係として存在しているという状態である。したがって、人々の心のなかにある世界を考えると、いかなる要素にも執着することは無意味であるということになる。[71]

以上の三点のうち第一点のブッダ観の転換は、ある種の絶対者との個人的対話を通じて他力本願への道に通じる可能性を持ち、第二点の修行・成仏観の転換は、すべての衆生の仏性の観念に通じる可能性を持ち、また第三点の空思想は、即身成仏を通じて現世肯定につながる可能性を持っている。しかしこれらはあくまで可能性であり、日本に伝来した大乗仏教では厳しい修行に基づいた自力による成仏と現世否定が基本原則であった。しかしながら、院政期・鎌倉期における宗教の改革はこの原則を易行、他力本願と現世肯定へ大きく変更したのである。以下では凡夫論の流れに立つ天台本覚（ほんがく）思想と他力化の流れに立つ浄土教・浄土真宗[72]に注目してこの動きを把握しよう。

ちなみにわれわれは本覚思想と浄土系宗教を別個にかつある意味で対立するものとして取り上げるが、浄土教系・禅宗・日蓮宗などの鎌倉新仏教の祖師はいずれも比叡山出身ないし比叡山系の学問の系列に属しており、[73] 鎌倉新仏教全体が本覚思想の強い影響下に育ったことは注意されるべきである。この点を仏教教理の観点から考察したものとして田村芳明の「鎌倉新仏教の背景としての天台本覚思想」（田村芳朗１９９１、３２５―３４６頁）を参照されたい。

本覚思想・鎌倉新仏教・顕密体制論

また鎌倉新仏教の新しさおよびその本覚思想との関係を考えるためには、黒田俊雄による顕密体制論に触れる必要がある。黒田俊雄（１９７５）は、家永三郎（１９４７）、井上光貞（１９５６）に代表されるような古代仏教を貴族仏教、新仏教を革新的な民衆仏教とする従来の二項対立的な構図に立つ鎌倉新仏教中心史観を批判し、鎌倉期の仏教の中心は、古代的な寺院勢力の下で旧仏教が新たに中世的に再編成された顕密仏教を主流とするものであり、新仏教や旧仏教内の改革派は異端でしかなかった、と主張した。顕密体制論は「社会経済史から思想史まで広範に視野を広げた……いわば中世の総合史としての宗教史」（末木文美士１９９８、５—６頁）とも評されるスケールの大きな仮説であるが、われわれの問題意識に合わせて簡略化して考えると次の二つの命題からなる。

第一は、旧仏教の権門寺院としての再生である。従来の鎌倉新仏教重視説は新興の新仏教に対比して旧仏教はいわば衰退に向かっているとみなしたが、黒田は旧仏教がこの危機に際して権門寺院として再生したことを強調した。政治的には、密教の祈禱呪法を、権力奉仕的な意味の濃厚な鎮護国家理論である王法仏法相依思想[74]と結合することにより、旧仏教主流派は権門勢体制のイデオローグとなった。経済的には、これら大寺院は古代国家の存亡の危機に伴い、広大な荘園の領主となり、国家援助に代わる新たな収入基盤を見出した。支配荘園を「仏土」とみなすことにより、民衆を寄人（よりうど）・神人（じんにん）として取り込み、彼らの国家への貢租義務の免除などの保護を与えることなどの方法で（佐藤弘夫１９８７）、荘園経営の拡大を成し遂げたのである。こうした対応により、これら大寺院は政治的のみならず経済的にも以前にもまして強力な存在となり、権門勢家による支配体制の一角を占めるに至った。

第二は、顕密仏教による旧仏教の教理における主流派として地位の確保である。黒田は、旧仏教の中心教理を密教であるとみなし、密教の絶対優位を説く顕密仏教が平安初期において全宗教に浸透し、顕密化した旧仏教が正統・主流派の位置を確立したと主張する。この観点から鎌倉新仏教などの「一連の宗教改革運動は、正統派たる顕密諸宗に対する異端改革運動としての性格をもつ」（292頁）に過ぎないものであり、それらは永らく異端・傍系の立場にとどまったとされる。たとえば天台における浄土教は顕密体制の下での天台の自己主張にすぎないものであり、主流派に対し、鎌倉新仏教と旧仏教のなかで易行化を模索した改革派[75]が挑んだ戦いは、体制を根本的に変革する力を持たず、顕密体制は戦国期まで強大な力を維持した、というのである。

ここで、顕密仏教とは、仏教を顕教（けんぎょう）と密教の両面からとらえ、密教の顕教に対する絶対的優越性によって特徴づけられるものである。密教は真理そのものの現れとしての大日如来が自らの悟りの内容を自ら省みて楽しむために究極の教えとして示した、仏のみが知りうる秘密の教えであり、顕教は衆生を教化するために姿を現したブッダが衆生の性質・能力に応じて明確に説き示した仮の教えを言う。真言密教における教理実践上では、いわゆる三密加持と言われる、手に印契（いんげい）を結び口に真言を唱え、心を一点に専注する瑜伽（ゆが）行により、仏と行を行う者の一体化をはかる、という修行がなされる。この修行により、仏が慈悲によりこの行に応え、行を行うものが信心により仏の顕現を感得するとき、現存在である人間と大日如来などの絶対の存在との合一が達成され、即身成仏が成立するとされる。[76]空海は、苦しい輪廻を繰り返しながら無限の歳月にわたる修行を経て成仏しうるとする従来の顕教の教えに比べて、即身成仏により現世において仏となりうる密教の教理と修行実践の方が優位にあることを強調したのであり、黒田説はこの思想が平安期の仏教界を支配したと主張した。

こうした顕密体制論の主張の第一命題、すなわち既存の宗教エリートである旧仏教の大寺院が経済的政治的基盤を確保し、支配層に取り入り、その一角を構成することで勢力を維持したという論点は、黒田の第一の貢献と言えるであろう。ただし、黒田説は、権門勢家体制との関係で旧仏教の役割を強調したが、市場経済化という平安末期以後次第に顕著となった経済システムの変化に触れていないという意味で、あくまで政治経済の権力面からのアプローチにとどまっていると言えるかもしれない。この点に関してわれわれは第4章で補完的な考察を行う。

顕密体制論の第二命題は二つの側面を持つ。一つは新仏教と旧仏教を、従来のように二項対立的に見るのではなく、旧仏教のなかの主流派に対して、旧仏教のなかの改革派と異端派である新仏教が「異端改革運動」として対立したという新しい構図を示したことである（黒田俊雄1975、502頁）。おそらくこの点が黒田説の第二の貢献であろう。第二命題のいまひとつの側面は、（主流派とその内部の改革派からなる）旧仏教の教理を密教とみなす点であるが、この側面は仏教思想上問題の多い主張であると思われる。すなわち黒田は、天台本覚法門を密教の特殊形態とみなし、新仏教は密教的な手法で密教の呪術性を克服することを意図したものとしてとらえている（黒田俊雄1975、482頁）。しかしこれについては、黒田説は密教を本覚思想と「誤解」しているという末木文美士（1998）の批判があり、最近では上島亨（2014）も当時の宗教界を「密教化を軸に論じることには問題がある」と指摘している。

末木による批判の要点は次のようである。密教は確かにすべてを包括するような壮大な理論を打ち立てたが、それがかなりの影響を保持したのは、空海から安然に至る平安初期であり、平安中期以後とくに院政期以後は本覚思想が旧仏教においても強い影響を持った。律令制の解体に伴うさまざまな時代の要請に応じて、大寺院に依拠する主流派仏教も教理上の改革を行ったが、その中心は本覚思想であった。それは天台宗に典型的に現れるが、同様の思想傾向は南都の大寺院を含む旧仏教に共通するものであった。旧仏教の主流派も改革派も等しく本覚思想の洗礼を受けており、その意味では新仏教とも共通の基礎に立っていたのである。黒田の顕密体制論は旧仏教の本質が本覚思想であることを見逃し、それを密教と同一視した教理思想上の「誤解」に基づいている、というのである（末木文美士1998、5―55頁）。

以下の考察で示されるように、われわれもこの末木の黒田批判を以下のような理由から承認したいと思う。すなわち、本覚思想と密教はともに原理的には現世成仏を説くものであり、その意味では類似性を持つものであるが、密教は現世とその他世界という二元論に立つ世界観を引き継いでいるが、本覚思想は原理的に絶対一元論に立っている。また密教は厳しい修行の体験や技術を重視する主として世俗外実践にかかわる仏教であるが、新しい仏性観からそうした修行の必要を否定した本覚思想は、世俗の衆生の救済を主たる目的とした世界観の転換にかかわる教理であり、両者の間には救済の対象や方法に関して全く別物と言ってよいほどの違いがある。言い換えると本覚思想とその影響下の宗教の変化は易行化をもたらしたが密教にはそうした要素は見られないということである。少なくとも院政期以後は、原理的には本覚思想が旧仏教を含む仏教界全体に革新的な影響を与えた。しかし二元論を否定し現世を「あるがまま」に認めたり、成仏の概念すら否定するその論理の衝撃があまりに強いために、旧仏教は防御に回り、理論的には密教的な現世・来世の二元論にこだわり、あるいは成仏の条件に固執して密教的実践を展開するなどした。このため原理としては、末木文美士（1998）の言うように、教理上の思想面では本覚思想がとくに院政期以後は支配的な影響を持ったのであるが、現実の制度面ではそれへの対応として密教的な二元論や修行実践が色濃く残ったということであろう。現象面を中心に見た黒田俊雄（1975）はそれを思想的にも密教であると「誤解」したということではないだろうか。

このように考えると、鎌倉新仏教についても、密教ではなく本覚思想の、旧仏教を含む仏教界全体における衝撃の広がりに対しての、闘いのなかから生まれてきたと見る必要がある。本覚思想と同じく世俗の衆生の救済を目指しつつも、本覚思想の現世成仏や無修行論につながるような易行化でなく、なんらかの修行的実践的要件を残した上での易行化を追求したのである（末木文美士1998、13頁）。親鸞における、現世で成仏は確定するがその実現は来世であるとする正定聚（しょうじょうじゅ）の概念や、道元の修行そのものが悟りであるとする修証一如の思想などはこうした状況のなかで生まれたのである。[77] 平安中期以後の真言密教は、もっぱら神秘体験の技術（事相）を磨くことに集中して、教相は軽視された。これは教理の研鑽に力を注いだ天台本覚法門との大きな違いであったとされる（田村芳朗1996、52—53頁）。

ところで黒田俊雄（1975）の顕密体制論における主張のうち、鎌倉新仏教がかつての鎌倉新仏教論の主張に見られるような革命的なものではなく、旧仏教が長期にわたって強い影響力を持ったという論点は、依然として重要な指摘としてみなされている。われわれはこの論点が重要な事実を指摘した貢献を否定するものではないが、宗教の世俗世界に対する思想的影響、とくに民衆思想への影響については、宗教の政治的支配力やそれ自体の経済力とは別に取り扱うべきではないかと考える。末木文美士（2008）が指摘するように「親鸞や道元の教団は当初はほとんど問題にならないくらいの小教団」であり、その意味で新仏教は中核的な旧仏教に対して「周縁的」であり、かなり長期にわたって布教におけるロジスティックスの面などではいわば寄生的であるにとどまったことは事実であろう。しかしそうした制度面の変化と思想的インパクトとは区別して考えるべきではないだろうか。新仏教の基本的教理は、本覚思想とともにかなり早期から、ある意味で革命的に、広範な民衆の心理の深層において、広がりを見せたのではないか、というのがわれわれの見方である。この点についてはこの章および第4章でさまざまな角度から論じていきたい。また旧仏教にかかわる権門寺院の荘園支配の問題については第5章で検討する。

3　凡夫論の流れ：天台本覚思想

日本における宗教革新の一つの大きな潮流は天台本覚思想である。この思想は、世俗の普通の人すなわち凡夫にも仏性すなわち仏となる可能性が内在するという立場から「あるがまま」の現象世界を肯定する仏教論として院政期以後鎌倉期にかけて体系化され発展した。中国や朝鮮にも類似の思想展開がみられ、必ずしも日本独自のものではないとされるが、日本では天台本覚思想として、天台宗のみならず鎌倉新仏教や南都に展開する旧仏教[78]に対しても大きな影響を及ぼした。本覚とは、もともと1、2世紀ごろのインドの仏教詩人アシュヴァゴーシャ（馬鳴（めみょう））のあらわしたとされる『大乗起信論』[79]における用語であり、中国を経て日本に伝わる過程で、始学門（迷いから悟りへの過程で修行を強調する立場）との対比で本覚門（修行不要の立場）に立つ大乗仏教思想として導入された[80]。本覚論の立場からは、始覚門はより低い次元のものと考えられた。

天台教学は、中国の高僧、智顗（ちぎ、538—97年）の開いた天台宗を基礎にして、最澄（767—822年）が開祖として展開したものであり、最澄の仏性重視の流れをくむ。しかし智顗や最澄には空的相即論（後述）の拡張版などに基づく、ここで言う天台本覚思想の形跡は、いまだないとされる。[81]またしばしば日本の天台本覚思想の本格展開は源信（942―1017年）に始まるとされるが[82]、源信の天台浄土宗は本覚思想と現世の否定・肯定という点で基本的に異なっており、源信には本覚思想の要素はないし、本覚思想の展開は院政期以降であるとされる（末木文美士1993、321頁）。その意味でも、本覚思想の出現には、律令制の破たん以後の院政期における社会的混乱と萌芽的な市場経済化がかかわっていると考える必要があろう。ちなみに、本覚思想にかかわる現存文献にはしばしば、伝最澄とか伝源信と記されているが、これは鎌倉期以後本覚思想が体系化されるにあたって最澄とか源信に仮託されたものであり、内容は口伝法門の形で代々師から弟子へ以心伝心の形で口授されてきたものである。

大乗仏教では、現世での救いの完成は必ずしも理想とはされず、凡夫は仏の悟りを目指して、輪廻転生の繰り返しのなかで苦と煩悩にまみれた現世を送らねばならず、現世否定の状態にあるとされた。これに対して、本覚思想は凡夫の立場と仏の立場の間の距離を徹底して圧縮し、この思想の下で、凡夫は煩悩のよって曇らされている状態のままで現象世界を「あるがままに」肯定するに至るとされる（末木文美士1992、169―190頁）。[83]いわゆる伝統的な成仏の考え方は、仏と凡夫を相対・対立させて長期の修行を行い、ある瞬間に凡夫が仏になるというのであるが、これに関してはいわば数学的な連続性の問題があって、凡夫は仏に無限に近づきながら、永久に仏に達しないという論理矛盾が生じる。田村芳朗（1991）は、天台本覚思想はこの矛盾を、仏と凡夫の対立を超えた凡仏不二・一如の概念を用いて克服し、仏になることなく現世を肯定的に見ることができるとみなしたと主張する。すなわち仏となることは不必要であり、成仏の観念は否定されなければならないとして、いわば不連続性の問題を無視することで連続性の問題点を克服したというのである(159—162頁)。以下では、この点に注目しつつ、天台本覚思想の特質を、哲理的には事常住の思想、衆生論的には仏性論であり、実践的には即身成仏論に見られる易行化であるという形で三点にまとめて、整理することを試みたい。

事常住の思想

大乗仏教では、すべての世界の構成要素はそれぞれの不変の実体を欠くのであるが、互いが相互依存の関係にあるため、すなわち縁起があるため要素の存在が成り立つ、言い換えると、空をもたらす(法と呼ばれる)要素間の相互依存のゆえに現象世界は認識され存在するのである。非常に簡単化して表現すると、この縁起の世界はイメージ的にはいわば数学のn変数n本の動学的連立方程式体系においてアンカーとなる初期値を与えていない状況であると言えよう。しかし自己や対象物に対する執着によって目を曇らされている凡夫にはこの相互依存の体系は見えず、互いに互いを生ぜしめるという縁起の世界を理解することはできない。悟りに達しないとは、そうした無実体の現象世界に対する認識ができないことを意味する。逆に言うと、大乗仏教では悟りを得た者にとっては縁起の世界が理解でき、現象世界は肯定されると考える。大乗仏教の経典における生死即涅槃、煩悩即菩提などの概念がこれに対応する。すなわち生死にしても涅槃にしても、煩悩にしても菩提にしても固定的実体を有した存在ではなく、ともに無自生ないし空であり、その意味では現象世界における生死とその他世界における涅槃、現象世界における煩悩とその他世界における菩提の間にはいかなる差別もないと主張される。この考えは空的相即論と呼ばれる。

これに対して天台本覚思想では次のようにして現象世界と執着心にとらわれた凡夫を、空理論によらずして、「あるがままに」肯定するところまで進むとされる。田村芳朗（1973）によれば、本覚思想は、空的相即論を次のようにしてさらに徹底させる。まず、現実の事物を根本の理を体現したものとして、現世や衆生は永遠の真理ないし仏を顕現したものとして考える。この見方は顕現的相即論と呼ばれる。次に、現実の事物こそが真理の生きた姿であるとみなし、現象世界や迷いや煩悩にまみれた凡夫たる衆生こそ真理の生きた姿であり、それ以外に真理や仏はないと主張する。これが顕在的相即論であり、ここでは現象世界がそのまま肯定的にとらえられ、その「あるがまま」の姿が真理を体現するとされるのである。空的相即論や顕現的相即論ではいまだ現世とその他世界の二元論であるが、顕在的相即論では両者の違いは消滅し絶対一元論となっている。顕在的相即論の本質は、現実の事物こそ真理ないし仏であるとする見方であり、これは現実の「あるがまま」の姿を真理として肯定することにほかならず、現実が仏の真理として常にある、すなわち事常住の思想と言われる。

田村の説明における空的相即論の顕在的相即論への論理的シフトの意味を考えるには、中国天台の智顗の法華経教判における三諦（さんだい）円融（えんにゅう）の概念に関する、日本の天台本覚思想の基本文献である『三十四箇事書（さんじゅうしかのことがき）』[84]における立場が参考になる。

智顗は、三諦円融の原理をその世界観の根本思想に据えその天台思想を構築した。すなわち、縁起の世界を構成する諸法（諸要素）あるいは現実世界一切の事物のあり方には、空、仮（け）、中（ちゅう）の三つの側面がある。第一に、諸法はそれ自体の自性に関しては空・無自性であるという側面（空諦）、第二に本性は空であっても、仮の存在として諸法はそれなりの存在性を有するという側面（仮諦）、第三に、空とか仮とかといった一面的あり方ではなく、空・仮のいずれにも偏せず高度に統合された真理としての側面（中諦）である。世界を構成する諸法の実相は、具体的な姿かたちを持った客観的なものではなく、空・仮・中の三諦としてとらえられなければならないものである。[85] 智顗はこれらの諸法の三側面は、それぞれ隔別したものではなく中でありながら同時に空であり、仮であるというふうに、それぞれが他の二面を同時に具備していると主張する。三諦の間のこの互具互融の原理が智顗の三諦円融の世界観であり、智顗は、三諦の円融を理解することが縁起の世界の理解であり、悟りへの道であると説いたのである。[86]

こうした智顗の世界観を踏まえて、『三十四箇事書』の第4条「三諦同異のこと」は、久遠成仏のブッダという本門[87]の立場と歴史上のブッダという迹門の法華経の二段構成を比較して次のように論じ、本覚思想の立場を明らかにしている。すなわち、迹門の三諦は理の三諦であり、本門の三諦は事の三諦である。理論的考察を重んじる迹門は諸法を取捨抽象して考えるから、三諦の間の円融という概念操作が必要であるが、現象としての事実を重んじる本門では諸法を抽象しないで、現象世界をあるがままに肯定する。したがって智顗の教えのような円融という概念操作は不必要であると主張するのである。[88] 具体的には「ただ当体が衆生と云ひ、乃至（ないし）仏と云う」のであって、現に存在する衆生が真理であり仏にほかならないのであり、「本門の三諦は迹門の三諦に超過す」と結論している。[89] すなわちここで日本天台の本覚思想は智顗の三諦円融を超えて現世肯定の絶対的一元論に移行しているのである。中国天台の智顗の教えにおいては空、仮、中はいわば同等の重要性を持って相互依存しているのであるが、日本天台では、仮すなわち現実の事象が第一であり、「あるがまま」の世界を肯定せねばならないという教えになっているのである。多田厚隆・大久保良順・田村芳朗・浅井円道校注（１９７３）における田村芳朗の校注（１５５頁）によれば、この本門の立場は顕在的相即論での事常住の思想を示すとされる。[90]

『三十四箇事書』は、衆生論、仏性論においてもさまざまな形で事常住の思想を展開している。第5条「生死即涅槃」では、生死無常の本体でなく現実の事象である当体が常住であり、生死無常の根本ないし背景として不動の涅槃常住があるのではないと説かれる。第20条「仏界衆生界不増不滅」では、成仏という現象を否定し、衆生のままで仏であるとされる。また草木については、草木そのままで常住する仏の姿であるとされ、ここでも成仏の現象は否定される。仏性論に関しても、衆生も草木も、すべてのものが本門における仏と同じ法身、報身、応身の三身（本章注66を参照）を持つが、それらは同一である（第22条「本地無作三身の事」）、水に映る月、目に映る月はいずれも天にある月と同一であることと同じである（第2条「常同三身の事」）、と説かれる。要するに事常住の思想とは基本的に、現実の事象のほかに不変不動のものとしての真理や縁起のメカニズムがあるという見方を否定し、現実の事象すなわち当体そのものが常住する仏の姿であるという「あるがまま」の現実の肯定の思想であると言えよう。[91]

仏性論

天台本覚思想における凡夫と仏の間の距離の圧縮は、衆生のなかに内在する成仏の可能性があるとする仏性論に基づく。すなわち悉有仏性（しつうぶっしょう）の思想である。この点は816年ごろから821年ごろまで続いた天台宗の最澄と法相宗の徳一との間の論争（三乗一条論争ないし仏性論争）[92]において明らかとなり、その後天台本覚思想の基礎をなす概念となった。

仏教では原始仏教以来、修行実践にあたって衆生にはそれぞれ性情や能力によって三種類の違い（三乗）があるとされた。すなわち声門（しょうもん）乗は学問を聞いて理解しようとする学問の弟子であり、縁覚乗は独学で悟りを開くもの、菩薩乗は自ら悟りを開くとともに他の衆生をも救おうとするもの、である。法相宗の学僧徳一は、この点を厳密ないし現実的にとらえて、縁覚になれると決まっているもの、菩薩になると決まっているもの、いずれとも決まっていないもの、いずれにもなれないものの区別があるとしたが、法華経に立つ最澄は三乗方便・一乗真実を主張した。すなわち三乗はブッダが衆生の能力に合わせて説いた方便であり、真実は一切の衆生が仏になる一乗あるのみであるとしたのである。最澄の主張は、法相宗のように人間においても成仏できる人とできない人の区別を認めるのではなく、生命のあるものだけでなく山川草木にまで成仏を認める法華経の理想主義のあらわれであるとともに、かねてからの大乗（誰でも悟り）と小乗（出家修行者のみ悟り）の対立の止揚の意図を表明したものであると言えよう。

この論争を踏まえて、凡夫における成仏は天台における本覚思想の伝統的思想となった。それを象徴するのが、最澄が論争の最終段階で書いた著書『法華秀句』で取り上げた竜女成仏の逸話である。竜女は六趣[93]では畜生、男女では女身、長幼では少女ということで最も成仏の困難な存在であるが、これが法華経の力によって成仏したというのである[94]。これは法華経の力の表れであるとともに、現世肯定と絶対一元論へ天台思想が大きく踏み出す根拠となったのである。

ちなみに天台本覚思想のいま一つの代表的文献である『真如観』（伝源信）[95]はさまざまな個所で竜女伝説に触れている。また、法華経における悉有仏性につては、次の逸話も有名である。すなわち、ブッダの前に集まった五百人の弟子に対して、かつて衣服にひそかに縫いつけてあった宝石が、実際に貧困に陥った時に役立ったことにたとえて、ブッダは「お前たちの衣服にも宝石がある」と述べて、弟子たちはその性根や能力の如何によらず、菩薩として成仏する「保証」が昔から与えられていることを明かしたと言われる[96]。

ところで、本覚思想の基本的な考え方である事常住説は「あるがまま」の現実の事象を絶対の真理とすることであるから、成仏という転換の概念は排除されるべきであるということになる。先に指摘したように、田村芳朗（１９７３）の原理論の説明はこの見解に立っている。しかし末木文美士（１９９３）は、天台本覚論ではこのギリギリのところで転換を認めていると主張する。これはこうした成仏の概念まで否定しては宗教として自己崩壊する可能性があり、天台本覚においても最低限の宗教性を維持しつつ現世肯定・凡夫主義を貫徹した結果であるとの解釈に立っていることによる。この原理論と現実対応との微妙な関係は次に論じる天台における即身成仏論の展開において一層明らかになろう。

即身成仏

大乗仏教では（インド仏教における密教を除いて）基本的に来世成仏であったが、天台本覚思想では、凡夫の成仏は、基本的には悉有仏性と顕在的相即論とを結びつけることにより現世における即身成仏の形をとるとされる。

その発端は、空海（７７４―８３５年）が導入し完成した密教における即身成仏である。上述したように密教では、法身（本章の注66参照）である大日如来を永遠の実体的存在としてとらえ、[97]瞑想のなかでこの宇宙的な大日如来と一体化・合一することにより、行を行うものの自我も絶対性を得ると考える。これが密教の即身成仏であり、このこと自体は極めて現世的である。しかしながらこのためには三密加持という厳しい特殊な修行を行わなければならず、またそれは出家者のみにできることである。密教独特の神秘体験を強調する修行の具体的な方法は那須政隆（１９８０）による即身成仏義の解説に詳しい。

最澄は、祈禱による鎮護国家という要請にこたえるため、空海の持ち帰った密教を取り入れたが、[98]即身成仏に関しては極めて慎重な姿勢をとった。すなわち、即身成仏は認めるが現世で成仏できるかどうかは機根すなわち能力によるとされた。すなわち能力の高いもの（上品の利根）は一生に成仏、中位のもの（中品の利根）は二生に成仏、能力の低いもの（下品の利根）は三生に成仏するとされた。また、成仏する場合も最高位の究竟即に到達するのではなく、次の位の分真即に入るとされた。すなわち安易な即身成仏論に陥らないための、歯止めとして修行性を残したのである（末木文美士1993、65—67頁）。

天台教義では、衆生が即身成仏する場合、成仏前の智恵の程度ないし実行した修行の程度で六段階に衆生を分類する。第一は、理即であり教えを聞きもせず修行もしていない状態の衆生、第二は、名字即で仏の教えを聞き、仏性を理解した段階の衆生、第三は観行即でかなりの修行をした段階の衆生、第四は、相似即であり、真の智恵の悟りと相似する智恵に達した段階の衆生、第五は分真即で、部分的な真理の悟りを得た段階の衆生、第六は究竟即で、完全な真理の悟りを得た段階の衆生である。このランク付けはまた、即身成仏したのちに到達する智恵の段階を表示するのにも用いられる。すなわち、即身成仏により最高のランクの悟りが得られる場合は究竟即の段階に成仏すると言われ、それより一段低い悟りに達する場合は分真即に入ると言われる、などである。[99]

最澄以後、天台本覚論の教義は、円仁（794—864年）、円珍（814—91年）、安然（841—?）などの後継者の手で深められ、その過程で即身成仏思想は一層徹底された。すなわち、一方で成仏のできる位は分真即から相似即、名字即まで引き下げられ、凡夫の成仏が容易になり、他方で到達される位は、分真即から究竟即にまで引き上げられ、即身成仏の絶対性が達成された（末木文美士1993、333—334頁）。名字即とは、教えを聞いたばかりの状態の衆生であり、その即身成仏は凡夫の成仏の極致と言えよう。先ほどの竜女もこれに該当する。こうした成仏の条件の緩和は易行化の極端な形態であり、天台本覚思想では、原理論的な本覚思想に抗してあくまで成仏の概念を残しつつ、凡夫の成仏を宗教実践面で可能にするためにこうした極端な易行化がなされたと見ることができる。

本覚思想における実践と悟り

天台本覚思想における宗教実践と悟りの問題については、田村芳朗の「本学思想における実践の原理」(田村芳朗1991、159—184頁)および「天台本覚思想における証の問題」(田村芳朗1991、185—202頁)という2論文が総括的に論じている。その要点は以下のようである。本覚思想の実践はひたすら事物と自らの心を観察するという止観・観心が修行の中心であり、そのほかにはとりたてて修行というものはない。一心・一念によって現象のあるがままの姿を瞬時に永遠・絶対と感得することが修行実践のすべてということになる。それ以外になお修行・実践があるとすれば、現実の日常生活における行為であり、たといそれが迷いの行為であっても、やはり真理の一つの活現態にほかならないとして肯定されることになる、とされる。

またこの世界ではとりたてて証すべきもの、悟るべきものは何も存せず、いわゆる行証の議論すなわち修行(行)と悟り(証)の関係の議論は全く無用である。「もし、ここでも証ということを言うとすれば、それは、現実の諸相そのまま、永遠常住のすがたであることを「知る」ということである」とされる(194頁)。ここでは煩悩すなわち迷いや執着による現象も、迷えば、執着すれば、こうなるという、やはり真理の活現態として肯定される。人間の苦しみも、それが自己の狭い閉じられた世界での執着による判断でない限り肯定される、のである。

このようにして徹底して易行化と現世肯定を行った天台本覚思想は、一般には修行実践を軽視し仏教を堕落させる結果をもたらしたと評価される。哲理的には古今東西の諸思想のなかで最も究極的な思想であると言われるが（田村芳朗1973、542頁）、一面、仏教思想として「行きつくところまで行って」、仏教はその結果自己崩壊に向かった（末木文美士1992、190頁、1993、54頁）との評価がある。天台本覚思想は鎌倉中期をピークに、江戸時代にかけて退落し、江戸時代には全く影響力を失う。その理由は、現実の二元相対の事実相を忘れて機械的に絶対一元論を適用する風潮が広がり、安易な現世肯定の正当化の論理として用いられたことにあるとされる（田村芳朗1996、56―57頁）。

ちなみに末木文美士は鎌倉新仏教の諸祖師は、上述のとおり天台本覚思想の風土で育ったが、こうした本覚思想の極端な仏性性依拠と闘いそれに歯止めをかけることに腐心したことを強調する（末木文美士1992、217頁）。すなわち、親鸞は信の一念で往生が決まるとして易行化の教理へ進んだが、現世における成仏にまでは踏み込むことはなく、現世では来世における成仏が保証される位（正定聚）に達するのみとした。また道元も天台宗の本来成仏の教えに疑問をいだき、本来仏であるからこそ仏としての本性を具現するための発心修行が必要ではないかと考えた（頼住光子1998）。その修証一如の教理では、修行の結果として悟りに至るのではなく、修行そのものが悟りであるとしたが、悟りは自動的に生じるのではなくひたすら座禅（只管打座）を行うことが必要であるとして、宗教の実践性を維持したのである。[100]

草木成仏の思想

本覚思想は日本人の自然観にも多大の影響を及ぼした。草木悉皆成仏の思想がそれである。これを院政期に完成されたと見られるこの思想の代表的な文献である『草木発心修行成仏記』によって見ると、「草木は既に生住異滅の四相[102]を具す。これすなわち草木発心・修行・菩提・涅槃なり」[103]とされている。植物の一生すなわち芽生え、成長し、花や実をつけ、その後に枯れるという姿はそのまま植物が悟りを得ようと決意し、修行し、悟りを得、涅槃に入る姿にほかならない。すなわち、一本一本の草木がそのまま人間と同じように仏性を持ち完結した成仏した状態にあるということである。また道元の『正法眼蔵』は「草木叢林の無常なる、すなわち仏性なり。人物身心の無常なる、これ仏性なり。国土山河の無常なる、これ仏性なるによりてなり」[104]として、「現象世界の無常遷流のすがたが、そのまま仏性である」（中村元1962、522（36）頁）とした。これは上述の事常住の思想に立ち草木成仏思想を説いたものと言えよう。

以上の点を末木文美士（1992）に依拠して国際比較的に見ると、次のように言える。まずインドでは同じ生物であっても六道に輪廻する人間と植物は明確に区別され、悟りという概念は植物には認められていなかったし問題とさえされていなかった。草木成仏の概念の生まれた中国においては、成仏の論拠は人間と草木の環境における相互依存性または空の思想に立つ平等性に求められた。すなわち前者の立場では、人間は世界における主体的存在であるが、植物はその活動の環境を形作るという意味で相互の依存関係にあるから、人間が成仏する以上その周辺の植物もそれに伴って成仏すると考えられた。あるいは外界は人間の認識において存在するものと考える場合は、人間が成仏する場合その心に住む植物を成仏するはずであるという論拠である。後者の論理では、すべての存在は無自性であり、平等に真理そのものであるから、縁起の世界では成仏に関して人間と植物の区別は問題とならないということになる。以上の考察を踏まえて末木は、日本の草木成仏思想の根拠は、「個別的具体的なこの現象世界のいちいちの事物のあり方がそのまま悟りを実現している」という「あるがままのこの現象世界をそのまま悟りの世界として肯定する」本覚思想に立つものであると指摘している（169―172頁）。

参考までに、キリスト教における自然と人間の関係について、キース・トーマス（Keith Thomas 1983）に従って整理しておこう。ユダヤ・キリスト教の教えは、自然に対する人間のあり方を二つの根本的に対立する立場から説いていた[105]。第一は、世界は人間の利益に奉仕するためにつくられ、他の動植物は人間の欲求や必要に服従すべきであるという考えであり、いま一つは、人間は最高位にある神の被造物として他の被造物に対する管理保全の責任を持つという考えである。キリスト教の教え自体には、とくに旧約聖書には、神の他の被造物に対して人間は責任をもって行動すべきであるという教えを示唆した個所がいくつかあるが、中世までのイギリスでは基本的に第一の考え方が支配していた。この考え方はまた人間だけに知性的・理性的な魂があり、神の似姿を模してつくられた特別の存在であるという思想にも支えられていた。こうした考えから狩猟・家畜化・肉食・動物の虐待が正当化され、自然は人間の征服すべき対象とされた。17世紀以後、人間理性の働きに対する関心が高まるなかで、ルネ・デカルトは人間機械の内部には精神、それゆえ肉体から分離できる魂があるが、動物は精神や魂を持たない自動機械であると主張した。この考えに同意するイギリスの思想家は極めてわずかであったが、フランシス・ベイコンやロバート・ボイルなどの経験主義科学者は、次第に人間の自然に対する管理責任を認めるようになった。しかし彼らは人間中心主義に立って人間の利益のために科学による他の創造物の支配が必要であると説いた。カルヴァンもまた人間は他の被造物に対する適切な管理の責任があるとしたが、その教えもまた、他の被造物は人間の必要な範囲で生命と幸福になる権利があるにすぎないとして、人間中心主義に立つ教理であった（邦訳228頁）。しかしこうした人間中心的な伝統は17世紀後半には崩壊し始めた。当初は人間中心的枠組みのなかにいたイギリスのピューリタンは、次第に神は人間だけでなく動物をも慈しんでいると考え始めており（邦訳247頁）、最終的には、神の被造物のすべてはそれにふさわしい厚遇を受ける権利があるという教義が、すべてのキリスト教徒に受け入れられるようになっていった。

ただし、こうした考えが浸透するには長い時間を要した。トーマスによれば、その変化の基本的な原因は、科学の進歩であった。第一に自然誌つまり動植物・鳥類の科学的研究が進み、動物の内的な解剖学的構造が次第に注目されるようになった。比較解剖学は人間と動物の肉体構造の類似を決定的に明らかにした（邦訳189頁）。第二に犬・馬などの愛玩動物との接触のなかで動物の感性や知性に対する理解が深まり、それはやがて19世紀になって、ダーウィンの人間と動物が共通の祖先を持つという理論と、人間と高等動物との精神的差異も程度の問題にすぎないという考えの受容につながった（邦訳208頁）。第三に、天文学の進歩は、世界の既知と可視の部分だけでも広大無辺なのに、人間の視界に収まっているものは宇宙のほんのわずかのものでしかないことを示し、人間の知識の限界を明らかにしたし、顕微鏡の発達はまた、何百万もの生物、バクテリア、原生動物の存在を明らかにした。さらに地質学の進歩は地球が聖書の書かれているよりはるかに古い時代に生まれたことを示した（邦訳247―258頁）。こうした発見は科学知識に基づく自然観の再編を不可避なものとした。19世紀初めまでには、自然は単に人間の利益に奉仕するためにあるのではなく、また人間は自然に対して管理責任を持つというのではなく、自然との共存という困難な課題を背負っているのだという思想が広まった。

4　他力化の流れ：鎌倉新仏教

院政期・鎌倉期における宗教革新のいま一つの潮流は言うまでもなく浄土教（浄土真宗）、禅宗、日蓮宗などの鎌倉新仏教の発展である。本書では主に浄土教を取り上げその意味を検討する。浄土教の起源に関しては、家永三郎（1947）やとくに井上光貞（1956）による詳しい検討があり、法然（1133―1212年）などが突然新しい説を唱えたのではなく、実は平安中期から院政期にかけての聖（ひじり）[106]などによる浄土教の流れのあったことが強調されている。また貴族の間にも浄土信仰が広まっており、今日にまでつながる浄土系宗教はこうした浄土思想の広まりを背景に源信（942―1017年）によって始められ、法然によって本覚思想の影響の下に救済宗教として完成された、と考えられる。法然の弟子の親鸞（1173―1262年）は、法然の教理を徹底させ、絶対他力本願の立場に立って信の宗教として浄土真宗を展開した。

浄土教は教理の展開としては、大乗仏教の多仏・他方世界の容認による大衆救済の立場に立つ浄土と阿弥陀仏に対する信仰を内容とする。その哲理的前提は強い現世否定であり、これは源信の『往生要集』（985年）によって導入された。[107]すなわち、源信は地獄の悲惨な有様を徹底して強調することにより、厭離穢土と欣求浄土の二元世界を対比して、救済宗教として浄土信仰を体系化したのである。その背景には、貴族生活への内側からの悲観意識と外側からの批判意識の高まりがあった。藤原摂関家一門は全盛を極めていたが、荘園制の発達は、一般貴族の律令制的な封禄制の崩壊による生活の逼迫をもたらしていた。また荘園領有権と農民支配の不安定性から、権門勢家や武士の台頭と一般貴族の隷属化とが生じていた。しかも末法思想は貴族の精神的動揺の社会的背景となっただけでなく、武士や民衆の社会観にも大きな影響を及ぼしていた。源信の教理は接近法の観点からは、易行を推奨する浄土門ではなく、難行を行う聖道門の立場に立ち、美的観想と功徳主義的な諸行往生思想によっていた[108]（井上光貞1956、120頁）。上層貴族は必要なら難行を行う余裕もあり、また彼らはより手軽に造像起塔すなわち仏像や寺院建物の寄贈などの功徳を積むことにより、浄土に往生することを念じることもできたのである。

専修念仏へ

法然（源空）の選択本願による専修念仏の教え、すなわちさまざまな修行方法のなかから阿弥陀仏の名前を念仏として唱える方法の選択は、院政期以後の民衆の救済への渇望を背景に生まれた。すなわち法然の教理は「愚鈍小智者、少聞小見輩、破戒無戒人」の救済を目的としており、「凡夫も称名のみによって百人が百人往生しうるか」という問題意識がその基礎にある。「もしそれ造像起塔をもって本願とせば、貧窮困乏の類は定んで往生の望みを絶たむ。しかも富貴の者は少なく、貧賤の者は甚だ多し。……智恵の者は少なく、愚痴の者は甚だ多し。……多聞の者は少なく、少聞の者は甚だ多し……持戒の者は少なく、破戒の者は甚だ多し」、すなわち貧困で教養がなく破戒の生活を送っている多くの民衆は仏像や寺院の建物を寄贈して救済を受けることはできない、彼らについてはただひたすら念仏を唱えるだけで成仏させることはできないものか、というのである[109]。

こうした観点から法然は、源信と異なって、造像などの功徳主義を否定し、観想などの諸行本願に替えて極めて単純な称名念仏専修を採用した。また積極的に易行を追求する浄土門の立場に立ち、難行と学問の必要を説く聖道門のアプローチを否定した。すなわち、阿弥陀仏の名を日に十回唱えるというのが法然の説いた修行の方法である。阿弥陀仏が衆生救済のためにかけた願（無量寿経の第18願）において、阿弥陀如来の名を十回念仏すれば極楽往生が可能になると説かれたことがその根拠である。参考までに第18願を漢文の書き下しの形で挙げると、「たとい、われ仏となるをえんとき、十方の衆生、至心に信楽して、我が国に生まれんと欲して、乃至十念せん。もし、生れずんば、正覚を取らじ。ただ、五逆〔の罪を犯すもの〕と正法を誹謗する者を除かん」という経文である。[110] すなわち阿弥陀仏となる前の修行中の法蔵菩薩はブッダに対して、衆生が単に阿弥陀如来の名を十回唱えるという念仏を行ったら成仏するということを可能にしていただきたい、もしこの願いが聞き入れられなければ、私自身も仏となることをお断りします、ただしここで救いの対象となる衆生からは五逆と正法を誹謗した極悪者（父殺し、母殺し、聖者殺し、仏の体を傷つけたもの、教団の破戒者と仏法を誹謗したもの）は含めなくて結構です、と願をかけたのである。

ちなみにここで阿弥陀如来がなぜ称名念仏を唯一の往生のための行として選択したか、という点の理由について法然は勝行（念仏は他の行より優れている）であることと易行（念仏は他の行より容易である）であることを挙げる。しかしこの場合、この二つの理由のうちいずれが重要かという問題が生じる。この点について従来から、易行説が本質的であることは、共通の理解であり、その理由は持戒や智恵を本願としたらほとんどの者は往生できなくなるので、弥陀はすべての人を救うべくだれでも実行可能な念仏を本願としたとされてきた。しかしこの根拠では、称名だけでなく持戒や智恵も往生のための行と認めたら、念仏だけの場合よりさらに多くの人が救えるはずではないか、という批判が生じたと言われる。すなわち複数の行を容認すべきでないかというのである。平雅行（1992）は、この点について勝行説は往生行を単一にするための追加的理由であるとしたが、末木文美士（1993、386―388頁および1998、66―67頁、406―407頁）は、法然は、弥陀が易行である念仏を選択した事実により念仏は事後的に勝行にまで高められた、と考えたのではないかと主張する。弥陀が念仏を選択した事実を釈迦や諸仏が重視し、それを優れた行として追認したと考えたのでないかというのである。末木はこうした法然の理論の背後には、貧賤・愚痴・少聞・無戒の者の立場を重視し、高貴・有智の者に対して優遇するという戦略があったと見られるというのである。念仏を往生のための行とすることは、だれでもなしうる行という意味で平等の原則に適っている。しかしさらに、他の恵まれた境遇にあるものにのみ可能な行を劣後するものとしたことは、法然の恵まれない衆生救済にかける並々ならぬ思い入れと社会に対する危機感を表しているということであろう。

このように考えると、こうした法然の態度には時機論の性格があるという解釈も首肯される。法然は修行の必要性を否定し、易行を称賛する立場から念仏を勧めているのではない。末法の時代にあって多くの民衆が救済を求めているときには臨機応変の対応が必要であり、そうした現状を踏まえると、念仏という易行を広めるしか方法がないと考えたのである。法然自身の言葉によれば「しばらく聖道門を閣（さしお）いて、浄土門に選入すべし」[111]と言うのである。このような法然の置かれた状況と思想展開を理解するには、民間浄土教の強い影響を考える必要がある（井上光貞1956）。院政成立の前後から、僧尼令[112]によって規定されていた律令国家の鎮護国家仏教システムが解体するとともに、貴族的な南都六宗などの既成教団から独立した民間教化の仏教者が出現してきた。聖とか上人と呼ばれた人がそれであり、平安中期の念仏聖である空也上人（903―972年）はその代表である。民間における非僧非俗の専修念仏者もこうした流れのなかで、活発に民衆相手の説教講を結成したり、遊行的勧進を行ったりしていた。末法思想は決して貴族社会だけのものでなく、一般武士、農民、商工業者、奴隷たちによって共通に自覚された社会観であった。上人たちの手で『往生要集』の版行がなされたことも大きな影響を及ぼした可能性がある。地獄観は急速に大衆の間に浸透していき、救済への渇望を醸成したと言われる。自らが武士の子弟として生まれ、父親が斬殺されるという経験を持つ法然は、戦乱と天変地異に翻弄される民衆の現実を知っており、また時代の転換期における民衆のエネルギーを見抜いていたと見られる。法然の教えは、その後貴族や武士の帰依だけでなく、膨大な門弟により全国的な信仰に支えられるようになっていった。

法然の教えは、現世否定の立場に立つものではあったが、それでもブッダの智恵を理解するという仏教の本来的な悟りに至る修行を簡素化し、いわば「悟り」を軽視し、絶対者としての阿弥陀仏への「信」の概念を導入する易行化を進めるものであった。このため法相宗などの既存教団からの厳しい批判にさらされた。その代表は、華厳宗の立場に立つ明恵（みょうえ、1173―1232年）の著書『摧（さい）邪輪』[113]（1213年）における批判であった。[114]

明恵の理論面での批判の要点は、専修念仏を主張する法然の教理は菩提心を排除することにあるということである。菩提心とは悟りを求める心であり、[115]明恵の定義では「菩提というは即ち是れ仏果の一切智智、心というは、此の一切智智に於て希求の心を起す。此れを指して菩提心と言う。」[116]となる。明恵は、菩提心により完全な悟りが生じるのであり、それにより衆生の救済が生じるという大乗仏教の基本理論に立ち、念仏は菩提心が伴わなければ意味を持たないこと、阿弥陀仏は衆生の導き手ないし先達でしかないのであり、衆生と同次元の存在であり、それを絶対視することは誤りであると主張した。『摧邪輪』は法然の没後『選択本願念仏集』が開版されたのちに執筆されたものであるから、この批判に対する法然の反論は当然存在しないのであるが、こうした仏教の基本理論に立つ明恵の批判にかかわる部分の法然の『選択本願念仏集』の論拠を見ると、それは一面極めて時機論的であり、他面で理論的には必ずしも十分な根拠づけを持つものではないことが注目される。まず、法然は念仏重視の根拠を、末法の時代には人々の宗教心が弱るという劣機性に求める。すなわち菩提心に達することができない一般の衆生には念仏しか救済の方法がないことを主張するのである。末木文美士（1993）はこれを「劣機性へ居直り」と呼んでいる。また菩提心が成仏の方法としては念仏に劣る理由として、第一に末法ののちすべての教えが滅尽しても『無量寿経』のみ残るという説を取り上げ[117]、法滅後にさえ残るのであるから『無量寿経』で説かれる念仏は最も優れた教えであると見られること、また同じく浄土系の経典である『観無量寿経』でブッダがその十六弟子の一人でいとこにあたる阿難に念仏を付属していることを挙げ、菩提心の諸行を伝えなかったのは[118]、ブッダがそれを否定的に見ているからだと論じている。

しかしこれらの根拠づけは「こじつけ」とまでは言えないとしても、せいぜい付帯的理由としか評価しえないものであろう。おそらく、明恵の批判は仏教理論として妥当であり、念仏のみを強調する法然の議論は、時機論であるという点を除くと大乗仏教の視点からはその根拠の多くを失う性格のものであると思われる。末木文美士（1993）は、法然の理論は悟りという知的作業を排除する点で、「仏教そのものを変質」させる性格のものであったとしている。

絶対他力本願

法然の専修念仏は無学・貧窮・破戒の民衆の救済のための易行化の試みであった。そこでは念仏は依然として修行の一方法としてとらえられていた。しかし親鸞は念仏を修行ではなく絶対者に対する信の表明の手段ととらえなおし、浄土宗を絶対他力による救済の体系に組み替えた。

親鸞の教理は、無量寿経の第18願の内容をさらに突き詰めるところにその基本がある。無量寿経は法蔵菩薩（阿弥陀如来の修行時代の名）が衆生の救済を目的にブッダ（久遠成仏の釈尊）に対して行った48の願を中心とするものであり、そこでは、衆生の極楽往生の条件として、第18、第19、第20の三願を挙げている。親鸞はこのうち、第19願はいまだ菩提心に依拠しており、また第19願と第20願は救済してもらうために功徳を積むなどの自力の働き掛けがあることを指摘し、それら二願を方便の願とし、単に十度念仏を唱えるという第18願を完全な信心の表明である至心信楽の願であるとして最重要視した。

親鸞のこの思想は三願転入と呼ばれ、親鸞自身の修行体験において第19、第20願を経て第18願に至ったことに基づくとされる（吉田武彦1975、140—143頁）。星野元豊（1971）によってこの点を少し詳しく説明すると、第19願[119]は自力の諸行・諸善をもって往生を遂げようとする境位である。自己の絶対危機に目覚めて何とかこの危機から脱しようとまごころをもって発願することは自力我執の凡夫であっても可能だが、これを実践することは実際には不可能であり、自力で煩悩を払うことは無力な人間にはできない。そのことを悟らせるのがこの第19願である。第20願[120]は自力の念仏によって往生を遂げようとする境位であり、阿弥陀如来の名号を聞いて往生したいと願い、一心に如来の名号を唱えれば、往生できるというのである。しかしその場合、念仏称名は他力だが自力の信が雑じるから、成仏はやはり容易でない。第18願は絶対他力の「金剛信心」の立場であり、阿弥陀の側から充てられた真実信心をそのまま受容し、疑いをはさまない純粋の境位を示すものであり、完全に煩悩を断ち切られた世界である。この境位に至ったものは現世において、来世での成仏の地位が確定するのであり、現世正定聚（しょうじょうじゅ）（に住する）と言われる。

第20願から第18願に移る過程で、ひとは自力の残る世界から完全な他力の世界に移行する。第18願の世界では、人はまず如来の衆生救済の本願を信じて、ひたすら己を無にして仏の救済力にまかせて、念仏を唱える。第18願がなし遂げられるには、至心、信楽、欲生という三心が必要である。如来の本願を疑わない心（信心）が信楽で、これは仏のまごころすなわち至心により与えられたものであり、したがってその本質は真実である。まごころすなわち至心をもって阿弥陀仏の浄土に生まれたいと願う心が欲生である。第18願による信心が成立すると、その瞬間「至心も欲生も私の至心、私の欲生でありながら、それは如来の真実によって貫かれた如来的至心、如来的欲生」となり、「如来の至心の私の上における実現が信楽」となるのである（星野元豊1971、561—562頁）。[121]

さらに親鸞は絶対他力による救済は阿弥陀如来の廻行（えこう）の形をとるとし、廻行には往相・還相（げんそう）の二つの局面があるとした。往相廻向とは衆生が浄土へ往生すること、還相廻行は一度往生してのち再び衆生の救済のためこの世に戻る局面を言う。第18願において衆生は往生する前に、阿弥陀仏の衆生救済の願いが成就し自らがその本願の光に照らされていると信ずる瞬間に、煩悩の根を断たれた世界である正定聚に住する、とされる。この正定聚の地位は絶対であり、変更はなく、衆生は現世のこの瞬間に極楽往生の確信を持つ。ただし言うまでもなく、成仏は現世でなく来世において起きるのであり、親鸞の教理においても、現世は否定されるべきものであり、浄土を欣求するという相対二元論が貫かれている。

しかしここで親鸞は、再び信のあり方を問題にする。すなわち、親鸞は信のあり方によって二つの極楽浄土があるとする。[122]第18願により絶対他力により往生する者が行く浄土は真仏土と呼ばれ、そこは光り輝く世界でありあらゆる喜びがある。しかし第19願、第20願など自力ないし自分の行で浄土へ行こうとする者が行くのは化身土（けしんど）であり、そこでは五百年の期間仏に会うことができず、それゆえ深い喜びはない。胎生（母の胎内にある不自由な状態）と同じで、阿弥陀仏の浄土に往生していながら、真実の三宝を検分することはできない、[123]というのである。阿弥陀如来の絶対性を高め、それに対する絶対的帰依を要求する目的から導入された教理であり、衆生に絶対者の前での完全な受動性を要求する議論である。しかもかりに第18願により真仏土に往生しても、そこにあるのは人々の絶対者への「挙体的な投托」であり、「人間的主我性はその根底からくつがえされ……そこでは我を律する者は人間的自立ではなくして、如来の真実」でしかないのである（星野元豊1971、560―561頁）。衆生がその存在の根源とも言うべき煩悩を断ち切ることはそれほどまで難しく、如来の他力に頼るほかない、というのが親鸞の基本前提であった。

日本における現世否定の思想の「発達」の問題を考察した家永三郎（1940）は日本の中世は絶対否定の上に築かれた絶対肯定の世界であったことを主張し、その典型として親鸞における絶対否定の絶対肯定への弁証法的な思考展開に注目した。「否定の論理の発展は単なる即自的否定としての懐疑厭世に終わることなく、罪悪の絶対不可避性の認証はかへって摂取不捨の恩徳を媒介する結果となり、絶対否定が其の儘に絶対肯定と相即するという輝かしい天地を打開した」（97―98頁）というのである。

この点を、具体的に親鸞の悪人正機説を手掛かりに読み解くと次のようになろう。すなわち、法然までの浄土教では、上述の第18願の除外条項（五逆の罪を犯したものと正法を誹謗した者を除くという条件）すなわち阿弥陀如来がブッダに願を立てるにあたって、念仏の効果は五逆誹謗正法には及ばないという但し書きを付けたこと、に触れることなく、一般論として悪人往生説を説いたが、親鸞はこの問題に正面から向き合った（山折哲雄2011）。すなわち親鸞は、『教行信証』において観無量寿経における古代インド・マガダ国の王子アジャッセによる父殺しの問題を論じ、その聞き書『歎異抄』で「善人なをもちて往生す、いわんや悪人においてをや」として悪人正機説を展開した。末法に時代にあっては、衆生はその本質においてすべて悪人であり、自己の悪人としての本性を自覚できるものこそ阿弥陀仏の救済に近い位置にあるとしたのである、と説いたのである。より一般的に言うと、輪廻の世界では現世の状態は時間の遠い過去からやってきた前世の宿縁による、それゆえ現世的な煩悩や人間の卑小さは穢悪すべきものでなく、進んで引き受けるべき契機であり、現世はこの意味において肯定される必要がある、言い換えると、現世が五悪に満ちたものであることは不可避であり、それゆえにこそ、それを肯定的に生きるべきである、前世の因果が悲惨なものであるほど、現世への一層積極的で肯定的スタンスが必要である、ということである。すなわち「絶対否定は、否定の否定を媒介として絶対肯定に還帰する」（家永三郎1971、493頁）のである。既存の仏法のいかなる救いからも漏れた罪悪生死の凡夫ないし末法の破戒の悪人が救われる可能性が示されたことで、親鸞の現世否定は、教理としては相対二元論であるが、当時の庶民の日常生活の全面肯定へつながる性質を持っていたとされる（佐藤弘夫1998）。

5　宗教の変化の定着と日本経済の三局面

遅くとも室町期以後の日本では、本覚思想により仏教はその実践性を奪われ、宗教的魅力を失ったと言われる。残存していた中世的な否定の論理は、さらに「自ら神になることを望んだ」織田信長による浄土真宗や天台宗に対する宗教弾圧と海外に目を向けた現実主義により、現世肯定思想のなかに埋没した。その後江戸時代に至ると、経済的な価値とインセンティブの重視、町人と商人の階級的成長、現実重視の儒教的教養の普及などによってこうした傾向は一層加速したと見られる。この過程は、一面で、キリシタン禁制のための寺請制の導入を通じて近世仏教の幕藩体制との癒着という現象につながったと言われるが、しかし他面で、新たな形の神仏習合と民俗宗教との融合により、制度としての国民宗教が成立・定着した過程としても見ることができる。次にこの点に関する本書の立場を説明しておこう。

山折哲雄（1993）は制度としての国民的宗教の成立という視点から、鎌倉期の仏教の指導者たちはその「宗教改革的」な洞察を持っていたが、それを理解したのは指導者の周囲に集まった一握りの弟子やエリートでしかなかったという（150頁）。それゆえ鎌倉期における仏教は知識人の宗教という性格を濃厚に保持していたのであり、その「民衆化」[124]という契機を過度に評価すべきではないと指摘する。この指摘は黒田俊雄（1975）の顕密体制論における鎌倉新仏教の異端説ないしそれを受けた末木文美士（2008）の周縁説とも照合する。山折はさらに尾藤正英（1988）を引用しつつ、日本における「国民的宗教」は仏教と神道を中心としそれに山岳信仰などの民俗宗教が融合化したものであり、その成立時期は15—16世紀すなわち室町期・戦国期であったと見るべきであると主張する。その理由は、第一に浄土教や禅宗が民衆化・大衆化したのはこの時期であり、たとえば今日に残る浄土宗の寺院のほとんどは16—17世紀に建設されたものであったことである[125]（竹田聴州1975）。第二に外来の仏教が山岳信仰と融和し、山中に浄土を想定したり、遺骨崇拝が生じたのもこの時期であった。第三に、仏教が個人にかかわる死者をめぐる儀礼を担当し、家や地域社会にかかわる信仰に神道がかかわるという役割分担に立つ神仏習合がこの時期に成立したことである。こうした観点から言うと、われわれの指摘した仏教の変化とその文化や経済社会システムへの影響が定着するのも室町から戦国期にかけてであったということになろう。事実、次章で見るように仏教の変化のさまざまな影響、われわれが求道主義の文化的社会的影響と呼ぶもの、の生じた時期は室町期をピークとするものであり、これはこの国民的宗教の成立期と重なっている。こうした宗教の社会的な成熟と定常化は、惣村に依拠した自作農民など一般大衆の自立、幕藩体制社会の下での本百姓体制の成立、さらには家を単位とする地域社会の形成を背景に持つとも言われる（竹田聴州１９７５）。

しかしここで重要なことは、国民的宗教の形成という制度的変化と宗教の思想的インパクトは区別して取り扱わなければならないということであると思われる。宗教の変化が制度として定着する過程とそれが民衆の一人一人に心理的・思想的影響を持ちその行動パターンの変化をもたらした過程は別のものであると考える必要があるのではないだろうか。平安末期から南北朝期という時期は人々の思考と生活がすべて宗教を基準に動いた時代であり、そうした時期に現れた救いに関する革新的な考え方が人々の行動パターンにさほど影響しなかったとはいかにも考えにくい。確かに本覚思想は切り紙に書かれて口伝で叡山の修行僧に説かれていたものであり、また親鸞や道元の教団は旧仏教の大寺院に比べると当初は比較にならないくらいの地方の小教団であった。しかしそうしたところに発生した新思想は、救済を希求していた民衆の間に、瞬く間にそして深い影響を及ぼしたのではないだろうか。新思想が民衆の間に消化されてたとえば職業的求道行動となるにはさほど時間を要しなかった可能性がある。その影響が十分に消化されてマクロ的な文化的社会的なものとなり、制度に反映されるのには時間を要したであろうが、それは実際に生じた新思想のダイナミックな社会的インパクトとは区別して取り扱われるべき問題であると思われる。

このことは古代以来の日本の経済社会の長期的変化に関して一つの図式を示唆する。この点を詳細に展開することは本書の課題ではないが、本書の議論を理解するための一つの手助けとなることを期待して、その図式の概略を素描しておこう。

われわれは長期的に見た日本経済の発展過程は三局面からなると考える。日本はその「建国」以来遣隋使・遣唐使などによりインドおよび中国・朝鮮から直接間接に膨大な先進東アジア文明を導入した。その中心は仏教・律令制度および広範な文化・産業関連技術である。遣唐使自体は9世紀末に廃止されたが、いまだ原始的共同体的部族社会の色彩の強かった日本において、移入された文明の制度的消化と自国化には膨大な時間と努力を要したと見る必要がある。網野善彦（1980、1984）は14世紀の南北朝時代に日本の前近代を大きく前後に分かつ転換期があったと主張したが（1984、148頁および1980、171頁）、おそらく幕末開港・明治維新以前の日本社会経済史の局面分割は、少なくとも文明交流史という論脈では、このあたりで区切るのが適切であろう。このように考えると、日本の長期的な社会経済の発展過程は三つの局面からなるということになる。13世紀までの第1期は先進東アジア文明の導入期、明治以後の第3期は先進西洋文明の導入期、そしてその中間の時期、14世紀から18世紀までの第2期は導入した東アジア文明の制度的消化・自国化の時期であったというのが、一つの大雑把な図式となろう。

第3期の西洋文明の導入期についてはすでによく知られている。その過程は開港と明治国家の建設に始まるが、戦後民主化と高度成長はその流れのなかでの衝撃の一つの現れであったとみなすことができるであろう。おそらく長期的に見たその制度的消化と自国化はバブル期以後本格化したが、それはまだ始まったばかりであると見られる。第1期の東アジア文明の移入期は、仏教の導入と易行化、律令制の採用と荘園公領化・権門勢家体制への変化の時期であり、これについては以上でもかなり考察を行った。

ここではこの中間の時期である14世紀から18世紀にかけての東アジア文明の制度的消化と自国化の時期について簡単なスケッチを行っておこう。詳しい分析は第4章でなされる。

この時期における制度的消化と自国化は二つの側面を持つ。一つは13世紀までに移入した技術の手工業としての自立とその商業化を含む東アジア文明へのキャッチアップ、いま一つは仏教の易行化の結果として生じた求道主義による日本的文化・社会経済システムの形成、である。まず商業化ないし非農業化から論じよう。網野善彦は、南北朝期以後の日本で農業の非農業に対しての優越と圧迫が強まったことを天皇制のあり方に関係づけて強調したが、その議論は逆にそうした動きが生じるほど、非農業とくに商業と手工業および鉱業の活発な展開があったことを意味する。この展開には、律令制下の技術者育成と流通交通システムの整備を基礎にした、求道的職業意識の発達による人的資本重視の意識が大きな影響を持った。国内市場に加えて、この時期は網野も強調するように日本経済の海上ないし海外への展開が始まった時でもあった。堺などの商業都市経済の成長に見られるように、日本はこの時期の東南アジア経済圏における中心的プレイヤーであった。しかしながら、日本は、銀、銅そして金などの鉱業製品を主たる輸出品として国際分業に参加したのであり、この時点においても手工業品が十分な国際競争力を持つことはなかったという点に注目する必要がある。日本が競争力を持った手工業品は刀剣と（種子島を模した）小銃のみであった（角山栄1995）。おそらく輸出競争力を持たない他の工業品製造業者は厳しい国際競争の圧力に苦吟したはずである。このことは東アジア文明に対するキャッチアップが当時の日本にとっていかに難事業であったかということを示唆している。こうしたことからも、仏教の影響についても、その消化と自国化には非常な長期を要したと考える必要がある。

律令制度は官営工房において優秀な技術者集団をつくりだし（浅香年木1971）、その財政制度は貢納システムの整備のための全国的な交通と流通制度を用意した（脇田晴子1969）ことがよく知られている。しかしこの制度の現在に連なる主な経済社会的インパクトは、その解体過程にある。すなわち平安中期以後律令制度が弛緩し、荘園領主経済の時代に移行し始めると、律令制的な給与としての物資配分は円滑を欠くようになり、それに対応して荘園領主となった権門貴族や社寺は自前の生産設備と手工業者を保有する形でそれぞれの家政機関と私営工房を整備するようになったことが、多大のインパクトを持ったのである。第4章で詳しく述べるように、この結果、二つのプロセスを通じて商品経済化が進展した。第一段階は、貢納物の商品化である。すなわち貢納品として手工業品などを入手した荘園領主は、その一部を自家消費に充てるとともに、残余を都市で商品として販売したのである。地方の在地領主もまた入手した手工業品を換金したり、商品として販売したから、名主百姓の代銭納による商品化と相まって鎌倉末期から室町期・戦国期にかけて商品化は急速に進展した。第二の段階は、官営工房での生産によっていた、民間では非自給的な手工業品の生産と市場における流通の進展である。官営工房の権門貴族・社寺による分割領有ないし私営工房化は、その製品の市場向けの商品生産の拡大を伴った。当初は工匠出身の職能民ないし手工業者による移動販売であったが、都市化の進展とともに彼らは次第に各地に定着し、自立した仕事場と生産道具を持って、商品生産に本格的に取り組むようになった。この効果は強調に値する。少なくとも日本経済の商工業化の基礎となる地方の地場産業の基盤はこうして15―16世紀にかけて形成されたのである。

次は仏教の易行化の社会経済的・文化的影響である。当初鎮護国家の目的で導入された仏教は、次第に中央の国家と為政者のための宗教としてだけでなく社会の基層的な構造と結びつき、鎌倉期において民衆救済のための易行化という形の教義上の変革を生み出した。しかし、この変革の文化的社会経済的影響が制度的に定常化し定着化するには極めて長期を要したと見るべきであろう。すなわち仏教の易行化は人々に日常生活のなかでの疑似的修行体験に向かわせ、そのことを通じて文化的・社会的そして経済的な諸効果が生じたのである。さまざまな分野での求道主義の発生と言われるものがこれであり、村上泰亮・公文俊平・佐藤誠三郎（1979）が「世俗的難行」という言葉を当てているように（117頁）、人々は寺院での修行に替えて日々の職業や趣味的活動のなかで、仏教的な知的技能的な鍛練を行うこととなったのである。第一に、上述のように、律令制の下での官営工房の私営分割により権門寺院などに所属となった技術者は、貴族や寺社にその専門の手工業品を納める以外に、次第に商品生産に乗り出したが、その高度な技術は移動販売などにより維持された。技術の伝承・蓄積には自己実現的な動機に基づく求道主義が作用したと見られる。第二に、室町時代に本格的に発展した能狂言などの芸能や茶の湯・生け花・造園・数寄屋造り建築などの日本的文化は、貴族と武士の求道的な芸能追求と趣味活動に端を発するものであったが、次第に民衆をも巻き込んで、自己実現を重視する個人主義の開花につながった。第三に、こうした技術や技能の継承のために「家」システムが貴族社会・武士階級に広まり、その傾向は室町戦国期には農村部にも及び、人的資本の蓄積・継承というひとづくりの伝統を生んだ。

仏教の渡来とその変化の衝撃、それに対する熱狂は次第に過去のものとなっていったが、その自国化と消化の過程は求道主義の浸透と神仏習合による国民宗教化を通じて、非常に長期の過程のなかで、制度化を通じて日本の文化と経済社会に大きな影響を持ったと見るべきであろう。言い換えると、易行化にかかわる仏教の変化の思想的インパクトはいわば瞬時に熱狂的に各地に伝播したが、その求道主義行動などを通じる制度的消化には非常な時間を要したと見られるのである。東アジア文明の技術面など他の側面でのインパクトについても同様である。これがわれわれの言う第2期であり、第3期の明治以降の日本のあり方は、こうして進行した東アジア文明の制度的消化・自国化の上に幕末以来の西洋文明の衝撃が加えられた、という形で理解される必要があると思われるのである。

第3節　ウェーバーによるプロテスタンティズムと原始仏教の比較

マックス・ウェーバーはその『経済と社会』第4版、第二部第5章第8―12節（Weber 1921）において、弁神論の視点からプロテスタンティズムと原始仏教を比較し、それらが「生活態度」の変化に及ぼす影響を考察した。この考察は二つの宗教の違いを理解するために極めて有益なものであるので、以下で簡単に紹介し、あわせてウェーバーとわれわれのアプローチの異同点を明らかにしておきたい。なお仏教に関しては『宗教社会学論集』第2巻「ヒンドゥー教と仏教」第2章にその救済理論に関する詳しい考察がある。これについては池田昭（1974（Ⅰ）（Ⅱ））が他のインド宗教との関係をも踏まえて詳細な紹介を行っており、本書ではこの池田の整理に負うところが多い。

弁神論（神義論とも呼ばれる）とは神の力の強大さと彼が創造ないし支配している現世の不完全性の関係を問う議論であり、極めて大雑把に言うと「現世における悪の問題を論じ神をその責任から解除する議論」（金井新二1991、208頁）である。すなわち、人々にとって現世は苦難に満ちており、またその程度に不公平と不公正があると見られるため、人々は現世の価値を低く評価しがちである。現世貶価ないし現世否定（拒否）である。とくに戦乱・疫病・飢饉などに満ちた不幸な時代ではそうした傾向が強くなる。このためそれぞれの宗教は現世のあり方をそれなりの仕方で合理化し、神ないし神の創った現世秩序においてそのような苦難が生じる理由について形而上学的説明を行うことが必要となる。ウェーバーは、世界の宗教のなかでこの正当化にある程度成功した宗教はゾロアスター教、近代プロテスタンティズムおよび原始仏教の三つしかないと主張する。このうちゾロアスター教は清浄と暗黒の対立という二元論でこの問題を解こうとした。すなわち不公正・不公平・罪などの弁神論の問題を発生させる原因は、偉大な善の神の光明に輝く清浄が、それらの神に対抗する独立した勢力である暗黒と接触したことにある、というのである。しかしながらこの二元論は、終末論的状況に至ると人々は二元論に満足しなくなり、清浄の神が暗黒の神に勝利することを期待し要求するため矛盾が生じてしまうという欠陥を持っているとされる（池田昭１９７４（Ｉ））[126]。したがって、なんらかの意味で弁神論の問題を矛盾なく解決しえた宗教としてはプロテスタンティズムと原始仏教のみということになる。しかしこの二つの宗教は、その現世否定の理由と救済方法において、大きく異なっており、したがって救済要求が人々の「生活態度」に及ぼす体系的な社会的影響において全く異なるものであった、というのがウェーバーの結論である。すなわち以下に示すように、ウェーバーはプロテスタンティズムと原始仏教が対照的な生活態度に帰結することを指摘する。プロテスタンティズムにおける現世否定と救済方法は、禁欲的な職業労働意欲に立つ「生活態度」の醸成という極めて大きな社会的インパクトを持ったが、原始仏教のそれはそうした社会的に意味のある「生活態度」へのインパクトを持つことはなかった、というのである。

プロテスタンティズム

まずプロテスタンティズムから始めよう。プロテスタンティズムにおける現生否定は現世が神の被造物として無価値であるという認識から生じる。被造物としての現生は無価値であるから、神化してはならない（被造物神化の拒否）。現世の諸財に惑溺し享楽することは、救済への意欲とそれへの専念を妨げるものであり、かつ不信仰な心情の徴候であるから、被造物の神化は否定されねばならない。しかしながら、現世は神の創造したものであり、神の力は現世において発現される。したがって現世は人々にとって合理的・倫理的行為によって自己の恩寵地位を確信しその確信を維持するための、そこにおいて確証しなければならない唯一の対象である。現世の諸秩序は、この秩序のなかに置かれている禁欲者に対しては、職業（Beruf）としてアサインされることとなり、積極的な確証の獲得の対象としてそれを合理的に遂行することが中心課題となる（Weber 1921、邦訳276頁）。

プロテスタントにとっての救済の方法は、神の道具となることしかない。神が自分のこの行為を導いている、つまり自分は神の道具であるという意識に裏付けられた積極的倫理的な行為が集中してなされるのでなければ、恩寵の地位の確証に至ることはない。そのさい人間は現世的なものいっさいへの関心（家族や財産や政治的・経済的・性愛的なすべての被造物的関心）から形式的に離脱せざるをえない。これが現世拒否的禁欲である（邦訳275頁）。現世内禁欲者は生まれながらの「職業人」であり、全世界の、それに対して責任を持つのは彼でなく彼の神であるが、内部での自己の没主観的な職業遂行の意味について問いもしないしまた問う必要もない。なぜなら彼にとっては、彼には究極的意味の究めがたい、神の意思を遂行しているのだという意識だけで十分だからである（Weber 1921、邦訳280頁）。

以上のようなプロテスタンティズムにおける現世否定と救済に至るための方法は、神が世界の創造主であり絶対的に全能であるという前提によって正当化される、あるいはこの前提の下でのみ合理的である。神の決断は被造物である人間の推し量ることができるものではない。この世における運命も彼岸における運命の予定も、全能の神はすでに決定しており、その予定の変更はありえない、という予定説（予定恩寵説）はその一つの帰結である（Weber 1921、邦訳259頁）。被造物に対する神の絶対的全能はかくも無限定であり、しかもこの全能の神はその被造物のあらゆる倫理的権利主張のかなたに隠されている。したがって、被造物的な観点からの現世の不公平・不公正といった尺度を神の業に適用することはできない。言い換えれば弁神論の問題そのものが廃棄・放棄されているということになるのである（Weber 1921、邦訳258頁）。[127]

原始仏教

原始仏教における現世否定は、個人は再生・再死の無限に回転する輪に巻き込まれているという認識、すなわち輪廻の自動メカニズムの認識から生じる。現世の生活の華麗さあるいは地上の美への耽溺などは、世俗と生活の華麗さがたえず病、老、死などの不幸に脅かされている場合に、また地上の美への一切の耽溺が苦痛ととくに別離の無意味さを高めるにすぎない場合に、何の役に立つのかと、その心理をウェーバーは説明する（Weber 1921）。存在の無常が現世を貶価せしめる、というラディカルな現世否定の世界である。

こうした輪廻信仰は、もともとインドの知識人の間に生まれた思想がヒンドゥー教に取り込まれたものであり、原始仏教は修正を加えた上でそれを引き継いだのである。この思想では、現世を倫理的な応報がくまなく張り巡らされた宇宙であるとみなす。そこには無限の生を持つ霊魂があり、霊魂は別の動物あるいは人間または神の形をとって現世にあらわれつつ、未来に向けての生の運命を無限に繰り返す。あらゆる地上の生の有限性は、同じ霊魂が前世で行った善行あるいは悪行の有限性のもたらしたものであり、仮に現世の生に応報の観点から見て不公平・不公正と思われるものがあれば、それは過去の生における罪業の報いである。かりにこの世における功徳によって天国に再生できたとしても、それは功徳と罪、善行と悪行の貸借勘定によって定められた期限付きのものである。

したがってこの思想においては、この世の自動的秩序が没神性に帰結する。すなわちこのモデルでは全能の神は全く不要である。神の倫理的使命は貸借勘定に基づいて自動的に解決されるのである。逆に言うと「各個人はもっとも厳密な意味で自らの力で自らの運命を作り出す」(Weber 1921、邦訳260頁)であり、近代プロテスタンティズムと逆の意味で弁神論はその存在の余地がないことになる。

原始仏教は、この古代インド思想の輪廻思想を、霊魂の概念を取り除く形で受容した。すなわち原始仏教では(ヒンドゥー教とちがって)不滅の霊魂でなく「生への渇望」ないし「生への意思」がエネルギーとなってたえず新たな「我」を形成し、輪廻の自動装置を回転させると考えた。それゆえ、業の倫理的な応報の因果性は、個体の死とは関係なく生への渇仰の存続する限り、再生・再死する個体を支配することになる。個体は死により消滅するが生への意思・渇望は一種のエネルギー保存の法則により、死を超えて作用する。生への渇望が存在する限りそれは個体化の朽ちない土台として新たな生を繰り返す。苦難からする彼岸の希求も此岸の快楽への惑溺も生への渇望から生じる。苦難の根拠は生への意思にある。

原始仏教において、救済とは生への渇望ないし生への意思からの救済であり、それは瞑想という方法によって達成されるとされた。すなわち、瞑想により、業の因果性の究極的な帰結を洞察することにより、心中から生への意思・渇望を排除しえた「解脱」の境地に至り、救済が成立するのである。その洞察には苦難の本質に関する知識が必要である。しかしその知識は、地上・天上の事象に関する広い知識というものではなく、かなり限定された知識である。原始仏教における知識は苦の本質、その発生、その否定とその手段に関する四大真理、言い換えると苦諦、集諦（じったい）、滅諦（めったい）、道諦（すなわち八正道による実践的解脱）[128]に必要な限りでの知識である。瞑想によりこうした知識を通じて業の因果性に関する洞察を得た時に、人は解脱の状態に「飛躍」するとされた。

ちなみに、以上のようにウェーバーは、解脱に要求される知識が限定されたものであることを強調したが、このウェーバーの解説はあくまで原始仏教にかかわる議論であることに注意することが重要である。すなわち、ウェーバーによれば、原始仏教では解脱のためには救済者の死後の運命や涅槃の本質に関する探究はしてはならないし、また形而上学的な基礎を持つ教義命題を合理的に認識することも否定された、とされる。なぜならそれは生への渇望ないし地上の合理性への執着であり、およそ彼岸においては役に立たないものであるからである（Weber 1921、邦訳１４７—１４８頁）。苦行も同様に生への渇望に資するものとして排除されたとされる。しかしこうした状況は、その後部派仏教・大乗仏教へと仏教の進化するに伴い大きく変化した。これは、存在そのものを苦ならしめる自我や世界に関する概念である無我や無常に関する洞察が飛躍的に深められたことによる。[129]したがって、少なくとも日本に渡来した仏教においては、解脱のためには幾度となく輪廻を繰り返し、長期にわたる困難な修行が必要とされるようになったのであり、そのために必要とされる知識の量も膨大なものとなっていったと考える必要がある。

「生活態度」そして経済行動への効果

プロテスタンティズムにおいては、弁神論はその全能の神という前提から実質的に放棄されているが、それにもかかわらず人々の「生活態度」は神に支配されていることが重要である。それはこの教義においては、ほかならぬ神の絶対的至高性が、実践的な宗教関心をして、個々の場合に人間に神のカルテを見たいというインセンティブを与える、ことによる。人々は神の摂理をあらゆることについて見てとりそれを解釈しようとする。倫理的行為でさえ神の決断によって既に確定している自分の恩寵の状況についてなんらかの「徴候」を与えるものとしてとらえられるのである（Weber 1921、邦訳259頁）。他方、人々は被造物神化の拒否から、同じ被造物である個々人に対して個人的動機から働きかけることは許されない。激情、復讐あるいは被造物神化的な性愛などの個人的動機に基づく行動はしてはならない。したがって、唯一現世内禁欲の立場から許される「生活」にかかわる行動は、社会的なものへの働き掛けないしマスとしての人間集団への働きかけである。たとえば営利や経営の形で合理的な諸目的団体の諸目的に対する合理的にして冷静な共働や合理的に秩序づけられた国家に対する貢献は、まさに神の欲するところである（Weber 1921、邦訳276—277頁）。

プロテスタンティズムにおける現世否定とそこからの救済方法が社会的な生活態度の体系的変化をもたらしたのに対し、原始仏教における救済方法はひたすら瞑想によるものであり、社会的インパクトを持つ生活態度への影響は持たなかった、とウェーバーは主張する。現世における解脱のみを追求することが仏教者の特殊な業積であり、その目標を達成することとも関連せず、それに役立ちえないなんらかの問題、此岸的かつ彼岸的、社会的かつ形而上学的問題、に関する一切の思弁も排除されたのである。それはある意味でラディカルな合理化であったが「その合理化は、およそ行為倫理を形成した近代プロテスタンティズムとは正反対に、全く対立的に、原理的には非社会的な方向」（池田昭１９７４（Ⅱ））に向かうものであった、というのである。[130]

以上がウェーバーの弁神論の視点からの近代プロテスタンティズムと原始仏教の比較論の概要である。原始仏教が部派仏教・大乗仏教へと形を変え、日本の平安末期から南北朝時代において易行化という変化を遂げたことは、ウェーバーの知識にはなかった。日本での仏教の易行化は極めて大きな「生活態度」ないし経済行動への社会的インパクトを持ったのであり、そのことを探ることが以下における本書の課題である。

第3章　宗教の変化と経済社会システム――イギリス

イギリスにおける宗教の変化は、ローマ・カソリックへのイギリス国王の対抗、その後の英国国教会とピューリタンの対立という形で生じた。少なくとも教理的には、英国国教会もピューリタンもともにプロテスタントであり、そこでは救済における教会の仲介と信仰の位階秩序は否定され、すべての信仰活動は日常生活の活動のなかでなされることとなった。このことは必然的に日常生活の評価を引き上げ、労働を天職とみなすルターの考えや結婚・家族生活とともに私有財産保有についても神の前での正当性を与えることとなった。

加えてイギリスでは、四つの要因がこの変化にかかわり、上述のように宗教改革が極めて大きな政治的社会的帰結を持つことになった。問題をイギリス的経済システムの生成に絞ってこれらの追加要因を説明すると次のようになる。その第一はカルヴァン主義とくにピューリタニズムの強い影響であり、その最も先鋭化された形で主張された予定説は、単に世俗内禁欲主義に立つ労働者と企業者を生み出しただけでなく、人々の個人的孤立が全能の神への人々の自由意思による全面的帰依をもたらし、これが善悪の判断をことごとく神の意思に帰するという道徳的思考の排除をもたらしたことである。

第二に、道徳的思考の排除とともに、予定説はまた、被造物神化の拒否をつきつめることで、個別の人間への配慮を避けるという意味で身近な他者を排除した人間観に帰結した。このため「神の栄光」のための社会的貢献ないし隣人愛の実践は集計量としての厚生を目的にすることでしかなしえず、これがその後の功利主義的思想につながった。

第三に、イギリス特有の経験主義哲学は、自己の感覚と内省のみによって知識を組み立てていくという人間観を生み出した。この考えは予定説の下での孤立した個人観をさらに徹底したものに推し進め、薄い道徳思想と相まって、身近な他者と距離を置くという個人の独立性と自律性を強調する個人主義を生み出した。

第四に、予定説はまた効率を目指す科学的探究や財産蓄積についても、人間の保存による神の栄光への奉仕という意味付けを与えた。またピューリタンの経験主義の理論的バックボーンとなったベイコン哲学が、啓蒙における実践的仁愛を強調したことと相まって、効率性と生産性の向上に寄与するという財産所有者の社会的役割が確立された。こうして財産所有者による資源配分効率を強調する資本主義の倫理的根拠が与えられた。

身近な他者と距離を置く個人主義は、私有財産所有の下での資源配分システムを用いて、供給主導の大量生産につきすすむ経済システムを生み出すことになった。このシステムは顔の見えない消費者を相手に他者をあえて意識しないで商品を大量に生産供給するという意味で、被造物神化の疑いを免れることができ、また大衆をマスとしてとらえてその福祉への貢献を目指すという意味で功利主義による倫理観社会観と整合的であった。

以下ではまず第1節で、カルヴァン主義とイギリス経験論の相乗作用のなかからどのようにしてイギリス的な個人の自律性と独立性を強調し、顔の見える身近な他者への顧慮をミニマムにする個人主義が生まれたかを考える。次に第2節では、ジョン・ロックの思想的展開を中心に所有権論の経済的・社会的意義を検討し、財産としての土地の所有者による経済社会の支配が正当化された思想的背景を考える。第3節では、身近な他者との間に距離を置く個人の独立性を重視する個人主義と財産所有者による経済運営の支配が、どのようにして供給主導型経済システムを生み出し、世界最初の産業革命につながったかを論じる。この節の最後では、J・S・ミルを取り上げて、その個人主義の特質を、バーリンによる自由論の評価などに関連させつつ検討する。

ちなみに第1章での整理を用いると、身近な他者との間に距離を置く個人主義は、自律性と独立性に強い価値を置き、そこに各人の自由の意味を見出す個人主義であると言うことができよう。またこの個人主義が功利主義を擁護していることは、集団としての公共の福祉という目的・価値に個人の目的や価値が劣後・従属しうるということを意味する。この意味ではイギリスにおける個人主義は公共としての集団に関しては弱く、他方で顔の見える個別の他者という集団に対しては強く個人主義的であると言えよう。

第1節　身近な他者に距離を置いた個人主義

われわれの、身近な他者から距離を置いた個人主義の概念は、顔の見える他者の評価に替えて価格変数に典型的に表れるアームズ・レングスのアトミスティックな個人の集団的評価を重視することを意味する。こうした意味での個別の他者意識の弱さは、カルヴァン主義とイギリスに特有な経験主義の下で、次のような理由で生まれたと考えられる。第一は、予定説の下での人々の個人的孤立が全能の神への人々の自由意思による全面的帰依をもたらし、これが善悪の判断をことごとく神の意思に帰するという道徳的思考の排除をもたらしたことである。道徳的思考の排除の一環として身近な他者への配慮の欠如が生じたのである。これに関連して神との一対一の対話という神学的個人主義が隣人の介在を許さなかったものであること、被創造物神化の否定が特定しうる個人への関与を否定したことなどもこの点にかかわる。第二は、唯名論にかかわる、普遍に対する個の重視が、個の感覚的経験から積み上げて認識を形成するという経験主義哲学を生み、この下で他者による評価は感覚的経験的に極めて弱い意味しか持たなかったことである。ジョン・ロックにおいては、経験主義はカルヴァニズムと結びつきテイラーが「点的」と呼んだ極めて狭い自我の意識に帰結した。宗教の影響のより弱い時代に生きたヒュームやスミスの思考では、個人は「共感」というメカニズムを通じて他者への配慮を行ったが、これはあくまで個人の思考実験としての他者への配慮であり、現実の顔の見える他者との具体的な交流に基づく他者意識が理論に取り込まれることはなかった。

以下ではまずこの身近な他者に距離を置いた個人主義の発生にイギリスにおける宗教の変化がどのようにかかわっているかをこの二つの理由から説明しよう。

1　カルヴァン主義

予定説と他者

恩寵による選びの教説すなわち予定説は、1543年版のカルヴァンの著書「キリスト教綱要」においてはじめて展開されたものでカルヴァンの死後その教義の中心的地位を占めるに至ったものであるが、イギリスにおいては計り知れない影響をもたらした。この「恐るべき神の決断の教義」（Weber 1905、邦訳152頁）は、最終的には国教会が予定説を受け入れたものの、そこに至る過程での国教徒とピューリタンの対立を決定的なものとし、経済的にもピューリタニズムにおいて世俗内禁欲に基づく勤労倫理観をもたらしただけでなく、身近な他者との間に距離を置く個人主義を生み出すこととなった。

予定説の恩恵による選びの教説は、人々に激しい現世拒否の感覚を呼び起こし、全能の神への全面的帰依は、道徳的判断をすべて神に帰するという意思決定を人々に強いた。何かが善であるのは、神が命じたからであり、何かが悪であるのもまた神の判断による。人々は道徳的判断から解放され、その一環として他者への配慮や他者への義務を考慮することから解放された。いわんや他者の評価をあれこれ考慮して行動するというインセンティブは否定されたのである。

予定説による選びの教説はまた人々を厳しい内面的孤立化に導いた。人々は「自然の地位」から「恩恵の地位」へと解放されるために神の栄光のためのみを目指して生きることを要請され、また宗教的不安を解消し救済の確信を得るための方法として、ひたすら世俗的職業労働に専念することとなったのである。救いの確証は自己審査により得るしかないのであり、神との一対一の交流のなかにしか見出されない。そこに他者による評価の余地は全くない。カルヴァン主義の下では人々は個人のコミットメントにおいて信団を形成し組織的な自己審査を行ったが、信団の形成は既存の束縛の〝根こそぎ的〟破壊をもたらし、他者との人間的交流に基づく、代わりの信頼関係をもたらすものではなかった。

ウェーバー（Weber 1905、邦訳168―169頁）の指摘するように、カルヴァン主義は予定説に加えて被造物神化の拒否という考えを生み出すことにより、個人の孤立化をさらに劇的なものとした。すなわち富や権力、美やエロスなどすべての人間的なものは単なる神の被造物にすぎないのであり、そうしたものが人々の崇拝や帰依の対象となると、神の栄光のためにのみ活動するというインセンティブを弱める、それゆえ被造物の神化はすべからく否定されなければならないという考えである。[1] この考え方はその論理的な系として、人間的な対人関係への執着に対する激しい嫌悪をもたらした。すべからく信者の行動は非人格的であるべきとされた。人格的な対人関係は、ともすれば被造物である人間に価値を見出すという意味で被造物神化の疑いをかけられがちであり、特定個別の他者への関心は否定された。その結果、集合的な他者すなわち社会全体ないし多数者の幸福というもののみが、被創造物神化のそしりを免れうるとされたのである。この点を禁欲的労働倫理に即して言うならば、非人格的な社会の総体に役立つ労働こそもっとも神の栄光を増すものであるということになり、個人のコミットメントによる労働提供という意味での労働力の動員による組織的生産を目的とした資本主義的社会秩序の編成は、合目的的なものとなったのである。もちろん被創造物の神化の拒否ないし偶像崇拝の否定はいわば迷信（Weber 1905、邦訳158頁）であり、信仰の本質にかかわるものではない。しかし多くのこの時代のイギリス知識人はおそらくこの迷信から強い影響を受けたと思われる。

功利主義

カルヴァン主義におけるこうした被造物神化の否定の下での集合体として人間の幸福の追求が功利主義の発生をもたらした（Weber 1905、邦訳168―169頁）。ウェーバーの説明によれば、こうした考えは、カルヴァン自身ではなく「多数者の幸福」を優先させるという形でバックスター（Richard Backster、1615―91年）によって明確な形で主張されたもののようである。バックスターはこの考えを、万人の生活ないし公共の福祉への奉仕以外の目的を掲げたならば「必ず（貴族主義的な）被造物神化に陥るか、神の栄光でなく被造物的な「文化目的」に奉仕することになってしまう、という思想の帰結」として導いたとされる（邦訳312頁）。

功利主義は、集合体としての人間の幸福を重視するという意味で、また個別の人間関係のなかでの高位の善の役割を否定するという意味で薄い道徳観と整合的であったし、観照でなく実践により「人類の状態」の救済を目指すというフランシス・ベイコンの経験主義とも親和的であった。ベイコンは、人間にとって科学的努力の役割はもっと繁栄した場所をこの世に残すことにある、として科学の効率化と実践的慈愛への貢献を強調した。この思想はピューリタン神学の、人間の保全と神の栄光のために神の創造物である事物を冷静に利用することが宗教的に正しい行いであるとした教え、に沿うものであり、ベイコン主義科学はピューリタニズムの枠内で敬虔な目標を獲得したとも言えよう。マスとしての人類救済のための科学的努力の強調は被造物神化の拒否にも整合的であった。

ところでカルヴァン主義の下で生まれたこの時期のイギリスの功利主義は現代的な意味での功利主義

とはかならずしも同一でないことは強調に値する。現代の通常の考え方では、功利主義の原理は、(i)社会の最大幸福を目的とする、究極的善を規定する厚生主義的価値論と(ii)個人の行為ないし政策はこの目的への貢献により評価されるという帰結主義、の二点に要約される。最大幸福は個人個人の私的善の和として定義され、いかなる個人にも還元できない(私的価値を超えた)社会全体の価値は否定され、その意味で功利主義は通常は「個人主義的」とされる(たとえば内井惣七1998)。しかしこの点はカルヴァン主義の功利主義では必ずしもそうではないと思われる。

ピューリタンがさまざまな家族・自然村落・教区などの既存の伝統的な組織を拒否したことは事実である。この拒否の根拠は通常、人間のつくった被造物神化の拒否と並んで、これらの組織は自己のコミットメントにかかわるものではない、すなわち主意主義の立場に反するという点にある。問題はこの第二の理由であり、たとえばテイラーなども強調する点であるが、[2] 個人的コミットメントを踏まえていないという意味は、後世の道徳哲学における手続き的合理性の強調による後付けの議論であって、これら組織の固有(intrinsic)な価値の否定、ということではない、ということが重要である。かりにピューリタンがこの論理に立っていたとしても、そのこと自体は組織形成にかかわる契約論上の正当性を問題視するものではあっても、組織自体の持つ固有の価値を否定するものではない。逆に考えると、そうした組織が被造物神化の疑いをかけられないのであれば、組織の固有の価値は尊重すべきものであったであろう。個別の個人にかかわる偶像崇拝的要素を否定し、集計量を重視するという立場は、集計量が私的価値の単純合計を超える価値を持っていたとしてなんらそのこと自体は問題ではない。かえってそうした価値が増進されるならばそれは神の栄光をさらに高めるものとして理解されたであろう。評価の対象が村落や教区ではなく、最大多数の意味での公共や社会全体である場合についても、少なくとも教理的にはカルヴァン主義に立つ英国国教主義の「立場」ではその固有の価値は否定される性質のものではなかった、というのがわれわれの判断である。たとえばその『寛容書簡』(Locke 1689)において、(英国国教徒としての)ロックは国教制度においては主教制度は「神法」であるとして、伝統的な教区・教会を否定する狂信的ピューリタンをたしなめたし、逆にロックは国家とは社会的利益を促進するための社会であり、「魂の配慮」すなわち宗教については、国家は関与すべきでない、として国家をけん制した。すなわちロックは政治問題と宗教問題を分離すべきことを主張したのである。[3] こうした意味では英国国教会を含むイギリス・プロテスタンティズムの個人主義では、個人のコミットメントを究極のものとしつつも、公共や国家の価値を宗教とは別の世界で考えることで、公共それ自体の固有の価値を認めていたと判断されるのである。

われわれは本書でイギリスの功利主義として考えるものはこのような個人の私的価値を超えた公共の価値を含むものと考えている。単に集計量としての幸福最大化という功利主義だけでなく、それを超えて公共善そのものの本来的価値を認めるという立場から緩やかに定義された功利主義を受け入れる、というのがイギリスないし英国国教会の立場であったと見る必要がある。要するにカルヴァン主義の下での功利主義における集計的厚生は、「いかなる個人にも還元できない(私的価値を超えた)社会全体の価値」をも含むものであったのである。現代的な研ぎ澄まされた功利主義の概念をこの時期に適用することは、歴史の読み間違いに通じると思われる。[4]

薄い道徳論と他者の意識

古代から中世において、道徳ないし善き生の問題は社会の階層秩序のなかに埋め込まれた問題であった。たとえば祈禱する人々、戦闘する人々、労働する人々の三つの階層からなる社会という理念が中世において繰り返し構想された。これらの階層の間には職能的補完関係があるだけでなく、階層を区別し秩序づけることで社会の正常なすがた（形相）が形成されていると考えられた。社会の互恵的秩序と魂における規範的秩序はお互いに相乗しており、各階級は正しい関係を持ちながら、階層秩序のなかで互いに恩恵を与えあうことで、同時にそれぞれの人間が最高の徳を身につけていくと考えられた。「人間は大きな階層社会に埋め込まれて初めて道徳的となる」というのであった（Taylor 2004、邦訳27頁）。近代における自我の追求はこうした古代的秩序観への挑戦であった。言い換えると、階層的社会秩序によるのではなく、個人一人ひとりの問題としての人間の相互の関係のうちに道徳秩序をどのように見出すかということが近代に突き付けられた難問であった。ルネサンスを経て、宗教改革の時代は、この問題をめぐる思想的な格闘のなかで、道徳に関する「薄い理論」に向かって舵が切られた時代であったと言えよう。善き生ないし徳を備えた生という存在の高次の価値は、必然的に人間の尊厳・人生の意味・他者の尊重などに関して質的な評価・区別を伴わなければならないものであるが、近代の道徳哲学はこうした質的な区別をあえて避けることで、問題を回避する傾向に向かったのである。[5] 大雑把に言うと、このことには次の四点がかかわっている。

　第一に、神学的個人主義の下では、近代的自我が道徳的義務を全て神ないし自然法にゆだねて、人は自由意思で神に従うという点では主体性を発揮するが、善悪の判断に関しては全て神の命ずるところに従うという意味で、極めて狭い領域でのイニシァティブしか持たないことになった。第二に、オッカムの主意主義の影響の下で発達した経験主義哲学は、善悪に関する主意主義ないし道徳的思考を排除した人間観につながっていった。人の認識は個別の感覚を基礎にした経験に基づくものであり、何が善であるかは経験から積み上げて決定することはできないのであり、道徳的判断の大部分は神の決定に待つしかない、という考えに立っていた。言い換えると、自然のうちに善悪に関する秩序を認めることは神の手を縛ることになるという理解であった。第三に、テイラーが主張したように[6]、ルター以来の日常生活の肯定はたとえば普遍的な正義や仁愛などのような高次の善を拒否することを一つの「解放」とみなす考えをもたらした（Taylor 1989、邦訳 2―27 頁）。功利主義は、実際には仁愛を基礎に置いてはいたのだが、集計的福祉という帰結のみを強調することで、個々の人間とくに身近な他者に関する道徳的判断の必要を否定するものであった。第四に、善の問題を背後に追いやり、行動や政策を導く手続きに考察の中心を置く傾向、すなわち手続き的合理性の傾向が表れてきたことである。その顕著な例が社会契約論であり、原初契約をどのように執行するか、同意をどのように取り付けるかといった手続き的正当性が考察の中心的位置を占めることになった。

この結果、近代道徳理論は、功利主義に見られる帰結主義ないし目的合理性の追求やカント的・ロールズ的な手続き的合理性に向けて大きく旋回した[7]。もろもろの善の間の対立・相克の問題に正面きって立ち入ることを極力避け、すなわち「薄い」道徳観念に立ちながら、手続きと帰結の観点から合理的な社会規範を探求することが近代哲学の主要課題となったのである。われわれはこの道徳哲学の基本問題に関する評価をする立場にはもちろんない。しかし、われわれはこうした思想の流れのなかで、日常生活の肯定と被造物神化の拒否の思想を母体にしてイギリスに生まれた功利主義が、善に関する「薄い」理論と相まって、他者に関する配慮の弱い個人主義をはぐくんだことに注目する。言い換えれば、以下でわれわれは、イギリスに発する製造業による目に見えない他者を対象とする消費財の大量生産システムという経済システムは、道徳的存在論と質的な判断を避けるという近代道徳哲学と極めて密接に関係する淵源を持っていることを示唆したい。

2　イギリス経験論

アリストテレスなど古代から中世にかけての思想家たちにとって決定的に重要なことは、宇宙の秩序を理性による観照により把握することであった。彼らは、理性による自己支配を強調し、理性による自己の支配は宇宙秩序の発見と把握をもたらし、善を統括する規範的秩序と自己の一体化を可能にすると考えた。他方、キリスト教神学としての中世スコラ哲学は、基本的に信仰から出発し、信仰の真理を、理性を用いた哲学的思惟により理解することを目的とした。トーマス・アキナス（Thomas Aquinas、1225―74年）はアリストテレスに依拠してキリスト教神学を支えたスコラ哲学を完成させ、「すべての真理が神に由来する」という深い確信の下に信仰と理性、啓示認識と自然認識、神学と哲学を総合した。[8]しかし14世紀以後、理性の限界が次第に強調されるようになり、信仰と理性は分離し、信仰は理解されるものではなく意思によって同意されるものとなっていった。理性の意思に対する優位を主張するトーマス的主知主義が次第に力を失い、スコラ学は支持を失っていった。ちなみに、キリスト教神学へヘレニズム哲学のインパクトが及んだのはかなり遅く13世紀半ばのことであった。ラテン語に翻訳されたアリストテレスの著作が紹介されたことは、キリスト教的世界にとって、神の恩寵によらない宇宙観に初めて接したという意味で「文明の衝突」的意味を持つ出来事であったと言われる（塩野谷祐一2009、391頁）。

オッカム

14世紀、オクスフォードの著名なスコラ学者であったオッカム（William of Ockham、1285―1349年）は、哲学の論理と宗教の信仰を区別する二重真理説の立場に立ち、万物の創造、三位一体説[9]や霊魂の不滅[10]などの信仰の基礎となる神学的コンセプトを哲学的に証明することは不可能であるとした。神学は意思の領域であり、理性の領域である哲学とは切り離されるべきであるとしたのである。これにより「理解を求める」信仰をモットーとしたスコラ学的な知と信の総合は否定され、13世紀スコラ哲学は崩壊し始めた（山本耕平1998）。オッカムは、この二重真理説に基づき、哲学とは異なって神学は信じるという意思的な知に基づく営みであるとして、絶対的な神の全能と意思の自由の両者を強調しつつ、信仰の主体性すなわち主意主義の神学を主張した。すなわちオッカムは、神学は信仰という意思的な知に基づくものであるとした上で、さらにすべての倫理的価値と自然法は神の意思に帰するとして全能の神の絶対的な自由と主権を強調した。人間の信じるという意思と倫理的価値を裁断する神の意思の両方を強調したのである（清水哲郎1998a）。[11]こうした考え方はルター、ツヴィングリ、カルヴァンなどの宗教改革運動に強い影響を及ぼしたと言われる（Oakley 1961）。

またオッカムの主意主義は、理性に対する意思の優位を主張することで従来の知性や理性の役割を大きく制限するものとなった。第一に、それは、事物はすべて個体的存在であり、普遍は心的言語にすぎず、普遍や抽象が個に先行することはありえないとして、[12]いわゆる唯名論[13]への道を開いた。[14]第二に、認識の体系は実在する具体的な個から共通点を引き出し、分類するという作業を徐々にレベルアップさせることによって可能になるとして、理性に換えて経験からの認識の組み立てを重視する経験主義哲学を主張した。理性による意思の支配を否定することで、オッカムはプラトン以来の主知主義的古典主義哲学から大きく踏み出したのである。

普遍論争[15]とオッカム

オッカムの唯名論に基づく経験主義については、その師スコトゥスとの論争が有名である。スコトゥスはトーマス・アキナス[16]の影響を強く受けて、普遍を優位に置く哲学を主張したのに対し、オッカムは個物を優位に置く哲学を主張し、従来のスコラ的思考の「コペルニクス的転回」を行った（渋谷克実2008）。すなわちスコトゥスは、個体は共通本性と、共通本性を個へ特定化する個体的差異（個別的存在性）からなる、として事物は自らの本性によって個物であることはない、個物は普遍的原理である共通本性に基づいて存在する、とした。スコトゥスによれば、われわれの世界を根拠づける普遍的原理として共通本性が心の外すなわち外界にまず存在し、その共通本性が固体化の原理によって特定化されることによって個物が存在するということになる。たとえば、ソクラテスとプラトンは、人間であることにより一致し類似している。これらは、この個物やあの個物といった意味で数的には1であり、その次元において異なっている。しかしソクラテスとプラトンとは別に、数的な1より小さい（弱い）が実在的な別なある1が人間の共通本性として心の外に存在しており、それが両者の人間としての類似性を説明すると考えたのである。これに対して、オッカムは心の外のいかなるものもそれ自身によって個であるという個体主義を主張した。個別に内在する普遍的原理（共通本性）そのものの心の外での存在を否定し、いかにして普遍的な共通本性が個別化されるか、というスコトゥスの個体化という問題そのものが誤って設定されているとしたのである。[17] オッカムは個体が、神の精神のなかの普遍的・範型的なイデア（事物の前の普遍）や共通本性（事物のなかの普遍）によって認識されるという中世の伝統的構図を否定することで、個物をまさに個として、それ自身によって個として存在することを主張したのである。

ロックの経験主義

こうした考え方はホッブスとベイコンを経て、ジョン・ロックの人間観に典型的に受け継がれた。オクスフォードにおいてベイコン主義の強い影響を受けたロックは、その著『人間知性論』(Locke 1690b) において徹底した経験主義哲学に立って、人間の知性によって得られる知識の範囲と限界すなわち人間がどれだけ知り理解することができるか、逆に言うと人間知性の可謬性と有限性を考察した。その方法は徹底したイギリス経験論であり「すべてを経験に訴えて観察し、経験のなかで、経験によって解決し、経験を越えた何ものに頼らず」という実証主義であった〔大槻春彦1972〕。すなわち我々は「個々〔特殊〕のものについて推理する」(Locke 1690b、邦訳(4)285―287頁) として真理への接近の個別性の主張と普遍概念の拒否の姿勢を明確にし、オッカム以来の反理性的・反古典的立場に立ったのである。ロックにとって、理性すなわち経験を超えた領域にかかわる論理的思考能力はしばしば「情念の奴隷」(John Dunn 1984、邦訳104頁) となる可能性があり、それに安易に頼ることは、神の前での人間の知識の限界を画すという作業においては、厳格に排除すべき方法であった。

ロックにおいて経験は感覚と内省〔内観〕からなる。すなわちすべてを感覚的存在に還元してそれを内部観察によって理解することにより何が理解できるかを問題としたのである〔下川潔2007〕。もちろんここで人間による理解は完全なものとは限らない。獲得された知識は正しいもの〔真知〕だけでなく間違ったもの〔臆見〕をも含みうる。人間の知る能力には限界があり人間の知性はしばしば誤りを侵す可能性があるというのが、ロックやアイザック・ニュートン、ロバート・ボイルなどベイコン主義[20]の下にあった当時の王立協会の一群の探求者に共通する立場であった。

イギリス経験論におけるロックの画期的な主張は生得観念の否定にある。すなわち、デカルトは、「存在するものは存在する」という立場から自然を理解する人間の能力も生得的な知識に基づいているとして、ひとには生まれながらにしてなんらかの原理や観念が刻印されているという生得説を主張した。これに対してロックはすべての観念は経験から生まれるとして生得観念の存在を否定した。[21]人間の心は本来タブラ・ラサ（白紙）であるとしたのである。

デカルトにとって神の観念は虚構でなく、生得観念（人間の心に生まれながらにして刻印された観念・原理）であり、真なる本性を持つものであった（山田弘明２００６）。デカルトは、神はほかの被造物と同じく、現在では永遠の真理とみなされている数学の真理まで創造したのであり、その観念を人間精神のうちに「生得的」なものとして刻印し、それによって「自然の法則」を構成したと考えた。すなわちデカルトの機械論的自然観はいまだ神学と不可分の関係にあり、機械論としての世界の理解のみが、神の主権と両立するものとされたのである。ギリシャ哲学的に倫理を自然の傾向線から導くことは、世界の創造主であり善悪の秩序の決断者である神の手を縛る、すなわち神の主権を侵害することになるとみなされたからである（Taylor 1989、邦訳１８８頁）。Oakley（1961）は、近代的科学観の発展における全能の神によって上から与えられた自然法や自然的法則の概念の重要性を主張している。すなわちデカルトに始まりボイルやニュートンに至る科学の進歩は、実在の構造に内在する自然法則というギリシャ的発想を否定するために、外部から全能の神により自然法則がこの世界に啓示された、と考えたのである。このようにデカルトからロックまでの哲学は神の主権という概念の強い支配下にあったと考えなければならない。

ロックは、デカルトを名指ししたわけではないが、デカルトの重視した生得観念、すなわち神の観念を含むあらゆる生得的な真理や観念を否定し[22]、徹底した経験主義の哲学を構築した。デカルトの理性が自己のうちに閉じられているのに対し[23]、ロックにおける知性の働きの対象物である観念は、感覚と内省（内観）からなる経験によってのみ獲得されるとされた。ロックの認識論の根幹をなす観念学は、王立協会[24]の中心人物であったボイル[25]の粒子理論を応用したものであり、知性によって対象化された一切である観念のうち単純・均一・非複合的なものを単純観念と呼び、複雑観念と呼ばれるそれ以外のもろもろの観念をこの成素からの複合ないし合成として構成するという手法が採用された。知識は経験の供給する単純観念のうちで調和するものを統合し、不調和なものを分離するという知性の活動の結果として得られる[26]。それゆえこうした論理の前では生まれながらの知識はありえないことになる。そしてこうして後天的に形成される知識は、知性の可謬性からして、真知だけでなく臆見からも構成される。ロックには生得の名を許すことは人間の可謬性を覆い隠し、人それぞれを独断・狂信の徒にする、その場合個人は他人の権威の奴隷となり、個人の自主と自立を危うくするという思いがあった（Locke 1690b、邦訳（1）317頁）。

また、ロックの経験論は、普遍論争における唯名論としての系譜から言うと、普遍抽象説と呼ばれる。一般的で普遍的な事物自体が実在するのではない。存在するものはすべて特殊個別的な個である。一般的で普遍的なものは実在するものに属するのではなく、知性が作り上げた、心の所産でしかない。人間の心は普遍的なものの実体の本質を知ることはできず、「唯名的本質」によってある実態を一つの特定の種類に分類することができるのみであるというのである（下川潔2007）[27]。言い換えると、「唯名的本質」として抽象的普遍的観念が形成できるのは、同種の諸対象についての個別的な経験的諸観念から、諸対象に共通な特徴を抽象することによってのみ可能になる。単なる音、文字であらわされる言葉が一般的普遍性を獲得するのは、それがこのような知性による抽象作用の結果としての複雑観念の記号であることによる。この複雑観念は心の所産でしかないのであり、実在的本質はない、というわけである。

最後に本書の論理からは最も重要な命題として、ロックの経験論モデルがカルヴァン主義と結びつく時、身近な他者の不在という命題が帰結されることに注目せねばならない。その理由はこうである。経験論では知性のかかわる対象としての観念は、感覚の下にすべて個人的な内部経験である内観から得られる。[28] 他の人々についてはその内部経験を外から観察することはできない、したがって人間の観念には他者ないし他我の存在を確証することはできない、ということである（大槻春彦１９７２、３１９―３２０頁）。

こうした身近な他者の不在の命題は、その論理的系としてロックにおける道徳論の不在ないし簡素さを説明する。ロックの道徳論は極めて簡素であり、幸福は善であり、善は快である。善なる快は神が人間に与えたもうたものであるという神学的快楽論に尽きる（Locke 1690b、邦訳（２）４４２頁）。人の意思はこの快とロックが心の落着きの無さ（uneasiness）と呼ぶもの（テイラーによれば一種の欲求、Taylor 1989、邦訳１９７頁）によって決定される。ここでは他者への思い、人生の意味、個の尊厳などの人間の意思決定にかかわる道徳的基準は全く考慮されない。[29] すべては神が創り出した合目的な秩序である自然法の道徳律に従い、それが明確でないときでも神の栄光を高めることに尽くすという行動基準に従うべしというカルヴァン主義の神学的主意主義の思想が基礎にある。[30] 逆に言うと、ロックにおいては神への絶対的帰依の下では、自然のうちに善悪に関する秩序を認めることは、神の手を縛ることであり、そうした結果を避け、神にできるだけのフリーハンドを残すことが求められたと考えられる。[31] ちなみに、こうしたいわば「薄い」道徳論はロックが情念の不安定さの危険に配慮したことによるという見方もある。

ジョン・ダンは、ロックは知性が情念に従属することを重く受け止め、その従属に由来する道徳の弱さは、人間の認識の領域を汚染し、人間の自己同一性の感覚さえ解体してしまうと考えたからである、と主張する。この思いはロックの知的生産のなかでたえず繰り返されたものであった。このためロックはその知性論を完成された道徳論にまで突き詰めることなく、道徳律を神の定めた自然法にゆだねる傾向があったというのである（John Dunn 1984、邦訳１０４頁）。このダンの見方によれば、道徳は人間の心の作り出したものであり、本来的には論証可能なものであるが、『人間知性論』のなかでロックは道徳に関する論理的な体系を構築することに失敗したということを意味する。われわれの他者の不在からロックの「薄い」道徳論を解釈するのであるが、ジョン・ダンのこの説明は情念の不安定さの危険というロックのもう一つの発想の側面を指摘したという意味で興味深い。この点の一層の検討は今後に残された課題であろう。

3　ロックからヒューム、スミスへ

近代個人主義はルネ・デカルトからジョン・ロックへ至る過程でその基本が構成されたが、デカルトにおいては、神は真なる本性を持つものであり、絶対的無限者として存在するものであった。ロックにおいても神の奇蹟や啓示は必ずしも否定されず（大槻春彦１９７７、４３８頁）、神の定めた自然法は人間の基本的な道徳律であり、人は神とのみ対話することが求められた。身近な他者との関係は人の考える必要のないことであった。これに対して18世紀に活躍したデイヴィッド・ヒュームにおいては、神の存在は懐疑の対象であり、アダム・スミスにおいては、神は完全に否定された。このためヒュームとスミスは、それぞれのモデルで他者との関係を模索し、道徳律の構築を行う必要にかられた。ヒュームの想像と共感の概念に始まり、スミスに受け継がれた共感（sympathy）と適切性の概念はこうした思索の所産であるとみなすことができる。しかしイギリス経験論の伝統の下で、こうした他者との関係の考察は、あくまで個人の想像上の思考モデルにおける個人的効用関数の問題であり、他者との間には常に一定の距離が置かれた、という点が重要である。ちなみに水田洋（２００３）は、オッカム以来唯名論に立つイギリス経験論の伝統が、ロックやヒュームを経て、スミスによる市場の互恵秩序の認識につながっていることを示唆している。以下では水田洋のこの直感をも念頭に置きつつ、イギリスにおける宗教の変化と経験主義の問題をさらに検討する。

ロックにおける自我の発見

テイラーによれば、16世紀から17世紀にかけて北西ヨーロッパと北アメリカにおいて成立した近代的個人主義は、デカルトの「距離を置いた理性」の発見に始まる（Taylor 1989、邦訳１６８—１８４頁）。デカルトにおいて理性は、自己の身体を対象化することにより、自らの非物質的な本性である精神を発見し、それを身体（物質）と精神（理性）の二元論として肯定するものであった。理性は自らの身体に対して一定の距離感を持ったのである。また宇宙は、善を定義できる有意味な秩序を具現したものでなく、単なる機械装置としてガリレオの創始した分解と合成の方法によって把握されるものとなり、理性による道具的制御の対象という意味で、「無力化」された。

しかしこの理性は神の摂理によって生じた世界についての一定の代替的な見方を示すものとして新たなヘゲモニーを持つのではなく、あくまで無限者としての神の存在を前提に、単に情念を（できる限り）支配下に置き、物質や自然を道具的に制御するものとされた。テイラーはデカルトの「距離を置いた理性」の立場はロックにおいてさらに徹底され、人間の心は機械装置化され、人々の意思の下で制御されるものになったと主張する（Taylor 1989、邦訳194頁）。上述した『人間知性論』における単純観念と複雑観念のモデルがこれであり、ロックはこのモデルにより、人間の意識的な自己制御の可能性を論じた。すなわち知性の働きの対象であるところの観念の構造を解析し原子的な構成単位にまで還元し、もろもろの観念をこの成素から合成するという手法を導入したのである[32]。単純観念は経験によって入手される究極の最小の原子的成素であり、人々はこれに対しては完全に受動的である。複雑観念と呼ばれるそれ以上の観念はこの原子から一種の機械論的プロセスを経て合成される、とされた。

こうした知性の働きの機械論的理解は、人間の自己制御と自己改造を可能にする。人々は観念を各自の感覚と内省により得た経験に基づいて構成するから、相互に独立しており、それぞれ自己責任において自己制御を行うことになる。しかしながら、敬虔なキリスト教徒であったロックはこの自己制御は神によって定められた法である自然法によると考えたから、ロックもまたデカルトと同じ神学的主意主義の立場に立つ。すなわちロックにおいても人々の行動は創造主の意思の下にあるのである。それは個人の目的がそれ自体として集団の目的に優先するとか、個人の価値がそれ自体として至上の価値を持つとか全体としての社会の価値に優先するというのではなく、神が造りたもうた合目的な秩序である自然法に従って生きるという人間の意思に関するものである。神が人々の理性を通じて交付した法、すなわち神の意思である自然法に従う意味でロックは神学的主意主義に従っているのである。ロックの理解した自然法における神の中心的命令は人間に自己保存を求めるということであり、それは神の意思である人間の保存のために苦痛を避けることを追求することにより被造物としての神への義務を果たすということであった。それゆえロックにおける近代的個人は、神の命に従い自己保存を追求することを決意する個人という極めて狭い次元での自由度を持った個人であった。他者への配慮と交流のうちに生じる他者による評価に価値を見出すとか、人生の意味を考えるとか、その他の次元の道徳的価値はロックの人間観からは排除されているのである。いわばロックは個人を最も狭い次元において定義したのである。

それではロックがこうした狭い次元で個人を定義したのはなぜか。これは、ロックの思想がカルヴァン主義の強い影響下にイギリス経験論によって構成されたことによると考える必要があろう。ロックはまずその思考の出発点として王立協会をはじめとして当時の科学思想界の支配的な思考方法である経験論に立つ。イギリス的経験論の立場を純粋に突き詰め、あらゆる生得観念を否定して純粋にそれぞれの個人の経験（感覚と内省）のみから人間の知識を構築しようとしたのである。生得観念を否定することは神の観念が刻印されて生まれてくるということの否定であり、思想的には極めて大きな革新であった。ロックはこの意味でイギリス経験論に立って革新を行うとともに、カルヴァン主義の強い影響下にあった彼は、人が神の救いを求めるためには、ひたすら人間性を否定し神の栄光のために尽くさねばならないという強い制約をも受け入れたのである。すなわち被造物としての人間が救いを求めるためには、神の律法にできるだけ従わねばならず、自己の意思に従う行動が神の主権を侵すことは極力避けねばならない。ロックは人間の知性の行動領域を、経験から与えられる単純観念を受け入れてそれを結合し、複雑観念とすることまでであるとし、あえてそれ以上に進み神の領域に踏み込むことを避けたのである。

他者との関係や人生そのものの意味にかかわる思考的操作はすべて人間的な範疇から除外し、神の栄光に導かれることに任せたのである。

ちなみに、テイラーはこの点に関して、ロックが人間の自律的意思決定を主張したとして、その近代的な自我の発見の意味を強調している。すなわちテイラーはロックが神学的主意主義に立っていること、ロックが発見した近代的な自我が「点的」なものであることを認めた上で、ロックによる自我の発見の重要性を強調する。すなわち、独立な個人がそれぞれ自己責任において行う意識的な自己制御を行うという人間の意思の強調ないしその意味での主意主義は、ロックに始まるのであり、この意味でロックは真の近代的個人主義の樹立者であった、というのである。神の定めた自然法に従うという神学的主意主義ではあったが、しかしその立場をとることを人間の意思の問題とした点で、すなわち狭い意味での主意主義による個人のコミットメントの意味で、ロックの思想は画期的であったのである、とテイラーは主張する。[33]

ヒュームの想像概念

オッカムの唯名論に始まるイギリスの古典的経験論はロックを起点に、ジョージ・バークリー（1685―1753年）を経てデイヴィッド・ヒューム（1711―76年）において完成されたと言われる。唯名論の系譜で言うと、バークリーは[34]ロックの普遍抽象説に替えて経験主義としては一層徹底した普遍代表説を主張した。ロックの普遍抽象説は個別の存在からその共通的・普遍的側面を抽象する能力を人間に認めたが、普遍代表説は同種の諸対象に共通な特徴ではなく、個別的対象の個別的観念が、同種の諸対象の個別的諸観念を「代表する」機能を果たすのみであるとした。ロックは存在するものはすべて個別であるとしながらも、個物が共通な性質を持つことがありうるとした点において、普遍的な抽象概念の存在を認めたが、バークリーは真に普遍的なものは存在しないとして、より厳密な意味での個物主義に立つ経験論を主張したのである。ヒュームは、普遍抽象説でなくバークリーの普遍代表説をとり、同種の個別的対照がなんら共通の要素を持たずに類似しうることを指摘することで、普遍代表説を補強しようとした。ヒュームの得た答えは、一つの個別的な観念が一般的（ないし普遍的）となるのは、それが一つの一般的名辞に結び付けられていることによる。すなわち、習慣的連結によって他の多くの個別的観念と（連合）関係を持ち想像によりそれらを即座に思い出すようなある名辞に、結び付けられているからである（Hume 1739-1740、邦訳（1）55頁）[35]、ということであった。ある点で類似した対象が、しばしば一つの名称で呼ばれるという経験が重ねられ習慣となると、この名称と対象の随伴の経験が、その対象と名称の観念のつながりをわれわれの想像力に形成させる。こうした習慣が形成されたのちは、われわれはその名称を聞けばその種の対象のどれをも容易に思い浮かべることができるし、逆にその種の対象のどれかを見ればその名称を思い浮かべることができる、というわけである（木曾好能1995、454—455頁）。ヒュームにおけるこうした個別観念による普遍の代表の意味を理解するには、ヒュームに独特な想像力と観念連合の概念を知らねばならない。

ヒュームとロックの関心は必ずしも同一のものではないが[36]、ヒュームの人間の知性に関するモデルは、ロックのモデルのある意味での修正版である。まず人間精神の対象を「知覚」に求め、知覚は直接体験である「印象」とそれを表象する「観念」からなるとする。印象は現在のあらゆる直接体験のことであり、観念の役割は印象を表象することにある。知覚は印象であれ観念であれ、単純なものと複雑なものに分かれる[37]。印象とは、初めて心に現れる生き生きとし、勢いを持った知覚であり、それが記憶や想像において再現されたものが観念である（中才敏郎2007、233頁）。すなわち印象は観念に比べて始原的であるが、心のなかでの操作は観念に関してなされる。こうした概念構成を用いてヒュームは、すべての単純観念は、最初は、それらに対応しかつそれらが正確に表象するところの単純印象として現れる、それゆえ、すべての単純観念は因果的に単純印象から生じる、と主張する（Hume 1739-1740、邦訳（1）31頁）。この原理は、われわれが、われわれがなんらかの仕方で経験したことのないものについては考える（観念を持つ）ことができないという主張であり、すべての知識の素材である観念は経験から生じるというロックの経験論の主張に対応する。またすべての観念は直接体験である印象から生じるということは、ロックの場合と同じ生得観念の否定にほかならない（木曾好能1995、392、401、402頁）。

よく知られているように、ロックは人間の想像力についてほとんど語ることがなかった。これに対してヒュームは、経験の繰り返しから生まれてくる人間の想像力という能力の生成に注目し、それをその人性論の知性分析の中核に置いた。想像力のもっとも重要な機能は観念を現前に思い浮かべ再現する能力であり、こうして再現した諸観念に関して隣接している諸観念を分離したり、分離している諸観念を結合したりする能力をも持つ。このため想像の概念の導入はさまざまな心的機能を考えることを可能にした。とくに重要なのは、想像力の力により、類似した諸観念や、同時に繰り返し起こった諸観念や、原因結果の間係にある諸観念が互いに喚起しあう傾向[38]を持つことであり、観念連合[39]と呼ばれる概念がこれである。互いに関係を持つ観念の結合としての複雑観念は、観念連合の結果としての想像における結合として説明される。心の抽象作用も観念連合の結果として説明される。たとえば先に触れた個別観念による普遍の代表の意味は次のような例示により明らかにされる。今、三角形という言葉を挙げて、その言葉に対応するため特殊な正三角形の観念を造って、三角形の三角はすべて相等しいという命題を主張したとしよう。この時始め見逃していた不等辺三角形や二等辺三角形の個別観念がたちまち心に群がり起こって、すなわち観念連合の作用が生じ、先に造った正三角形の観念に関しては真であるにかかわらず、この命題が虚偽であることを明らかにする。すなわち言葉は一つの個別観念を心へ生起し、それとともに一定の習慣を生起する。われわれはいかなる抽象名辞を用いる場合も常に個別の観念を造る。しかしこれらの個物をことごとく挙げるのはほとんど全く不可能であり、残りのものは習慣によって、すなわち必要な都度われわれをして思い出させる習慣によって代表されるのみである。言い換えると、ある種の観念は、その本性においては個別的であるが、このような意味で他を代表する点において普遍的であるのである（Hume 1739-1740、邦訳（1）55頁）。

観念連合はいわば「心のセメント」であり（中才敏郎２００７、２３７頁）、「想像という心的機能を考えることによって、ヒューム哲学は根本的で統一的な原理を得る」ことになったと評価される（大槻春彦１９５２）。ベイト（Bate 1946）は、イギリス個人主義の発展におけるヒュームの観念連合論の功績を高く評価する。このモデルによって、過去の経験によって形成された諸観念は連想の反応すなわち想像力によって再現され、必ずしも理性によらずして、感覚的経験に基づいて、人々に豊かな情報に基づく判断を可能にする、というのである。イギリス経験論は理性を重視する古典主義に抗して、個人の経験と特殊性を重んじてきた。しかし個々のものから得られる知識の確実さは、個々・特殊のものを概念的に形成し整理する能力がなければ無意味である。想像力により形成される観念連合が、それ自身として発展し、本能として機能しうる場合に、こうした役割を任せることが可能になる。本能と経験が一体として直なった直観的認識能力が形成されるのである。ベイトはこの点、すなわち本能と経験が一体となって直観的認識力となった点に、経験論が長期にわたってイギリスの個人主義を支えてきた基本的な理由を見出している（Bate 1946、邦訳101―139頁）。[40]

18世紀前半は神の存在を問う理神論が大きな影響を持った時代であり、ヒュームは神の預言や神によって引き起こされたと考えられる啓示に基づいて神の存在を論じる啓示宗教に強く批判的であり、また自然の秩序などの理解から神の存在を論じる自然宗教についても批判を行った。[41]神の存在に懐疑をいだく立場上、ヒュームは道徳律を自然法にゆだねるわけにはいかない。このため『人性論』では道徳論に多くの頁が当てられ、有名な正義論などの道徳論を、理性の機能に頼ることなく知性論と情念論から導出した。すなわちヒュームにおける正義のルールは、人々の欲求の水準に比べて利用可能な財が希少であることによって、物的な財の所有が脅かされることを防ぐためのルールであり、それは所有者の特定とその安定、変更に際しての約定にかかわって定義される。[42]このルールを成立させることは、他者に対する仁愛では極めて不十分にしかできず、また理知すなわち永久不変で人に普遍的義務を課すような論理からも正当化することはできない。ルールは個人的利害を相互に尊重するということに関する社会的黙約によってのみ成立するものであるとされる（Hume 1739-1740、邦訳（4）71―72頁）。その際大きな役割を果たすのが、共感ないし観念連合のメカニズムである。正義のルールの順守が徳であることを示すにあたって、ヒュームは、人間は自分が不利益を被れば不快を感じるだけでなく、他人が不快を被る場合でも、われわれはその人の不快を共感によって感じとり、自らも不快を感じる、と論じた。[43]こうした論理により、個人的利害が正義を樹立する根本的動機であるが、公共的利害への共感は、正義の道徳性の源泉となる（Hume 1739-1740、邦訳（4）77頁）ことが示されたのである。猪木武徳（1987）は、この点すなわち私的所有の社会的安定の必要性を強調した点にヒュームの先見的な経済学的貢献を見出している（１３８―１３９頁、１６８―１７０頁）。ただし猪木も指摘しているように、それは、現代的な「外部性の内部化」などといった市場効率性に関連しての指摘ではないことは言うまでもない。ヒュームにおける所有の安定性の必要は、あくまで市民社会における道徳律としての正義のルールの人間心理的基礎付けとして導かれたものであった。

すなわちヒュームの行ったことは、なぜ個人が徳ないし道徳律に従って行動するように動機づけられるか、ということを自然現象として心理学的に説明することであった。ロールズの説明を借りると「ロックとは対照的に、理性によって知られる神の法としての自然法に基礎づけられた原理の規範的システムをヒュームは提示」することはしていない。「彼が探求しているのは、……いかにして道徳性がはたらいているのか、人間の心理のどのような側面が道徳性を支えているのか」ということに関する説明である（Rawls 2007, 邦訳（1）３３３頁）ということになる。

ヒュームのモデルにおいては、想像が共感というメカニズムを通じて他者の社会的な認識、個人の社会におけるあり方の評価が成立することが示されたことがとくに重要である。共感とは情念や感情が別の個人へ移行ないし伝達されることである。これは人々の間に類似した観念があるため、自分が他者の情念について抱く観念が、観念の間の類似性によって自分のなかに類似の情念を喚起し、自分のなかで内なる経験として類似の印象が生じるからである。[44] すなわち個人はこの共感のメカニズムにより他者を認識し、その認識は人間が社会的存在であることを示す。ただし重要なことは、ここでの他者は単に個人の利己心の対象となる他者であり、正義の原理による利己心の制限が公共的利害を構成する、という論理における他者である。ヒュームにおいては、他者は公共ないし社会の原子的な一構成要素としての他者であって、個人の周囲における具体的な顔の見える他者が意識されているわけではないことに注意が必要である。

スミスの共感と公平な観察者の概念

アダム・スミスはその『道徳感情論』（Adam Smith 1759）において、ヒュームの開発した共感（sympathy）の概念を公平な観察者というアイデアと組み合わせて、社会秩序を導く人間の本性を感情の作用により分析した。スミスにおける共感[45]とは、他人の諸感情を自らの心のなかに写し取り、想像力を使ってそれと同等な感情を引き出す心の作用であり（堂目卓生２００８、30―31頁）、スミスは人々のそうした共感が適切に形成されることが社会秩序形成の必要条件であると主張する。共感において想像される自分の感情や行為と、実際に観察される他者の感情や行為と比較し、両者がほぼ一致すれば、「他者の感情や行為」を適切性（propriety）のあるものとして是認する、というのがスミスの考える社会秩序の基本的なミクロ原理である。スミスは、人々がこの原理を用いて、他者だけではなく自分の感情や行為の適切性をも測りながら行動することによって、適切な社会秩序は形成されると考えた。「自分の感情や行為」の適切性は、実際には「世間」（the world）という実在の他者からなる観察者によって判断されるのが常であるが、スミスは、こうした実在の他者による評価に加えて、あるいはそれを代替するものとして、人はその胸中に公平な観察者（impartial spectator）を想像によって形成することが不可欠であると主張する。「世間」を構成する実在の観察者はその人の置かれている状況に関して十分な情報を持っていないことが多いし、また自己の利害関係によって評価がゆがめられる可能性があり、しばしば不規則な判断を下す可能性がある（堂目卓生２００８、36頁）。[46]このため人々は胸中に公平な判断者を想像によって構成し、その判断を仰ぐ必要があると考えるのである。公平な観察者の判断に自分の感情や行為が合致しているか否かを判定し、合致している場合、その人は社会秩序を導くに足りる適切な感情や行為を持っているとされる。[47]

公平な観察者は、本人と利害関係のない、また特別な好意や敵意を持たない、第三者としての他者である。スミスのモデルでは、いわば自分を裁判官（観察者）と被告（行為者）に分割し、この想定された裁判官の是認に共感することで、自分の行為を是認するのであるが、ここで重要なことは、胸中の公平な観察者は基本的に想像上の存在でしかないことである。柘植尚則（２００７）は見知らぬ人々(strangers）が念頭に置かれているとしている（２９２頁）。スミスは、賢者は胸中の公平な観察者の判断を重視するのに対し、弱者は世間の評価を重視すると論じる。弱者においては、「世間」と呼ばれる身近な実在の知人の集合の評価が重要視されるが、それは、弱者は自己規制が弱いため、自己欺瞞によって公平な観察者による判断を無視するよう自分を仕向けることによる。あくまで健全な社会秩序は賢者の立場に立って構築されるべきであるというのである。この場合の賢者の行動に基づく社会秩序の形成の考え方は、あくまで個人の想像に基づく思考実験の機能に依拠したものであり、具体的な顔の見える他者が存在すると考えられているのではないことが重要である。さきに述べたようにスミスは、顔の見える知り合いとしての他者は不十分な情報や利害関係によって判断が狂わされる可能性があることに懸念を表明していることに注意が必要である。また次章で出てくるさまざまな製品やサービスの質を評価するサークルや一群の購入者のような実際に存在する観察者の集団が念頭に置かれているわけではない。ここでも内省に基づくというロック以来の経験論の前提が引き継がれていると言えよう。社会はあくまで自律し独立した個人の集合体である。

もちろん共感と胸中の観察者だけで十分な社会秩序が成立するわけではない。スミスはそのためには次のような理由から正義を守る法がなければならないと考えた。すなわち社会の一般的諸法則には人が従うべきふたつのルールがある。第一は正義のルールであり、胸中の公平な観察者が憤慨する行為は禁止されねばならないということであり、第二は慈恵のルールであり、胸中の公平な観察者が称賛する行為は推奨されねばならないということである。このうち慈恵のルールはかりに守られなくても、大事には至らないが、正義のルールが守られないとすると、憤慨が行き場を失い、憤慨に対する嫌悪やそれがもたらす恐怖のために人間社会という巨大な建築物は崩壊する可能性がある。この意味で正義は社会を支える「大黒柱」であり、正義順守の欠如が駆り立てる憤慨を制御するために、法による正義の確立が必要である。[48]

スミスの考える社会は、独立し自律した個人が、想像上の観察者としての他者を意識において最適化行動を行う社会である。共感が成立する個人の間では交換が生じるが、正義の法があればそれは見知らぬ他者同士の間でも生じうる。それが行われるのが価格シグナルをもたらす市場である。交換の量が拡大し市場が拡大すると、必要な供給をまかなうために、生産性の向上が必要とされる。生産性の向上には分業が、分業の進展のためには資本財をまかなうための資本蓄積が必要とされる。『国富論』(Smith 1776)[49]で明らかにされたように、こうした条件の下で、交換は、個人の利己心に基づく行動が、〝見えざる手〟に導かれて、(結果的に)成し遂げる互恵的行為である。利己心の基づく行動が、市場の価格メカニズムを通じて、互恵の質と量を拡大することで、公共の利益がもたらされる。こうした個人の利己心の結果としての静学的・動学的な市場の最適性は「われわれが自分たちの食事を期待するのは、肉屋や酒屋やパン屋の仁愛にではなくて、かれら自身の利益に対する彼らの顧慮」による(Smith 1776、第一篇第二章、邦訳(1)118頁)という有名な文章に要約される。均衡は目に見えない買手に対する供給曲線上に定まり、需要者との関係は価格シグナルを通じてであり、直接のインターラクションはない。また分業による生産性向上は、所与の人的資本の下での資本装備率の向上によるものであり、人的資本の蓄積による生産性向上とは次元が異なるものである。

堂目は、共感と公平な観察者に基づく社会秩序は人間によって意図されたものだとは、スミスは考えていない、ことを強調する（堂目卓生2008、66頁）。社会秩序は自然の配慮であり、ここで「自然」とは人類の保存と繁栄を促す「自然の摂理」と解釈されるというのである。このことは一見、カルヴァン派における神の意思としての人間の自己保存の論理を連想させるが、このことを田中正司（1997、（下）24頁）のように神の正義ないし目的への言及として理解することはおそらく行き過ぎであろう。『道徳感情論』でスミスがしばしば神に言及しているのは事実であるが、これは「当時の自然科学の段階では、神でなくても、何者かによる「創造」を歴史の始まりにおかないわけにはいかなかった」（水田洋2003）という事情を考慮する必要がある。この書は、言語論に関する補論をあえてスミスが取り込んでいることから見ても、またスミスが神を「最高存在」とか「自然の創造者」と言い換えていることから見ても、唯名論ないしイギリス経験論の世界観において書かれたものであると理解することが適当と思われる。

第2節　所有権とその社会的機能

1　日常生活としての私有財産の肯定

日常生活の肯定

ウェーバーの「プロテスタンティズムの『倫理』と資本主義の精神」(Weber 1905) は、第1章で述べたようにさまざまな論理的な限界を持つものではあったが、カルヴァニズムにおける予定説が引き起こした世俗内禁欲主義の効果を資本主義始動のエトスとして強調した。しかしながら、予定説が世俗内禁欲の行為を通じて合理的で規律だった資本主義適合的な労働者群と天職として正当な利潤を組織的かつ合理的に追求する多数の企業者を生み出したことを認めるとしても、それだけでは資本主義的生産システムがほかでもなくアングロ・アメリカン的な特質を持って出現したことを説明することはできない。このことを言うためには、単なる禁欲的倫理の成立だけではなく、それが後の金融市場の展開の基礎となる財産権の確立と財産保有者の社会経済的機能に対する理解と承認が同時に成立したことに注目せねばならない。

こうした観点から見ると、宗教改革の経済に対する基本的な影響として日常生活の肯定にまず注目せねばならないことになる。プロテスタンティズム運動ないし宗教改革運動一般がもたらしたカソリック的な教会による信仰仲介と位階秩序の破壊はまずもって日常生活の肯定、その下での労働や財産保有の肯定であった。そしてそれこそがルターの改革の経済的意味における本質的重要性の基礎をなすものであった。

ウェーバーは資本主義の発展の基本的障害は、伝統主義すなわち日常的な慣習を侵すべからざる、行為の規範とするような心的態度および信仰（Weber 1920b、邦訳87頁）であると考えた、すなわち人は生まれながらにして簡素な生活を送り必要なものを必要なだけ入手することで満足しなければならないという慣習（Weber 1905、邦訳65頁）の存在であった。ルターによる〝天職〟の観念の導入は、世俗の職業生活に道徳的価値を認めた意味で画期的な意味を持った。しかし伝統主義の強固な縛りを突き崩すには、単に天職概念を導入するだけでなく、現生に対する厳粛な関心ないし世俗的生活を使命として尊重する行動様式を導入する必要があった。ルターに始まる宗教改革運動の最大の功績は、こうした日常的な生活に対する積極的な意味づけを与えたことであった。この点をトレルチは次のようにして説明している。

宗教改革は、宗教的な行為は神の言葉に献身する信頼に満ちた個人的態度以外のものではないとした。修道士制度や功績主義的な業がその意味を否定されるとなると、すべては一様に現世の生活のなかでの信仰の証明となる。このため世界と現世的生活は信仰の実践に形式と内容を与えるものとして高く評価されることとなった。家族、国家、私有財産、商業、身分社会などあらゆる世俗的生にかかわる諸秩序を神の言葉に縛られた個人の良心にゆだねたことは、現世的生を祭司的、僧侶的、階層的な統治や支配から引き離し現世を聖化することとなったのである（Troeltsch 1913、邦訳39―41頁）。

すなわち、宗教改革による、教会による救済仲介と聖なるものへの距離の近さの位階制度の否定は、何よりも日常生活の宗教的な肯定その宗教的意味づけにつながったのである。労働が天職とされ、結婚が価値を持つ日常生活上の行為とされただけでなく[50]、労働の結果としての富の蓄積とその所有の不平等も日常生活の一環として肯定されたのである。

財産権[51]

キリスト教において、私有財産とそれにかかわる利子徴収（徴利）は古くから微妙な問題であった。ローマ法は徴利を許容していたが、教会法は禁止しており、後者のほうが優先されるべき性質のものであった（Tawney 1926、邦訳（下）43頁）。しかし日常生活の肯定の流れのなかで、ルターやカルヴァンは、徴利を多くの制約[52]の下にではあったが容認していたし、イギリスでは1571年に徴利法案が成立し、教会法違反であったが金利徴収が認められていた。しかし、厳格なピューリタン長老派の代表的信徒であり、禁欲のための労働の重要性を一貫して説いていたバックスターは、富の上に安住する危険性を強調していた。すなわち、富の所有により休息を取ることは道徳的に排斥されるべきことであり、それは本来神の栄光のために役立つべき労働の機会を奪う性質のものであるとしていた（Weber 1905、邦訳293頁）。

こうしたなかでロックの『統治二論』（Locke 1690a）は、イギリスのカソリック化を目指す王党派の論拠であったフィルマーの王権神授説を否定する論理構築の必要性から、民間人による私有財産所有を次のような論理で正当化した（加藤節2010）。すなわち人は神の創造物としての作品であり、そうした存在としての人は、神の目的を果たす義務がある。神は全人類の保全を願っておりしたがって人間は神の意思に忠実に自分自身を維持すべき宗教的義務を負う。それゆえ人間の自己保存と自己再生産にかかわるプロパティすなわち生命と健康、自由、「身体の労働」を投入して入手した私有財産は神のためにも保全されなければならない。ロールズによればこうした私有財産に対する権利は、神が人々の理性を通じて交付した法であり、ロックの理論によりこの権利は国家による統治に先行するものとなったとしている（Rawles 2007、邦訳Ⅰ）。ロックはまた貨幣の存在を認めることにより、労働により入手した私有財産の蓄積により人々の間に貧富の差が生じることを容認した。

トーマスとノースは、13世紀イギリスにおいて土地の所有権が次第に確定してきたことを指摘し、これによる私的所有権の成立がその後のイギリスの経済発展をもたらしたと主張した（North and Thomas 1973）。すなわち彼らによれば、１２３５年のマートン法で農民共有の荒地の未利用部分の囲い込みなどの形の所有権を領主に、１２９０年の不動産譲渡法で占有農地の所有権が自由保有農に与えられ、１３２７年には領主の土地の譲渡権も認められたのである。ノースなどの所有権理論によれば、これにより「共有地の悲劇」が避けられ土地の効率利用が生じたということになるが、問題はそのインセンティブの効果と量的な影響である。

まずインセンティブに関して言うと、この時期の領主層や国王が資源の有効利用を意図した、あるいはそうした社会的効果への寄与がこれらの政策の背景にあったかという点は、ノースたちの明示的には考察の対象とはなっていないようであるが、彼らの議論では、暗黙的には国王ないし支配者が外部性の内部化の問題を意識し、社会的費用と私的費用とのかい離を縮小する必要を感じたと仮定されている。しかしこうした仮定がどの程度成立するかは、難しい問題である。塩野谷祐一（２００９）は、トーマス・アキナスがすでに13世紀において私有財産を自然法に適合したものとして認めたと述べているし（３９４―３９６頁）、猪木武徳（１９８７）でも、資源の効率的使用のためには共同利用でなく私的所有が有効であると説いたことが指摘されているが（１３７―１３９頁）、こうした考えがどの程度イギリスの支配層に浸透していたかの検討は今後の課題として残されているのではないだろうか。

次に所有権成立の量的影響の問題である。クラークなどのその後の研究では13世紀には技術進歩[53]はなく、黒死病までの14世紀前半にはある程度あったものの、本格的な経済成長は、ノースたちも認めているように、17世紀以後のことであった（Clark 2005b）。それゆえノースたちの議論に対しては、単に形式的な所有権が法的に成立したことだけではなく、17世紀における王権からの個人所有権の獲得と私有財産の効率利用の宗教的是認の効果が一層大きかったのではないかという疑問が払拭できない。すなわちノースたちの注目した土地の所有権は、国王によるイギリス全土の土地支配権を前提としての封建的封土占有の法的権利でしかない。真の私的所有権はヘンリー8世による教会所有地の没収とその売り出しを契機として実際的には確立し、理念的にはロックが王権神授説を論破し所有権理論を確立した段階で社会的に認められたと考えられる。すなわち国王から民間への所有権の移譲はこの時に生じたのである。また、財産権の確立は単に『共有地の悲劇』による私的費用と社会的費用のかい離を避ける効果があっただけでなく、市場型経済システムの効率的運用における財産所有者の機能に対する承認と彼らによる社会の発展の主導への期待としての意味が一層大きかったのではないだろうか。このうち前者の効果は占有権の成立によっても生じるが、後者の効果は譲渡権を含む所有権の成立がなければ十分には生じない。詳しい論証は今後の課題として残されているが、ノースたちが18世紀以降のイギリス経済の成長の原因を土地所有権の確立とともに株式会社制度・証券市場の成立などの金融市場の整備に結びつけて説明していることは、こうした要因の重要性を裏書きしているようにも思われる。[54] こうした意味での所有権の理論づけを行ったロックは、財産を持たない人に理にかなった雇用機会を与えるという条件の下で、資産保有者による利潤追求行動を宗教的・倫理的に是認しましたそれが神の意向にかなう行為であるとしたのである。[55]またロックの社会契約説では、原初契約は「貧者の同意」を含む全員一致で国家設立の契約が成立するとされていることもよく知られている。言い換えると、ロックにおいては所有財産のないものにも原初契約への参加の権利が与えられている。所有権は決して無制限の権利を保障するものではないのである。しかしそれにもかかわらず、同意によっていったん成立した社会のその後の発展のためには、財産所有者の責任ある極大化行動が重要な役割を果たすとロックは考えた。

以下では、こうした意味での財産権の確立がイギリスにおける宗教の変化と密接な関連性を持って生じたことを、ロックの『統治二論』における所有権論を手掛かりに検討することにしたい。

2　ロックの所有権論

『統治二論』の背景と目的

ロックの『統治二論』における所有権論の意味を考えるためには、多少遠回りではあるが、この書の執筆と公刊の時期に注目する必要がある。執筆は、ロックが侍医兼家庭教師として仕えていたシャフツベリー伯と伯の率いていたグリーン・リボン・クラブ（後のウイッグ党）が王位継承権剝奪運動を起こした1679年から、運動が失敗に終わり、シャフツベリー伯そしてその後1683年にロックがオランダに亡命するまでの間になされたと言われる（Laslett 1959）。はじめに後編が書かれその後前編が付け加えられた。ただし、第3版の段階で大幅な書き加え修正がなされたと言われる。とくに後編37節の後掲する有名な囲い込みに関する部分は第3版で新しくつけ加えられ、1713年の第4版で初めて公刊された。[56]

王位継承権剝奪問題とは、チャールズ2世（在位1660―85年）の弟ヨーク公ジェームズ（後のジェームズ2世、在位1685―88年）による王位継承を阻止しようとする運動であり、シャフツベリー伯たち議会派は、イングランドのカソリック教化を目指すジェームズの擁立に抵抗していた。[57] 議会派（ウィッグと呼ばれた）の主張は、王権の制限と議会主権および宗教的寛容であり、ピューリタンの支持を受けていた。対立する王党派（トーリーと呼ばれた）の主張は、国王に対する服従と国教会体制の堅持であり、チャールズ2世とジェームズの背後にはユグノーを追放したカソリックの最強国フランスのルイ14世が控えていた。

王党派は国王への抵抗を反逆罪とするためのイデオロギーとして、王権神授説に立ち国王権力の絶対性を主張していたサー・ロバート・フィルマーの『パトリアーカ』などの古い作品を次々再刊していた。こうした事情からわかるように、ロックの『統治二論』の執筆には、フィルマーの王権神授説に対抗する論理を提供することで、シャフツベリー伯を擁護する目的があった。[58]

『統治二論』は1689年の名誉革命、その後のロックの帰国の後、1690、1694、1698年の三回匿名で公刊された。[59] 著者名付きでの公刊は1713年すなわちロックの死後9年目のことであった。帰国後ロックは新しく王位についたメアリ2世（在位1689―94年）とウィリアム3世（在位1689―1702年）に温かく迎えられ、イングランド銀行設立にかかわるなど公的な職務にも就く。しかし『統治二論』公刊の目的は名誉革命体制を擁護することにあったのではない。それは、国王が権威を分有しており、立法府だけでは完全な主権を行使できない混合政体という状況の下で、公的な支出を支弁するための私有財産の動員（課税）に関しては議会の同意が必要であることを確認し（Dunn 1969、p.55）、最終的には国王に対する抵抗権ないし革命権を正当化（Rawles 2007、邦訳183頁）する根拠を提示する必要があったことにある。メアリとウィリアムの統治は支配服従契約に基づくものであり、ロックはそれに代わる社会契約の法理を展開することで、この課題を成し遂げようとしたのである。[60]『統治二論』で展開されたロックの所有権論は、以上のように、1660年の王政復古によるチャールズ2世の即位ののち、絶対主義回帰への動きが加速するなかで、[61]立憲制による王権の制限を擁護する立場から書かれた。それは太古の時代に神から王に与えられた権利の相続の論理から王権の正当性を主張する王党派の議論に反駁することと、私的所有権に対する権力の介入を排除し、私的所有権に確固とした倫理的かつ論理的基礎を与えることという二つの目的を持っていた。

『統治二論』(Locke 1690a) 後編第5章「所有権について」の冒頭(25節)において、ロックは次のように述べる。「神が世界をアダムとその代々の継承者とだけに与え、それ以外のアダムの子孫はすべて除外したとの想定に立って、世界を支配するただ一人の君主をのぞいて誰も所有権を持つことはできないと考える他ないと〔サー・ロバート・フィルマーのように〕答えることに、到底満足することはできない。従って、私としては、どのように人々が、神が人類に共有物として与えたもののある部分に対して、しかも全共有者の明示的な契約もなしに、所有権を持つようになったかを示してみたい」(邦訳324―325頁)。引用の前半部分は、第一の目的を表し、フィルマーの王権神授説擁護のための所有権論を否定するものであり、後半部分の「明示的な契約もなしに」は第二の目的にかかわり、当時の支配的な所有論であったグロティウスの議論(後述)を否定し、所有権を自然権に関連づけて規定しようとする意図を表すものであった。

フィルマーの所有権論は、神がアダムに与えたすべての被造物、すなわち自然と人間、に対する絶対的支配権が「長子相続」によって現在の君主にまで継承されたという神話の上に組み立てられていた。

まず、アダムの主権の根拠を神の施与に求めることにより、その主権を絶対化した上で、王国内における国王の権威は家族内における父親の権威と同種の物であるという論理から、アダムの主権を代々相続してきた君主は人間的なものを超越し一切の宗教的義務から自由な全能の絶対者であるとする。それゆえすべての被造物は、君主の所有物であり、人間も君主に隷属するなんら生得的な自由を持たない存在であるとされる。国王の権利は神から与えられたものであるから、(人間が自殺をしてはならないのと同じ論理から) 国王は臣民や外敵が公共善を害する場合は、その生命を奪う権利さえ持つとされた。

ロックは『統治二論』(Locke 1690a) 前篇で、国王の権力と父親の権威の区別を明確にし、臣民は子供のように同意なく支配される劣位にある存在ではないことを主張し、フィルマーの議論を批判した。すなわち子は、しばらくは父権に従属するが、最終的には成人となり、父親の権威から離脱する。父親の権威がその段階においても有効である場合は、権威の容認は子の自発的行為であり、同意に立脚するものでなければならない。フィルマーの言うように、父権的権威が本当に王権の根拠であるなら、国王父親の権威は成人した子に対する父親の権威に範を仰がねばならない。すなわち国王はその人格と行為により崇敬を勝ち取らなければならず、その権威は支配に関する臣民による同意に立脚せねばならない、とした。すなわち「長子相続」はなんら国王の権威の継承を保証するものではないと主張したのである。人間は統治者を含めて神の創造物であり、世界は神の目的にかなうように創造された神の所有物であるとの視点に立つロックにとって、フィルマーの家父長的な絶対王権論は容認できるものではなかった。また人間を「理性的被創造物」であると考えるロックにとって、臣民の劣位と隷属を説くフィルマーの説は、「人間がその理性を実践的に行使して神への義務を貫く一切の「イニシアティブ」を奪い去る危険性」(加藤節2010) があると考えざるをえないものであった。

17世紀の自然法・国際法をリードしたグロティウスの財産論は当時最も強い影響力を持っていたと言われる。グロティウスによれば、元来人間以外の自然はすべての人間の共有であったが、個々の人間は同意により自然の一部を所有するようになったとされる。ものが私有物に属するようになったのは、分割のように明示的であるか先占のように黙示的であるかは別として一種の合意によって生じた（柳原正治１９８７）というのである。これについては共同で所有していたのが歴史的事実であるのかとか、分割に加わらなかった後世の人間をその協約が拘束しうるのかどうか、といったフィルマーの批判がある（Dunn 1984、邦訳62頁）が、ロックにとっては、グロティウスの同意による所有という考えは、自然状態でなく政治社会の成立した状態の仮定に立ってのみ私的所有権を認めていることが問題であった。すなわち「すべての人間は、自分自身の同意によってある政治社会の成員になるまでは自然状態のうちにある」（Locke 1690a、15節）からである。このためグロティウス流に考える限り、所有権は自然状態ではありえないことになる。くわえて、「所有権に対する国家の先存性」を仮定していることおよび所有権を実定法的に位置づけることは「所有権に対する国家権力の介入」の余地を残す（田中正司２００５、１９５頁）という意味で、極めて弱い所有権の根拠付けであることも問題であった。言い換えると、ロックにとって所有権は神の意思を背後に持った自然法によって裏付けられるべきものであった。こうした理由からロックはグロティウスの理論付けに満足せず、『統治二論』（Locke 1690a）におけるロックの目的は、私的所有権を「明示的な契約」概念を用いることなく基礎づけることに置かれたのである。

統治論と所有権論

敬虔なキリスト教徒として、ロックは「王ダビデが『詩篇』第１１５篇16節で「地は人の子にあたえたまえり」と語っているように、神が世界を人類共有のものとして与えたことはこの上なくあきらかである」という前提から出発する（Locke 1690a、25節）。すなわち自然とその果実は人類共有の資産として神から与えられたものである。それではこの共有状態から私的所有はいかにして生まれるか。ロックは二つの追加的条件を挙げて、自然状態における私的所有権の正当化を行う。第一は神の作品として人は保存されなければならないことであり、第二の条件は、自然状態では人々の明示的同意を得ることは不可能であることである。

第一の条件は、「基本的自然法によって可能な限り人は保存されねばならない」（16節）ことである。神の被造物としての人間は神の目的を果たす必要があり、神は全人類の存続を願っているのであるから、人間は神の意志に忠実に自分自身を維持すべき義務を負うのである。このことから、人は自己保存と自己の再生産にかかわる権利を持つ。本来的に自己の所有物である身体の労働から作り出された果実に対する所有は自己保存という論理から正当である。言い換えると万人は彼自身の身体に対する所有権を持つがゆえに労働の果実に対する所有権を持つ。

第二の条件は、こうして成立する所有権が、自然状態すなわち政治社会の成立以前の状態で人々の間の暗黙の承認が成立することを保証する。これはロールズによって明確に指摘された条件であり、次のような論理に立つ（Rawls 2007、邦訳２０６頁）。それは神が「社会を保存すること、そして社会の中のすべての人を保存すること」（Locke 1690a、第１３４節）を望んでいるということに基づく。加えて自然状態ではすべての人は平等である。すなわち自然法のルールの下で、人々は自らの財産と身体を自らの意志で使用できるという意味での自然的な自由について平等な権利を持っている。このことは神がとくに指示しない限り（神の沈黙の前では）、自己保存が神の要請である以上、人々が自らの身体の働きで生み出したものを自由に占有し使用する権利があるというのが、神の意図に違いない、という推論を人々の間に成立せしめる、というのである。もちろん平等な自由は自然の果実を不必要に過剰に所有することを引き起こす可能性がある。このことを防止して人類全体の自己保存を可能にするために、ロックは、人々の所有が過度の不必要な所有で所有物の腐敗を引き起こしたり、他人の消費の権利を侵害したりすることは制限されねばならないと、述べている。この点は、かつてマクファーソンによって指摘されたところであり、ロールズの議論はこの制約の下で成立すると考えねばならない。逆に言うと、ロールズの主張は、マクファーソンの挙げた貨幣の使用と生産性の向上という二つの要因により、ロックの課した制限が不要になるという状況の下で成立する。

以上の二条件のうち第一の条件は、ロックの所有権論は、個人の資産は人間が「神学的義務を果たした証明」（加藤節１９８７）であるということを意味し、神の「召命」としての職業労働への各人の禁欲的な貢献度を表すという意味でプロテスタンティズムの倫理に対応している[62]。第二の条件は所有権が自然状態で成立する、時の政治状態に依存しない根本的権利であることを意味している。言い換えると、ロックの主張する所有権は自然状態と政治社会の両状態において行われる基本的な自然法に裏付けられた権利である。

以上のような考え方に立ちロックは、人々の自然状態における私有財産（プロパティ）を次のように広く定義することがある。すなわちプロパティは、生命と健康とともに、他者によって自己保存を侵害されないための自由、および自然法のルールのなかで「身体の労働と手の働き」を投入して作る私有財産という三つの要素からなることになる[63]。このロックのプロパティの定義は分かりにくいが、以上の議論を踏まえると、プロパティを構成する最初の二つの要素が第三の私有財産がプロパティとなることを可能にしていると考えることができる。

ロックは『統治二論』(Locke 1690a) で、自然状態において人々は神の前で平等であるとしながら、その所有論では人々の間の分配の不平等性を容認したことで知られている。この二つの命題はどのような関係にあるのであろうか。ロールズは、ロックの平等概念はなんら資産や所得の分配の平等を意味しないことを指摘した(邦訳198—199頁)。ロックにおいて平等とは自然的な自由に対する平等を意味し、すなわち「すべての人が王である」(第123節) ことであり、自分自身に対する平等な政治的権威を示す。したがって年齢、能力、徳性などによる分配の不平等は当然のことと考えられている。また、しばしばロックの所有権論は、貨幣の導入により所有の不平等の必然性を示したものであると言われるが、これは正しくない。確かに第50節では「私有財産の不平等というものの分け方が、社会の境界を超えて、そして契約なしに実行可能になったのは、ただ〔人々が〕金や銀に価値を置き貨幣の使用に暗黙の合意を与えることによってであった」と述べている。しかしこのことを貨幣の導入に関する暗黙の同意が不平等を生じさせたと解釈することはできない。ロックの自然状態での所有権は、マクファーソンの指摘したように、「他の人にとって「十分にそして同じく満足できるほど」残っていること」および「いかなる物も腐敗させたり破壊されたりしない範囲内での領有であることすなわち彼の消費の範囲での領有であること」という二つの自然法制限が解除せられることにより、成立する。制限解除は、第一に生産性の増大によってなされる。他人の消費の権利を侵害することを避けるためには生産を増やせばよいわけであり、後編第44節に言うように「発明や技術が生活の便宜に改良を加える」ことにより、他人の消費権を侵害することなく大きな所得・資産を享受し、蓄積することができる。土地の生産性を考える場合、土地は有限であっても、そこから生じる果実は技術進歩ないし改良によって増大させることができるのであり、これは最初の自然権制限の解除を可能にする。第二に、貨幣の使用に関する暗黙の同意が後者の腐敗に関する制限を解除する。腐敗制限の解除は貨幣によらなくとも、土地の蓄積という形でできることであり、それ以外にも方法が考えられるが[64]、貨幣は腐敗の恐れなく無制限の蓄積を可能にするもっとも効果的な手段である。しかし、それが不平等を引き起こしたと理解することはロックの真意をとらえたものではない。貨幣や土地は不平等の「結果」として蓄積されるものであり、自然状態における不平等の原因はあくまで「平等な自由」から生じるものであることが重要である。

『統治二論』(Locke 1690a) の後篇ではさまざまな個所で土地改良への言及がなされている[65]。ロックは、階級的誇りを持ち啓発されたジェントリーに支配された社会を理想とし、農業資本主義的な経済の振興を目指していた (Wood 1984, p.109)。後篇第5章はベイコン的自然史論に立脚した農業改良主義者の生産理論に立って、囲い込みと農業投資の必要を主張したものである (Wood 1984, pp.64-65)。これはオクスフォードでの研鑽の成果であり、ベイコン哲学に立った経験主義の表明であった。フランシス・ベイコンは彼が生きた時代が、新大陸の発見、農業革命、発明と交易および産業の到来という意味で人類史上最大の変化の時期にあることを自覚しており、改良による社会の夜明けを予感していた。社会的ベイコン主義と呼ばれたベイコンの哲学は決して新しいものではなかったが、その知的影響力は画期的であった。彼は、事実の受動的な受容ではなく、さまざまな人間の必要に応じて意識的・実験的・実際的に物事を変換することによってのみ、知識の蓄積の基礎が築かれる、と主張した。知識の一般的公理に立ってイギリス経験論を新しい次元に導いたのである (McNally 1988, pp.36-38)。社会的ベイコン主義は自然科学や数学、なかでも農業を中心的な課題とし、それにより貧困や失業問題の解決すなわち実践的仁愛への貢献を意図した。その中心となったオクスフォード実験哲学クラブをリードしたのはウィリアム・ペティであり、ロックはペティがオクスフォードを去った1652年にオクスフォードに入学した。ペティに会ったかどうかは定かでないが、彼の書いたものを読み、オクスフォード経験主義者のなかの指導的な実験科学指導者であったロバート・ボイルをメンターとした。先にも触れた『統治二論』後篇第37節においてロックは土地所有者による囲い込みの効果を次のように表現している。「自分自身の労働によって自ら土地を専有する人間は、人類が共有する蓄えを減少させるのではなく、むしろ増加させる……土地を囲い込み、10エーカーの土地から、自然のままに放置された100エーカーの土地から得られるよりも多くの生活の便益をえるものは、人類に90エーカーの土地をもたらすことになると言ってよい」（邦訳337頁）。すなわち「市民社会の政治的権力が個人の所有の安全性を保証してくれさえすれば、人々は自己の所有する土地を改良し、生産力を飛躍的に高め人類の「共同資材」（共有する蓄え——引用者）を増加するだろう」というわけである（羽島卓也1955）。

また、ロックの労働に基づく所有の理論を労働価値説と呼ぶことも、適切でない。この点でしばしば第28節の「私が他人と共同で権利を持っている場所で、……私の下僕が刈った芝……は、他人の割り当てや同意なしに、私の所有物となる。それらを共有状態から取り去る私自身の労働が、それらに対する私の所有権を定めるのである。」という記述が論及される。すなわち、下僕に関する労働市場が成立していたという当時の状況下で、「私が」農業資本家として企業者的に入会地で労働者を働かせた結果、芝という生産物を生産し、下僕への賃金支払い後の売り上げから利潤ないし経営に対する報酬を得たということである。マクファーソンなどは、これをロックが「労働が本性上商品であること、そして他人の労働の産物を領有する権利を私に与える賃金関係が自然的な秩序の一部であること」を主張したと解釈する。マクファーソンがそれを根拠にロックが後の18世紀半ば以降の資本主義的経済を予見していたと主張するのは、あまりにロックの生きた時代の歴史的背景を無視しているという批判を免れることはできない。この点はすでに多くの論者によって指摘されているところである（Dunn 1984, Wood 1984, McNally 1988）。またマルクス経済学理論によらずとも現代の新古典派理論によってもロックの労働による所有の議論は十分に翻訳可能である。ロックが交換価値の源泉としての労働と、使用価値の源泉としての労働を混同しているとの批判があるが（田中正司２００５、２３８―２４０頁）、ロックのモデルはマルクスのモデルとはおそらく全く無関係であり、新古典派のモデルに最も近い。混同という批判は的外れであり、ロックが労働価値説を念頭に置いていたというマルクス的ロック解釈は、今や不必要であるといえよう。

『統治二論』（Locke 1690a）の直接の執筆目的は、フィルマーの議論を論破しカソリック王ジェームズの絶対主義王政の成立を否定することにあったが、その射程は単に絶対主義を否定することではなく、国王大権に対する立憲的制限を、同意理論・信託理論の形で位置づけ、最終的には国王に対する抵抗権・革命権を正当化することにあった。言い換えると、ロックの所有論は、名誉革命体制についてもその支配服従の契約的性格に警告を発し、社会契約による位置づけの必要性を主張する統治論と一体のものとして理解されなければならない。

ロックの所有論の特質は、それが基本的自然法の基づき自然状態において成立する権利、すなわち自然権であることである。これに対して国家は人々の同意によって成立する便宜的な組織であり、個人の所有権は国家による統治に先行し優先する。この点をロールズに従って説明しておこう（Rawls 2007）。ロックにおいては、人は他の創造物と同じ神の所有物であるが、他の創造物と異なり、理性を持った存在である。自然法とは神が人々の理性を通じて公布した[66]法であり、基本的自然法は、自然法のうち人々と社会に対して自己保存を求めるという神意にかかわる部分である。この基本的自然法により、人類全体は己を支配する一つの偉大な自然的共同体のなかに位置づけられる。自然状態において人々は自由(自らの身体と財産を自らの意志で使用できる)で平等(自然的な自由について平等な権利を持つ)であり、また暗黙の同意にのみ従いつつ共同体秩序を構成する。所有権はこうした自然状態においての自然権としての人々の権利であり、それは統治に先行・先存する。

人々が政治社会の状態に移行するためには、統治への明示的同意が必要である。すなわち人々が互いに交わす契約(社会契約)により、政治的権威が樹立される。この政治社会への移行時の契約(原初契約)は全員一致を必要とする。しかし、政治社会状態への移行後の諸決定は多数決によってなされる。すなわち具体的な政治的権威の樹立は多数決に基づく便宜的な意思決定であり、それは臣民と統治者の間の信託契約でしかない。それゆえ人々の基本的自然権に基づく自己保存権や所有権を侵害されるとき、人々は政治的権威に対して抵抗し・革命を起こす権利を持つ。ちなみに、こうしたロックの議論はかなり急進的であり、当時はウィッグ党ですらそれに対する警戒感を持っていた(Dickinson 1977)。しかし後述するように、イングランドでも18世紀末に至ると次第にロック的な考え方が強い影響力を持つようになる。またアメリカ革命がロック理論によって強い影響を受けたことはよく知られている。

ロックによって人々の財産権は基本的自然権に基づく絶対的権利としての位置づけを与えられた。それを守るためには王権に対する抵抗・革命もありうるのである。私的所有権の確立は12世紀以来自由保有農による所有権の強化などの形で徐々に進展していた。しかしそれは厳密には封建的封土関係により与えられた土地に対する占有権であり、最終的所有権はあくまで国王に所属するという原則があった。フィルマーがこの原則の根拠を王権神授説により論証しようとし、それをロックが論破したことは、イギリスにおいて真の私的な土地所有権とその理論的裏づけが成立したことを意味した。

このロック所有権論の革新性はそれをホッブス（1588―1679年）の財産論と比較することにより一層明瞭となる。絶対王政を否定したロックと違って、絶対王政の必要を唱えたホッブスにおいては、臣民の所有権は「主権者の支配を排除しないで、他の臣民の支配だけを排除する」とされる（Hobbes 1651、邦訳（2）140―141頁）。すなわちホッブスにおいて、財産権は基本的に主権者に所属し、臣民にとってそれは政治的権威の保障によって成立する不安定な権利でしかない。この違いはなぜ生じたのか。一つの理由は、ホッブスの『リヴァイアサン』（Hobbes 1651）がピューリタン革命に至る内乱のさなかに執筆され、1651年に刊行されたのに対し、ロックの『統治二論』が王政復古後の曲がりなりにも安定への移行期に執筆されたという政治状況の違いがあろう。しかしこれに加えて、経済的にもホッブスが17世紀危機と言われる経済の停滞期に生きたのに対し、ロックは18世紀にかけての成長経済への移行期に生きたという経済状況の違いがある。二人の生年はわずか44年、半世紀程度隔たるだけであるが、17世紀においてこの半世紀の違いは極めて重要な意味を持った可能性がある。

トーニーは、経済的個人主義ないし経済的徳目の支配的影響はアダム・スミスが理論化したが、それはその一世紀前に自然発生的にすでにイギリスの社会生活の基準となっていたと主張し、その成立を王政復古の時期、明確には名誉革命の時期に求めている（Tawney 1926、邦訳（下）82頁）。経済的動機が重要になった背景には、カルヴァン主義の浸透とともに技術進歩に基づく経済の成長と富の蓄積ということが経済社会の制度的前提に組み込まれてきたことがある。経済成長の問題については後に検討するとして、ここではホッブスの統治理論が利用可能な資源量の一定性を仮定しているのに対し、ロックではその成長すなわち生産の拡大が前提とされていたという福田歓一（1985）の論点を取り上げよう。

ホッブスにおいても人間は生物として自己保存を目的に行動する。人間は自然と向き合うだけでなく、人間同士ないし社会に対して向き合い、虚栄心などの情念により行動する。人間と動物の違いは予見能力であり、人間は現在の飢えだけでなく将来の飢えを考慮に入れて行動する。人々は自己保存のためにその理性と判断を用いて、適当と思われるいかなる手段をとることもできる（自然権）。それゆえ平等に自然権を持つ人間の間には、自己保存と将来の飢えの予感から生じる分配上の争いにより、アナーキーな状況・戦争が生じる。したがって、自然状態において人間は「孤独・貧困・不快であり殺伐として短命である」。そこには所有（プロパティ）も占有（ドミニオン）もなく「私のものとあなたのものとの区別もない」（Hobbes 1651、邦訳（1）２１４頁）。すなわち自然状態では個人の所有権は成立しない。

自己保存を求めて戦争状態に陥った自然状態の矛盾を克服するために、人々の間に理性の戒律が働き、自然権の放棄への動きが成立する。しかし人々の約束は信用できず、契約を守ることは平等な人間の間では不可能であり、第三者に対して各人の自然権を放棄することをお互いに約束する時、国家が社会契約として成立する。[67] 国家は絶対主権を持ち、人々の間の所有権を保障する。しかし人々の自己保存を侵害しない範囲で国家の所有権は臣民の所有権に優先する。

自然状態において、ロックのモデルでは平等な自由を持つ人々の間には暗黙の相互尊重に基づく平和な秩序が生じる。これに対してホッブスのモデルでは、平等な自然権を持つ人々の間には、将来の飢えの防止のための分配上の争いから戦争状態が生じる。両モデルにおいて、人間は同じく功利主義的な快楽を求め、自己保存を目的に行動する。福田歓一（１９８５）は両モデルの重要な違いは、ホッブスにおいては生産物の総量は一定であるのに対し、ロックでは生産性の向上がモデルに組み込まれており、生産物の総量が増加しうるために自然状態において平和が生じ、所有権が確定する点にあると考えている（369頁）。

財産所有者の権利と社会的機能

神は被創造物たる人間の保全を望んでおられるという神意に関するピューリタン的認識はロック『統治二論』による自然権としての土地の私的所有権の確立をもたらし、このことは土地の有効利用・生産効率の向上という経済的関心を神の栄光のためという大義として社会に広める結果となった。時は、（第6章で触れるように）ノーフォーク農法による農業技術の革新と囲い込みによる農業革命の時代であり、ロックは囲い込みを容認するとともに、オクスフォードの知的風土のなかで身に付けた農業技術進歩の可能性と必要性を強く感じており[68]、イギリスの経済発展が土地所有者による土地の有効利用にかかっているとの信念をいだいていた。

土地の保有はすでに貴族とジェントリーに集中しており[69]、このことはロックにおいてはジェントリーの経済活動の合理化・効率化[70]に対する強い期待となって現れた。すなわち、ロックはその時代の階級構成を土地所有者と借地農、生産者層（職人と労働者）および商人層（貿易商人、小売商人、商工業者、tradesman）の三階級としてとらえ[71]、商人層は非生産的で貿易の利益の大部分を浪費する存在とする[72]一方で、土地所有者が土地税だけでなくイギリスの租税収入の大部分を負担する存在であり[73]、この階層は「最高の保護を享受すべき人々であり、法律の恩恵が（公共の福祉との兼ね合いで）彼に与えうる限り多くの特権と大きな富を享受すべき」であると論じた（Locke 1692, 1695、邦訳96頁）。ロックは地代の低下傾向が地主の力を削ぎイギリスの富の衰退をもたらすことを恐れ、十分に高い地代を実現するために、その利子・貨幣論で、（退蔵貨幣の流通化と貿易の改善による）貨幣の増加、それによる（インフレ期待を通じる）高金利化というメカニズムによって地代の引き上げを行うことを主張した（邦訳111―112頁）。[74] ちなみにロックは、その一方で、ジェントリーの贅沢で虚栄的な顕示消費の傾向に警鐘を鳴らし、その再生のために、「知性の純化」を通じる、合理性と自律性を備えた個人としての人格の確立の必要を訴えた（Wood 1984, pp.97-98）ことにも注意が必要である。

ロックが意図したのは、イギリス農業をカントリー・サイドの伝統的な生産方式から先進的な農業組織の企業に転換することにであった。ロックはいまだ資本主義システムという概念は持ってはいなかったが、彼が頭に描いていたものは農業資本主義によるイギリスの立国であったと言えよう（McNally 1988, Wood 1984）。そのために彼はジェントリーの企業家的合理性と誠実性に期待をかけたのであった。当時のイギリス農業では、ピューリタン革命以後18世紀前半にかけて地主・借地農・農業労働者という三者構成のシステムに向かっての制度変化が進行しており（浜林正夫1983、314―315頁）、貴族とジェントリーからなる地主は、高い地代を払いうる優れた借地人を見出して土地を貸すという形で、いわば経営者の選択行動を行っていた。優れた借地人を得るためには、新式の輪作を行うための条件としての囲い込みと土地改良への投資が必要であった（Habakkuk 1940-1960、邦訳47―79頁）。17世紀には土地の抵当権市場は十分に発達しており、こうした意味では、地主は無限責任の出資者ではあったが、自らが直接に経営にかかわることはないという意味で無機能であり、所有する生産手段に関して譲渡可能性を確保しており、株主的な機能に限りなく近づいていたのである。

17世紀末から18世紀初頭にかけてイングランド銀行設立（1694年）、植民地開発会社の設立、対仏戦争のための国債の大量発行、証券取引所の設立などの形でいわゆる金融革命[75]が生じると、貴族やジェントリーを支持者として名誉革命以後の政権を掌握していたウィッグは、有産者層の利害を代表して、積極的に金融財政革命と商業革命が創り出した新たな財産形態である国債や株式を積極的に受け入れた(Dickinson 1977、邦訳83頁)。強い自由主義的要素で特徴づけられるウィッグは自由な有資産者による資産市場での資源配分行動が経済成長のコアとなる経済システムが名誉革命以後のイギリスの要であると考えていた。ロックはいかなる意味でも民主主義者でも社会革命論者でもなかったし、[76]財産所有が政治参加の条件であると考えたわけでもない(Dickinson 1977、邦訳67頁)が、ロックの切り開いた思想は投資家に支えられ有産者の論理に立つ新しい経済システムの創出につながったのである。

ウィッグに結集した資産家たちの意向を反映した名誉革命後の「権利の章典」などの制度改革が、政府による恣意的な徴税などを制限することで資産の所有権を確立し、その後の資本市場の発達をもたらしたことがNorth and Weigust(1989)でも指摘されている。またパーキンは、名誉革命以前の1660年の王政復古が富と社会的地位をリンクさせる社会システムを生み出す効果を持ち、このことが個人にアダム・スミス『道徳情操論』の「虚栄心」に導かれて資産蓄積を行うインセンティブを与えたと論じている(Perkin 1969)。

第3節　供給主導型経済システム

1　見えない買手に対する供給システム

ロックの個人観は、標準化され、意思の違いでしか個別的特徴を持たない同質的な個人、そして他者とのかかわりを持たない孤立した個人からなる原子的社会観を生み出した。それは経済社会的には、他の個人との交わりから生じる嗜好の差別化を無視し、供給側の論理による市場秩序を想定するものであり、半世紀の後に生じた工場制機械工業による大量生産社会の出現すなわち産業革命を予見させるものであった。

道徳空間

テイラーが極めて説得的に主張したように、ロックの発見した近代的自我ないし個人主義は、意思と快楽の塊としての個人を想定するものであり、「道徳空間」から捨象された、道徳的立ち位置における人々の質的な違いを無視するものであった（Taylor 1989、邦訳28―61頁）。すなわちロックは個人を自らの意思において神の定めた自然法に従うという意思の次元においてのみとらえているというのである。テイラーは道徳的思考の三つの軸として、他者の尊重と他者への義務、人生の意味についての感覚、周囲からの評価の形での自己の尊厳の確立を挙げ、ロックの個人観はこうした「道徳空間」の外部において定義されていることを指摘する。その意味で純粋の独立した意識でしかないロックの自我は、人々の個別的特徴から引き離された、「漂白され」広がりを持たない「点的」な自我でしかないとされる（Taylor 1989、邦訳185―206頁）。デカルトはかろうじて自己対象化により人間の理性を自分自身から分離し、理性による自己支配の可能性に到達したが、その機械論による宇宙の理解では、数学の公理のようなわれわれにとって永遠の真理として理解されるものについてさえ神の決断によってつくられたとし、多くの人間の観念はあらかじめ神により刻印されており生得的であるとした。ロックは、生得観念をすべて否定するとともに、理性にさほど重点を置くことなく感覚と内省に基づく経験から人間の知識の蓄積を説明したが、道徳論についてはそれを自然法にゆだねたのである。

テイラーはロック理論における以上のような「点的自我」の発想の主要な起源は、ピューリタン神学における「日常生活の肯定」にあると指摘する。すなわちピューリタンにおける労働、生産活動や家族といった日常倫理の強調の姿勢は、高次の善に対して日常生活が優位を持っているという錯覚あるいは日常生活の価値が高位の善からの解放をもたらしたという（テイラーの視点からは明らかに）誤った感覚を人々に埋め込んだというのである。ただし、テイラーのこのコミュニタリアン的な評価は必ずしも一般的に承認されているわけではない。たとえば先にも触れたようにジョン・ダンは、ロックは、道徳は人間の心の作り出したものであり、論証可能であると考えていたが、『人間知性論』においては、ロックの「道徳に関する論理的な体系を構築する一連の試みは流産した」としている（Dunn 1984、邦訳115頁）。その結果、さまざまな雑多な人間の不安、情念や利得による誤謬などの問題は自然法にゆだね、それに反した場合死後の世界で神の処罰を受けることを合理的としたというのである（邦訳118頁）。おそらく、この点でのロックの決断は単なる流産というのではなく神の領域への侵害をいかにして最小に抑えつつ人間の意思の可能性を探るかという問題があったであろう。また理論的にはロックが想像力の問題をおおむね無視して論理を構築したため、経験の繰り返しの問題に踏み込めなかったということがあるのかもしれない。

しかし理由はどうであれ、ロックの道徳空間からの逃避がもたらした帰結の意味は重要である。道徳空間における高位の次元の諸価値の機会費用は、日常生活の重視ないし貢献という共通通貨によって測られることとなり、すべての人間の目標を同列に置くという人間の標準化・個別的特性のはく奪につながったと見られるからである。後の時代におけるベンサム的な功利主義の出現の背景はこの点にあるとされる。すなわち社会の最大幸福を目的とみなし、個人の行為はこの目的への貢献によってのみ評価されるというシステムは、最大幸福への個人個人の貢献を同一の通貨で測ることができるという前提がなければ成立しないからである。[77][78]

身近な他者とのかかわり

ロックがすべての知性的活動の起点とした経験は、感覚と内省という各自の個人的な内部経験のみから導かれるものであり、他の人々はその内部経験を観察することはできないものである。したがって経験が個人的な内省によって得られる以上、他我の存在は知性の活動の範囲外にあることになる（大槻春彦1972）。同様に、ロックは自我の時間的同一性を、自意識によって説明する。すなわち人間の身体は不断に変化しているのに、全体として生を持つ一人の人間が同じ人間であることはなぜかという問題に関して、過去の行為の記憶を現在の自分が確認し、自分の行為であると認めることを同一性の根拠であるとした。すなわち同一性の判断に他者はなんら役割を果たさないのであり、自己の時間的同一性は自己意識によってのみ確認されるというのである。ここでもロックの議論からは、他者の存在は排除されている。個人の意思決定において他者の尊重や他者への義務は考慮外に置かれるし、他者の評価に基づく自己の尊厳の感覚も自我の外部に追いやられることとなる。こうした、相互に独立した個人のアトミスティックな存在という社会観は、個を普遍に対して優位に置くというイギリス経験論の基本をなす信条に発する。13世紀におけるスコトゥスのトーマス・アキナスの主知主義への懐疑、その後のスコトゥスと唯名論のオッカムの普遍と個をめぐる論争がその発端であったことは既述のとおりである。ロックは「我々は個々（特殊）のものについて推理する」（Locke 1690b、邦訳（4）285—286頁）として、客観的普遍性の存在を否定しあくまで感覚的で経験的な証明によるという視点に立った。また、すべての生得観念をロックが否定したことは、伝統、慣習、権威など人々の経験が始まる以前に、その生の環境を定めてきたさまざまな要因すなわち個人の環境を規定する家族や共同体の歴史をも観念の範疇から除外することになる。マッキンタイァの言う物語としての人生やその意味に関する関心はロック的自我の外部に追いやられているのである（MacIntyre 1984、邦訳250—297頁）。

『統治二論』第2部において展開された社会契約論において、ロックはホッブスの議論を引き継いで、孤立した原子論的個人を起点に、いかにして社会あるいは国家を創立するかという問題に取り組んだ。先に示したようにその答えは、相互に独立した個人の間での結合契約とその上での信託への同意によるということであった[79]。おそらくこの政治学的原子論ないし原子論的社会観から、市場になんら個人としては影響を与えることのできない原子的な個人の集合体が、市場価格のみを手掛かりとして競争的に行動するという競争的市場モデルを構想することはさほど難しいことではなかったであろう。もちろん、そうした均衡の「見えざる手」を通じた最適性を予言することは、アダム・スミスの出現まで待つ必要があったことは言うまでもない。[80]

以上から、ロックの個人に関する考え方は、身近な他者への顧慮を欠いた、相互に独立な、孤立し原子論的な状況にある個人を前提としていると言って差し支えないであろう。人々は道徳的にはおおむね神の定めた自然法に従って行動しており、いわば快楽と意思の塊として最小限の自律性を持つ存在であった。ロックはこうした人間観を、シャフツベリー伯による王位排斥問題の渦中の１６８０年前後に「四方八方に起こる難問のため」「途方に暮れる状況」のなかで、人間の知性活動の範囲と限界を明らかにし、神の世界と思考する実存としての自分自身とを知覚し理解するために『人間知性論』の執筆のうちに到達したのである。しかしここで彼が到達した人間理解・個人像は、どの程度当時の一般的な人間理解を代表するものであったのだろうか。この問題に関しては、さしあたり次のような大槻春彦（１９７２）の指摘を引用することで満足したい。「ロックは時代から飛びぬけてただひとり、こうした経験尊重の立場を宣言したのではない。経験を唯一の根拠とする実証的研究は、王立協会（the Royal Society）に集まる一郡の探求者を先頭として物質世界についてすでに確立し、人間の世界でも、医学をひとつの例として芽生えていて、いわば時代の知的気運であり、風潮であった。さればこそ、かれの経験論宣言は世に迎えられ、……瞬く間にと言ってよいほど普及したのである。ロックは、時代に先駆けた孤高な哲学者でなく、時代のうちにあってその進歩的動向を身につけ、先頭に立つ、時代の子」であった。おそらくこれは経験論だけの問題ではあるまい。宗教が人々の生活の基幹的部分を占めていた時代において、道徳的次元にあえて立ち入らず人間の自我を極めて限られた次元で定義するというロックのスタンスもまた当時の時代の基本的な考え方であったのであろう。後者の問題については、本節の3で19世紀半ばにおいてイギリス社会の画一化と個性の欠如を指摘したJ・S・ミルの議論を題材にして検討したい。

ロックの到達した人間観を、先に述べた所有権論に由来する有産者社会の成立ないし生産手段所有者による資源配分機能への期待の命題と重ね合わせる時、われわれは次のような判断に至らざるをえない。すなわちロックの経済観の本質は、個人的特性とそういう特性を持つ他者への配慮を反映した需要面での欲求充足ではなく、資産保有者の利潤動機に裏打ちされた供給面にある。したがってロックの経済観から引き出されるものは、顔の見えない標準化された買い手に対する同質的な財の供給という経済観であり、それは後の産業革命における消費財の大量供給システムにつながるものであったと言えるであろう。

2　産業革命への道

ロックの時代からおおむね半世紀後1760年ごろから始まったと見られるイギリスの産業革命は消費財産業の拡大を起点とする工場生産の拡大現象であり、それは「かつて考えられていたほど「劇的」な歴史の転換点などでは」なく「技術の変化も、生産形態の変化も、人口や経済の成長も、雇用関係の変化も……ゆっくりとした長期の変化」（川北稔1998、255頁）であったが、その原動力は以上のような同質的でアトミスティックな個人観に立った資産家・企業家による利潤極大化行動にあるものとして理解することができる。それは産業技術的には、1760年代から1770年代に発明・改良された綿工業における機械紡績（ジェニーズ紡績機、アークライトの水力紡績機および両者を結合したミュール紡績機）と1730年代から19世紀の終わりごろにかけて発明・改良された蒸気機関を軸とするものであった（Allen 2011）。それらはともに1640年代から上昇傾向を持った実質賃金の割高性を克服し、国際競争に勝つための労働節約的大量生産を目的として開発された。紡績機はインドなどからの安価な綿製品の輸入に対抗するものであり[81]、蒸気機関は石炭産業での排水を直接の目的に使用されたが、これらが引き金になり、大量の消費財が各種工場からイギリス社会にあふれるように供給されることとなった。織物やアパレル製品、陶器、金属食器、銀や真ちゅうの金属装飾品、家具、玩具、壁紙などの紙製品などである。

イギリスにおいて生じた産業革命は文字通り世界の経済社会と生活文化の風景を一変させるものであったが、その原因が何であったかについては必ずしも十分な合意には達していないようである[82]。日本のイギリスの産業革命に関する通説ではインドからの綿布輸入の衝撃を強調することが多い。すなわち、もともと毛織物が衣料の中心であったイギリスにインドから綿織物がもたらされたことが人々の嗜好に強い影響を与え、綿布への憧れがその輸入代替への努力を動機づけたというものである（川勝平太1991、角山栄1995）。ランカシャー地方で力織機を採用した綿織物生産の開始が産業革命の発端であったことからしてもこの仮説は説得的である。またこの説は、憧れという面では需要面で木綿の着心地に対する選好の意味にとれるが、その選好の変化に目ざとい企業者が高利潤の可能性を見出し機械生産開発の動機付けを得たという側面では供給面の要因とみなすことができる、という意味で包括的な説明となっている。しかしこの仮説の唯一最大の欠点は、そうした東洋の綿織物への憧れが産業革命への基礎的な原因となったことは否定しがたいものの、それだけではなぜヨーロッパの他の国々でなくイギリスで産業革命が始まったかを説明できないことである。綿織物への選好を背景にそれを輸入代替産業化に向かわせた要因がイギリスにのみあったことを言わなくてはならない。そしてその点で需要と供給要因における特殊イギリス的要素が機能したことを考えることが必要であり、またそうしたイギリス的特質にはわれわれが以上で論じてきたイギリスにおける身近な他者に対する考え方ないしイギリス的個人観が密接にかかわっているということの理解が必要である。

こうしたイギリス的な特性は従来主として産業技術にかかわる供給面に関して分析されてきた。とくにイギリスにおける、科学技術を実地に応用するための人的資本と社会哲学に関するミクロ的な基礎が存在したことを指摘するジョエル・モキアの一連の業績は極めて重要である。まず、モキアの議論を中心にして、供給面での科学技術の実用化に関するミクロ的な基礎について考えよう。歴史的に見て供給面の革新をもたらしたものはイギリスのベイコン的な実験改良に基づく技術開発基盤であった。17世紀のイギリスは最先端の科学知識の発信元ではなかったが、先端技術を実用化し、生産につなげるための文化的・人的資本的基盤を持っていた。すなわち正確な計測・制御された実験および再現性の重視などといった科学的方法、自然現象を秩序ある合理的なものとみなす科学的心性、応用科学は商業的工業的に利用されて社会の繁栄に利用されねばならないという科学的文化などであり、これらは粒子仮説に立ち、自然観察でなく自然の「拷問」を重視し、大がかりな実験を進めたベイコン・イデオロギー(Kuhn 1977)と広い意味でのイギリス経験主義哲学の所産であった。紡績機械はイギリス人の発明であったが、原初的な蒸気機関はフランス人の発明によるものであり、革新的な大発明の多くはフランスなど大陸からイギリスに輸入されたものであった。モキアはこうした事実を踏まえつつ、科学技術を実地に応用するための人的資本と社会哲学に関するミクロ的な基礎がイギリスで生成してきたことを重視する。すなわちイギリスの比較優位はこうしたマクロ的発明の改良、すなわちコストの引き下げ・品質の向上・新しい応用の開発などによる、部分工学的改良にかかわるミクロ的発明であったというのである

(Mokyr 1999)。その背景をなしたものは、第一に、青写真をモデル化しそれを現実の生産技術に変える徒弟制度や個人的小集団的学習から生まれた応用技術者の厚い層であり、またその下層に位置するメカニカルな直観と器用さを持った熟練した厚い職人層の存在であった(Mitch 1999)。第二の背景は、技術的な知識を現世的必要に応用しようとする社会的文化的風土であった。17世紀から18世紀にかけてのイギリスは知識人と実業人の間と自然科学者とエンジニアの間での活発な交流がなされる技術的創造性(technological creativity)に富む社会であったと言われる。新しい科学知識は利潤機会についてのビジネスの予想につながり、また「抽象・記号・方程式・青写真・図面の世界」と「滑車・シリンダー・スピンドルの世界」の間を人々はスムーズに行き来した(Mokyr 1999, p.81)。

こうしたモキアの重視する要因は極めて重要であるが、それだけでは単に効率的・実用的な機械の発明の説明にしかならないと思われる。そうした発明が高級品の生産でなく普及品の大量生産にかかわる機械に関するものであったのはなぜかという問題が解決されていないのである。この意味ではモキアの議論には、それだけでは産業革命の本質である消費財の大量生産の説明にはなっていない、という問題点がどうしても残るのである。すなわち産業革命の本質は、単なる優れた科学技術を用いた効率的な実用的生産技術ないし機械を生み出したことにあるのではなく、目に見えない需要者を前提に供給主導的に消費財の大量生産を可能にするシステムを開発し普及せしめたことにある。もちろんモキアの仮説を先に触れたインド綿の衝撃と結びつけて綿業の生成を言うことは可能であろうが、それだけではさまざまな消費財を含む世界の経済社会構造を一変させた運動としての産業革命の説明としては力不足であろう。以下ではこのモキアの議論における問題点を克服して産業革命の本質に迫るために、イギリスにおける産業革命の発生にイギリスにおける身近な他者を排除した個人観が極めて大きなかかわりを持っているという視点が有効であることを指摘したい。すなわち産業革命の本質は消費財の大衆に向けての大量生産にあるのであり、これには「顔の見えない」マスとしての消費者を前提とした社会観があり、イギリスの歴史的な発展経路や社会構造のなかに、大衆品の大量供給というインセンティブを発生させた契機があったことに注目する必要があるということである。

われわれは、イギリスにおける身近な他者を排除した独立を重視する個人主義が産業的には二つの要因の作用によって、消費財の大量生産のインセンティブを生み出したと考える。第一は供給面において、目に見えない消費者に対する市場向け商品生産の伝統があったこと、第二に需要面では、階級的模倣による消費需要の大規模な動員にあったことである。

第一の要因に関しては、「顔の見えない」消費者に向けて価格メカニズムを用いて標準的消費財を供給することに関しては、イギリスでは長い伝統があったことが重要である。すなわち、伝統的な手工業が副業として主として市場向けの見えない購入者を前提とした生産を行っていたこと、言い換えると上述のアダム・スミスのパン屋と肉屋に関する有名な命題に象徴される無名のあるいはアームズ・レングスの買い手を対象とした市場向け生産の伝統を挙げる必要がある。イギリスでは手工業の産業化が農村における副業として発生し成長してきたという日本とは異なる伝統があった。すなわち、日本では次章で述べるように、律令制下の官営工房における手工業に産業としての工業のルーツがあり、そこでは専門の技術者による王臣貴族向けの手工業品の生産とそのための技能の蓄積が重視され、後にそれが民間向けの生産に転用された時も求道主義による技術の開発と伝承がその産業としての性格を規定した。すなわち単なるアノニマスな買い手に対する市場向け生産でなく、隔地間交易などの商人の活発な活動を利用して、需要者の必要に適合した生産を行うという伝統が存在したのである。これに対して、イギリスでは貴族はイタリアなどの海外先進地帯から高級品を購入し、市場で供給される製品は副業に基づく大衆消費製品が中心であった。

イギリスにおける手工業製品の未熟練度については、13―14世紀前半の商業化時代における市場と職業における専門化に関するブリットネルの考察が有用である。まずこの時代、市場（market）とは地方の農村部において毎週開かれる定期開催市場のことであり[83]、商業化を伴う経済成長を反映してこうした市場が全国的に展開したことが知られている。ブリットネルはこうした市場は、通説で考えられているような輸出向けの羊毛などの製品や都市向け商品の集散地として機能したものではなく、農業と手工業を兼営した村民の生産した農産物、加工食品、織物などの手工業品の行商人による売買市場であったことを明らかにした（Britnell 1981）。羊毛などの交易は市場ではなく買い手と売り手の直接交渉で、また鉄は仲買人を通じて、穀物の大量取引は相対でなされており[84]、市場を経由することはなかった。さらに重要なことは、市場に参加したのは一般の村民たちであり、領主やその一族などは参加しなかったことである。彼らは、日常品は直営農場で必要なだけ隷農を使役して自給生産しており、それ以外の高級品は外国から購入したのである。したがって市場に出回った商品は村民の日常的必要を満たす、副業製品が中心であった。

こうした市場はこの時期の人口の急増を反映した土地不足から農民の間に広まった副業製品を売りさばく場として領主が屋台店をつくるなどして設立したものであった。商業化時代と言われるこの時期に拡大した手工業品の供給とその生産者の増加が必ずしも分業の進展に伴う職業的専門化を反映したものではないことはBritnell（2001）において強調されている。すなわちこの時期にいくつかの新しい職業が誕生し[85]また建設業などで技能が向上したことは事実であるが、他方でそれを打ち消す要因も多々存在したというのである。第一に専門化に対応した技能を蓄積するには雇用は季節的かつ変動的であり職業の安定性に欠けていたし、労働者は雇用のない時の蓄えを十分に持っていなかったことである。このため多くの商工業者は収入の安定のために複数の商工業職にかかわっていた。[86] 第二に商工業における雇用は農業を代替したのではなく、単に農業の収入を補完したにすぎないことである。都市の最も富裕な職人や商人においても、多くはそれを副業としており、彼らに対する課税の大部分は農産物と家畜（それに家財）にかけられていたことを確かめることができる。ちなみに13世紀後半に職業名を名前の一部に加えることが広まったが（occupational surname ないし byname）、これは職業の専門化を表すのではなく、単に行政上の必要から個人の識別のために、その時点でたまたま就いていた副業を名前に追加したことによっているとのことである。

次に需要面の考察に移ろう。供給面における価格メカニズムを利用した大量生産システムがイギリスにおいて成功をおさめたことには、それを支える需要面でのイギリスの特殊要素があったことも指摘せねばならない。われわれはそうした要素として、イギリスの階級社会の特質とそれに基づく消費における階級的模倣という、優れてイギリス的な社会現象の存在に注目する必要がある（マッケンドリックの仮説）ことを指摘したい。

供給面でのイノベーションに対応する需要は、受動的に階層間の社会的模倣消費の形で生じた。顔の見えない買手に対する大量の消費財の供給が採算に合うためには、同一の嗜好を持った大量の標準的な買い手の存在がなければならない。言い換えると受動的で自己の嗜好にこだわらない消費者群である。マッケンドリックによるとこうした消費者層は、階層間の消費の社会的模倣（social emulation）という形で生じたとされる。最初の消費者社会の出現と呼ばれるこの現象は17世紀の最後の一〇年のイギリスで出現し、[87] 18世紀後半に定着したとされる。それまでは上流階級のみに可能であった顕示的消費と奢侈的な消費パターンが中流階級さらにはその下の階級にまで模倣され、その過程で工業製品として供給された消費財に対する巨大な市場が出現したのである。上昇志向のある社会の同質的な個人の群れはいたずらに個性を主張することなく、上級の他者の模倣による消費を好むのである。階層間の消費パターンの平準化は供給される商品の標準化を可能にし、上流階級のみが享受していた「贅沢」な商品が、中流階級の「上品」な消費行動になり、そうした上品な消費の流行は下層階級にまで浸透し、最終的にはすべての階層における「必要」な消費となっていったのである（McKendrick 1982）。ファッションの伝染という形の階層間の社会的模倣は大量生産による標準化商品の供給の受け皿には不可欠な現象であったと見られる。イギリスの新しい商工業階級のリーダーたちは、後にリースマンが自己の欲望の対象を識別できない受動的な消費者と呼んだ大衆消費者像をこの当時のイギリス社会に見出していたのかもしれない。[88]

マッケンドリックはこうした大衆消費社会が階層間の消費の社会的模倣の形で出現したことの背景には、パーキン（Perkin 1969）の強調した産業革命以前におけるイギリス社会の次のような特性があると指摘する。すなわちパーキンは、産業革命以前とくに宗教改革からチャールズ1世と議会の内戦に至る期間における、社会的な流動性と土地保有を中心とする資産保有階級の社会的地位の上昇が産業革命の生じる社会的原因をなしたと主張する。この時代のイギリス社会は私有財産と公的私的なパトロン関係[89]の上に成立した「オープンな」貴族社会であった。すなわち教会と国王所有の土地をめぐる活発な土地市場の展開は、思想面での所有権の確立と相まって、商工業者からジェントリーへ、ジェントリーから貴族への社会的移動を大幅に緩和し、その過程で階層間の格差が流動化し、ジェントリー階級・貴族階級のオープン化が進展した。土地持ち貴族（landed aristocracy）は、王政復古により国王に対して勝利して以来、囲い込みの促進、農業での技術革新と重商主義政策の推進、王立協会に基づく科学技術の開発推進などさまざまな経済政策を行い、いわゆる産業革命の開始する前に工業化の前提条件を構築した。産業革命が生じるための基礎条件が整えられたのである。土地持ち貴族は資本を蓄え、他方で社会的模倣を通じて大量の労働者が生み出された。第一に階層間で消費の社会的模倣が一般化し、大量生産消費財に対する需要動員のシステムが生まれ、第二に人々はより多く働いて収入を得てより多くの消費を行うという、消費に基づいた所得稼得と労働供給のインセンティブが生まれた[90]。パーキンは内戦以前の社会構造の変化を背景にした、こうした意味での消費需要の高まりこそ産業革命の基本的原因であったというのである。

土地市場の発達を前提として資産保有者の行動が支配する社会の成立についてのパーキンの指摘は極めて興味深い。こうした傾向はすでにトーニーなどによって16世紀半ばから内戦に至るまでのジェントリー階層の変質という形で指摘されていたことであるが[91]、パーキンはジェントリーにおいては、土地資産の保有者としての彼らが社会と国家支配の責任を負うという意識とその階層のオープン性に支えられていたことを強調する。すなわち「イギリスにおける土地支配者の（国王に対する）勝利は、普通の寡頭支配者ならとても支払わないであろう様な高価な対価を支払うことで獲得された。ジェントリーたちは自らを反革命から守るために進んで地租や贅沢税という租税負担を負っただけでなく、生命の危険に追いやった人々から治安を確保するために救貧税を負担した。また彼らの財産保有者としての自由を確保するために、広大な領地を保有するための購入費を支出しさえすればよいという条件のもとで、自らの階層へのオープンな参入を容認した」（Perkin 1969, pp.56-67）[92]というのである。

こうした貴族階層やジェントリー階層のオープンな性格、言い換えると各階層間の格差の幅が小さく、ある階層からすぐ上の階層への移行が容易である社会では、各階層は上昇志向を持ちやすく、また階層ごとの集団的な上位集団の模倣が生じがちである、ということは間違いないであろう。パーキンの議論は、社会的模倣消費の構造的な基礎構造を指摘しただけでなく、それがそうした消費のための所得獲得と労働供給の意欲を生み出したことを指摘していることでも興味深い。しかしながら、産業革命は少なくとも事後的には需要と供給がともに増加することで生じたわけであり、完結した産業革命の社会的な説明のためには、消費の階級的模倣を期待した供給側のインセンティブを考慮に入れる必要がある。顔の見えない他者を集団として把握し、供給主導的に消費財を市場に投入するといういま一つの社会的・心理的側面の考察が必要である。われわれのカルヴァニズムとイギリス経験主義に基づく個別の身近な他者をカウントしないイギリス型個人主義の概念は、この点でマッケンドリックとパーキンの議論を補完するものとなっているのである。[93]

ちなみに、パーキンの主張したジェントリーの階級としてのオープンな性格は、産業資本家に対してはそうでなかったということに注意が必要である。ケインとホプキンスは、その著『ジェントルマン資本主義の帝国』で、ジェントリーは貿易商人、銀行家、高級官僚、プロフェッショナルなどに対してはその階級への参入に受容的であったが、産業資本家に対しては、階級への参加に長らく否定的であり、その理由は「実務的態度や業務慣行などに対する強い反感」や「金もうけと利潤獲得を行動の最終目的とする世俗的世界への軽蔑」（Cain and Hopkins 1993、邦訳18頁）であったとしている。この意味ではジェントリーはポーコックの言うシヴィック・ヴィユー（第4章参照）に立つ性格を色濃く持っていたのであろう。加えて、産業資本家の製造する製品が、大量生産による大衆的消費財であり、必ずしも彼らの需要や嗜好に対応したものでなかったこともかかわっていると思われる。[94]

3　J・S・ミル『自由論』の個人観

供給者側の論理による見えない需要者への大量生産商品の供給というシステムは、マッケンドリックの言うように需要者の受動的な社会的模倣行動によって対応されたが、このことは逆に需要者の受動的な心的傾向を助長し、両方向は相乗しあってアトミスティックで同質的な個人観を広めたと考えられる。宗教改革期以後、産業革命によって繁栄を遂げたイギリスにおいて、個人の特殊性が無視される社会的風土が醸成され、個性の社会的価値が軽視されてきたことを誰よりも的確に見抜いたのは、J・S・ミルであると思われる。ミルはその『自由論』(J. S. Mill 1859)の「幸福の要素としての個性」(Individuality, as One of the Elements of Well-being)と題した第3章において、次のように論じた。すなわち社会発展の初期の段階では、個人の欲求と衝動が強すぎて人々を訓練し管理する社会の能力を超えていた可能性がある。たとえばローマ法王が皇帝と支配権を争った時の法王側の言い分はそうであった。しかし現在では社会は個人のそうした衝動と嗜好を過剰に制御しうる状況にあり、逆に個性の抑圧の問題が生じている。「人々はひととちがう趣味や変わった行動を犯罪と変わらないほど避けようとして、自分の本性に従わないようにしているので、やがて従うべき本性をもたなく」(邦訳135頁)なり、慣習以外には自分の好みを思いつかなくなっている。現在のイギリス社会は凡庸な人の集まりであり、凡庸な人が力を握る集団的凡庸社会となっている(邦訳144頁)。もちろんイギリスでは進歩がないわけではない。新しい機械と発明は次々と経済社会に送り込まれ、経済は活性を保っている。しかしその進歩は全体が一度に変化するという形の変化であり、慣習と世論の支配の下での変化である。「以前には階層や地域、職業が違えば住む世界が違っていた。……今では皆、同じものを読み、同じ意見を聞き、同じものを見て、同じものを期待し、同じものを恐れ、同じ権利と義務を持ち、それを主張する同じ手段をもっている」（邦訳159頁）。現在のイギリス社会の偉大さは、全く集団的なものであり、個人的には弱小であるのに、団結の力によって偉大なことがなしうるように見えるだけである（邦訳152―153頁）。

ミルは、この個性の喪失という現象は、ヨーロッパを覆った宗教改革直後の知的高揚の後、長期にわたってイギリス社会に浸透したと考える。その後も18世紀後半の思想運動期には一時的な知的発展があったがそれは、大陸ヨーロッパに限られており、また教養のある階層の間での現象であった[95]。18世紀末から19世紀初頭にかけてのドイツでは思想の花が開花したが、それは短期的現象でしかなかった（邦訳77―78頁）。さらにミルは、この現象の背景にはカルヴァン主義の教義があると主張する。すなわちこの教義では、人間の本性は腐敗しており、自分の心のなかの人間的なものをすべて否定しつくすまでは救いはありえないことが前提とされている。したがって人間の大きな罪は自分の意見を持つことであり、選択することではない。人間がなしうる善は服従であり、義務的行為以外はすべて罪である。ミル自身は無神論であったが、この教義を信じる人が神の意思に身をゆだねるのは当然として、教義を信じない人もまたこれを薄めた形で同様な考え方に染まっている、と主張する[96]。

よく知られているように、ミルはこのイギリス社会の集団的凡庸化を嘆き、個性の社会的価値の観点から、自由の必要性を、後に「危害原理」と呼ばれるようになった単純な原理の形で主張した。すなわち個人の行動の自由に関する干渉が正当化されるのは危害からの保護（self-protection）である。言い換えると、社会の力が個人に対してその意思に抗して行使されることが許されるのは、他者へ危害が及ぶことを防止する場合に限られる、という原理である。こうした形の自由が必要とされるのは思想と意見の自由が個性（individuality）の啓発をもたらし社会の発展につながると考えられるからである。バーリンも言うように[97]、ミルはこうした考え方を、フンボルトを通じてドイツ・ロマン主義を吸収することによって学んだとしている。すなわち、フンボルトによれば、自由と状況の多様性という二つの条件から独創性を生み出す個人の活力と多様な変化がもたらされ、独創性は社会の発展の核となる個性の啓発をもたらす、とされる。ミルはこの点に自由の価値の核心を見出したのである。それゆえ、ミルにとって自由はそれ自体に価値があるというより、社会発展のための個性の伸長という目標のための手段として価値が認められているのである[98]。

戦後自由論をリードした政治哲学者バーリンのミル『自由論』に対する辛辣な批判を理解するためのカギの一つはおそらくこの点にある。バーリンはその「二つの自由論」で、ミルが集団的凡庸から脱却し自発性と独創性による個性尊重の社会を築くためには自由な社会が必要である、と論じることに強い批判の矛先を向ける。すなわちミルが自由のなかでしか天才（exceptional individual）は育たない「天才の育つ土壌は自由な環境である」（J. S. Mill 1859、邦訳142頁）としたことに異を唱える（Berlin 1969、邦訳312―314頁）。バーリンはこのミルの観察はせいぜい経験的に導かれたものであると判定した上で、そうした経験主義の立場で言うと、たとえば別の歴史的経験的事実として、カルヴァン派の自由束縛的な環境においても個人主義は十分に成長したということができると指摘する。すなわち人間の天才生育のためには自由は不可欠な条件ではない、自由は天才が出るための必要条件ではないと主張し、ミルの基本的な主張が成り立たないと批判したのである。この批判の論理的当否は別として、バーリンの批判は価値多元論という彼の基本的立場を勘案するとき、かなり唐突で理解しにくい主張である。すなわちバーリンは、その政治哲学の基本的立場を価値多元論に置き、いずれも等しい根源的価値を持つ諸善ないし諸目的——たとえば自由、平等、公正など——は共通の尺度で比較できないという意味で通約不可能であり、それらの間の葛藤・衝突を避けるためには、互いの価値体系の間の相互理解と相互尊重が必要であると主張してきたからである（濱真一郎２００８、猪木武徳２００４第10章）。そうした価値多元論者としての視点からすると、人々はバーリンのミルに対する批判はあまりに寛容性に欠けており理解しがたいという感想を持つであろうから、である。

しかしながら、この点についての一貫性を持つ形での一つの解釈は、個性の重視という目的は、根源的価値を持つ社会的目標ではないという主張として解釈することであろう。自由とくに消極的自由の根源的価値を説いてきたリベラリストとしてのバーリンにとって、個性化を、根源的価値を持つものとして賞賛し、その価値の実現のための手段ないし道具として自由を主張するミルの議論は許容範囲を超えていたと見ることができる。すなわち自由の価値をミルは過小に評価しているとバーリンは考えたという理解である。いま一つの一貫性のある解釈は、バーリンの価値多元論が理想の人間・理想の社会といった「理想の追求」を危険視する見解が背景にある点に注目することであろう。すなわち個性の重視ということを過度に理想化していることの危険性の指摘である。濱真一郎（２００８）はバーリンの価値多元論の重要な属性としてこうした側面のあることを指摘している（53—54頁）。濱の指摘は、バーリンが干渉の不在という消極的自由を高く評価し、なんらかの目的に向かって積極的に自己支配し、自己実現を目指すという意味での積極的自由を危険視してきたことに対応している。自己支配による自己実現という理想と同様に個性の重視という理想は、一種の全体主義的な思想統制の容認に至りうる危険性をはらんでいるという判断がバーリンにはあった、という解釈である。いずれにせよ、ミルの『自由論』第3章の議論は、多少ミルの情熱と理想主義に傾きすぎている傾向があると言ってよいであろう。しかしながらわれわれの目的はミルの宗教改革以後のイギリス社会に対する観察を参照することにあるのであり、この点に深く立ち入ることはさしあたって必要ではない。[99] 重要なことは、ミルが宗教改革以後のイギリス社会に顕著な集団的凡庸化を見出したということであり、この視点はわれわれの言う顔の見えない他者を意識することをあえて避けてきたイギリス社会の歴史的経路に通じるものを持つということである。

ちなみに、バーリンはその根底において、ミルの議論全体に流れるイギリス経験論に対して方法論的に懐疑的であるようにも見られる。たとえば「ジョン・スチャート・ミルと生の目的」(Berlin 1969、邦訳391―452頁)では、ミルの議論が経験論に立っていることをさまざまな個所で揶揄的に指摘しているし、そもそもバーリンの基本的主張である積極的自由概念の持つ危険性の指摘は「時間・空間のなかにある貧弱な経験的自我は「真の自我」について何も知らない」という命題を出発点として組み立てられていることに注目する必要がある。すなわちバーリンは、政治上のあらゆる自己実現説の核心をなす「恐ろしい偽装」がこの点から生じていると主張する(Berlin 1969、邦訳322―325頁)。積極的自由とは自分が自分自身の主人であることから生じる自由であり、自らに対する自己支配の自由である。しかしながら人々は貧弱なそれぞれの経験的な世界に生きているため、自分を支配すべき「真の自我」について極めて限られた知識しか持っていない。こうした状況下では、政治家は人々の無知に付け込んで、集団的な目的に沿った政治的意思を「真の自我」として強制することが可能になる。人々がそれに抵抗したとしても、無知状態にある人々は抵抗しているものを「実際には目指している」のだという論理で、政治は人々に偽装的な行動目標を押しつけるのである。政治家は人々や社会の現実の願望を無視して、「真の自我」の名において人々を「嚇し、抑圧し、拷問にかける」ことが可能になる。歴史的には、積極的自由への希求は、こうした「真の自我」による偽装的支配の形で、人々の最終的な自己否定や特殊な原理との全面的自己同一化という形で恐ろしい帰結をもたらしてきた、というのがバーリンの主張である。

さて以上においてわれわれは、イギリス経験論の下で、おそらくピューリタニズムの強い影響を受けながら、ロック的な意思と快楽のみから行動する画一的な大衆個人像が生み出され、そうした個人観が供給主導の大量消費財技術に立つ産業革命とイギリスの繁栄につながったことを主張した。こうした構図が生み出した社会像は19世紀半ばにJ・S・ミルが見たイギリス社会の個性喪失・集団的凡庸という特質とも一致する。しかしながら、こうした見方は、キーツ、ワーズワース、シェリー、コールリッジなど18世紀末から19世紀にかけてのイギリス・ロマン主義の台頭という現象とは必ずしも相いれないのではないか、との批判もありうる。最後にこの点について一言しておこう。ベイトは18世紀イギリスの文芸と文芸美術評論の克明な分析から、直観主義とヒュームの想像力概念に立つ経験主義が結合することにより個と特殊性を重視するイギリス・ロマン主義が出現してきたと論じている（Bate 1946）。彼によると、ロックにおいても、複雑観念は単純観念と異なり、経験が供給する諸観念のなかで調和するものを結合し、不調和なものを分離する作業によって構成されるものであるから、一種の創造的精神活動としての側面を持つとされる（邦訳106―107頁）。しかしそうしたロックのモデルでは精神の主観的活動が個性を発揮する程度が限られているが、ヒュームの経験主義における観念の連合のメカニズムによってさらに主観性と個性の発揮の程度が高められたとされる。先に触れたように、ヒュームによって想像力の機能（Hume 1739-1740、邦訳（1）38頁）と呼ばれたこのメカニズムでは、過去の経験が連想の反応の形で繰り返し呼び起こされることで、一回限りの経験と異なり、個々の経験を整理し、経験現象を探求する直観的本能が養われるとされる（邦訳104頁）。経験がこうして直観的能力の成長と結合する時、人々の知性の働きは個性的なものとなり、イギリスのロマン主義の成長が生じたというのである。ロックとヒュームの違いに着目した視点はユニークであり、単にイギリス・ロマン主義を海外からの影響ではなく内生的なメカニズムから論じたベイトの議論は興味深い。しかしベイトは同時にイギリスの思想的風土では、ロマン主義は中庸的であり、イギリス経験論は主観主義をできるだけ避け、過度な情緒主義に陥ることはなかったとも論じている（邦訳203—296頁）。すなわち、イギリスのロマン主義はあくまでイギリス経験論というイギリス的な価値と智恵の範囲内での現象でしかなかったというのである。本章におけるわれわれのイギリスの個人主義に関する議論もまた、ベイトのこの最後の指摘の重要性を裏付けるものであると言えよう。

第4章　宗教の変化と経済社会システム——日本

日本における宗教の変化は、太古以来の神道の世界への仏教の渡来、鎌倉時代以降における仏教の民衆救済に向けての世俗内易行（いぎょう）化としてとらえることができる。仏教の渡来は、古代思想における肯定的人生観と現在と過去、未来の間の連続的世界観を破壊し、平安末期にかけて末法思想の広まるなかで現世否定の高まりを見た。これに対し仏教の易行化は大衆の宗教観において現世否定の解決ないし否定をもたらし、人々の世界観を再びより高度な現世肯定思想へと転換した。易行化の流れは第一に、天台本覚思想の流れにおいては仏性の一般性が強調され、凡夫ですら成仏するとされた。第二に、鎌倉新仏教では専修念仏という易行化を経て、最終的には浄土真宗の絶対他力による救済への道が開かれた。

仏教は知的鍛練を基本とする「悟り」の宗教である。その究極の目的は、[1]さまざまな欲望から生じる苦悩の原因を突き止め、それを克服し、悟りに達する（解脱する）ことにあり、そのためには人間のありように関する因果（縁起）の道理を理解し、智恵と戒律および瞑想に関する修業道を実践しなければならない。鎌倉期における仏教の易行化という変化は、この悟りに達する過程を根本的に変更したのである。すなわち、人は皆悟りに達する（成仏する）資格を生まれながらに持っているという教えを広め、またことさら戒律に従うことは必要でなく単に念仏を唱えればよいという教えなどをもたらしたのである。このことは少なくとも教行上は、原始仏教以来の悟りに達するための厳しい知的鍛練は不要とされるに至ったことを意味した。この意味で、現世肯定の確立と宗教の易行化へ向けての変化は、仏教の宗教としての根本的な性格の変更であり、人々の経済行動にも大きな影響を与えたのである。以下このことを論じよう。[2]

仏教の世俗内易行化は、知の放棄でなく日常生活における知の活用をもたらした。すなわち仏教における膨大な知的作業を免除された人々は、もっぱら職業生活や日常的営為のなかで仏教的な人生観世界観の探求を行った。さまざまな方面における（世俗内）求道主義と言われるものがこれである。[3] 易行化の下での救済は、原則として一定の条件を持つものに対して平等に与えられた。このため救済を求めての競争は生じる余地がなかった。求道主義のインセンティブ・システムは競争ではなく、その成果を他者ないし社会に対して表現することで、他者ないし目に見える他者からなる小集団社会の評価を得るという評価システムによって与えられた。そうした評価は、本来は仏教の想定するすべての生けるものによって行われるものであろうが、それは実際的には不可能であり、もっぱらそれぞれの個人の現在関係する人々とその先祖からなる顔の見える（および顔の見えた）範囲の他者集団という小世界で行われた。すなわちAさんのある方面での練達度は同じ道を追求したBさんの亡くなった祖父でも称賛するであろう、といった評価方法であった。こうした小集団における他者の評価の重視のなかに自己実現を目指す個人の出現は、山崎正和（1984、1990）の「柔らかい個人主義」という状況の発生と極めて類似している。そこには求道の結果としての自己実現の結果を、目に見える範囲のあるいは顔の見える他者の集団内で評価を受け、他者の領域を侵すことなく表現したいという気持ちが働いている。すなわち、目に見えない他者まで意識の底におき、その動きを価格機構などにより探知し、他者を打ち負かそうという気持ちではなく、「自己を十分に実現しながらそのことによって他人の自我を侵すことを避け」むしろ他人との同意のなかに自己を確立しようとする努力（山崎正和1990、48頁）が働いているのである。

重要なことは、ここでの他者の集団は主として評価の役割を果たすのみで、その目的や価値が個人の目的や価値に優先するわけではない、ということである。言い換えるとあくまで個人は自己実現という個人的目的を貫くために他者の集団を利用するのである。個人の目的が他者の目的に優先するという意味で、個人の行動は個人主義的である。また第1章でも触れたLukes（1973）の意味での個人主義の価値の諸要素に関して言うと、評価のための他者の集団との関係では、個人は自律性やプライバシーの意味では、それを強く主張するものではなく、その意味での個人主義は弱いが、個人の自己実現を目的としてそこに個人の尊厳を見出すという意味では強く個人主義であると言うことができよう。各人は個性の開発に比例して自らにとってより価値あるものとなり、他者の価値に優先する価値を持つのである。

われわれはこうした宗教の現世肯定の動きの背景には、古代律令制が解体に向かい、萌芽的に市場経済が出現してきたという経済社会の変化があると考える。市場経済の出現に対して人々は自発性と自己責任に基づき行動することを求められた。そうした行動様式は、予定説のような恐怖の教えが不在の場合、現世を肯定的に見ることがなければ生じないものであろう。逆に、現世肯定の結果としての世俗内求道は、前世までの因果をも考慮しながらもあくまで現世における職能・技芸の達成度の向上を目指すものであり、現世の合理化を目指した前向きの生き方をもたらした。それゆえ、易行化の結果としての求道主義は現世肯定の再発見ないし弁証法的な高まりと整合的であったし、両者の共鳴が美意識に裏打ちされた手工業とそれに関連する商業活動の発達をもたらした。南北朝期以後の手工業とサービス業による経済発展は、古代律令制時代からの工芸品の専門家集団による製作という伝統を踏まえて、こうした人々の求道による自己実現という動機を背景に生まれたものであり、生産と流通の過程は、そこから流れ出る商品とサービスに対する他者の評価、とりわけ評価のための他者集団による綿密な吟味をパスすることを条件として機能するものであった。言い換えれば、萌芽的市場経済のなかから出現したのは、消費者の嗜好と審美眼への配慮が生産過程を支配している需要者主導のシステムであり、物言わぬ無知な大衆による大量消費を前提とした供給者主導の生産システムとは無縁なものであった。そのシステムの下では生産と流通に携わる人々の求道の結果としての人的資本の蓄積が主要な発展の要素を提供した。蓄積された人的資本は世代にわたって継承され、それとともに他者への配慮を背景に持った柔らかい個人主義を培う土壌も継承されてきたのである。

われわれの基本仮説は、仏教における易行化が、仏教の修行に代わる知の活用の方法として求道主義をもたらし、それが日本人の経済行動の特質の基礎をなしたということである。われわれの関心は経済行動であり、その場合求道主義には二種類のものがあるということがとりわけ重要である。第一は、製品生産の技術にかかわる職業的求道主義であり、第二は芸能や芸術・武芸などサービス生産にかかわる職業的求道である。以下で仏教の変化の経済行動への影響を考えるために、これら二種類の求道主義行動について考察を行うが、経済システムの形成にかかわって二つの求道はともに大きな役割を果たした。

本書の分析ではとりわけ製品にかかわる求道の評価、とくにそこでの商業の役割に大きなウェイトが置かれる。この場合、そこから生まれる生産物の評価を行うのは消費者であり、そこでの重要な仲介活動が商業により行われる。一般に情報・交通や流通の未発達な経済では、求道の結果として生産された高品質の製品に対する需要は必ずしも十分ではなく、その価値を正しく評価する消費者を見出すには、商業・商人の力が不可欠である。以下では、交通や情報の流れの不完全な社会において、商人の力が正しい評価者である消費者を見出した過程を、中世における隔地間取引などの流通の特徴に注目しつつ明らかにする。商業のおかげで生産にかかわる求道は高品質品生産という特質を獲得しえたのであり、商業が的確に製品を評価しうる消費者・需要者を生産者に結び付けた結果としてわれわれの言う需要主導型経済システムが成立するのである。すなわちここでは、ものづくりという生産の特質は商業の力によって成立するのであり、このことの認識が極めて重要である。

他方、芸能・芸術などのサービス分野での職業的求道にかかわる評価は同好の士や観客の集まりであるサロンや社交的な場ないし展示会やスポーツのアリーナでなされる。[4] 後述するように猿楽や今様、茶道、生け花などサービス生産にかかわる分野での求道思想は早くから進化した。われわれのものづくりの概念は製品生産だけでなくサービス供給をも含む概念（序章参照）であるが、サービス面で培われた品質評価の伝統はものづくりだけでなく、伝統的日本文化の形成にも大きな影響を及ぼした。第2章で見たように易行化をもたらした仏性の思想はまた、山川草木悉有仏性の思想をもたらし、室町期に起こったさまざまな日本文化が自然との共生の観念を高めたことが重要である。同じ仏性の思想を基礎に持つという意味では求道化と自然との共生の思想は双対的である。サービスの評価には必ずしも商業・流通の役割は必要とされない場合も多い。またこうした分野での職業的求道は趣味的な求道[5]と境界を明確にしがたいものもあることにも、注意が必要である。しかしながら職業的求道がこうしたソフトの生産ないしサービスにもかかわるものとして、さらには文化的価値を持つものとして追求されたことは、需要主導型経済システムの歴史的展開を理解するためだけではなく、世界における日本の今後のあり方を考える上でも極めて重要な事実である。

第1節　易行化と個人主義

1　現世肯定

日本の院政期から南北朝期にかけての宗教教理における革新は、本覚思想の絶対一元論すなわち現世肯定思想をめぐって展開したと言って過言ではないであろう。天台本覚思想は現象世界を「あるがままに」認めることで徹底した現世肯定の仏教を打ち立てたが、その過程は必ずしも平たんなものではなかった。そもそも日本の天台宗の創始者である最澄は現世での即身成仏を認めず、現世とその他世界（来世）の二元論の立場を崩さなかった。また法然は絶対的一元論としての本覚思想に抗して相対的二元論としての浄土念仏を復活させた。親鸞は現世では成仏の位を正定聚にとどめて来世往生に固執したし、道元も哲理的には本覚思想の強い影響下にありながらも、実践の立場から本覚思想を批判した。

このことは、なぜそうした批判にもかかわらず院政期以後の本覚思想がそのように大きな力を持ち、天台や鎌倉新仏教だけでなく、南都の伝統的宗派にも強い影響を及ぼしたのか、という疑問を生じさせざるをえない。おそらく、その答えは、日本古来の現世肯定的な世界観があり、仏教はその影響下に日本化したと考えざるをえないように思われる。しかしその場合もなぜ仏教がそうした古来の思想の影響の下に置かれなければならなかったのかという問題が生じる。筆者の能力から十分なことはできないが、本章ではまずこの問題の考察から入っていこう。

日本の太古においては現世肯定的世界観が支配的であった。神話はなんら来世について語ることがなかった。神道において死後の世界は黄泉の国と呼ばれ地下にある暗い世界であることは、共通の理解になっていたが、死んでからの先について思いをめぐらすことはなかったようである（中村元1962、516頁）。天上の国たる高天原にも山や川があり牧畜・稲作・機業が行われており、人々は現世たる葦原の中つ国原から徒歩で往復できるものとされていた。すなわち現世と来世は完全に連続していたのである。同様に、人々はさまざまな悪の認識から現実を否定し、その彼方に理想世界を見ることもなかった。古代人にとって悪は容易に超克されるものであり、現世の快楽を根底から揺るがすが如き存在は思惟の外にあった（家永三郎1940、31頁）。このことは、万葉の歌人大伴家持が、渡来してきた仏教の現世否定的な輪廻転生説を嘲笑して

この世にし　楽しくあらば　来む世には
虫にも鳥にもわれはなりけむ

と詠んだり、

生ける者ついにも死ぬる者にあれば
今ある程は楽しくあらな

と歌って、仏教の無常観をいわば頭から否定していることからも察せられよう（中村元1962、516―517頁）。こうした日本の古代思想は主として『古事記』『日本書紀』『風土記』など奈良時代から平安時代初期に編纂された神話群から明らかになるのであるが、津田左右吉以来そうした伝承の多くは6、7世紀の大和朝廷の政治的理念や国家思想を濃厚に含んでおり、少数の貴族による文章的潤色を受けたことが指摘されている。しかし、こうした指摘の正しさを認めた上で、この指摘は「神話体系の成立がそうした時代と階層の産物だと言うにすぎないのであって、個々の説話の素材までが、そうした政治的虚構の産物であるというのではない」（松前健1994）ことに注意が必要である。すなわち政治的粉飾とは別の、深層にある、民間の基層的な現世肯定などの思想に注目する必要がある。

こうした現世肯定の思想は仏教によって一時的に否定されるのであるが、仏教の変化を経て、再び力強く蘇ってきたと考えられる。家永三郎（1940、1971）はこの過程を、絶対否定は否定の否定を媒介として絶対肯定に還帰する、として弁証法的転換であると見る。すなわち古来の現世肯定が仏教により否定されるが、その否定が本覚思想や鎌倉新仏教における易行化という形で否定された結果、さらに南北朝期以後、強固な現世肯定としてよみがえったというのである。歴史的に事後的に見た経過としてはおそらくそうであろうが、ここでの問題は、なぜ一度否定された現世肯定的な思想がよみがえり、それが本覚思想と新仏教にどのようなメカニズムを通して影響したかという現実に生じた事実の流れがどうであったか、である。われわれの仮説はこうである。

古代思想のうち神々の信仰にかかわる部分はいわゆる神祇思想であり、それは神道という形で現代にまで伝わっている。神道はもともと現実の風土と社会がそのまま宗教的世界であるという思想に立つものであり、こうした思想が宗教として意識されたのは、外来の宗教文化である仏教の影響によると考えられる。すなわち渡来した仏教と対比して初めて、在来の神祇祭祀を自覚し、それにふさわしい「神道」の名を採用したのである（薗田稔1994）。以来、仏教と神道ないし神祇信仰は密接に関連し、時に一体化する形態をとりつつ仏教信仰と神祇信仰の融合（神仏習合）が進行したとされる。この神仏習合は平安末期から院政期ごろまでは、本地垂迹説という形で仏教のリードの下に進行した。すなわち法華経における本門と迹門の考えを用い、仏を本来の姿である本地、神をホトケがかりに現れた姿である垂迹と見る説であり、仏教の強い力が世界観を支配していた。この背景には、一つには末法思想があり、大寺院が貴族に不安感を与え自己の存在意義を高めるために宣伝に用いたという側面、すなわち末法の世の到来を言うことで現世否定的危機感を高めたことにもあるとされる。これに加えて、辺土説が唱えられ、末法の辺土では仏がそのまま表れて衆生を救うことはできない、したがって日本では仏は神として垂迹することが必要であるとの論理も用いられたと言われる。

古代においては、神仏習合において仏教がリードしていたが、中世になると神道が自己主張を強め、神祇信仰の独自性の認識が広まったとされる。とくに南都系の仏教寺院では神祇信仰が広範に受け入れられており、たとえば第2章の注114でも触れた法然を批判した興福寺奏状では念仏者による神祇不拝が批判されている。このことは逆に、南都系の仏教者の間では神祇崇拝が全く自然な感覚で抵抗感なく受容されていたことを示唆する。その根拠は仏教を上位に置く本地垂迹説であった（末木文美士2006、82頁）。しかし鎌倉末期から南北朝期にかけてさまざまな形の神道理論が完成し、その過程で仏教の上位性は必ずしも安泰ではなくなったとされる。たとえば、神仏習合を超えて根源神を見出そうとする神道理論として機前説がある。これは万物の根源を『日本書紀』神話にその名が見える混沌（のちに機前）と呼び、諸神諸仏もすべてこの神に帰着する、として機前の清浄を機後にも保つことを説いたものである（平井直房1994）。また吉田神道における根葉花実説は、神仏儒はこれを一本の木にたとえれば枝葉にあたるのが儒教、花や実が仏教、幹や根に相当するのが神道であるとして、神道の根源性を主張した。しかしこれらの理論は仏教に比べると比較にならない単純な構成で、結論的には理論ではなく純粋さや清浄性にその優越性を求めることになったと言われる（末木文美士1992、319―320頁）。

この過程で天台本覚思想は神道思想の形成に多大の影響を与えたとされる。たとえば初期の南部神道では神を本覚・不覚・始覚に分類しているが、これは天台本覚思想の影響を受けたものであり、天台本覚思想の現世肯定思想が神道説の形成・理論化に多大な影響を与えたことは間違いないと言われる（井上順孝編1998、110頁）。もちろん仏教の教説の方でも神道の側から影響を受けたことも否定できない。しかし、これは神道「理論」からの影響というよりは、日本古来の土着的な古代思想から強い影響を受けたという側面が強い。たとえば、本覚思想の代表的な理論家である田村芳朗は、日本的思考の本質は自然順応にあり、それが現実順応・現実肯定へと進み本覚思想につながったとしている（田村芳朗1991、218頁）。また同じような理由から本覚思想の教理面では、現実（仮）にポイントを置いた天台の三諦・三観の重視がなされた（田村芳朗1991、220頁）としている。すなわち、神祇信仰にかかわる神道理論ではなく、古来の現世肯定思想が強く作用し、家永の言う弁証法的過程を完成させた可能性がある。言い換えると、田村は日本古来の基層的な感覚への対応が本覚思想による現世肯定的な思想の生成にかかわっていることを示唆しているのである。

このことは、神仏習合の過程を説明するためには、教理面・哲理面の問題と民間の基層的な感覚の問題を区別して考えることが必要である、ことを示しているように思われる。この観点からいま一度平安末期から院政期にかけての神仏習合の過程を振り返ると、教理面では本門と迹門の関係から本地垂迹説が唱えられたのであろうが、その背景には、大寺院がその勢力を強めるために呪術性の強い密教を取り入れ、在来の呪術より高次な霊感を持った呪術を求める地方ないし民間の基層的な感覚に基づく要求にこたえようとしたことがあると見られる。この点については、この時期の仏教の受容はその現世否定の論理によるよりも、普遍性に立つより高次な霊力を持って社会的課題に対応することを希望した民間レベルの需要要因によることを強調する義江彰夫（１９８６、１６９―１７２頁）の見解が興味深い。すなわち義江は、古代村落の共同体的紐帯の解体・階層分化などの進行するなかで、伝統的祭祀と支配秩序が動揺したが、これにより太古からの呪術的社会構造が全面崩壊したわけでなく、行き詰まった地方の神々は、「神の身を離れ、仏教に帰依する」ことで、より強い呪術的霊感を持った仏教に頼ったという側面のあることを強調した。仏教界の方ではこれに対応し、土着の呪術信仰を包摂し、したがって呪術性を堅持しつつ、布教を行うために密教の導入を加速させたというのである。言い換えるとこの時期の仏教の広範な階層による受容は、その現世否定の教理の説得性にあるのではなく、行き詰まった伝統的呪術的祭祀にとって代わる密教の持つより高次の呪術的な魅力にあった、というのが義江仮説のエッセンスである。

われわれは同様の、民間の基層的需要への対応というメカニズムは中世における本覚思想の展開についても言えるのではないだろうか、と考える。すなわち律令制の解体の進行という時代の転換期にあって、人々は萌芽的な市場経済への適応方法を模索しており、そのためには商工業化社会ないし市場経済適合的な人的資本の蓄積と経済的行動パターンが必要であった。そしてそうした必要性は、何よりもまず現実肯定的世界観を生存意欲の基本的前提ならしめたと見られる。すなわち、生きるためにはなんらかの一芸を身に付けるか有徳人（資産保有者）を目指すという行動様式が必要なわけであり、現世におけるとりあえずの成功を目指すことが生存の条件となりつつあったのである。このことを仏教界の側から見ると、そうした民間の意識構造の基層的変化に対応しなければ、この時期の仏教の勢力維持は不可能だという判断が生まれ、教理の面でも一定の対応が必要となったということではないであろうか。現世肯定的な本覚思想や鎌倉新仏教を含む易行化の流れには、古来の現世肯定思想の基層に回帰することにより、そうした経済社会の市場化に受動的に対応するという側面があった、というのが本書でわれわれが示唆する仮説であり、以下においてさらに詳しく展開される。

2　求道主義

天台本覚思想と鎌倉新仏教による易行化のインパクトは目覚ましく、日本の仏教教理は院政期から南北朝動乱期にかけて、南都北嶺の諸寺の旧仏教を含めて、従来の王法仏法依相の支配層中心の貴族宗教から民衆救済の宗教へと大きく変化した。宗教制度としての鎌倉新仏教はいまだ微小な小勢力であったが、その思想的インパクトは無視できない広範で強力なものであったと思われる。新しい教理の民衆への思想的影響は少なくとも首都の貴族社会の周辺では顕著であり、その様子は当時の白拍子・遊女などによって広められ民衆に愛誦された今様（いまよう）からも知られる。たとえば、本覚思想における悉有仏性の思想は

仏も昔はひとなりき　我等も終には仏なり
三身[8]仏性具せる身と　知らざりけるこそあわれなり

と歌われており、悟りに達する道は平等に開かれているという認識が共有されていたことが分かる。親

鸞の他力往生の思想は

弥陀の誓ひぞ頼もしき　十悪五逆の人なれど

一度御名を称ふれば　来迎引接　疑はず

という具合に歌われていた（西郷信綱1976、138―140頁）。法蔵（阿弥陀）菩薩による衆生救済の第18番目の誓願は人々の基本的な知識であったのである。また、仏性説に基づく現世成仏論や親鸞の浄土真宗から引き出される現世肯定の思想は、当時の民話に色濃く表れているとされる。佐竹昭広（1973）は、一期一代の現世において必ず「めでたしめでたし」の結着がつけられていることから、民話の世界は徹底して現世中心主義であり「昔話の関心は前世にも後世にも向けられずもっぱら現世のみに集中」していた（137頁）と主張する。鎌倉新仏教は宗教組織としては旧仏教とは比較にならない田舎の小教団であったし、本覚思想は比叡の山中で口伝と切り紙により伝えられたものであった。しかし救済を希求する民衆の間には、そうした新思想は、あたかも燎原の火のごとく急速に広まりその心に深く刻み込まれていったのであろう。

こうした新仏教思想の受容は、一つには日本人の思惟方法における古代からの伝統的な現世主義によるる。すなわち、現世成仏や絶対他力救済の教えが当時の庶民の日常生活の全面肯定へとスムーズにつながったことの背景には、太古以来の日本の現世に対する肯定的心情や現世と来世を連続的と見る親和的世界観が作用したと見られるのである。しかしこの要因が大きな影響を持つのは、市場経済化の始まる南北朝期以後のことであることは、上述のとおりである。おそらく平安末期・院政期ごろにおいて決定的に重要な要因は、当時の天災地変と戦乱の連続による政治社会の混乱を背景とする危機意識とりわけ末法思想的世界観のひろがりであったと思われる。飢餓は慢性的であり「都の辻にも郊外の土塀の外にも、きのうの生者の今日はむくろになって横たわっているといった光景に出会うことは、決してまれではなかった」（吉本隆明１９８１、62頁）。まさに『方丈記』の無常の世界であった。こうしたなかで広まった末法思想は貴族の精神生活の社会的背景となっただけでなく、武士や民衆にも大きな影響を及ぼした。その重要性は、末法思想が単なる厭世感や無常観とちがって、「古代的支配体制の崩壊をもたらしたさまざまな徴候を予兆とし、階級・身分を問わず自覚されてきた社会観」（井上光貞１９５６、１１１頁）であったことにある。貴族は階級的危機の意識からも現世否定・来世への志向を強め、武士は平家一門の悲劇などを背景にその殺傷を職能とする生活そのものの罪業性から熾烈な救済の要求を持ったのである（家永三郎１９４０、82頁）[9]。

易行化において重要なことは、ウェーバーの言う仏教の主知主義という特質が仏教の修行実践上基本的に放棄されたということである。本覚思想において、理即の段階、すなわち教えをも聞かず修行もしない段階での衆生に現世成仏を認めたことは、悟りを得るための知的作業をすべて不必要にしたことを意味する。前章で述べたように、現世を「あるがままに」肯定する本覚思想においては、ほとんど悟りさえ不要で、そのための宗教実践も必要でない。また現世でなく来世往生により宗教性を確保しようとした浄土真宗では、現世においては修行の余地は全くない。親鸞の教理において諸行は否定されているわけでなく、極楽浄土は修行の場でありそこで往生した衆生は悟りを目指す。悟りを得て菩薩となった衆生は真実の智恵と慈悲の心を得て、先に述べたように還相の旅に向かうのである。しかしこの教理では、修行はあくまで往生後の課題である。現世において修練することは厳に禁じられる。念仏行において、自力や自らの計らいが少しでも入り込めば（自力の修練の痕跡が入り込めば）完全な極楽浄土（真仏土）には行けない、たどりついた浄土は化身土でしかないのである[10]。他力本願を強調する親鸞は、信心にかすかな自力の意図が入ることまで厳格に排除した。たとえば念仏することによって極楽に往生することを祈願することは、自力の目的意識を含むという意味で自力の要素を含むというのである。この視点からは現世において悟りを求めて修行することなどはもってのほかということになる。

何度も言うように仏教は悟りを得るための宗教であり、悟りのための修行の知的作業は仏教の宗教実践の根幹をなす。親鸞は現世における修行を否定することで、この部分を排除したのである。親鸞における「知の放棄」を強調する吉本隆明は、親鸞の思想は、日本浄土宗の思想的展開の最終の局面にあらわれてそれをついに「非知」の世界に着地させてしまったと総括する（吉本隆明１９８１）[11]。それゆえ親鸞に関しては、「修行もいらないし経文を読む必要がないとすれば、余力として残っている向上する心はどこに向かえばよいのか」（吉本隆明１９８１、２２１―２２２頁）という疑問が生ぜざるをえないのである。親鸞の教えは、文字も知らず貧窮にあえぐ、「無知」な存在である一般民衆にとっては歓迎すべき教理であり、事実そうした人々から熱狂的な支持を受けた。しかし業と縁起の世界を理解し悟りを求めようとしていた知識階級に対して、この教理はいかにして「非知」に向かって歩むのか、「知の放棄」を行うことはいかなる意味を持つのかという深刻な難問を提起することになったのである。

しかしここで一層重要なことは、仏教の救済の論理としての修行・知的作業の放棄は仏教教理に基礎を置く世界観・人生観の放棄を意味するものではない、ということである。すなわち周りの世界を縁起によるものとして解釈し、人生を輪廻と業によって理解するという思惟方法は、仏教の広まるにつれ人々の脳裏に深く埋め込まれ、社会的な想像形成過程に消すことのできない足跡を残したという事実である。第一に、家永三郎（１９４０）の主張するように、仏教思想は日本に太古より伝わる現世と来世の連続的世界観を破壊し、彼岸と此岸の隔絶、非連続性を特質とする厳格な非連続的二世界観をその後の世代に残した。すなわち古代日本人にとっては、黄泉の国は地下に高天原は天上にあり、葦原の中つ国である地上の世界から容易に交通可能な二世界と考えられていたのに対し、仏教の渡来により、現世から来世、さらに次なる世界へと無限に非可逆的に連鎖する輪廻のイメージにおいて現世をとらえるという思考パターンが社会的想像の仕組みとして共有され定着したのである。第二に、ラフカディオ・ハーン（1896）の指摘したように、仏教により、前世からの報いと後世への報いからなる業報の思想が少なくとも明治期に至るまでの日本人の思考パターンに埋め込まれたのである。かりに運よく現世で成仏できたとしても、あるいは死に直面して阿弥陀仏の迎えを受けたとしても、過去の無数の生涯における業の清算はどうなるのか、という問題は消えることなく残り、日本人のあらゆる感情・行為は「前世の因果の色付け」を持つことになったのである。本覚思想において業の清算がいつどのようにしてなされるかは、よくわからないが[12]、浄土宗においては、明らかに業は来世に持ち越される。したがって現世においては、人はあくまで過去の業とそれへの報いの意識に支配されているのである。

「知の放棄」は、人々の基本的な世界観・人生観に影響を与えなかっただけでなく、人々をして自らの実感として煩悩を払い解脱の境地に至るための、さまざまな方面での求道の活動に向かわせしめた。すなわち人々の脳裏に縁起・輪廻の想像形成パターンが埋め込まれた状況下で、仏教の教理において「知の放棄」が生じたことは、解脱の実感を得るための努力を仏教以外の日常活動に向け、そこでの活動を知的向上心の代替的な対象としたと考えられる。人々は、日常生活上の活動において、それぞれの道を究めることにより仏教的な世界観の意味を問い、前世の業に対応することにより、解脱の境地を目指したのである。なぜなら、第一に易行化の下でも、人々の生への執着や生の渇仰に基づく煩悩は容易に消え去るものではない。本覚思想では煩悩は理論的には真理の活現態として肯定されるとしても、人々にとってその苦しみは現実のものとして存在する。親鸞においては往相において悟りを開いた後は、自我は如来の真如を体現するものとなるが、それまで、すなわち死に直面するまでは、人は煩悩に悩み続けるはずである[13]。このため易行化の下では、宗教実践の場ではなく、日常生活において煩悩を払う方法を模索しなければならないことにならざるをえない。第二に、仏教の世界では人々は（ウェーバーの言う）業報の貸借勘定を常に背負った存在である。本覚思想では、現世と同じ輪廻にまつわる業を「あるがままに」受け入れなければならない。また親鸞においても救済者としての力を持つ一種の絶対的存在への帰依ないしその意思への服従、すなわち阿弥陀仏への帰依、の下でも業報は消え去るものではない。その意味で業に縛られた日常に変化はないのである。

要するに、易行化の下で、世界観・人生観にかかわる人格的陶冶を含めて、宗教実践ではなく日常生活が疑似宗教実践の場として、重要な意味を持つに至ったのである。とりわけ一日の大部分を費やす職業生活はこうした疑似修行の場として重要な意味を持つことになる。業への関心、迷いと煩悩の存在は、こうして易行化の下で、日常の職業生活に主知主義的意味合いを与え、人々をして日常的職業において宇宙理解と解脱追求のための職業的求道行動に駆り立てることとなった。

ところで、先に引用した佐竹昭広（１９７３）では、民話が現世の予定調和的完結に終わっていることから、民話の生まれた時代の人々が現世にしか関心を持たなかったと推論しているがこれは正しくないのではないか。前世の因縁・業報に強く縛られた人々であったからこそ、民話の幸福な結末を好み後世に語り伝えたと考えるべきであろう。人々の前世・後世への関心は変わるものではなかったことを示している例として『梁塵秘抄』に収められている今様の一つを挙げておこう。

　鵜飼はいとおしや　万劫年経る亀殺し

又鵜の頚を結い　現世は斯くもありぬべし　後生我が身を如何にせん

3　個人主義：自己実現と他者による評価

院政期から室町時代にかけて、解脱を渇仰した人々が人生の目的としたことは、一つにはいかなるものにせよ「一芸に秀でる」こと、いま一つは有徳の身になることであったと言われる[14]（松本新八郎1956、横井清1975）。「一芸に秀でる」ための求道は、次のような意味で経済社会に画期的な影響をもたらしたと考えられる。

第一は、自己の技能を表現する個人の出現である。しばしば〝道々の輩〟と呼ばれた職能民の出現がそれである（網野義彦1984）。その一つは芸能民であり、白拍子、猿楽、田楽、獅子舞や医師、陰陽師などである。いま一つは手工業に携わる工人の一部であり、鍛冶、番匠、鋳物師、経師、絵師、壁塗などがこれに含まれる。また茶道、華道、造園などでもその道に秀でることを目指す人々が現れ、その道の追求がなされた。これらの人々は芸能や手工業品において優れたパーフォーマンスや製品を追求し、それぞれの一芸に秀でることにいわば生涯をかけた。ちなみに、武術ももちろん重要な技芸であり、武士は「兵（つわもの）の道」「弓箭の道」の職能集団であるが、武術は工人や芸能民の「道」と一面通じるところを持ちつつも、社会的には一段上位に位置づけられていた（網野義彦1984、541頁、五味文彦1988、454頁）。これについては第5章で詳しく論じたい。

第二は、表現を行う人的資本を客観的に評価する他者の集団の存在である。そうした評価のための他者の集団は具体的な組織としての形をとる場合もあるし、単なる個人の意識において想定される集団という形をとる場合もある。組織としての他者集団による評価のさまは、猿楽における世阿弥の求道活動に典型的なかたちで記録されている。世阿弥はもともと将軍足利義満の寵愛を受けて、中央の芸能者となったのであるが、将軍が義持、義教と代わるにつれ、競争者による厳しい挑戦を受けた。将軍を取り巻く一種のサロンのなかで世阿弥は自己啓発、習道にひたすら精進したが、最終的には義持にうとまれ佐渡へ配流の身となった。その芸論には周辺の観賞眼の高まりを意識しつつ危機感を持ちながら努力するさまが克明に書き残されている。たとえば『至歌道』には「稽古の浅深の条々、昔はさのみにはなかりしなり。……貴人・上方様のご批判にも、是をのみ御覧じはやされて、非をば御讃歎もなかりしなり。当世は、御目もいや蘭けて、少しきの非をも御讃歎に及ぶ間、玉を磨き花を摘める幽曲ならずば、上方様の御意に叶うことあるべからず」[15]とあるがごとくである。かつては将軍をはじめとする観客の鑑識眼はそれほどではなかったが、最近では人々の目が肥え、いささかの欠点も見逃されず、高度なパーフォーマンスでなければ将軍に満足してもらえなくなった、というのである。すなわち世阿弥の芸道における求道は具体的な将軍の周りに形成されたサロンによる評価集団を伴っていたのである。そのサロンの鑑識眼が次第に高度なものになり、世阿弥はその期待に答えることにひたすら心を砕き精進したというのがこの引用文の言わんとするところである。

求道の達成度の評価は一般には個人の意識上の他者グループであり、それは組織化されていないだけでなく、不特定のグループであることが多くある。『徒然草』を書いた吉田兼好はそうした不特定な評価グループのメンバーの典型であろう。おそらく兼好の時代の貴族社会には兼好のような評価を趣味とする人物が多数存在し、人々は常にそういう人々の存在をも意識において行動していたのであろう。よく「道」を極めた人々に対する高い評価と畏敬の念は『徒然草』の数多くの逸話に見られる。水車の職人を「その道を知れるものはやんごとなき」と讃えた第51段、双六の名手の名言について「道を知れる教」と評価した第１１０段、達人の人を見る目の確かさを論じた第１９４段、後に平家物語の作者となる人物を「一芸ある者」として評価した慈鎮和尚（天台の慈円僧正）の逸話に関する第２２６段などである。

表現する個人とその技能を評価する他者の集団からなる求道のシステムの特質は、『梁塵秘抄』を編纂したことで知られる後白河法皇による今様の修行の過程に典型的に見ることができる。院の今様の音楽道における修行は十余歳の時から数十年かけて行われたものであり、その修練は他の追随を許さぬ激しさであったことが、院自身の回想を記した『梁塵秘抄口伝集』[16]から知られる。馬場光子（２０１０）によれば、院が親王時代、同殿していた母である待賢門院藤原璋子の周りにいた今様仲間が一種のサロンとなり、院の修行が始まったとされる。院が31歳のとき当時67歳の傀儡女（くぐつめ）乙前に出会い、彼女を至高の師と仰ぎ、以後その教えの継承を志したこと、さらに北面の武士のなかから弟子を選び、自ら形成したサロンのなかに評価システムを設け、後白河流を創設しようとしたことなどが知られる。『口伝集』の巻十第十一「今様往生論」では、ひたすら続けてきた今様の修行により迷いを打破し、仏に帰依する心を発することで、極楽往生への強力な手段としたいとの院の願望が切々とつづられている。すなわち院の今様における求道は強い宗教的動機に裏付けられたものであった。ちなみに、この場合の評価システムは、法皇の周りのサロンと見ることもできるが、おそらくは法皇が意識していたのは不特定のグループであったと思われる。

こうした求道のための職能的技芸的活動は、貴族階級や武士階級に限られたことではなく、広く一般民衆において見られたことに注意が必要である。民間へのこうした気風の浸透は芸能の趣味化を伴いつつ進展した。たとえば、猿楽は舎人と呼ばれる下級官人により演じられたものが起源であるが、田楽は地方芸能者によって担われた民衆芸術であったし、乞食人（ほがひびと）や浮浪人（うかれひと）と呼ばれる階層によって担われるものも多く見られた。茶道についても武家殿中の書院で行われる規式と装飾を重視した豪華な催しものと並んで、村落の草案で催される茶寄合が広まった（林屋辰三郎1953）。秀吉は北野の大茶会に抹茶の代わりに茶こがしの粉を持参することを許して貧しい人の参加を歓迎したと言われる。職人や芸能人による歌合せは、鎌倉後期以降多くの人を集めて各地の寺社で開催された（網野善彦1991、70―74頁）。江戸時代に上は大名から下は名もない庶民の間に広まった俳諧の連は、取次所という組織と俳諧師などの職業を生み出しながら、システム化された創作・鑑賞と評価のネットワークを構成した（田中優子1986）。

南北朝期以後、室町期から江戸時代にかけての民衆の消費活動にかかわるさまざまな大衆文化の成立は、貴族や武士ないし職業的芸能家による求道的職能的活動の、趣味としての民間への普及を伴いつつ、進行したものと考えられる。[17]

自己実現のための個人主義

イギリスにおいて発展した個人主義は、個人の独立性（autonomy）と自己支配（self-direction）とに強いウェイトを置いたものであったが、日本で開花した個人主義は自己実現（self-development）を主眼にしたものであった。貴族・武士そして「道々の輩」をはじめとして、人々は易行化の下で日常生活における求道に世界の姿と人生の意味を追求した。第5章でも指摘するように、武士の発生時、すなわち騎馬武者による一騎打ちの時代には個人としての自律性・個人的精神・個人的結合性が高い価値を賦与されたが、戦闘方式が集団戦に移行し武士が武芸や戦術という職能の保持者・求道者としての性格を強めるに従って、武士においても、個人主義は世俗的求道における自己実現を主たる属性とするものになっていった。

求道は世俗内において知を練磨・蓄積することで解脱の境地を自覚するためのものであるから、その実践には世俗的な世界における知のレベルの評価システムが不可欠である。人々は評価のための目に見える他者からなる小集団を意識して行動した。この場合の評価を行う他者のグループは具体的な組織形態をとる場合もあるが、多くは不特定の他者のグループであり、また単なる個人の意識における他者の集団であることが多く、非特定性・非固定性を特質とした。また求道の場は原則として個人のイニシァティブで選択できるから、他者の選択もまた多かれ少なかれ個人のイニシァティブの下にあった。

この個人主義は、二つの理由から他者を押しのけ切り捨てるという意味での競争とは無縁のものであった。第一に、大乗仏教の空思想における縁起においては、すべての経験的世界を構成する精神的・物質的な要素としての「法」には、固有・普遍の本質はなく、無自性（空）であり、すべての法は他の法に依存して生起するから、他に対する勝利や優越という概念は存在しない。言い換えると、空思想における世界観はアンカーのない多元連立方程式モデルの世界であり、他に対する競争は無価値である。ちなみに田中優子（1986）が江戸時代の思考法として、絶え間ない相対化の繰り返しが生じるとしているのはまさにこの原理に対応していると思われる。[18] 第二に、易行化の下では原則として一定の条件を満たすすべての人が救済される。したがって、求道実践に要求されるのは絶対的な最低限の達成水準であり、他者との相対的比較ではない。そこでは他者を押しのけるための競争は必要がない。この点はカルヴァン主義の下での予定説による救済との基本的な相違点である。予定説の下では、神の定めた救済に予定されている人の不変の「規定枠」が厳として与えられ、その枠内に入る（入っているか否かを確認する）ための激しい心理上での競争が不可避であるが、全員救済の下ではそうした競争は必要ないのである。

自然との共生思想

さきに仏教における修行・知的作業の放棄は仏教教理に基礎を置く世界観・人生観の放棄を意味するものではないと述べたが、このことは本覚思想の仏性思想の展開における自然とのかかわり、すなわち山川草木をも取り込んだ仏性思想についても言えることが重要である（梅原猛１９６９）。山川草木悉有仏性の思想は、易行化の後も求道思想と相乗して人々の生き方に大きな影響を与えた。西行や新古今歌人たちは、職業的求道ではなく、自然美の探究とそのなかでの救済の発見に宗教的な求道の領域を見出した。鳥羽上皇に仕える北面の武士であった佐藤義清（１１１８―９０年）は、その職業的技能の行使自体が罪業である武士の身分に無常を感じて、吉野の山里にこもり僧西行となった。しかし彼を救済したのは仏教ではなく、自然との共生ないし一体化のなかでの解脱の道の追求であった。家永三郎（１９４４）は西行の「真の安心は仏道修行によるよりもむしろ……「はなにそむ心」を徹底させることによって獲得されたものの如くである」と論じている（１３０頁）。同様に、貴族社会の衰亡を目の当たりにした中上層の貴族は、新古今和歌集の和歌に見られるように、作者の想念を通じて想像された超現実的自然の探求に救いの道を求めた（家永三郎１９４４、１６５頁）。こうした求道は、個人的・逃避的であり利他の追求という大乗仏教の精神に矛盾する面を持ち、また自然美の魅力に浸るあまり来世にまでそれに執着するという新たな問題を引き起こすものでもあったが、職業的・趣味的求道に代わる易行化の下でのいま一つの仏教的人生観・世界観の探求の方向であった。加えてこうした求道は趣味的求道にも大きな影響を与えた。たとえば利休の「花は野にあるように」生けよとの教えに見られるように、室町期にかけて形成された茶道・生け花・造園などにかかわる日本文化は、こうした自然との共生の思想の強い影響下に進化した。日本における自然との共生の思想は、仏教の変化と密接な関連の下に進化したのであり、それは自己実現にかかわる個人主義とともに、今日につながる日本の発見した一つの普遍的価値となっているのではないだろうか。

山崎正和の「柔らかい個人主義」論

山崎正和（1984、1990）の「柔らかい個人主義」論は、われわれとちがって、その宗教的ルーツを考察することなく、[19] 主として室町期以後の舞台芸術と町人文化を中心としたさまざまな日本文化の歴史的観察と欧米の主として19世紀以後の消費文化ないし消費者論を対比する思索から生まれたものである。しかしそれにもかかわらず「柔らかい個人主義」の概念は宗教的基礎から組み立てられてきたわれわれの経済行動論に見事にマッチし無理なく接続している。以下にこのことを説明し、仏教の変化のなかから生まれてきた求道主義に基づく個人主義が、山崎の言う「柔らかい個人主義」の概念と極めて類似していることを指摘しよう。

山崎は室町期の日本に、18世紀西洋のサロンのような社交文化が能・狂言・茶の湯・連歌などの普及にかかわって発達してきたことに注目する。この文化は、貴族はもちろん武士や僧侶を含み、商人に代表される庶民の間にも広がり、さらに京都だけでなく広く地方社会にまで見られる現象となったとされる。こうしたなかで人々は「一方で職業としての生産集団に属しながら他方で……自己表現の場としての消費集団に属することによって、自己の社会的な評価と地位を多元化」（山崎正和１９８４、１３２頁）し、個人としての自覚を高めていったとされる。多くの日本人は、こうして「表現する個人」となったのであり、消費行動において自己を表現することで自己実現を果たし、しかもサロンにおける消費の社交界を盛りたてるために、自己表現を自己拡張から区別するという配慮を行ったとされる（山崎正和１９９０、48頁）。人々は自己を十分に実現しつつそれによって他人の自我を侵すことを避け、むしろ他人との美的同調と他人の同意のなかに自己の個性を確立していったのである。こうした社会では「つねに他者を自己実現の手段とし、そのために他者と闘う近代個人主義の傲慢もなく、逆に、他者に狎れ合い、他者を初めから意識しない集団主義の怠惰さもない。そこに見られるのは、他者を身近におきながらそれを畏怖し、あえて他人の評価のなかに自己の実現を目指す、いわば柔らかい個人主義の姿勢」（山崎正和１９９０、48頁）であったというのである。

山崎によればこうした社会の変化は経済活動の面で二点の重要な含意を持つ。第一は、柔らかい個人主義を生み出した社会が優れて都市的かつ商工業的であったことである。すなわちこうした消費文化は室町期に生まれ桃山時代に絢爛たる花を咲かせ江戸時代の商人層に受け継がれたものであり、今に至る日本文化に基調をなすものであるが、それは決して農民的でも家族主義的でもなかった。この文化を支えたのは一つには、正直と信義を倹約に並ぶ基本的な徳目とし、物資の流通と貨幣の交換機能の公的経済活動に誇りを持って取り組んだ「高い士気」を持つ商人であり、メカに対して飽くことのない探究心を持ち、高度の精密さの実現に邁進した手工業者であったと言うのである。

いま一つの含意は、産業化の時代における小集団の持つ意味にかかわる（山崎正和１９９０、１３９―１４０頁）。他者の自我と評価を尊重するという姿勢は、日本人の忠誠心の対象が小集団に向けられるという帰結をもたらした。すなわち人々の忠誠心は集団一般に向けられるのではなく、自ら所属する顔が見え、そこにおける自らの「分」が明らかな小集団に対してであったと言うのである。現在までの日本の経営の成功は「指導者が……企業内の小集団を活性化し、その責任者である中間管理職に多くの権限を与えまた下から上への情報の流れを円滑にした」（山崎正和1984、139頁）ことにあると主張される。ちなみに山崎が小集団を前提とすることにより、日本企業の情報の流れの方向を水平方向でなく垂直方向の「下から上へ」としていることが注目される。

一見して明らかなように山崎の「柔らかい個人主義」の概念はわれわれの顔の見える他者の評価に基づく自己実現を主要内容とする個人主義の概念と極めて類似している。その理由は、もちろんわれわれが先行する山崎の議論から多くを学びとったことにあるのであるが、それにしても演劇論ないし演劇史に立つ山崎の議論とわれわれの議論の親和性は驚くほどである。おそらく山崎の思考の基礎となった室町期を中心とする演劇などの文化の展開には、仏教の易行化という変化を反映する求道主義が色濃く反映されていたのであろう。山崎の研究はそうした宗教の変化の文化的影響を対象とし、われわれは主として経済行動への影響を分析の対象としているということであろう。

ただし、個人主義の源泉の問題から離れてその属性のみに注目した場合でも、山崎の議論とわれわれの議論の間には以下の三つの相違点もあることにも注目しなければならない。第一は西欧の個人主義の性格付けである。われわれは西洋の個人主義を個人の独立性と自律性によって特徴づけ、それを日本の自己実現を主たる属性とする個人主義に対比した。これに対して山崎は西洋の個人主義についても個人の自己実現を目的とするという立場に立ち、それと「柔らかい個人主義」との違いを他者に対する態度に求めている。すなわち山崎によれば、日本では個人は他者と争ったり他者を排除したりすることなく、単に他者の合意と評価を求めるだけであるが、西洋では個人は自分自身を対象化する目で他者を対象化し、自分を自己実現の手段とする態度によって他人をも同じ目的の手段としようとする、とされる。言い換えると西洋の他者に対する態度は攻撃的で傲慢であり、その個人主義は「硬質」であるとされる。おそらくこの違いは、われわれがイギリスのみを対象として比較を試みているのに対し、山崎は大陸ヨーロッパを含む広い西洋を考察の対象としていることによるのであろう。ドイツ・ロマン主義などはそうした意味での自己実現を追求する個人主義にかかわっているとの見方であろう。

第二の相違点は山崎が西洋の個人主義の攻撃的競争的な特質を強調するあまり、その個人主義が強固な公共ないし社会の重要性を暗黙裡に含意していることを比較的軽く取り扱っていると見られることである。前章で見たように西洋の個人主義は、マスとしての人類ないし社会への個人の貢献を前提として、独立した個人観の競争的関係を強調したという側面を持つ。いわば少なくともイギリスの個人主義は公共への関心と責任の意識とセットになって有効に機能するという面を持っているのである。カルヴァン主義から生まれた功利主義は、個人の効用に還元できない社会や公共それ自体の価値を否定するものではない。むしろ競争的市場秩序の最適性論に見られるように、マクロ的公共的な最適性を前提として、身近な他者の無視ないし個人間の競争を認めてきたという面が強い。山崎の議論ではこの点が軽視されているように思われる。

第三の相違点は、他者の集団に対する個人の関係にかかわる。山崎は顔の見える他者の集団は単なる評価の主体ではなく個人にとって忠誠の対象となるという意味で踏み込んだ関係を想定している。すなわち個人は権力の作った巨大組織に対してはとくに忠誠心をいだくことはないが、自分の置かれた比較的小さな隣人の顔も見え自己の「分」も目に見えるように作られた集団に対して忠誠を尽くす傾向があるというのである。この忠誠論から、産業化の時代にあっては、この傾向を経営に利用して日本企業は高い成功を収めた、という上述の議論が導かれるのである。この小集団への忠誠説は、しかしながら、そのモチベーションが十分には説明されていないように見える。第1章で論じたように個人主義を分析するツールとしてわれわれは集団への忠誠の概念を用いない。個人が組織特殊技能の蓄積に意欲を持つのは、忠誠心ではなく、集団によって評価を与えられる人的資本の資産価値の維持・向上を意図するからであるというのがわれわれの考えである。日本の経済システムの基本的特質は、こうした人的資本の価値に対して人々が本質的にセンシティブであり、その価値向上に外部性として自己の利益への貢献を見出す動機を持っていることにある。小集団への忠誠心を強調する議論は、集団間の排除を目的とする競争を正当化する可能性があるが、われわれは、小集団はかりに集団間で競争することがあるとしても、それはより優れた求道方法を競うための競争であり、他集団を排除するための競争ではないと考えている。何度も言うが、易行化の下での全員救済という原則の下ではいかなる意味でも他を排除する必要がないのである。

仏教における他者の意識

求道主義は仏教の人生観・世界観に立ちながら、仏教の修行とは異なる形で日常生活や日々の職業活動のなかで自らのやり方で煩悩を払い、解脱の境地に達することを意味する。試みに、このことを天台智顗の一念三千説によって考えてみよう。人が悟りに達するためには、まず四つの悟りの世界、すなわち声聞（釈迦の声を聞いて悟る）・縁覚（一人で悟る）・菩薩（利他の教えを実践する）・仏（神の悟りに達する）と、六つの迷いの世界、すなわち地獄・餓鬼・畜生・阿修羅・人間・天、合わせて10の世界における自己のあり方を省察せねばならない。しかも智顗によれば宇宙法界にはこの10界のそれぞれに10界があり、10×10すなわち100界のそれぞれに10の如是があり、100×10すなわち1000のこれらの世界にはそれぞれさらに3界があるとされる。すなわち時間にわたり、空間にわたり、合計3000の世界が宇宙にはあるのである。これらの3000の世界における法則を、理性を持った人格によって覚知したとき、諸法実相すなわち自らの煩悩のよって来たるところが分かり、智境一致の悟りの境地に達すると言われる（姉崎正治1983、127―128頁）。ちなみに、ここで10の如是とは、一切の世界の構成要素を把握しきるための表示の方法であり、相（外に現れた存在するものの様相）、性（その内に備わった性質）、体（個々の存在を構成する主質）、力（潜在的能力）、作（外に現れ出る作用）、因（ものの生起を導く直接原因）、縁（因を助ける補助因）、果（因と縁によって将来される結果）、報（結果によってもたらされる報い）、本末究境等（はじめの相から第9の報までのすべてが実相に極まること）の10の次元である。また3界とは、1000の世界に存在するものそれぞれは三種の生存の場を持っていることを意味する。すなわち、生まれそして滅んでゆくものとして生存しているということ（衆生世間）、物心五要素からつくられたものとしての五蘊[20]の世界（五陰世間）、山河国土の環境的世界（国土世間）である。[21]

興味深いのは、この世界認識システムにおける「10の世界それぞれに10の世界がある」という命題の持つ他者の意識である。仏教教理では人間を含む生けるものは基本的に迷い・悟りの程度ないし知識の水準によって区別される。すなわち六つの迷いの世界（六道）にいるものと四つの悟りの世界にいるものという分類である。智顗の十界具足と呼ばれるこの思想では、これらの10界が相互に10界を自らのうちに持っていると考える。すなわち地獄から仏に至る10の世界にそれぞれ10の世界があるのであり、仏の世界のなかには地獄から仏に至るまでの10の世界があり、地獄の世界には地獄から仏に至る10の世界がある。このことを、個別の生けるものの心性に関して言うと、仏になったもののなかにも地獄の心が隠れており、地獄の住人にも仏の慈悲の心が宿っているということを意味する（梅原猛１９６７、60—61頁）。そして、このことを他者と自分という論脈で考えると、仏であれ地獄に住むものであれ、仏から地獄の10界に生きるすべての生けるものに対して深い関心を持って世界を見つめるということになる。言い換えるとこの智顗の思想では、この世の人々は周囲の身近な人間だけでなく、10の世界に生きるすべての生けるものを自己とかかわりのある他者としてとらえ、それらとの心の交流のなかに生きているということになる。

これは恐るべき膨大な社会認識の作業である。キリスト教で神が創造した世界では、その最高の創造物である人間が支配することが神の望みであるから、現世の人間の営みが関心の中心になる。その最大規模は現存するすべての人間からなる地球上の（人間）社会である。これを理解するためにキリスト教世界では個人と社会（ないし公共圏）の関係の解明に努力を傾注してきた。しかし仏教の下で人々に課された作業はこの個人対社会という構図ではとらえられないはるかに巨大な空間と時間の広がりを持っている。空間的には、3界の概念により人々と対等に仏性を持った自然界の山川草木がある。時間的には、１００界の概念によりはるか遠くの前世と将来に待ち受ける後世の広がりのなかのすべての生あるものがあるのである。通常、宇宙とされる森羅万象は3界のなかの一つ、すなわち国土世間でしかない。

おそらくこのためであろう。日本社会では、個人が宇宙世界を理解するために、個人の触れあうことのできる最小の社会ないし集団概念を中間項として置き、いわばこれらの中間概念を踏み台にした二段階による宇宙世界認識の方法をとるに至ったと考えられる。この中間項は普通世間[22]ないし小集団と呼ばれるもの、われわれが顔の見える他者の集団と呼ぶものに対応していると考えられよう。この場合、顔の見える他者の集団は個人に対立ないし個人を代置する概念ではない。それは世俗生活において、個人と3000界の世界をつなぐための手段として生み出された中間項としての概念構成なのである。日々の世俗の日常生活や職業活動のなかで、求道を行い、解脱を追求するということは、脱俗し専業の僧侶としての修行に比べて、比較にならない負担のかかる作業である。とくに知識が少なく貧困な一般衆生にとってはそうであろう。その作業を少しでも容易にするための工夫がこうした中間項としての集団概念の活用であったのではないだろうか。もちろん、この中間項としての他者集団は上述のような求道の成果に対して評価を与える集団としての世俗的機能を持つ。ここでの考察は、こうした機能に先だって、世界認識のための操作的概念としての役割があることを示唆するものである。

ちなみに、阿部謹也（1995）は、日本では独立した（尊厳を持った）個人からなる社会という観念は未発達であり、代わりに「世間」ないし「世の中」という概念が支配的な概念として通用してきたことを指摘した。この指摘は明治維新以降に輸入された概念である社会の概念がなぜ日本で根付きにくいのかという問題意識に立った興味深い指摘であり、われわれの他者のとらえ方という問題意識に密接な関係を持っている。それゆえ、ここで阿部の言う「世間」とわれわれの言う目に見える他者の集団の違いを考えておくことは意味のあることであろう。阿部においては「世間」とは、個人がかかわりを持つ人々の世界と今後かかわりを持つ可能性がある人々の関係の世界として定義され、それは次の二つの属性を持つとされる。その第一は、個人にとって「世間」は所与であり個人の意思によって決められるものではないことであり、第二は「世間」には長幼の序と贈答などの互酬関係を維持するというルールのあることである。この阿部の言う第一の属性を持つリジッドな集団はどこの世界にもあるものである。

たとえばアダム・スミスはその『道徳情操論』(Smith 1759) において"the world"という言葉を盛んに用いているが、この概念は阿部の言う第一の属性を持つ「世間」と極めて類似しており、事実日本語訳では「世間」と翻訳されている。[23] これに対してわれわれの評価のための他者の集団は、個人がその求道を行う場を現世のどの場面に求めるかという個人のイニシァチブによるのであり、その意味では阿部の言う世間とは異なる。また第二の属性については、評価のための他者の集団は個人の意識において形成されるものであり、具体的な集団の形をとることもあるがそれは必要条件ではない。したがって互酬関係はわれわれの言う他者集団ではとくに必要条件ではない。世間をイメージした阿部の念頭には平安の貴族社会などが大きな位置を占めていたことが、こうした二つの属性を挙げたことにかかわっていると思われるが、これらの属性を必要条件と見るならば、少なくともわれわれの考える他者の集団と阿部の言う世間は別個のものであるということになる。[24]

第2節　手工業における需要主導型生産システム

前章で見たイギリスにおいて発達した生産システムは他者の判別に配慮しない供給主導型の量産的生産システムであったが、日本ではこれに対して需要主導型の工芸的生産システムが発達した。両者の違いは宗教的基礎とともに生産における熟練ないし生産担当者の専門性の歴史的な違いに由来する。イギリスの工業生産は手工業の時代から未熟練労働による大衆向け製品の供給を意図したものであったが、日本では職人の技能の育成と伝承を踏まえた専門職人による組織的な工芸品的製品の供給と生産技術蓄積システムとして手工業が発達したのである。

イギリスにおける未熟練労働による副業としての手工業の発展過程と比較する時、日本における手工業の発展過程の性格は大きく異なる。すなわち日本の工業ないし手工業は、専門的技術集団を担い手として出発し、その後も「道々の輩」と呼ばれたような、求道行動として技能を磨くことを目的の一部とした専門家集団が担当してきたからである。中世商業の研究者の脇田晴子は「ヨーロッパ封建制がゲルマンの森から出発したことは事実としても、日本の……集権的体制とそれを維持するに足る流通体系を持った古代社会を前提とした封建制」(脇田晴子1969、6頁)であった、と述べて日欧の封建制の出発点の重要な対照性を強調したが、ここでの集権的体制はとりわけ専門生産体制にかかわるものであったことが、強調されるべきであろう。また先にも引用したが、黒田俊雄(1975)が言ったように、日本の中世社会は古代律令制が厳然としてそびえるなかでその建設が始まったという事実はこうした論脈において新たな意味を持つ。

この脇田や黒田の命題の重要性はいくら強調してもしすぎることはない。われわれの論脈においては、仏教における易行化が世俗内求道主義を生み出したのは、単なる知の転用ではないことをこの命題は示唆しているからである。すなわち易行化が人々に世俗内求道のインセンティブを与えたのは、単に仏教的教理を世俗内職業や趣味活動で追究しようとする知的な経路だけではない、ということをこれらの命題から引き出すことができる。さらに言い換えると、律令制の漸次的解体がもたらした市場の出現とそれに基づく商業と手工業の発達があるがゆえに人々は芸能や手工業に対する求道的接近のモチベーションを得たのである。あらためて要約的に言うならば、中世の人々が一芸に秀でることで世間の評価を求め、富者になることに徳の実現を追求したことには、二つの背景がある。一つは仏教の易行化による世俗内求道行為としての知の転用のインセンティブの発生であり、いま一つは萌芽的市場経済化のなかでの生存方法の確保の必要である。集権的・慣習的・他律的な律令の世界から自己責任と自発性の支配する市場ベースの社会への移行は、それがいかに萌芽的なものであっても、人々にとっては世界観の大きな転換を必要とするものであった。人々は生き抜くためには現世肯定的にならざるをえないし、加えて当然のことながら世俗的職業行為がもたらす市場における金銭的ないし非金銭的果実獲得への期待も生じたであろうから、現世肯定の姿勢はさらに強まったであろう。

天台本覚思想が広範な広がりを見せた院政期以後南北朝期にかけての時代は、自己実現を特質とする日本の個人主義がさまざまな階層において一斉に芽生えた時代であった。百姓すなわち農民的名主層が荘園制下で在地領主からの自立を求め、在地領主が権門貴族からの独立を求めたこの時代は、自律性の意味でも個人の意識が強まった時代であった。すなわち、それは市場機会のなかに新たな人生の意味の追求を始めた個人の自立的人間的生存への自覚と願望の花開いた世界であった。しかし、古代的中世的制約が色濃く存在したこの時代は、いまだに個人の自由は限られており、個人の独立の程度には限りがあった。それゆえ、許された自由のなかで自己の人生の意味を追求し自律的に自己実現を図ることが、個人主義の中心的モチーフであった。こうしたなかで天台本覚思想に代表される仏教の革新は、現世の可能性への限りない讃歌であり、応援歌であった。われわれは先に中世における天台本覚思想の発展は一部にはその現世肯定の教理が、律令制の衰退に伴う市場社会の展開を前提に生じたこと、ある意味で仏教界がそうした市場活動の可能性への市民の期待を先取りした面があると述べたが、以下でこの点をさらに敷衍することとしたい。

律令制の下の官営工房と運輸交通組織

専門家集団による手工業品の生産は、市場経済の発生以前の古代律令制における職能別氏族制に始まる。このシステムにおいては特定の生産物についてそれぞれ特定の氏族が当てられ、そうした特定氏族には専門家技術集団として貢納品の生産と技術の世襲が義務付けられていた。

職能別氏族制による手工業品生産と技術世襲の原則は、8世紀半ばには[25]、諸工業技術者の個別人身的把握と、大宝令に基づく令制の官営工房を技術伝承の場とする、世襲によらない工匠の再生産の体制すなわち令制による官営工房体制に移行した。令制官営工房では、工匠の多くは下級の技術官人であり、彼らが使用する生産手段は国有であった。氏族制下での世襲制の解体と官営工房による生産・技術の組織的再編は、仏工・木工・画工など支配階級の特殊な需要に立脚する高級品にかかわる手工業部門で早期に、金属部門のような農具生産で農民層の再生産過程に直結し、官営工房外でも未熟な分業状態のまま生産活動が行われていた生産部門では、遅れて進行したとされる（浅香年木1971、92頁）。浅香年木（1971）は、後者の部面では、中央の官営工房の外部で、各国衙の官営工房が大きな役割を果たし、さらにその周囲には私的な在地の製鉄・鍛冶・大工・土器造などにかかわる手工業経営が広汎に展開していたものと推測している。

各国衙の官営工房において製造された貢納品物資は中央に送られ、中央すなわち都の官営工房群の生産物と諸国からの調庸物とともに、天皇家をはじめとして諸官衙、王臣家に分配されそれらの人々の生活に充てられた。律令制時代の経済的遺産として重要な意味を持つものとして、官営工房における技術力の蓄積とともに、貢租物輸送にかかわる運輸交通組織の整備に注目する必要がある。租・庸・調という三種類の租税のうち、米からなる租（すなわち正税）は都には運ばれることなく地方の財源として各国衙の収入となった[26]。これに対して各地の特産物である絹・布・塩・鉄・馬・海産加工品などからなる調（および同じく米と布の形の現物納の庸）は、都に運ばれた。律令政府はそのために都から四方に伸びる道路を整備し、人民の手弁当で都まで陸路で調が運搬された。しかし9世紀になると、その非効率性が反省され、川や海を用いた運搬手段が利用された[27]。10世紀半ば以降は、国守・受領による租税の請負体制が発達し、彼らは専用の蔵を整備し、専門の運送業者に委託して、水運を多用しつつ都に物資を輸送した。

私営工房化と商品市場の展開

平安中期以後律令制度が弛緩し、荘園領主経済の時代に移行し始めると、律令制的な給与としての物資配分は円滑を欠くようになり、そのことへの対応として荘園領主となった権門貴族や社寺は自前の生産設備と手工業者を保有する形でそれぞれの家政機関と私営工房を整備するようになった。官営工房に所属していた手工業者はこうした荘園領主の家政機関に所属することで、国家的賦役の免除および給免田の付与という特権を入手した。寄人・神人・供御人（くごにん）[28]などと呼ばれるようになったこれらの工匠出身の職能民ないし手工業者は、官営工房時代での俸禄を給せられ貢納物生産のみを行うという義務に代わって、領主以外の相手とも雇用関係に入ったり、荘園領主のための貢納物生産だけでなく自らの利益追求のための商品生産を行うなど、かなり自由な行動をとるようになっていった。彼らは家族組織を用いて組織的に商品生産を行うとともに、早くから座を結成し、賦役免除などの特権を維持確保するために活動した。ここで重要なことは、供御人たちが諸国自由通行の特権を持って移動したことは、市場経済化・全国的な商品市場の拡大の効果を持ったことである。たとえば供御人のうち蔵人所に所属した鋳物師（いもじ）は11世紀に入ると、一方で殿上の燈炉を貢納し、他方で鋳物師として独自の組織を持ち、鋳造の仕事に携わりながら、鋳物などの鉄器を持って全国を交易のために遍歴したとされる（網野善彦1996a、308頁）。このことは、誤解を招きやすいが、労働市場の流動化ではなく、商品市場の拡大だと解釈する必要がある。雇用労働の雇い主を求めての移動ではなく、全国的な商品市場が未完成な状況における移動販売ないし移動生産販売であったのである。営業方法には出職と居職があった（豊田武1952、84―85頁）。金属工業の場合で言うと、地方の社寺の求めに応じて梵鐘や仏像をその場で出張製造する、これが出職であり、[29]居職では消費者の求めに応じて注文生産する場合と市場向けの商品の見込生産する場合がある。わが国における労働市場の発達の遅れと商品市場の早期的発展という特質は第6章で強調されるが、そのそもそものルーツは律令制における貢租物の運輸システムおよび荘園公領制の下での年貢輸送のための流通網の発達とこうした供御人たちによる移動生産販売にあるのである。

官営工房の解体と私営工房化は12世紀に一応の確立を見たとされる。ちなみに、上述した権門貴族や社寺による官営手工業の分割領有ないし彼らによる家産工房の形成は、当初は自己の支配する荘園では入手が難しい製品や営繕サービスを自給することを主たる目的としたものであった。これは荘園体制の進行に伴う封禄制の崩壊に伴って必然的に生じた現象ではあるが、浅香年木（1971）は、いま一つの要因として、平安京を中心に展開する手工業生産と交易の新たな担い手として、非農業部門において商工業での専業化を目指し始めた富裕な商工業者層の成長とそれによる商品市場の拡大の影響を指摘する（177―201頁）。そもそも官営工房の成立自体が、民間部門では十分に供給できない高品質で専用性の高い製品を支配層が自ら生産するという目的を持つという側面があったのである。律令制下の官営工房群においては国家的規模の需要があったため最小平均費用を保障する最小最適規模の条件を満たすことができた。しかしその生産機能が権門勢家によって分割領有されるとそうした条件を満たさない可能性が生じる。在地の手工業者の成長が流通市場の発達を促したことが、私営工房における手工業者の市場向け商品生産の可能性をもたらし、官営工房の解体を容易にしたのである。同時に、官営工房の私営化が人々の嗜好や民間の技術水準に影響し、さらに民間の流通市場の発達を加速させたということになるのであろう。

いずれにせよ、荘園領主経済の展開と官営工房の解体が進行する過程で、二つのプロセスを通じて商品経済化が進展した。第一段階は、貢納物の商品化である。すなわち貢納品として手工業品などを入手した荘園領主は、その一部を自家消費に充てるとともに、残余を都市で商品として販売したのである。地方の在地領主もまた領民から入手した手工業品を換金したり、商品として販売したから、名主百姓の代銭納による商品化と相まって鎌倉末期から室町期にかけて商品化は急速に進展した。第二の段階は、官営工房での生産によっていた、民間では非自給的な、手工業品の生産と市場における流通の進展である。官営工房の権門貴族・社寺による分割領有ないし私営工房化は、その製品の市場向けの商品生産の拡大を伴った。当初は上述のような工匠出身の職能民ないし手工業者による移動販売であったが、都市化の進展とともに彼らは次第に各地に定着し[30]、自立した仕事場と生産道具を持って、商品生産に本格的に取り組むようになった。人々は自給できない手工業品を専門の工人による組織的生産から入手できるようになったのである。この段階で専門的技術集団によって生産された手工業品は、権門貴族だけでなく一般民衆の生活に急速に普及したと考えられる。そうした物資には日常品とともに高級品もあったであろう。いずれにせよ、そうして生産された手工業品は、もともとは律令制貴族の嗜好が反映したものであったと考えられる。

荘園公領制の下での中央に向けての年貢の輸送流通システムの発達は、問丸と呼ばれる専門の中継ぎ業者の成長を伴った。彼らは輸送だけでなく年貢物の保管・販売・換金などの諸業務を幅広く展開し、借上・土倉のような金融業も営んだ。土倉とはもともと武家の重要品を保管する倉庫業であったが、荘園領主に対する荘園年貢先物を担保とする貸付を行う金融業者として業務を拡張した。荘園領主の年貢収取が次第に困難となった荘園公領制解体期を象徴する金融業者であった[31]。14世紀以後、荘園年貢の代銭納が普及し、15世紀以後は年貢の為替による送金がなされるようになり、このころから三都を中心とする中央経済は急速に貨幣経済化していった。また守護による領国支配が進み国人領主の成長が進展する過程で、地方的市場もまた発達が顕著となった。周辺の農村部からの農民の参加を得て、地方の市（いち）は日常的商品交換の場として発展した。こうした事情を背景に、手工業者の定着化が進行したのである。笹本正治（2002）は鋳物師などの遍歴していた手工業者の定着の理由を次のように説明している。第一は、各地域での商品の需要の拡大であり、いままで全国を市場としなければ成り立たなくなっていた生活が一地域で収まるようになったことである。これに加えて、定住するとその土地に適合した商品（農具など）を提供できるようになり、改良された農具で生産性が向上するとさらに市場が拡大した。第二は、守護などとの結びつきの強化である。とくに戦国大名は、国を単位とする営業を保障することで手工業者の支配を強化し、刀剣・鉄砲などの武器や城下町建設の道具、自分たちの日常用品を確保しようとした。また、座も当初の国家的賦役免除などの特権維持という目的から、守護の庇護の下での原料入手や商品生産・流通における独占権を獲得するためのものに性格を変えていった。

求道主義と工芸の発達・ものづくり

こうした専門手工業者は、上で論じたように、仏教の易行化の影響を受け、その熟練の蓄積に宗教的な動機から高い意欲を持つようになる。座の成員資格を得るためには血縁による技術伝承でなく師弟相承が必要であり、この規定はオキテ法として確立していたと言われる（脇田晴子１９８８）。実際には効率性の理由から父子間の伝承が多かったとはいえ、このことは高度な技術の伝承が組織的に推進されたことを示唆していると言えよう。生産の座と販売の座は厳しく分離され、生産の座による直売りは禁止されていたし、[32] 供御人がその通行税免除という特権を用いて自分の生産したもの以外の商品（私物）を輸送することもなかった（桜井英治２００２、１１６頁）。おそらくこうした手工業者は専門業者としてのレピュテーションを高めるために、生産組織としての「家」すなわち父子継承を基本とする生産にかかわる人的資産の蓄積継承組織を秩序立ったものに高めることに専念したのであろう。（ここで「家」の定義を先取りしたが、詳しくは第5章で論じられる。）需要に関する情報は、顧客の嗜好と市場状況を把握している販売にかかわる座が担当した。その際、生産の座は販売の座に支配される傾向があったと言われる。脇田晴子（１９６９）は14世紀から15世紀にかけての京都の織物業などの生産販売構造を分析し、そこでは生産販売量が拡大し生産市場や販売市場における競争と淘汰のなかから独占への動きが生じるのではなく、早くから存在していた商人が専売的独占権を獲得し、生産者をも支配していく傾向が見られたとしている（３２５―３４３頁）。これはなぜであろう。二つの理由が考えられる。

第一は、課税システムの影響である。領主が課税を販売側にかけたため、販売の座はその対価として強い購入独占権（専売権）を入手したことによる。なぜ販売側が多くの場合課税の対象になったかを脇田は説明していないが、おそらく販売の座をリードしていた問屋の多くが貢納物の輸送と商品化に当たっての販売を担当していた荘園の荘官出身のものからなっていたことにもよるのであろう。彼らはもともと本所、すなわち権門貴族の中央にある本拠[33]によって徴税請負人としての役割を与えられていた（豊田武1952、194—263頁、桜井英治2002、126頁）。[34]

第二は、販売にあたる商人の需要者に関する情報力である。上述第一点の荘官上がりの問屋の場合、販売の座ないしその中心にあった問丸は、権門貴族などの製品に対する嗜好に関する情報を手工業者に伝達し、生産をコーディネイトする役割を持っていたと推察されよう。またいわゆる地域間交易の進展はこうした情報が商人によって伝達されたことを示している。地域間の流通は中央を経由する流通に比べて史料が少なく十分には把握されていないようであるが、国産陶器に関しては、後述されるように、一般の被支配層の需要を商人が十分に把握し伝達していたという事実が報告されている。

ちなみに、こうした販売側の生産者支配に関して、直ちに想起される要因として販売の座の金融力がある。しかし南北朝期から室町期にかけてはこの要因はさほど重要ではなかったのではないかと思われる。問屋制前貸金融は、15世紀末から16世紀初めにその最初の事例が見られるが（桜井英治2002、125頁）、その発展の様子は必ずしも十分にはわかっていないようである。江戸時代とくに享保期から宝暦・天明期にかけては衣料関係問屋が問屋—地方商人—生産者という形での資金供給を盛んに行ったことが林玲子（1967）によって詳細に明らかにされている。そこではとくに畿内からの繊維問屋が両替商からの金融によりバックアップされていたとされる。この点を考慮して、14—15世紀の金融システムの発達度を判断すると、土倉などの金融業者は年貢徴収権などを担保に幕府や権門への資金供給は盛んに行ったものの、一般の民間商人に対する営業資金供給はあまりに情報の非対称性が大きく、十分な資金供給はしていなかったのではないかと推測される。したがって、問屋の前貸金融による生産者の支配は、この時期ではさほど有力な説明力を持たないのではないかというのが本書の段階での判断であるが、新しい史料の発見によりこの点は考え直すことが必要になるかもしれない。

いずれにせよ、以上の二つの要因に起因する生産の座に対する販売の座の優越、最終的な問屋支配への動きは、日本の手工業生産が需要者重視的に組織化されていたことを示すものと考えることができる。ちなみに、中世後期には農間副業による手工業品の商品としての流通が始まる。しかしこれらの製品にかかわる座も次第に都市に基盤を置く販売の座や問屋の支配下に入り、その品質に関するモニターの下に置かれることになった（桜井英治２００２、１２５頁）。

ちなみに以上のような中世日本の工業の発展過程は、柳宗悦（１９４２）の言う工芸文化の展開過程に重なるものと見ることができよう。柳は、美術が鑑賞性、個人性、自由性によって特徴づけられるのに対して、工芸は実用性、非個人性、不自由性をその基本的特質とすると言う。すなわち工芸の本質は「用」にあるのであって、そのためにはさまざまな日常の用途に応じて多品種を廉価に提供できなければならないとする。また工芸に携わる者は職人すなわち一般の工人である。彼らは組織と伝統に縛られながら社会的な力として製作にあたり、そこでは個人を離れることによってあるいは個性を間接にすることによって、美の深まる道が用意されたとされる。そして工芸は基本的に不自由な芸術であり、用途に拘束され、材料に拘束され、工程に拘束されながら一定の秩序のなかで製作が進行することに特質があるという。すなわち工人のつくる製品は必ずしも高品質のものばかりではなかったが、彼らは「美と醜の未分離」の境地で製作にあたり、簡素で実用性を備えた生活関連製品を全国的に普及させたのである。柳は、工芸の発展には、新仏教の他力の教えが一つのバックボーンとなっていること、とくに凡夫の重視の教理が職人のインセンティブを高める効果を持ったことを指摘している。

以上の考察は、工芸品的生産システムが需要主導型経済の原型として日本にでき上がった経緯を明らかにするものであると言えよう。まず古代律令制の官営工房において世襲的ながらも技術者集団が形成され、王侯貴族の日常品としての工芸品の製作に当たった。第二に、律令制の弛緩・荘園領主制の拡大とともに、こうした技術者集団は権門寺社を中心とする荘園領主の支配下に入り、貢納物としての工芸品の製作に当たるとともに、民営化の効果として自主的な商品生産に従事するに至る。この商品生産は、領主による貢納品の商品としての販売と相まって、もともと貴族の使用のために製作された専門手工業者の製作になる工芸品の民間への普及をもたらした。第三に、技術者集団はその後独立性を強め、経営体としての工芸品の商品生産者となるとともに、仏教の変化を受けて求道主義に基づきその技能の練磨蓄積を行うようになり、その生産システムは「家」と生産目的の座の形成によって制度化される。[35] 以上要するに日本の工業は、古代王侯貴族の嗜好と必要に応じて生産するという需要主導型の工芸品生産システムにそのルーツを持ち、宗教の変化を踏まえた求道主義インセンティブの強まりの影響の下で、組織的技能蓄積を基本的なエンジンとして成長してきたのである。

類似のことは芸能などサービス生産についても言える。王侯貴族の趣味として発達した諸芸能もその技能者が権門寺院に拡散する形で発達したのである。雅楽はもともと律令制の成立とともに太政官の治部省の下に雅楽寮として教習活動を開始したことに始まるものであり、職員令のなかに楽戸が置かれて家業として伝承されてきた。律令制が衰退に向かうとともに、中央の雅楽寮は衰退し、院政下では南都の諸寺や各種の衛府の催し物や儀式のための個別組織としての楽所が替わって登場した。その後の中世芸能の中心的位置を占めた猿楽などの芸能者は、こうした楽所の下級官人である舎人を中心的な出自とし、その周辺に地方の伝統的民間芸能の出身者、課役忌避のために都に出て猿楽に身を投じた諸国農民、非農業（漁労・狩猟）出身の渡世者などを出自とするものがいたとされる（林屋辰三郎１９６０、２８４—２８６頁）。

近年の日本経済システムについて、その経済行動上の特質の一つとして「ものづくり」重視ということが言われるが、この特質の源流は以上のような歴史的経緯によるものである。

室町期における首都市場圏と地域間流通

南北朝・室町期以後荘園公領制が解体に向かい、守護領国制から戦国大名領国制に移行するに従い、戦国大名は積極的に手工業者を城下に定着させるなどして領国経済の繁栄を策したが、領国経済圏がそれ自体としてアウタルキー（自給自足体制）を形成することは規模からも地政学的にも不可能であった。彼らは物資輸送・兵器供給源・戦略物資の確保などのために中央経済圏との間の交通路や商人の来往を確保するための流通機構を整備した。いわゆる楽市の制度は社寺・国人の掌握する旧市の割拠性を打破し、領国内に広域商人の活動の場を確保するための自由取引の保証制度であった（永原慶二１９８０、１４６頁）。

この時期のいわゆる中世後期の商品市場は、京都を中心とする首都圏と地方経済圏を結ぶ求心的な幹線流通ルートと京を経由せず地域経済圏の間を直接結ぶ隔地間交易ルートの二つの遠隔地間流通網によって結ばれていた。鈴木敦子（２０００）によれば、前者は畿内と地方の間の隔地間分業を可能にし、後者は個別の局地的経済圏内では完結しない分業を、隔地間需給を結びつけることで可能にしたとされる。幹線ルートは原理的には京都に集中した物資が再び全国各地に向けて出荷されるという形で全国的市場の形成につながるものだが、当時の発展段階では全国市場向けの大規模生産は少なく、そこまでの必要はなかったのであろう。各地域経済に定着しまたそこで成長した専門的手工業者は、商人による地域間交易に補完されることによって、十分な需要を得た。彼らは自給自足経済を基本とする農村社会において必要とされる職人とは存在形態が異なり、専門職として自立し、営業圏のテリトリーを守りつつ、他の職人集団との分業関係を形成していた。

こうして、日本の中世後期以後の手工業者は、自給自足的な市場圏が可能にする分業の範囲を超えて、複数地域にまたがる地方市場を営業圏とすることにより、専門性の高い製品の需要を確保していたのである。[36]専門性の高い製品は必ずしも奢侈品とは限らない。典型的なケースは国産陶器の市場であろう。北陸地方の代表的な陶器生産地である越前窯などの大甕や鉢などの製品が、荘園領主の貢租物の記録には全く登場しないにかかわらず一国から数カ国という広域に流通していたことが知られている。浅香年木(1975)は、このことから首都圏市場への求心的な様相を持たない、地域と地域とを横につなぐローカルな流通関係に立脚した分業関係の中世における重要性を主張している。同様に、広島県蘆田川の草戸千軒遺跡からの出土品には、中国産の陶磁器に加えて、瀬戸・常滑・備前・亀山などの陶器が多く見られることから、脇田晴子(1976)も「求心化しない地域間流通」の広範な存在を指摘している。これらの陶器は必ずしも奢侈品ではなく、その出土量の大きさから見て日常雑器と見られるが、産地の陶土に適した技術(越前窯の場合は穴窯)を用いた地域特産物としての性格を持つものであり、そうした製品への需要が商業流通によって結び付けられていたのである。さまざまな形で進展した隔地間交易が海上輸送に多くを頼っていたことも重要である。関西と東国の間の太平洋海運についての綿貫友子(1998)、瀬戸内海交易についての鈴木敦子(2000)、港町における問丸の活動などを分析した宇佐美隆之(1999)などが詳細な情報を与えてくれる。

佐々木銀弥（1972）は、室町期においては地域的な分業圏や流通圏の枠を超えて、支配階級などの需要に応じて広範な市場に流通する特殊な地方手工業製品が数を増していったことを強調している。その典型的なものが、最大の輸出品でもあった刀剣、筑前国葦屋産の葦屋釜、伊勢国射和の白戸粉座の白粉などであり、また鍋・釜・鋤・鍬などの金属製品も室町後期には、地方の新興特産地の製品が、旧来の荘園公領内の鋳物師・鍛冶が握っていた個別の地方小市場を席巻し、遠隔地交易により商品供給を行うようになったと言われる。おそらくこれらの製品についても、品質的に高度なものはそれなりの設備と高度な技能が必要であり、規模の経済性や集積の利益が効く状況になったのであろう。「要するに、室町以降における地方金属工業は、同業者の集住化、新興特産地の形成、商品生産の方向を漸次たどりつつあり、その過程において、必然的に遠隔・広域市場の確保が必要」（佐々木銀弥1972、132頁）になっていったと見られるのである。

こうした中世における隔地間交易の経済システムの進化に対する重要性は注目に値する。求道主義に立ち専門性にこだわる中世の手工業者たちは、その製品の市場を広域における製品の質を理解できる特定の需要者向けに生産し、それをこの流通網に乗せて売りさばいたのである。そうした専門性のある製品に関する情報は商人たちが新たに広めたこともあるであろうが、手工業者たちがその定住化の前に移動販売によって買い手に関する情報を幅広く収集していたということもあろう。隔地間交易に従事する商人達は、遠方の顧客を生産者にとって「顔の見える」他者の存在に変換したのである。いずれにせよこうした特産品生産のシステムは、その製品の価値を知る顔の見える需要者の存在を前提としており、アームズレングスの無名の消費者を対象とする大量生産の世界とは異なる、と言えるであろう。イギリスでは各地の局地的市場圏が次第に裁定取引などにより拡大し、それがロンドン市場に結びつくことで全国的市場が形成されたが、日本では隔地間交易により局地的市場圏の十分な成長のはるか以前に個別製品の全国的な商品市場が展開していたのである。参考までに、イギリスにおける市場の拡大は次の三段階からなるとされる。第一は、局地的な半径10マイルほどの後背地を持った日常品市場の発展であり、この過程は13世紀に最盛期を迎えた。第二は仲介業者（middleman）による局地的市場間の価格差を利用した（安い地域で買い高い地域で売るという）裁定取引および家畜・木炭・錫・鉄など地域的に特化した生産物の地域間商業。第三は、拡大するロンドンの需要を満たすための買い付け業者（ファクター）などによる家畜や穀物などの地方生産物の大量購入とロンドンへの移送。この過程は当初は川を利用した舟運、沿岸航路の利用によったが、18世紀以後次第に有料道路（ターンパイク）、運河や鉄道などによって効率的に行われるようになった（Overton 1996, pp.136-147）。ファクターは代金をロンドン向け為替手形で支払うのが常であった。ここで第一段階の13世紀における局地商業の興隆の一つの理由は、貧しい農民が自らの家庭でパンやビールなどを自給するための料理設備などを持たなかったことによる（Postan 1975、邦訳255—256頁）。また第二段階の地域的特化による交易はたとえば牧畜地帯などではあまり小麦が生産されなかったことなどによる。第6章でも論じるように、この地域間交易は地域が特産物に特化したケースにあたるものであり、日本のこの時期における高級品の最小最適規模を実現するための地域間交易とは性質が異なるものであることに注意が必要である。

もちろん地域間流通が繁栄したことの背景には領主層が、楽市政策をとったり関所を廃止したりして商人の自由な活動を支援したことがある。領主がかりに領内の取引において課税などの収奪を行ったとしても、商人たちはその領地を避けて他の領地を通行したであろうから、そうした企ては成功しない（桜井英治２００２）。[37] このため領主は直接の課税などによる利益でなく、自由な商業活動がもたらす領内の経済発展の効果に注目し、楽市などの自由化政策をとったのである。地域間流通はこうした政策の影響を受けつつも、商人の情報網の拡大を前提として、各地に散在する需要を統合することにより、専門品・高級品の市場を実現したのである。

第3節　需要主導型経済システム

ここで日本の経済力の基盤について、以上に得られた分析結果の意味を整理しておこう。日本の経済力の基盤は、第一に自己実現・自己表現を目指すことを目的とする個人主義にある。個人は他者の干渉から自由であることを求め世間から独立した行動をとることを重視するのでなく、同じ道を目指す他者の集団や共通する好みを追求する人の集団のなかで、自己の選んだ職業の社会的・宇宙的、仏教では人生的意味を追求した。自己の道を目指す意欲を互いに認め合うという意味で人々は相互の自律性を尊重した。しかし同時に人々はそうした求道の活動において他者を競争により排除する必要は感じなかった。他者の排除のために競争するのではなく、一定の達成水準を目指して、その成果を評価し合うために他者を身近に感じつつ自己実現と自己表現に励んだのである。第二は需要主導の下で培われた商業・流通活動にかかわる高い革新行動がある。商業・流通にかかわる人々は危険を顧みず、異郷を渡り歩き遠隔地の交易に従事し、求道の結果生まれた高品質な製品やサービスの生産を需要に結びつけたのである。日本はものづくりに経済力の基盤を持つと言われる。求道主義に支えられた高度のものづくりが、日本の経済力の特質であることは事実であるが、そうしたものづくりへの志向を支え、それをさらに高いものに導いたものは革新力に富む商業・流通の力であり、需要主導型経済システムという制度インフラであった。

こうした日本経済の特質は南北朝期から室町期にかけて生まれてきたものと考えられる。その第一は、能・狂言、茶道、華道、建築・造園などさまざまな日本的な求道、すなわち仏教における世界である人生のあり方の追求[38]を行う芸術文化の成立であり、第二は、高度製品の販路を開拓した遠隔地流通に従事する、高い士気を持ち、異郷の市場と生産を結びつけた商人の台頭と地場産業の充実であった。室町時代における商人あるいは商工業者のこうした遠隔地流通活動とそうした市場向け製品の供給にかかわる革新性については上で述べたとおりであるが、彼らの高い士気（山崎正和1990、21頁）は単に国内市場の開拓によるものでなく、当時の東アジア経済圏での海外交易における活躍にかかわるものでもあった。16世紀には、日本の堺・博多を中心とする商人が、倭寇や細川・大内といった戦国大名とともに、大挙して東シナ海・南シナ海の世界貿易に進出した。最も大きな貿易品目は、中国・朝鮮からの木綿の輸入であり、さらに砂糖・茶とともに絹織物と西陣に伝わった織物技術の原料となる生糸が大量に輸入されることとなった。また12世紀半ば以来、当時の国際通貨であった中国貨幣（宋銭・明銭）が輸入された。この対価としての日本の輸出品は主として銅や金・銀を中心とする鉱産物であり、刀剣や小銃（国産化された種子島）なども高い競争力を持っていた。残念ながらその他多くの日本の手工業品はいまだ国際的な比較優位を持たなかったが、こうした貿易によって得られた海外の物資が京を中心とする室町文化・安土桃山文化を支えたのである（川勝平太1991、角山栄1995）。貿易商人たちは新製品・新技術にかかわる情報を伝達することにより、生産者による革新行動を促したのであろう。

鎖国を行った江戸時代初期は、海外からの木綿・絹・陶磁器などの輸入品の輸入代替が大々的に行われた時代であった。輸入代替のための商品流通を可能にしたのは、商人による遠隔地流通の活動であった。もっともよく知られているのは木綿にかかわる輸入代替であり、関西と尾張・三河方面の綿花農家で生産された繰綿（くりわた）は、商人の手で東国各地に送られ綿糸・綿織物に加工された。繰綿を大和などの産地で買い集めたのは大阪の繰綿問屋であり、それを受け取り東国に販売したのは江戸の諸色（しょしき）問屋であった（林玲子編１９９２）。こうした各地の特産品が遠隔地流通によって需要者を見出し、領主的経済とは異なる商品循環の成立をもたらしたのである。18世紀以降のいわゆる農民的商品経済では生糸・木綿・絹織物・醤油・酒・肥料・たばこなどの各地の特産品が、その買い手を見出すためには、遠隔地への流通網の拡大が不可欠であった。その場合生産者は商人の販売網のゆえに生産拡大が可能になるのであり、「生産は……局地内分業を展開するとき異なり……商人資本家による支配を強く受けることになる」（石井寛治１９７６、20頁）のであった。

この意味で需要主導型経済システムを支えた商人の活動は江戸時代に入っても持続した。とくに18世紀以後拡大した民間商品市場経済では遠隔地流通の伝統が強く生きていた。しかし他方で、江戸時代には商工業は極めて抑圧的政策の下にあり、その自生的な発展は強い限界を持ったものであったことにも注意することが重要である。抑圧政策の第一は、幕藩体制の財政の確立の必要から石高制に基づく農本主義の社会経済システムが採用されたことである。主要な生産物である米と各藩の特産物の多くは藩の専売品とされ、商人の自由な活動の対象から外されたし、また幕府は享保の改革以後その収入の基本をなす米価を安定させるため盛んに商品価格などへの介入を行い、市場機能の働きをゆがめた。第二は鎖国政策であり、15世紀から16世紀にかけて海外進出した商人の革新行動はこの政策により、完全にその発達の芽を摘み取られてしまった。長崎でのオランダとの交易、対馬藩における朝鮮との交易、薩摩藩における琉球貿易の余地が残されたことをもって、鎖国政策の影響がさほどでなかったことを主張する向きもあるようであるが、幕末開港がいかに大きな影響をもたらしたかを見るだけで、こうした見解が誤りであることは明白であろう。

こうした商業の抑圧政策は、西国などの外様大名の経済力が商業と貿易により強大化することを幕府が恐れたことによって必要とされたという面が強い。たとえば米納年貢制は天領には適用されず、畑地の多い関東では金納、畑地が耕地の三分の一程度であった関西では年貢の三分の一が銀で代納された。天領では農民は生産物を販売せねばならず、活発な商業活動が展開された。また鎖国の目的はキリシタンの禁制にあったことは言うまでもないが、副次的には西国大名が貿易により強大化することを警戒したことが重要な原因であった。キリシタン禁制は1612年の家康の発布したキリシタン禁止令に始まり1639年までの諸条例により完成されたが、それはキリシタン禁制、日本人の海外渡航禁止による朱印船貿易の廃止、外国船貿易のオランダ・中国への限定を内容とするものであった。家康はまたキリシタン禁制布告を出す前の1609年には大名による大船保有を禁じ、西国大名による貿易を制限することを行っている（竹中靖一・作道洋太郎1972、51—57頁）。

江戸時代の商人の活動を讃えて、商業の時代であったとか商人の経済力の高さを強調して、実質的には武士でなく商人が経済社会を支配していたなどということを強調する見解がしばしば見られる。抑圧されたシステムの下で、商業がそれなりに機能し、商人が蓄財をしたことなどを否定する気持ちは、毛頭ないが、こうした主張は、上で述べた二要因が日本の室町期以来の商工業化の動きをいかに根本的なところで抑圧していたかという視点が完全に欠落した、極めて片手落ちの見方であると言わざるをえない。おそらくこうした抑圧の結果であろうが、江戸時代の商人の消極性・体制への寄生的性格には甚だしいものがある。ある程度の実績を積んだ商家は、家訓とか家法・店則といった名称の経営方針を掲げて従業員教育などに資するならいであったが、そこに現れた消極的な保守意識はこの時代の商人がいかに精神的に問題を抱えた経済主体であるかを明確に示している。この問題に卓越した考察を展開した宮本又次（1941）は、家訓類に現れた江戸商人の消極性を、恩と奉公という相互的な職業意識でなく一方的な奉公の観念に支配されていること、全体のなかの部分としての役割に安住する分限意識、および規範としての体面にこだわる他者への態度という三点にまとめている。伊達とか粋とかを強調するいわゆる江戸時代の町人文化についても、分限を守りつつその範囲で欲望を追求した特殊な生活態度の所産でしかないと断じている。またその代表作である株仲間に関する研究（宮本又次1938）では、江戸の株仲間は、発展の初期には調整や信用保持といった社会集団の機能を高めるポジティブな役割を果たしたが、文政期以後は、独占機能・権益擁護機能が目立つ存在であったとしている。

いわゆる石田心学を展開した石田梅岩（1685―1744年）は、商業の社会経済的意義を積極的に主張した江戸時代の商人の職業倫理を代表するイデオローグとされる。しかし彼の主張は突き詰めて考えれば、倹約と正直という消極的な職業規範を守り、家業としての商売の組織防衛を強調したものでしかない。多くの論者は梅岩が「心を知る」ことを目標としたことを賛美することがあるが、社会秩序を人間の内面のあり方から理解するというのは、当時の仏教的な思考法からは極めて普通の論理展開であり、梅岩においてはそれが儒教と神道により装飾的な意味づけを追加されているにすぎないのではないだろうか。また商人の得る利益は流通というサービスに対する報酬であり、それは士族の封禄に比すべきものであるとの主張は、商人の地位上の名誉を主張したものだとされるが、悪く言えば、これは官僚の給与と同じであるということであり、商業の革新的な企業者活動の意味を全く考慮外に置いた消極的な商人の位置づけでしかない。

宮本又次（1941）は、梅岩の思想における儒教の影響を強調して、儒教は常にゲマインシャフトたる天下国家を考えているため個人否定になるが、商業は個人対個人というゲゼルシャフトの概念を基本的に置いており、両者は原理的に相いれないものであると論じている（163頁）。この指摘は、ゲゼルシャフトは選択意思に基づくオープンな組織であるが、ゲマインシャフトはクローズドな共同体にかかわるという違いを指摘したものであり、梅岩による「正直」という商人の実践徳目の教えの本質にかかわっている論点であることが興味深い。正直という徳目は、同一の取引者との繰り返しのある取引において、一回限りの裏切りによる利益獲得の可能性を排除して、最適性をもたらす行動であり、クローズドな組織を前提としている。これに対し、近世初頭に朱印船による南蛮貿易を行った商人である角倉素庵（1571―1632年）が、安南王に宛てた信書[39]では、国際通商における「信」の重要性を説いている（林屋辰三郎1978、128―131頁）。信とは信頼（trust）のことであり、これは不特定多数の見知らぬメンバーからなる大きな組織のなかでの協力関係を構築しうる徳目である（La Porta, Lopez-de-Silanes, Shleifer and Vishny 1996）。市場の拡大を念頭に置き、国際的ネットワークを構築しようとした素庵と与えられた市場のなかで消極的経営を前提に商人倫理を説いた梅岩の違いは極めて対照的である。ちなみに、ウェーバーが資本主義の精神としてベンジャミン・フランクリンの訓戒を引用するにあたって、フランクリンが営利を個人の幸福などに結び付けることなく、自己目的として考えていることを強調していることが思い出されよう（Weber 1905、邦訳48頁）。フランクリンの実際の行動が過度に合理的な功利主義的なものであったことがウェーバーを悩ませたことは別にして（第1章）、躍動期の経済における企業者精神はこうした非合理的ともいえる情熱に裏打ちされたものであったはずである。

いずれにせよ、江戸時代において、商業は輸入代替の生じた木綿などの「新」産業において需要主導的経済システムをかろうじて維持したが、厳格な幕藩体制下の商人抑圧政策の結果、活力のない寄生的存在に終始した。明治維新にさいして、商人たちがいわゆるブルジョアジーとして政治体制変革にさしたる貢献をなすこともなく、受動的な御用金供給者でしかありえなかったことはおそらくひとえに幕藩体制における長期にわたる抑圧構造の厳しさによるものであったのであろう。しかし商人は、経済活動に関しては、抑圧さえ緩めばたくましい革新力を発揮した。幕末の1859年の修好通商条約による外国商人の国内商業活動の禁止措置に守られて、日本の商人が目覚ましい商業活動を開始したことは、石井寛治（2007）によって、開港のショックに対する「商人的対応」として高く評価されている。また、戦後高度成長期以後の時期において日本のハードな製造業面でのものづくりが過度に讃えられるに至った遠因は、需要主導システムのなかでの生産と販売の相乗作用のなかから生まれたものづくりの伝統が、商業というバックボーンを抜きにして、あたかも自生的に生成したエトスであるかのごとき錯覚を生んだことに求められよう。

第4節　福沢諭吉の経済論における人的資本と個人主義

経済成長論

イギリスにおいては名誉革命以後の産業革命、その後の世界帝国としての成長は基本的にはロック的ないしウィッグ的思想の下で行われた。二大政党の一方のトーリーが王権神授説に立つ世襲的絶対君主制など「秩序の理論」に立ち保守主義を標榜したのに対し、ウィッグは自由主義に基づき商業主義を主張した。ウィッグは政治権力を労働貧民にゆだねることを考えていないという意味で民主主義者ではなかったが、社会契約と人間の自然権に立ち人民の主権性を至上のものとした。重要なことは、トーリーが地主による国土の防衛という伝統的な使命観に立ち、土地所有者の利益を代表にしたのに対し、ウィッグはより広い有産者の利益を代表した。彼らは財政金融革命や商業革命が創出した新たな財産形態を土地所有者が認めなければならないこと、商工業がイングランドの富と安全にとって本質的であることを理解していた（Dickinson 1977、邦訳83頁）。とくに、政府が相対的に低い金利で巨額の貨幣を借り入れる能力を保証することすなわち国債市場が、名誉革命体制とプロテスタントによる王位継承を支える基本的条件であると考えていた。ウィッグの主張の基礎には、ロックの「神の意思」としての財産権の理論があったことは言うまでもない。ロックは財産所有を政治参加の条件とはしなかったが、ウィッグが「自由人」と言うとき、それは決まって独立した資産を持った人を指した（Dickinson 1977、邦訳66―67頁）。トーリーとウィッグの対立はその後ハノーバー王朝期（1714年から19世紀にかけて）には金融的利害を強調するコート派と地主的利益に立つカントリー派の対立へと変化するが、イギリス経済の発展は基本的に有産者の支配の下に進行した。いわゆるジェントルマン資本主義の概念（Cain and Hopkins 1993）が象徴するメカニズムであり、それは大まかに言って「1688年以来の基本的に地主的な性格を、19世紀後半においてはイングランド南東部（ロンドン・シティを中心とした）の金融・サーヴィス資本主義的性格に転化」（竹内幸雄・秋田茂1994）させたのである。

ポーコック（Pocock 1985）はロックが必ずしも金融商業資本主義の展開を歓迎しなかったことを指摘している。ロックは財産の意味づけに関して法の視野からする考え方に必ずしも全面的にくみしたわけでなく（209頁）、またそうかといって公民的なポリスの視点に立ったわけでもない（211頁）。しかしロックは神の意思として財産権の擁護論を展開しただけでなく、農業を中心とする資本主義の発展のさなかにおいて、ジェントリーによる囲い込み運動による農業生産性の引き上げ・積極的な土地の改良と有効利用による経済発展を支持した。政治的権力が個々人所有の安全性を保障してくれさえすれば、人々は自己の所有する土地を改良し生産力を高め、人類の保存という神の期待に応えるであろう、という論理であった。こうしたロックに始まりイギリス経済社会に受け継がれていった資産保有者による資源配分論は、約2世紀後の日本で活躍した啓蒙家福沢諭吉の経済発展論・財産観と著しい対照をなす。以下にこのことを論じよう。

福沢の経済発展論はマクロ的な資本蓄積のメカニズムを考察したものであり、『文明論之概略』（福沢諭吉1875）巻の五・第9章「日本文明の由来」で展開されている。明治8年という時期に発表されたこのモデルは、マクロ的な貯蓄・投資モデルであり、後のガーレーとショウのモデルを彷彿とさせる優れたものであるが、現在までの福沢の研究者によってはほとんど注目されることがなかったものなので多少詳しく説明しておこう。[40]

福沢は経済主体を蓄積の種族と費散の種族に二分する。前者は後の言葉では、投資より貯蓄のほうが大きい（すなわち所得が支出より大きい）資金余剰主体であり、後者は逆に投資が貯蓄より大きい（すなわち支出が所得より大きい）資金不足主体である。この二つのタイプの個人の存在する経済において、福沢は次の二つの原則が成立せねばならないという。第一は財の蓄積と費散の均衡であり、この盛大さ（均衡値の大きさ）が一国の富の基礎となる。現代風に言い換えると、貯蓄投資の均衡値すなわちフローの資本蓄積の大きさが一国のストックとしての富を決定するという意味である。第二に、蓄積と費散の行動の背景にはそれにふさわしい智力とそのことを律する習慣がなければならない。すなわち貯蓄と投資の行動の背景には、それに関する情報を集め処理し、それに基づく最適化行動がなければならないというのである。ちなみに、福沢はここで、あらかじめ、民間経済を一部門からなるマクロ・モデルで論じる、それゆえ商工の部門と農の部門の間では要素の移動により「農の利と工商の利」の平均、すなわち利潤率の均等が成立している、という仮定が置かれていると断っている（福沢諭吉１８７５、２５０頁）。福沢の理論展開における用心深さは注目に値する。

福沢のこのモデルを導入した動機は、このモデルにより明治初期までの徳川２５０年の間に経済発展が西洋に比べて停滞していたのはなぜかを考察することにあった。すなわち「徳川の治世二百五十年……この世界に比類なき太平の世におれば、日本の人民、愚なりといえども、工芸の道、開けずといえども、たといその蓄積は徐々たりといえども、二百五十年の間には、経済の上に長足の進歩を為すべきはずなるに、事実において然らざるは何ぞや」（２５５頁）という問いに答えることにあった。[41] この問いに対する福沢の答えは、「権力の偏重によりして、蓄積者と費散者の二流に分かち双方の間に気脈を通」（256頁）じない仕組みになっていたという点にある。すなわち問題とする時期においては、費散の種族は士族以上の身分の治者であり、蓄積の種族は農工商の被治者であった。後者は生財者（財を生産するもの）であり、不生財者（財を生産しないもの）である前者に租税を納める。かりに四公六民の租税制度であるとすれば、生産を担当する民間部門は、所得の60%で家族を養い、残りの40%を租税として納める。民間部門は、租税として納めた部分は、「一度己が手を離ればその行く処を知らず、……概していえばこれを蓄積するを知ってその費散の道を知らざるものなり。政府もまた、すでにこれを己が手に請取る時は、その来るを忘れ、……あたかもこれを天与の物の如くに思うて、これを費やし散じて……費散するを知て蓄積の道を知らざるものなり」（252頁）という状態であったというのである。結論的には「被治者流の節倹勉強は、その形を改めて貪欲吝嗇と為り、治者流の活発敢為は、その性を変じて浪費乱用と為り、共に理財の用に適せず、以て今日の有様に至りしものなり」（260頁）とされる。

福沢の貯蓄投資の資本蓄積モデルは今日でも通用する理論であるが、福沢はこのモデルをもっぱら政府と民間の間の貯蓄投資のフローに関して用いて、民間内部での資金フローを分析することはなかった。この理由は一つには、この章ないし『文明論之概略』全体における福沢の日本文明に関する基本的な分析視点にある。すなわち福沢は武家支配の下での日本ないし徳川250年に日本の停滞は、日本の経済社会のあらゆる面にある権力の偏重ないし擅権（せんけん）が停滞の気風をもたらしたことにあることを指摘することにあった。その場合のもっとも顕著な権力の偏重の問題は治者たる政府と被治者たる民間の間にあったため、この面の資金フローが分析の焦点となったのである。こうした分析目的からは、封建制下の租税制度では民間の余剰の大部分が公共投資による資本蓄積を担当する政府に吸い取られたという想定は、かなり妥当であり、停滞のメカニズムの主原因をその点に求めたのは適切であったと言えよう。

しかしながら今日的な視点から考えると民間内部の資本蓄積を無視して経済の長期停滞を論ずるという福沢の論理の進め方には、読者は多大の違和感を覚えざるをえない。福沢は民間部門をさしあたり一部門に統合して、政府と民間の財政制度を通じる資金移転を問題としたのであるが、彼が用いたモデル自体は民間内部の資金不足主体と資金余剰主体の間の問題を取り扱うことのできるごく一般的なものである。それにもかかわらず、なぜ福沢はあえて民間部門における資本蓄積を無視したのだろうか。その理由は、福沢における民間の資産保有者への強烈な不信感にある、と思われる。福沢は明治以前の時代において、民間部門が巨万の富を蓄積した資金余剰主体が存在したことを十分に認識していた。しかし福沢はこうした明治以前の商人階層は「ただ富を欲して富を致したる」ものであり、「富のほかに貴ぶもののない人間であり、「その品性の鄙劣にして敢為の気象なきは、真に賤しむに堪えたるものなり」(259頁)として人格的にすら否定する。もちろん福沢は資金不足主体である士族など治者階級についても批判的であるが、その場合はこうした階層は「あえて事を為すの気力に乏しからず、ただ如何せん理財の一事に至ては」不得手であったとして、そのあえてリスクをとるという優れた才をたたえつつ、かばう姿勢をとったのである。

福沢の資産保有者ないし富者に対する基本的な考えは、私有財産の蓄積が自己目的とされてきたことを否定し、今後はそうであってはならないという点にあり、この見解は終生変わることがなかった。もちろん福沢の意図は資本主義社会のインセンティブ・システムの根本である富の追求の効果を否定することにあるのではなく、私有財産は国財として公共目的に役立つ点に重要な意味があるという点にあったのである。1896年（明治29年）に刊行された『福翁百話』では、数項目にわたって次のように富豪の役割を論じている。（i）一国の文明は国民の資力に依存するのであり、一切の私財は国力の根源として意味を持つ。国民は利潤の追求と富の蓄積を軽視してはならない（第76話）。（ii）いまの不完全な文明世界では、[42]富豪は対外商戦を通じる立国の根本をなす。富豪の経営に敬意を表すべきである（第65話）。（iii）私有財産の効力は単に貧苦を癒し心身を安楽にする点にあるのであり、必要以上に金銭蓄積に快楽を覚えることは適切ではない（第75話）。無学・無能・無仁の熱財者ほど困惑するものはない（第68話）。

こうした福沢の財産観は西洋的な財産観とは大きく異なる独特なものと見えるかもしれない。ポーコックは西洋における財産観を法の視野に立ったジュリスティック・ヴューと、ポリスの公民的な視野に立ったシヴィック・ヴューの二つに分類する（Pocock 1985、邦訳197—234頁）。シヴィック・ヴューはアリストテレスに始まる市民の徳につながる財産観であり、財産は道徳的・政治的現象として善き生すなわち本質的にポリスにおける公民的な生活を送るための必要条件とされる。財産を保有することで初めて、市民[43]は徳にかなう実践に自律的に参与し余暇を享受しつつ善き生を送ることができると考えられていたのである。こうした考えはイギリス革命期には、ジェームズ・ハリントンの『オシアナ』（Harrington 1656）において、徳と富の両立を適切に行うことにより望ましい統治システムを構築すべきであるという形で主張された。歴史の教訓としての「古代の深慮」は、国家の制度は権威すなわち徳による支配の必要なことを教えてくれる。すなわち、精神に属する資質である徳を所有するものが権威を持たねばならない。他方ポジティブなメカニズムとして権力は富とくに土地に依存するのであるが、徳の涵養もまた富、したがって土地に、規定される。それゆえ、これらの諸関係を組み込んだ上で、権力と権威が一致するようなシステムができ上がれば国家は制度として安定する。言い換えると国家のシステムは、富と徳の調和、したがって権力と権威の調和をもたらすべく構築さなければならない。このことは国民に公共の利益への奉仕や戦士としての勇気・節制などの徳を備えさせるべく富と徳の基本である土地を適切に配分すべきであることを意味する、というのである。[44] こうした観点からハリントンはピューリタン革命後の混乱するイギリスにおいて、人口の約1％に当たる5000人の土地持ちのジェントリーが支配する政体を新たな秩序として構想した。

ジュリスティック・ヴューはアキナスに始まり、ロックそして、ヒュームとスミスにより引き継がれた財産観であり、人類ないし人間の生存と繁栄のためには、財産所有権の確定によるインセンティブ・システムが必要である、法により保護確定された所有権の体系がなければ、交換と取引を通じる蓄積は生じないという考え方である。アキナスは共同体所有の下では労働への確かな刺激も共同体内での紛争に当たっての調整手段もないことから、個人的財産所有は自然法に対立しないと考える必要があると主張していた。ロックは神の栄光のために尽くすというピューリタン的意識から神の意思としての人間の保存、したがって財産の所有が正当化される、と考えた。これに対し宗教の支配の低下した時代のヒュームやスミスは、財産権は自然的にその必要と効用から合理的な制度として歴史的に生成してきたとした。[45] すなわちヒュームは、財は希少であり、人間がその希少性を克服するためのインセンティブ・システムを持つためには、獲得した財の個人的所有を認めるしかないとした。スミスは、自然の恵みの限界すなわち希少性の下でも、人間相互の慈愛に限界がないならば所有権は不必要かもしれないが、慈愛には限界があるから所有権の法的保護が必要であるとした。またスミスはさらに、人に慈愛的たれと強制することは法の仕事ではないから、自然法の下で分配的正義を正当化することはできない、法による所有権の保証は交換的正義の下での市場機能の効用の観点から正当化される、と主張した。

こうした西洋ないしイギリスにおける財産観と福沢の財産観はどのような関係にあるのであろうか。まずシヴィック・ヴューについてはどうであったろう。福沢の議論には、国民一人一人が一身の独立を図ることによって最終的に国家の独立を確実なものにせねばならないという、当時の指導者の焦燥感にも似た思いが感じられる。この観点から福沢は、財産の蓄積は突き詰めて考えると公共のため国家のためであり、そのことを理解した上で蓄財に励むべきであると論じた。これは明らかに明瞭なシヴィック・ヴューである。アリストテレスは善を、富や名誉からなる外的な善、健康や優れた容姿からなる身体の善、勇気・節制・愛知（哲学）などからなる魂の善の三種類からなるものとみなし、これらのうちで「外的・身体的な善は魂のために望ましい、だれでも魂のためにそれらの善を望むべきでその逆はありえない」すなわち最高の善として優先されるべきは魂の善（徳）であると論じた。[46] こうした財産保有者の公共的行動の議論は、まさに福沢における財産の公共性の概念に対応していると言えよう。

次にジュリスティック・ヴュー的な財産権論は、啓蒙家として市場経済システムの有用性を説いてきた福沢の是認するところであったであろう。少なくとも個人が私的な資産所有を保証されその下で利潤極大化などの最適化行動をとることで、「見えざる手」による短期的な資源の最適配分が実現されることとは、福沢が繰り返し説いたところであり、多くの福沢研究者が指摘してきたところである。[47] しかしながらダイナミックな経済発展のメカニズムに関しては、話はかなり別のように思われる。ロックは明らかに社会のリーダーとしてのジェントリーなどの資産家による投資の最適配分がイギリス経済の発展をもたらすものと信じていたし、ハリントンにおいてはそうした資産家の行動が徳性ある健全なイギリス社会の構築の要であると考えていた。これに対して、福沢は財産所有者による私的な投資配分にほとんど期待してはいなかった。言い換えると資産家による自己（およびその子孫）の消費効用の極大化が社会の繁栄に直結するものとはみなしていなかった。『文明論之概略』における資金余剰主体の行動分析で見たように、その私的な行動は資金不足部門である賢明な政府の判断の下にゆだねられるべきであったとされている。明治以前の政府は浪費的で必ずしも賢明ではなかったが、それでも適切なリスクテイキングの意欲は保持しているとみなされていたし、明治以降の財産家に対しては公共の義務を意識すべきことを繰り返し説いてきた。第二に、民間の資金余剰主体による資源配分に関しては、それを公共的精神に基づき運用すべきことを説くとともに、主たる投資先は人的資本への投資である、というのが福沢の基本的な主張であった。すなわち、通時的消費の最適配分の視点から所得の現在価値を最大化させるべく各種産業企業へ資産を配分することは必要ではあるが、それ以上に重要なことは教育研究への投資により日本経済の人的資本を向上させるべきであるというのが福沢の基本的な主張であった。資産保有者による資源配分機能を所与として、私有財産は人的資本に振り向けられるべきであると論じたのである。

人的資本

福沢は、財産は自己目的的な蓄財によって形成される傾向が強いだけでなく、その「大半は、浮世の巡り合わせに首尾能く相投じた僥倖の賜」（『福翁百話』第66話、福沢諭吉1896、166頁）として得られるものであるとした上で、新しい社会では智恵ないし人的資本の格差として所得と財産の格差が決定されると考えた。

福沢がこうした考えに達した理由は、西洋と日本の生産力・財力の差は国民の知識の差にあるという認識にある。この考え方は、『文明論之概略』第6章で示されたものであり、ここで西洋と日本の差は知識のレベルに主として起因することが論じられている。すなわち、社会全体の精神発達という意味でのマクロ的な文明の格差は、徳義と智恵の発達度に依存するが、このうち智恵は徳義に比べて、個人の蓄積の社会に対する外部効果の大きいこと、変化の余地の大きいこと、操作性のあること、蓄積性のあることなどの点で、社会間で格差が生じやすいという性質を持つ。日本では徳義の点では西洋に大きく劣っているわけではないが[48]、智恵では大きく水をあけられている、精神発達の程度には限界がないのであるから、この点の改善が急務であるとされる。18世紀イギリスで中心的議論となった徳と富の関係・格差の問題は、明治日本においては、少なくとも福沢においては智と徳の問題としてとらえられたのである。

福沢は、知識の蓄積には強い外部性があることを認識していたが、その問題を認めた上で、この智恵ないし知識水準のマクロレベルの格差の認識は、ミクロの個人レベルでの知識水準の格差にも及ぶと考える。その結果が（執筆順序では逆であるが）有名な『学問のすすめ』（福沢諭吉1872―1876）の主張につながると考えられる。すなわち「天は人の上に人をつくらず人の下に人をつくらず」であり、それぞれの個人は生まれながらにしてすべて平等であり「貴賤富貴の別」はないが、「ただ学問を勤めて物事をよく知るものは貴人となり富人となり、無学なるものは貧人となり下人となる」（11―12頁）とされるのである。

福沢による人的資本の重視は、資本家対労働者という階級対立の無視ないし鈍感さと見ることもできるが[49]、日本の鎌倉期以後の求道主義の下での人的資本の蓄積の歴史を踏まえた卓見であると考えることもできよう。このことはまたイギリスの名誉革命体制を支えたジェントリーが国内の土地の大きな部分を保有する資産家階級であったのに対し、日本の明治維新を行った士族が単に藩主の徴税権に基づく家禄という形の給与所得者であった、という近代社会への移行の中心的な推進主体の相違にかかわる問題でもあった。土地を含めてほとんど資産らしい資産を持たない士族とくに下級士族にとって、唯一頼れるのは人的資本の蓄積であったのである。福沢は『学問のすすめ』を民間の読本ないし小学の教授本として書いたとしているが（46頁）、そのメッセージは士族階級一般[50]に向けられたものと見ることもできよう。福沢は士族が「数百年の教育」（『時事小言』、福沢諭吉1880─1881、201頁）にわたって蓄積してきて、遺伝子ともなっている能力としての人的資産に強い期待をかけていた。「遺伝の教育の血統を今日において断絶するは……天下の大計に不経済」でしかないと言うのである。士族が文学や政治家ら実業に着手し企業家精神を発揮しつつあることに注目して、『時事小言』では「将来日本の殖産は士族がさきがけをなしたということになろう」（福沢諭吉1880─1881、109頁）と述べ、その数年後の『実業論』（福沢諭吉1893）では「今日の実情……実業社会の全権はついに士流学者の手に帰すること復た多疑うべからず」（309頁）とまで述べてその予言の的中したことを確認している。もちろん福沢の士族に寄せる期待にはアンビヴァレントな面があり、『文明論之概略』では封建制下の「権力の偏重」の下で気力を失った側面のあったこと、理財の運用においては浪費に傾きがちであったことなどの批判を行っていることは先に述べたとおりである（福沢諭吉1875、236頁など）。

他者とのかかわり

福沢の期待した個人像は、よく実学を学び自己の生活基盤を固めた上で国家独立への貢献を為す個人であり、そうした個人の基礎は学問による智の蓄積にあった。福沢において学問ないし智の蓄積は、単に私的便益と公共のためになる富の蓄積をもたらすだけでなく、個人に国際社会に伍していくに必要な資質を与えるものであった。第一に智の蓄積は敢為の勇力を生み出す。すなわち智恵が進み自然のメカニズムが分かればそれに応じて、万物の性質を調べ、それを操作し、人事についてもそれを探求するための勇力が出てくる（『文明論之概略』福沢諭吉1875、172頁）。第二に智力が発生すれば自らをよく支配し、他者の恩恵に依存することが少なくなる。また智恵に基づく資産の蓄積も個人の独立を助ける（174頁）。

福沢の個人主義論とりわけ他者とのかかわりに関する議論もこうした人的資産の向上の視点から読む必要がある。『文明論之概略』では、西洋では諸説の並立の後、合一して、諸説の「平均」を得ることで諸人の自由を保障しているとの議論がある（第9章「日本文明の由来」の項）。有名な「自由は不自由の際に生じる」という言葉の出てくる節であり、ここで福沢はこの意味を「文明の自由は他の自由を費やして買うべきものにあらず、諸の権義を許し、諸の利益を得さしめ、諸の意見を容れ、諸の力を逞うせしめ、彼我平均の間に存するのみ」（208頁）と説明している。丸山真男（1947）はこの個所を「自由と専制との抵抗関係のうちに自由がある」（93頁）と読み、ここでの「自由」を権力による干渉に結び付けて理解しているが、そうした専制権力との関係でこの部分を読む姿勢は今や、やや古いのではないだろうか。この部分を含めて福沢の自由論は個人の内部の柔軟な心構えの問題であるように思われる。松沢弘陽（1993、326頁）の『文明論之概略』には専制権力と抑圧された自由という視点からでなく人間本性論の側面があり、他者との交際における「気風」を論じるところに一つの目的があると見る必要がある、という指摘はこの意味で一考に値する。そうした「気風」の醸成のためのキー概念が智恵であり、人的資本の涵養である、のであろう。

結論的に言うと福沢の他者論は、他者に対する寛容な姿勢も智恵の蓄積の上に可能になるということであり、学問による人的資本の陶冶がそうした他者への寛容さ、したがって自由な社会の建設を可能にする、と主張しているのである。

インヂヴヰヂュアリチ・独一個人の気象論[51]

福沢は個人の資質として敢為すなわちあえてリスクに挑戦する能力を重視しているが、他方で個人の独創性ないし個性についてはほとんど言及していないことにも注目する必要がある。

個性の問題はJ・S・ミルがその『自由論』第3章で取り上げたものであり、フンボルトの説くドイツ・ロマン主義を参考にしつつ、イギリスの社会で個性・インディヴィデュアリティが重視されていないことを嘆いた経緯については、前章で述べたとおりである。こうした現状をミルは、「集団的凡庸」と表現し、その原因として、世論の動向が個性の明瞭な発揮に不寛容であること（世論の専制）および大衆が定められた行動規範に全員が従うという傾向を強めていること（慣習の専制）を挙げている（Mill 1859、邦訳155―156頁）。その結果ミルは、イギリスの偉大さは集団の力によるのであり、個人の力は弱く組織力のみに頼ることになっている（152―153頁）と総括したのである。

こうしたミルの個性論と比較するとき、福沢の『文明論之概略』（巻の二第5章）における議論は驚くほど対照的である。福沢はこの章で一国の智徳の程度を示すものとして、衆論すなわち社会の支配的な世論を挙げて、その性質に関して二点の留意すべき点を指摘している。第一は、衆論の力は必ずしもそれに賛同し支持を表明する人数の多寡によるのではなく、それにかかわる人々の智力の分量によるということである。この例として福沢は廃藩置県を挙げ、これが成就したのは、極めて少数の志あるものがその智力によって衆人を圧倒したためであるとする（福沢諭吉1875、111頁）。第二の性質は、世論の形成には人々の智力を結合する仕組み（習慣）が不可欠であるということである。西洋では人々は必ずしも智者だけでないが、その集団的な動員が巧みであるのに対し、日本では「仲間を結び」、人々の智力を結合・動員する方法が極めて稚拙である（115頁）。東洋の人は、智恵に不似合なる銘説を唱えて、不似合なる巧を行うものなり。結論的に福沢は「西洋の人は、智恵に不似合なる、拙を尽くす者なり」（115頁）と断じ、このためには適切な仕組みを習慣の形で作り上げる必要があると説くのである。要するに、福沢によれば、日本には十分に個性的で智力に富んだ個人が居るのであり、日本において欠けているのはそれらを集団的に協働させる仕組みである、ということになる。こうした福沢の発言は、丸山真男（1986）などにおいてほとんど無視されてきたこともあって（中）121頁）、いままで注目を惹くことがなかったものであるが、改めて考えると驚くべき重要な識見と言うべきではないであろうか。第1章以来の我々の議論に引きつけて考えると、日本の歴史的発展過程においては、日本における個人の特質は求道精神に基づき各自独自の世界観人生観を見出しつつ人的資産の陶冶に努めてきた点にあるのであり、経験主義とピューリタニズムの上に従順で相似的な人間観に基づく発展を行ったイギリスとの違いがここにある。この点を福沢は十分正確に把握していたと思われる。

『文明論之概略』は明治8年に刊行されたものであるが、その四年後の明治12年に福沢は『民情一新』（福沢諭吉1879）を刊行して19世紀における西洋に対する痛烈とも言える批判を展開した。すなわち、19世紀の西洋文明は産業革命の下での蒸気機関、電信、印刷、郵便といった通信交通手段の飛躍的発展により、人々の間の情報交流と地域間交流のコストを飛躍的に低下させたため、突如として膨大な大衆が政治に直接関与する事態を生み出した。ストライキ、チャーチズム、ソーシァリズムといった新思想の急激な普及に伴う大衆運動は、西洋諸国を「驚愕狼狽の状況」に追い込んでいると指摘したのである。福沢自身の目的は、こうした新情勢に対処するにあたっては専制政治による抑え込みは適切でなくイギリス的な二大政党によるスムーズな政権交代を伴う政治システムの採用を勧めることにあった。それにより過度の西洋かぶれした西洋盲信的学者論客の目を覚まさせ、また来たるべき国会開設に備えるための心構えを論じることにあった。しかし『民情一新』のトーンは大きな反発を呼び起こし、あまつさえ『文明論之概略』との思想的整合性さえ問題にされたのである。

しかし『文明論之概略』自体、西洋的要素の厳しい姿勢での批判的摂取を目的としたものであり、決して『民情一新』と思想的に非整合なものではない。すなわち『文明論之概略』は「ヨーロッパの文明を目的として議論の本位を定め、この本位に拠って事物の利害得失」（29頁）を論じることを内容とするもので、決してヨーロッパの文明の無批判な模倣を意図したものではない。かつて丸山真男（1947）が指摘したように「福沢においてヨーロッパ文明の価値はただ相対的にのみ容認された」（1047頁）のであり、「ヨーロッパ近代文明の妥当性は福沢において上下二つの括弧によって相対化されていた」（77頁）、すなわち第一にヨーロッパ文明の採用は常に日本の対外的独立の確保という当面の目標によって制約されたし、第二にヨーロッパ近代文明は、文明の現在までの発展段階における最高のものでしかない、という歴史性において制約されていたのであった。この意味で「『文明論之概略』とその前後にあらわれた福沢の西洋「心酔」への批判と日本の「文明」化理論への自前の理論の模索は『民情一新』や『時事小言』まで連続している」とする松沢弘陽（1993、351頁）の評価は極めて妥当である。また丸山真男（1947）の、福沢は産業革命後のヨーロッパにおいて「膨大な「大衆」の登場が不可避となったゆえんをすでに明治十五、六年の頃驚くべき鋭利な眼光で洞察」（107頁）したという評価は、例によってあまりに文学的であるが決して的外れではない。[52]

しかしながら丸山真男は、1986年に刊行された『「文明論之概略」を読む』（丸山真男1986）では一転して、『民情一新』と『文明論之概略』の非整合性を指摘し、『民情一新』にロジカルに接続しないがゆえに、『文明論之概略』は未完の大作と評価すべきであり、福沢は『民情一新』で示した新しい問題意識を取り入れて『文明論之概略』の改訂版を出すべきであったと論じたのである。問題はその理由である。多少長くなるが引用しよう。

「『概略』においては、近代ヨーロッパどころか、古ゲルマン「蛮族」にまでさかのぼる長い伝統を背景にした「一身の自由」「不羈独立の気象」「インヂヴヰヂュアリチ」というヨーロッパ文明の精神は、たとえどのような困難がそこに横たわろうとも、私たちが習慣の養成を通じて獲得しなければならない課題であったはずです。ところが対象を「千八百年代に至りて一面目を改め、人間世界を転覆した」最近の事態にかぎり、そこに「議論の本位」をおいた『民情一新』においては、近代ヨーロッパがモデルにならないのみならず、「此の日本のことを判断するに、今を去る六百五十年の英国を持出し（中略）『マグナカルタ』に調印し（中略）次第に人民の自由を得たるが如き、緩慢至極の沿革を論」ずるのは「畢竟無益の空言」にすぎない、とまで極限しています。」（丸山真男1986、（下）325—326頁）

新しい現状認識に立って書きなおすべきだということは、それだけの労力を払う必要があるか、ということは別にして、言うことは批判者の自由である。しかし問題はその方向である。丸山の主張には、「一身の自由」「不羈独立の気象」「インヂヴヰヂュアリチ」を摂取することの必要性が『文明論之概略』

において説かれているという基本的な前提がある。しかし本当にそうか、ということがクルーシャルに重要である。以上の議論で詳細に論じてきたように、日本の現実では国家対民間の意味で「権力の偏重」という気風の払しょくが必要であるというのが福沢の基本的主張であった。しかしそのことと、ミルなどの主張した個人と他者ないし世論との関係における「一身の自由」の問題や、個性にかかわる「不羈独立の気象」、「インヂヴヰヂュアリチ」の問題とは全く異なるということが福沢の認識であったのではないであろうか。日本人は個人的には個性的で賢明であるが、集まって集団行動をさせると下手であるというのが、福沢の判断であったのであり、ミルの「集団的凡庸」というイギリス人観とは正反対のものであった。また丸山にとっては明治維新後の天皇制国家による個人的自由抑圧が最重要の問題であったが、福沢が問題としたのは封建制下の「権力の偏重」の人民の気風への影響であり、彼には明治の天皇制が引き続き「権力の偏重」をもたらしているとの認識は全くなかったと思われる。この意味で、丸山のこの主張は、個人対他者の関係の問題、すなわち日本の個人主義の特質の問題を、明治以降の天皇制国家による個人の自由の規制という別の問題に置き換えているのである。福沢解釈としては、丸山の議論はおそらく間違いであろうと思われる。本書で言うような日本の個人主義の特質をおそらく丸山は気付いていなかったのであろうが、丸山の影響力の大きさからして、残念なことであった。以上要するに、丸山真男（1986）に見られる丸山的近代化論は、日本が歴史的に積み上げてきた自己実現による個性の涵養という個人主義の特質を、明治以降の天皇制支配の問題にすり換えることにより、結果的に無視してきた、という強いバイアスを持っている可能性があるということである。

第5章　家族の構造の日英比較史

本章では家族の構造に関して日英の比較史的考察を行い、宗教変化の見地から日本の「家（イエ）」と呼ばれる組織を発生史的に考察する。家族とは血縁を核として持つ最小の社会集団であり、家は養子などの非血縁要素をも容認して継承線を維持する家族の一形態である。一般モデル的には、家族の構造は、メンバーの物質的な効用を規定する将来にわたる所得の源泉の如何、メンバー間で共有される非物質的価値の内容によって異なり、また伝統・慣習を含む広義のルールや規制などの制度変化の影響を受けて変化する、と考えられる。日本では宗教の変化による易行化の結果として、求道行動による人的資本の蓄積と継承が社会経済的に大きな意味を持つようになり、これが家族構造の変化の一般モデルにおける将来の所得の源泉としての手持ち財産の構成に影響を及ぼした。このことが日本とイギリスにおける異なる家族構造の出来ないし日本の家の形成をもたらした、というのが以下でわれわれが提示する仮説である。

まず家族構造に関する一般モデルを規定する物質的効用、非物質的価値およびルールや規制の意味の検討から始めよう。物質的効用の点からは、家族は消費主体であり、その行動目的はその成員とそれらの子孫の生存の確保となんらかの意味での善き生の実現（消費効用の享受）にある。[1] こうした生存のあり方は個別の家族によって異なるであろう。裕福で労働をさほど要しない余裕を持った生存形態もあれば、食べることに精いっぱいの生存もあろう。しかしその差異はここでは所与としておき、代表的な生存形態に注目する。いかなる形であれ、生存のためには、保有する財産すなわち土地や動産などの有形資産、家業や官職・地位などの無形資産、あるいは技能や職能などの形の人的資本などの各種資産から生み出される所得がなければならない。家族はその所有する財産を有効に利用し、その成員の物質的効用を最適化するとともに、成員の構成の将来経路と、成員と子孫への財産の継承にも配慮しなければならない。他方でまた、家族の構造は非物質的価値の共有によっても影響を受ける。全能の神の栄光への奉仕を目的に形成されたキリスト教の信団は時に家族の解体につながる効果を持ったし、道を究めるという求道の精神が異なる世代に受け継がれるとき人的資本の継承の必要から家族構成が影響を受けることもある。

生存のための財産の管理は、物質的効用や非物質的価値の共有に関するインセンティブのあり方とともに、家族を取り巻く経済社会における財産管理行動にかかわるルールや規制にも強く依存する。家族の場合、物質的効用共有において最も重要な働きをしたのは、古来、血族・同族の意識であった。先史ないし古代社会においては、家族はこうした血縁にかかわる集団的な物質的利害にかかわる意識の強い支配下にあったと考えられ、そうした意識の漸次的弛緩が家族構造の通時的変化をもたらしてきた。これに加えて、財産管理行動における、ルールや規制が大きな影響を持った。第一は財産の移転を贈与や市場取引により可能にするルールや規制である。個人間の贈与とともに市場取引による移転がどの程度可能かは、財産を構成する各種の資産にかかわる市場の発達度と市場機能に対するルールや規制の程度に依存する。第二に、贈与や市場取引の前提として、そもそも各種資産の所有権が確定しているか否かが問題となる。古代社会においてはしばしば氏族・血族による共同所有が原則であった。そのシステムが弛緩解体し、個人による所有権がどのようにして確立するかは家族の構造に強い影響を及ぼしてきた。また、多くの社会で家族や同族・氏族による所有の上部には王権があり、最終的には王権による所有権の弛緩解体の過程が家族の構造を確定することとなる。

さて以上の準備の下で、家族がどのようにして物質的効用を最適化するかを考えよう。われわれは、イギリスでも日本でも、家族はその物質的効用を家族の成員の生存確保となんらかの形の善き生の実現のために最適化すると仮定する。この仮定の下で、家族の構造は、家族の成員の生存確保となんらかの形の善き生の実現を目的としての財産の蓄積管理行動によって決定されるという概念的モデルで、家族構造の変化を説明することができる。財産を構成する各種資産の性質の違いや、その市場性、所有の権利のあり方によって、家族の最適化のためにとられる戦略は、両国で異なる。しかし両国の家族のあり方を規定する根本的な原理に相違があるわけではないことが、同じモデルに基づく考察が適用可能であることを示すことにより示唆されるであろう。要するに以下では、日英両国において、家族は異時点間の物質的効用の追求において通常の意味での同一の制約条件付きの最適化行動をとると仮定される。すなわち、現在および将来の利用可能な所得の制約の下で、財産の管理と成員の構成に関して通時的な最適消費を計画し、家族の生存の確保と善き生の実現を目指す行動であり、こうした合理的な最適化行動を目指す点では日本人とイギリス人はなんら異なることはないと考えるのである。

最適化行動において、現在から将来にわたる消費の可能性は、現在から将来にわたって得られる所得の現在値すなわち手持ち財産の現在の価値に依存する。最適化行動を行うことにおいて日本とイギリスは同一であるとの仮定を置いたのであるから、両国の家族構造になんらかの違いがあるとすれば、それは手持ち財産の価値の規定要因にあるということになる。手持ちの財産の価値は、厳密に言うと、土地・動産とともに現金などの金融的資産からなる有形資産から生み出される果実の現在価値と家族成員の職能・技能にかかわる人的資本および家業や官職・地位などの無形資産のフランチャイズ価値からなる。人的資本はそれぞれの人が将来にわたって獲得すると期待される労働報酬の現在価値である。フランチャイズ価値とは、特定の独占力や特権的地位を持った家業や官職・地位などが社会的に保証されており、それを相続の対象とすることができるとき、その家業や官職から将来にわたって得られる（労働報酬以外の）追加所得の現在価値を言う。以下では、合理的な最適化行動の意味ではなんら差のないイギリスと日本の家族が異なった家族構造を持つのは、この家族の所有する財産の構成が相異することとそれぞれの資産の価値を規定する市場性や所有権のあり方にかかわるルールや規制の違いによる、ということが論じられる。ちなみに、非物質的価値の違いの問題は、以下で家族構造の古代的初期条件を検討することにより、両国の間にさほど差異がないと見られることから、議論の簡単化のためにも、捨象することとする。また人的資本のもととなる労働報酬は、一般的な技能を用いた労働の報酬とともに官職・家業などの組織特殊な技能を用いた労働の報酬からなる。官職や家業がフランチャイズ価値を持つ時、官職や家業から生じる報酬は、組織特殊な労働報酬とフランチャイズ価値から生まれる所得の和であるということになる。

さて、中根千枝（1970）に従って、家族構造の基本的理念形として以下の三種類の形態を考えよう。

A：一組の夫婦とその未婚の子供からなる小家族。この形態では、結婚した子供はすべて両親から独立し、別の新しい家族を構成する。

B：一組の夫婦とその未婚の子供および既婚のすべての息子の家族からなる大家族。この形態の家族では、結婚した娘は両親のいる家族から離れるが、息子はすべて残り妻を迎え入れる。[2]

C：一組の夫婦と未婚の子供および既婚の嫡男からなる直系家族。この形態では、結婚した娘は両親のいる家族から離れ、息子も家長の後継者である一人（嫡男）を除いてすべて結婚すると両親のいる家族から離れる。[3]

Aは最小の家族形態であり、いわゆる核家族である。家族規模ではCがそれに次ぐ。Bの形の家族形態は大きなグループを形成する可能性がある。

この分類によると、イギリスの近代における家族はAの小家族である。かつては産業革命以前のイギリスの家族は大家族であったと考えられていたが、以下で見るように、ラスレット（Laslett 1965）により少なくとも教区記録の研究が可能な1538年以降の家族は小家族であることが明らかにされ、さらにマクファーレン（MacFarlane 1978）はそうした特色が12世紀までさかのぼれることを示そうとした。

日本の家族はほぼ中世以降はCを基本型とする。定義的にはCの形態の家族はA、Bと同じく血縁集団であるが、実態的には嫡男となる息子が血縁関係にある実子でなく養子または婿養子であることがしばしば生じ、この場合の日本の家族はいわゆる「家」に等しい非血縁者を許容する集団となる。中根は「家」を、「父—息子という継承線を基盤として存続を前提とする家族構造」（中根千枝1970、109頁）として定義し、いったん設立された家はその成員の交代にかかわらず永続性を前提としてそれ自体が不可分の社会組織の核となると主張する。日本の家族はその存続性・永続性を重視する時、養子・婿養子という非血縁的要素の導入が不可避となり、構造的には非血縁性を許容する家制度となるのである（431頁）。

この点を中根はB型と比較して、「前者（B型）においては兄弟の連帯が強調され、そこに構造的特色があらわれるのに対し、後者（C型）においては、父—息子（一人）の継承線にその構造の特色がある。抽象的にいえば、一方はヨコの原理であり、他方はタテの原理である。したがって前者は家族集団の拡大を志向し、後者は拡大ではなく、むしろコンスタントであり、存続を志向している」（35頁）と論じている。

日本のC型ないしその実態的形態である「家」が、国際比較史的にはかなり特殊のものであることに注意せねばならない。中根は「このような〝家〟の継承という徹底した家族制度をもった社会というものを私はほかにみいだすことができない」（110頁）としている。またヨーロッパにおいてフランスでは少なくとも18世紀まで patriarchial family という大家族が存在したし、ロシアでは19世紀中葉まで、オランダでは最近まで大家族制が存続していた（32頁）ことからすると、イギリスのC型の家族制度も必ずしもヨーロッパに普遍的なものであったとは言えないことにも注意が必要であろう。これに対してBの大家族制は、広くユーラシアの各地に見られる。中根はインドの諸族を典型的なものとして分析しているが、インド以外にもバルカンの諸社会、ギリシャ、アラブ諸社会、トルコ、イラン、ハンガリー、ウラル・アルタイ系諸民族、漢民族、満州族などに見られるとしている（36頁）。

以下では、なぜイギリスの家族構造がA型となり、日本の家族構造がC型となったかを、家族の同一の最適化行動をとるという仮定の下で、主として所得源泉である手持ち財産の構造とその市場性や所有権の違いの観点から説明することを試みる。イギリスでA型の核家族化が進展したのは、家族資産に占める人的資本が高い市場性を持っていた一般的技能からなるものであったこと、それに関連して労働市場が極めて早期に発展したことによっている。家族はその最適行動の結果として家族構造を労働市場の需給状況に応じて弾力的に調整した。日本では、早くから家族資産に占める人的資本とくに家業や官職に付随する特殊な技能にかかわる人的資産のシェアが大であった。特殊な人的資本は市場性が低い。このためそうした人的資本の家族による継承の必要性が家族の最適化行動において大きな制約となり、一般的技能にかかわる労働市場の需給は家族構造にさほど影響を及ぼさなかったと見られる。とくに家族特殊な人的資本の継承に便利な長子に関しては労働市場とのかかわりが小さく、このためもあって日本では（次章で論じるように）商品市場の発展に比較して労働市場の発展が遅れて展開した。要するに、日本の家族構造がC型となったのは、家族の手持ち財産における、家業・官職に基づく求道的な技能形成にかかわる特殊な人的資本のシェアが大であった、ことによるものであり、日本人が、A型のイギリスにくらべて、集団志向的な性向を持っていることによるものではない、というのが本章で得られる結論である。

第1節　イギリスの家族

イギリスの家族構造がかなり以前からA型のいわゆる核家族であったというラスレットの主張はおお

よそ次のような事実発見に基づいている。

（ⅰ）1622—1854年の間の64の集落の家族構成を見ると、両親（または片親）とその子供からなる単婚家族所帯の割合は71・9—72・1%と極めて高い。結婚していない親戚を一人以上含む拡大家族所帯は10・9—11・9%、お互いに親戚である二組以上の夫婦を含む複合所帯[4]は4・1—4・1%であった[5]。

（ⅱ）同じデータで、一世代所帯、二世代所帯、三世代所帯の割合はそれぞれ25・1%、69・2%および5・7%であった（Laslett 1965、邦訳134—145頁）。

（ⅲ）イングランドとウェールズの16世紀後半から19世紀の最初の10年までのデータによると一所帯あたりの家族数は、変動を示してはいるものの趨勢的には一定で、ほぼ平均的に4・75人であった。

ラスレットは（ⅰ）、（ⅱ）の数字を17世紀のドイツ、18世紀のイタリア、19世紀初めのロシアのデータなどと比較して、イギリスの家族構造では単婚家族所帯の割合が極めて高く、かつ一世代と二世代所帯の比率が高いという特色を持つと主張し、このことからイギリスが過去において大規模所帯の形の家族構造を持っていたという一般的な見方を否定した。また（ⅲ）の事実から、家族構成員数がトレンドとして低下したという傾向はないとして、家族構造の変化に一定方向の時間軸上の趨勢すなわちトレンドがあるという通説を批判した（Laslett 1972）。この4・75という数字は若干大きいように見えるが、ラスレットは、これはサーバント（奉公人）を含むことによっているのであり、実際の血縁にかかわる家族構成員数はかなり小さいはずであるとした。たとえば1754—1826年の100の集落における家族構成員数ごとの所帯の分布を見ると、1—2人は7・2%、3—5人は39・0%であるのに対し、6人以上の所帯は53・8%に達しているが、これは富裕なヨーマン、ジェントルマン、ナイト、準男爵、主教、貴族などが多数のサーバントを雇用していることによるものであることを明らかにしている（Laslett 1965、邦訳132―133頁）。[67]

ラスレット自身はこうした家族構成の16、17世紀以来の不変性がどのようにして生じたかに関して十分な説明を与えていない。ただ彼の研究が家族構成員数に関しては16世紀半ば以降、家族の所帯構成に関しては主として17世紀半ば以降の時期のみにかかわっていることは、彼の主張する不変性命題の限界を示していることは確かであろう。すなわちこの時期は、古代から封建制時代にかけてのマルサス的な食料制約の存在を前提として行われた家族の生存のための最適化行動としての家族構成の変化が、農業革命によるマルサス制約からの脱却によってようやく安定化した時期に当たっているからである。ラスレットの発見は、真に説かれるべき問題は16世紀以前にあるということを示唆したものであると評価することもできよう。

マクファーレン（Macfarlane 1978）はラスレットの指摘した家族構造の不変性が黒死病期（1349―1350年）以前の13世紀にまでさかのぼることのできるものであると主張した。マクファーレンの主張のエッセンスは、13世紀以後のイギリスにおける土地保有が個人を単位になすことが可能な慣行や法制度になっているという制度上の特質の指摘にあった。すなわち伝統的な東欧などの農家では、土地は集団のメンバー全員による共同保有であり、相続にはメンバーの同意を得る必要があるという土地の「小農的所有形態」が残存していたが、イギリスではこうした慣行がないというのである。すなわち黒死病期以後の1350―1750年の時期については、自由保有農では、相続人である子供の同意を得ることなく両親は土地を譲渡しえるし、謄本所有農については領主の占有権を返還することで子供の相続権を無視することができる、という慣行を指摘し、さらに封建制の下での長子相続が一般的に行われた事実は、土地が分割相続のように共同所有でなく個人の占有物となっていたことを意味すると主張したのである。また黒死病期より前の１２００―１３４９年の期間についても、自由保有農には１３５０年以後と同様な慣行があり、慣習保有農についても両親は遺贈の自由を持っていたとして、相続人の権利やその他の家族メンバーの生得権を主張するホーマンズ（Homans 1941/1960）などの議論を否定しようとした。[8] ちなみにマクファーレンはこの意味での土地の小農的保有がないことを個人主義と呼んでいる。すなわち彼は、土地の所有権が代々の家族によって共有されている中世東欧に見られる家父長的拡大家族（単系親族集団）を「小農」（peasant）と呼び、13世紀のイギリスではそうした「小農」が見られないことを証明しようとしたのである。彼による「小農」の不在とは、土地の所有権が一族の共同所有という条件を満たさないことを意味する。言い換えると土地を特定の家族に相続したり、他者に譲渡するときに、一族全体ないし子供たちの承認が必要とされる社会は「小農」的であり、そうでない社会は「小農」的でなく、したがって個人主義的であると主張するのである。もっと簡単に言うといわゆる総有制がない社会がマクファーレンの言う個人主義的社会であるということになる。

　マクファーレンの主張は主として各時代の土地の相続や移転に関する慣行や法制度を指摘する形で提示された。すなわちそれらのルールの下で実際の相続や移転がどのように実行されたかについての十分な実証を伴うものではなかったために、[9] 多くの批判を生んだ。その後の研究では、人々がこれらのルールの下で極めて弾力的に最適化行動を行ったこと、したがって現実に起きたことは、所与のルールという条件の下での内点解であったこと、言い換えれば直接にルールが行動を規定したのではなく、ルールの範囲内で柔軟な調整行動がなされたことが次第に明らかにされており、マクファーレンの主張は実証的には必ずしも十分な裏づけを得ていない。また、彼が指摘した13世紀における労働や土地市場の高度の発展という命題もやはりかなりの制約の存在を前提としなければ成立しないものであり、それを傍証として用いることはかなり慎重さを必要とするということも明らかになりつつある。これらの点については以下で順を追って吟味したい。

1　初期条件

極めて単純化して言うと現在のイギリス社会は、紀元前7世紀ごろから2世紀末までの間に移住してきたケルト人の文化を基礎にして、途中ローマによる支配と撤退をはさみながら、5世紀から7世紀にかけて移住してきた北ゲルマン系のアングロ・サクソン人によって形成されたものと考えることができる。ローマ人によるイギリス（ブリタニア）の征服はガイア地方（北フランス）やイスパニアのような徹底したローマ化を生ぜしめることはなく、ケルト社会の基本構造が尊重されたと言われる。[10]それゆえ以下の議論の前提となる初期条件として、ケルト社会と1066年のノルマン征服までの（すなわち古サクソン時代の）アングロ・サクソン社会の社会構造を簡単に押さえておくこととしたい。

ケルト人の社会は、上部に領主ないし族長がおり、その下に農耕に従事するとともに戦士としての務めを果たす自由民と賦役労働を行う隷農および物として扱われる奴隷がいた。自由民と隷農は後の開放耕地制に近い形で農耕を行い、領主に対し地代を納めた。混淆した地条の上で家畜の飼育と輪作を行い、共同で犂隊を編成して耕作し、地条の割当はしばしば抽選で行われた。家屋には多くの家族が同居し、土地は共同所有ないし氏族所有であったと見られる。相続に当たっては男系親族[11]の間で均等分割相続制（均分相続制）がとられた。

古サクソンの時代に入ると、社会階層の分化が明瞭になる。社会は領主の下にケアールと呼ばれる自由民の階級と戦士ないし郷士と呼ばれる軍事階級、および奴隷からなっていた。この二階級はともに領主との間に保護と奉仕の関係を人格的契約の形で結んでいたが、この関係は戦士・郷士においてケアールよりも強く、人命金すなわち戦争など殺された時に親族に支払われる金額は戦士・郷士のほうが高額であった。また戦士・郷士に対しては領主から土地が貸与され、彼らはその土地に対して地代を支払うだけでなく、植民の義務、すなわち貸与された土地を耕作するに十分な土地保有農を定着させ経営する義務を負った。サクソン時代の初期の国家的な軍役では、ケアールが国民軍として戦闘を担当していたが、次の二つの理由から、次第にケアールは軍役を離れ、農耕専従となり、専門的軍事階級としての戦士・郷士との間に階級分化が生じた。

第一は、ケアールのなかに貧富の差が生じ、多くの土地を持ち戦士身分に昇格するものが出るとともに、土地を失い隷農となるものも出てきたことである。大部分のケアールは従来と同じく土地を持った自由民であったが、その土地は次第に均分相続制の影響などもあって狭小化し、軍事的負担に耐える収入を得ることが難しくなっていた。初期のケアールはおよそ1ハイド（約120エーカー）の耕地をそれぞれ保有していたが、古サクソン時代の末期には、1ヴァーゲイト（virgate、四分の一ハイド、約30エーカー）や1ボヴィエト（八分の一ハイド）しか保有しないケアールが一般的となっていた。

第二に北欧人などによる局所的なたび重なる侵入と戦ったり、内戦に対応するためには、国家的軍役に対応した軽装備のケアールの軍隊では不十分であり、重武装し、騎乗に堪能で、長期間の軍事的奉仕が可能な専門の軍事的従士団が必要とされたことである。こうした従士はそれぞれが軽装の従卒を従える必要があり、少なくとも5ハイドの土地を保有する必要があった。こうした階層は、国王の地方代官、伯などになり広大な土地と隷農・従卒を擁した大土地所有者として、次第に後の荘園経営者となっていった。ちなみに、１０６６年ノルマンディーなどフランス各地から来た騎士団がイギリスを征服したが（ノルマン征服）、新しい支配者であるウィリアム征服王は１０７０年全貴族に対して戦士への領地の提供による完全武装戦士の維持を命令した（Vinogradoff 1904、邦訳２７０頁）。

ゲルマン系の種族であるサクソン人はケルト人やローマ人ほどには血族関係にこだわらないと言われるが、それでも男系親族組織を基本的に形成していた（Vinogradoff 1904、邦訳１６０頁）。先に挙げた人命金は、父方の親族へ三分の二、母方の親族に三分の一が支払われる決まりになっていた。土地の保有は家族または親族によってなされた。民間保有地には、民有地と私有地の二種類があった。私有地は土地権利証書（book）の所有者の意思により処分できたが、民有地は親族の共有であり、その処分には親族全体の同意が必要であった。また相続は均分相続制であった。ただしここでの均分の意味は共同の権利という意味であり、必ず分割しなければならないということではなかった。

以上の考察は簡単ではあるが、イギリスの家族制度は初期的には血縁に強く依存した同族集団であったことを意味している。以下では、こうした封建制成立期までの初期条件としての共同体的な土地保有に基づく家族構造が、ラスレットの発見した17世紀以後におけるA型の核家族・単婚家族所帯にいつどのようにして移行したかを考える。もちろん家族構造に関する十分なデータが16世紀以前の時期について利用可能なわけでない。しかしここ40年程の間に土地などの財産の家族内の移転や家族間の移転に関して膨大な研究が、法廷資料（court rolls）や遺言書（wills）の分析により蓄積されてきた。こうした情報は、家族構造に替えて、遺産相続や生存中の相続（inter vivos transfer）などの方法による家族内移転や市場での売買などを通じる財産の家族間ないし見知らぬ人との間の移転行動を代理変数として、家族構造の変化を推測することを可能にする。すなわち各家族が子供の結婚や出産により家族構造をどのように動学的に計画していたかという問題に替えて、その一つの手段として相続に伴う土地などの財産の移転をどのように行ったかを、さまざまな条件の下での最適行動としてとらえることにより考察することがある程度できる。これにより、家族全体の生存確率ないし厚生を考慮しつつ行動したというわれわれの仮説の下で、イギリスの家族構造が同族的大家族からC型の核家族へと変化してきた道筋を推測することが可能になるのである。

時期的には、イギリスの人口が三分の一減少したとされる1349—50年（およびその後の何度かの再発を含む）のペスト（黒死病）以前の時期、ペスト以後の15—16世紀にかけての時期、17世紀の三期間に分けて考える。

家族構造の調整は、初期にさかのぼればさかのぼるほどさまざまな制約つきの最適化の傾向を強く持つ。人々が最適化を行ったさいの制約条件としては、まず第一に、土地に対する法的（ないし慣行的）な権利が問題となる。すなわち、（ⅰ）所有権とくに土地の支配権、すなわち各階層が土地に対していかなる権利（所得権と占有権などの支配権）を有していたのか、（ⅱ）土地の売り手は土地を永久に手放すことができたのか、それとも賃貸（lease, sublet）権か、（ⅲ）領主権の強さ、すなわち領主は土地の細分化となる分割などを許容したのか否か、などである。

第二に、こうした土地に対する法的な権利を所与の制約条件として、人々の家族構造に関する行動は、外部での労働市場の状況と土地を含む金融市場の発達状況に依存する。マクロ的な人口と実質賃金の動向はとくに重要であった。黒死病期までは人口は急激に増加し、他方実質賃金は低下した。黒死病期以後は実質賃金は上昇したが、人口は長らく停滞し、増加に転じたのは16世紀ころからであり、13世紀のピーク時の人口には18世紀になるまで回復しなかった（Postan 1966、邦訳566―570頁）。高い実質賃金は、家族の一部（限界生産力の小さい部分）を雇用労働に転用して、得られた賃金で家族全体の収入を増加させることを可能にするし、高い実質賃金がそれを稼得するための訓練教育費用を差し引いても持続すると予想される場合には、成人に達した子供などの家族メンバーに独立した家計を営ませる形で家族構造を調整することも可能になる。通常金融市場が発達していない状況下では、最低限の大きさの土地保有は家族の生存のための基本的条件となるが、土地の賃貸・売買を含む金融市場が発達した状況では、土地だけでなく金融資産・人的資本を含む全資産の弾力的運用が可能になり、家族の構造は弾力的に調整することが可能になる。

以下ではこうしたメカニズムを念頭に置きながら、人々の相続行動をめぐる土地市場と労働市場とのかかわりを三期間に分けて考察する。考察は極めて暫定的である。しかしその結果は、人々が家族全体の生存確率ないし厚生の最大化という意識の下で行動したという前提の下で、ほぼ黒死病の時期を境に古代的な血縁的同族システムからラスレットの見出した17世紀以後の核家族への変化が生じたことを示唆することができる。

2　黒死病期まで

所有権

封建制の下ではすべての土地は国王のものであり、領地支配権は土地の占有（使用）権とは独立に変更されうるものであった。自由保有農[12]の土地は保有農の所有すなわち占有下にあるものとされており、マクファーレンの言うとおり、両親は土地の占有権を譲渡する権利を持ち、慣習法により相続された（Macfarlane 1978、邦訳178頁）。彼らの所有権は、1170年代末から1210年代において法律的には整備されたと言われる（Campbell 2009）。とくにヘンリー2世（在位1154―89年）の下で慣習法、王室法廷、国王の任命した判事などの制度インフラが整備され、土地取引に関する実務的技能が蓄積されたため、取引コストが低下し自由保有農による土地取引は活発化した。

慣習保有農（隷農）[13]による土地取引も自由保有農にならい拡大する傾向を持ったが、しかし慣習保有農の土地は厳しい荘園領主による規制の下にあった[14]。第一に、法的には自由保有農の土地が王室法廷の管轄下にあったのに対し、慣習保有農の土地は荘園法廷の管轄下にあり、領主の監視が強く効くシステムになっていた。第二に、遺言などによる遺産相続による移転は1540年の遺言法の成立まで認められなかった。（通常、遺言を書くには領主の特別の承認が必要であった。）このため相続にあたっては生存中にいったん領主に土地を返還し、それを領主が被相続人に再貸与（regrant）するという形で遺贈がなされた。第三に、土地の分割に対して厳しい規制がしかれた。第四は、領主は権利金（entry fine）を支払う限りで定期賃貸や売却を認めたが、権利金は自由保有農に比べて高額であったから土地の売却やリースの進展は遅れた。

土地取引の制度インフラを整備したヘンリー2世とその法律家たちは、統治の基本をなす慣習保有農に対する規制には熱意を持ってあたったが、自由保有農の財産権を守ったり、その地代を凍結することに熱心でなく、このため自由保有農の土地の分割やリース、サブ・リースが進展した。とくに自由保有農が領主に支払うレント（head rent）が固定されている時は市場レント（rack rent）とそのレントの差が大きくなるので、土地のリースないしサブ・リースを行う強いインセンティブが発生した。また王たちは土地所有権と制度インフラから得られる（共有地の悲劇の回避などの）経済的利益をあまり認識していなかったとされる（Campbell 2009、邦訳99頁）。

土地市場

黒死病期以前は家族間ないし無関係な人との間の恒久的占有権の移転という意味での土地市場はほとんど存在しなかったと言われる。

第一は、自由保有農による土地の売買は、彼らの土地に対する法的権利が確定していないため、その市場としての発展には限界があり、もっぱら土地の定期賃貸（リース）ないしサブ・リースの形でのみ発達したということである。したがって恒久的な所有権（占有権）の移転は未発達のままに終わった。これはたとえば地主たる自由保有農が死亡すると、定期小作の場合の小作契約はその相続人には及ばないため、相続人によって小作権が停止され立ち退きを要求されることなどがあったためである。少し時期はずれるが、ハウエル（Howell 1983）もレスターシャーのキブワース・ハートコート荘園の土地取引を観察して半エーカー程の土地が盛んに取引されていることを見出したがそれは実際は売却でなくリースであったとしている。土地の占有権を分割して他の村民にリースする形で土地市場が成立していたのである。[15]

第二は、慣習小作農の土地は領主の厳しい規制下にあっただけでなく、この時期には農奴制が存続していたため、その土地占有権には不自由な農奴身分すなわち賦役労働の義務が付随していた。しかも農奴身分は血縁により家族全体を規定するものであった。このため、慣習保有農の土地は同じ身分の慣習保有農の間でしか取引が成立せず、都市の富裕な商人・手工業者・聖職者たちは市場に参加することはなかった。

しかしながら土地市場の発展には明確な地域差があったことがウイットルやラジによって指摘されている（Whittle 1998, Razi 1993）。領主権の強かったミッドランド地域では、慣習保有農は単独相続（息子による一括相続）の規定と耕地不分割の規定が厳格に適用される傾向にあった。[16]土地の取引はvirgate（30エーカー）で測られるかなりの単位であり、[17]土地の完全な恒久的売却には強い規制がかけられていたし、[18]家族以外の人への土地の移転は高い権利金（entry fine）が課せられた[19]（Whittle 1998）。したがって土地取引は面積シェア的には家族内での土地移転が多く、土地市場は一般的には不活発であった。また取引がなされる場合も永久的な所有権移転の形の土地売買でなく、一時的なリースが中心であった（Razi 1993）。これに対して、ノーフォークなどの領主権のあまり強くないイースト・アングリア地方では、標準的サイズに関する規定は全くなく、土地の取引単位はエーカーであり、貨幣の必要に応じて小単位の土地が活発に取引された。1エーカー以下の土地も貨幣の必要に応じて活発に売買された（Razi 1993）。慣習保有地であっても複数の息子に対する分割相続は比較的一般的に行われた。土地の移転は家族間ないし知らない人の間でなされるほうが、家族内移転より大きい傾向があった。[20]領主は権利金を支払う限りで土地のリースや売買を認めた。このため、この地方では遺産相続によるよりも市場取引によるほうが、土地の移転が大であったと言われる（Campbell 2009）。

財産の移転・相続

慣習保有農の土地は（イースト・アングリアなど一部地方を除いて）単独相続が原則であったから、土地を相続したものは一家を養う義務を持った。また実質賃金は低くしかも低下傾向を持っており、雇用に伴う賃金だけで新しい家計を持つことは不可能であった。したがって黒死病以前の社会の家族は、二世代以上の、結婚していない親戚を一人以上含む拡大家族かお互いに親戚である二組以上の夫婦からなる多核家族などの複合家族であったと見られる。

ラジによるミッドランド地方のヘイルズオウエン荘園の分析では、土地不足と人口圧力の下で狭小な土地を、いくつかの結婚により形成されたグループからなる同族集団が、共同で集約的に利用しているさまが語られている（Razi 1993）。相続の形式は息子への単独相続であったが、世襲的な土地に一族が居住するのが常であったと言われる。中心となる家の周囲にコッテイジが立てられ、そこに相続にかかわらない子供や親族が居住した。いったん土地を手放すと再び購入することは容易でないから、領主への返納（escheat）は極力避けられた。ハウエルによると、同じころミッドランドのレスターシャーの荘園では、相続すべき息子のいないときは、おじないし従兄が相続しそれでも駄目な時は養子が迎えられた（Howell 1983、邦訳41頁）。同族集団内のそれぞれの家族は通常の家計は別であったが、借金の支払いなどでは集団責任制がとられたと言われる。こうした家族のあり方をラジは機能的拡大家族と呼んでいる。

もちろんこうした傾向にも大きな地域差があり、イースト・アングリア地方サフォークのレグレイブ荘園では、小規模な土地取引がすでに13世紀において活発であり、家族間の土地の移転が頻繁に生じ、人口の移動性は極めて高かったとされる。人口の移動性の点でも大きな地域差があった。ミッドランド地方ではこの時期、人口の移動性は極めて少なかった。ラジ（Razi 1993）の分析したヘイルズオウエン荘園のケースでは、人口の移動性は著しく低く、ハウエルはレスターシャーでも１２８０―１３４０年の間村落を離れた家族はなかったとしている（Howell 1983, p.242）。ラジはミッドランドにおけるこうした傾向を、子供が外へ出ようとする遠心的な力とリスクを考えて家族内にとどまろうとする求心的な力の均衡点として解釈している。すなわち、土地から得られる所得と雇用労働によって得られる追加所得の合計が、いままで通り一族の生存を保証するだけでなく、子供が家計外に出て新所帯を持つことをも許容するか否かが、人口の移動性と人口の増加率を決定したというのである。

この点から、ラングダムとマシュールの新所帯形成の〝青信号〟の理論は極めて興味深い。彼らは13世紀において実質賃金が大幅に低下したのにかかわらず、人口が急増したのは、人々が個人的な雇用労働の実質賃金ではなく、拡大家族をも含めた家族所得（family earning）の概念に従って行動したからだと論じた。すなわち前世紀以来の人口圧力の下で食料などの物価は上昇し、他方で労働供給の増大から賃金は低下し、実質賃金が大きく低下する状況ではあったが、ローカルな商業や領主直営農場における雇用は引き続き拡大しつつあった。したがって家族としては（おそらく農業経営では限界生産力はゼロに近かったであろう）メンバーが外で雇用機会を得て、セカンド・インカムを獲得してくれれば、家族としての合計所得は増加するし、そのメンバーに対して少量の土地を分割保有させれば、賃金と合わせて新所帯を形成することが可能になるのである。この場合両親は子供の雇用労働者としての独立にゴー・サインすなわち青信号を出すことになるというのである（Langdom and Masschaele 2006）。新所帯形成により実質賃金が低下したにもかかわらず人口増が生じたのである。

事実、この時期の雇用労働者の多くは、一つの雇用からの賃金で生活を立てることはまれであり、多くは二つ以上の職業を兼ねていた。またほとんどすべての商工業従事者がいくらかの土地を持ち、農耕や家畜の飼育により生計を補充していた。すなわち「商工業における雇用は農業を代替したのではなく、農業での収入を補完したに過ぎない」のである（Britnell 2001）。小さな土地の畜産などを兼ねた集約的利用は生産性を高めたであろうし、またそれにより不安定で季節的な雇用のリスクをカバーすることができたのである。こうした労働者の技能は熟練をさほど必要としない一般的技能であり、労働市場での取引に適合したものであった。

要するに、13世紀のイギリスでは、実質賃金の低下と人口の増加が同時に生じた。個人の最適化だけを考えるとこれはありえないことであり、家族の生存のための総所得が雇用労働収入の増加によって増加するという家族の収入の観念が有効な説明力を持つのである。この時期においてすでに、イギリスの家族構造は労働市場の状況に応じてかなりフレキシブルに調整されていたことがわかろう。

法制度的に見ると自由保有農の所有権はかなり強いものとなっていたが、慣習保有農の権利はマクファーレンの言うほど強いものではなく、たとえば遺言状による遺贈は法的には認められていなかった。また農民に認められた権利がそのまま実施されたという証拠は弱く、親は子供を含む家族全体の生存と厚生を最大化すべく土地に対する権利を行使した。この時期において土地の長子相続が一般的であった。これはマクファーレンの論理では親が「個人主義的」に行動し、長子以外の相続権を奪ったことを意味するということになる。しかし実際の行動は次の二つの可能性を強く示唆している。すなわち、一つには、家族が土地などの財を家族資産として意識して〝信号〟理論の主張する労働市場の利用を含む家族全体の生存確保のための最適化行動をとっていたことによる。すなわち長子以外の子供を雇用労働に出しセカンド・インカムを得ることが家族全体として最適解であった可能性がある。家族構造は労働市場の状況に応じてこの時期からフレキシブルに調節されていた。しかしいま一つの理由として、Razi (1993) や Howell (1983) の強調する強い血縁意識がイギリスにおいても残存していたことがある。土地は近い近親者を含む同族の生存のための資産であり、その目的を果たすために長子に一括相続されたのである。長子は土地を相続する対価として一家ないし同族を扶養する義務を負った。このことをHomans（1941）的に土地への感傷的な愛着に結び付けて理解することもあながち的外れとは言えないであろう。

3　黒死病期以後近世まで

所有権

自由保有農による土地の所有権は早期に確立したが、慣習保有農に対しても王室法廷が自由保有農に与えていたのと同様の権利を与える方向で、所有権の整備が進んだ。おそらくこれは慣習保有農が王政の支えであるという認識が支配者側にあったことによるものであろう（越智武臣１９６６、第2章）。黒死病期直前の14世紀初めまでに慣習保有農の所有権の大幅な拡大が見られた。家族内の土地移転についても相続慣習によらないフレキシブルな移転方法が認められるに至った。たとえば寡婦の生活を保証するために、夫と妻が共同名義で土地の小作人となり、夫の死後は寡婦が土地の占有権を引き継ぐことができるという joint tenure というシステムがイースト・アングリア地方の荘園では一般的となったし、[21]また死に瀕した小作人が土地の遺贈を行えるデス・ベッド移転という制度も導入された（Whittle 1998, Campbell 2009）。15世紀に入ると、荘園法廷を経由しない形の慣習保有地の移転[22]がフレキシブルになされるようになり、家族関係のない人の間の joint tenure や抵当権・遺言の使用などがなされるようになった。１５４０年の遺言法により遺言を作成して相続させる権利も確定した。

加えて14世紀以降、賦役の貨幣納化が急速に進展し、また漸次的に農奴身分という個人の身分上の区別と慣習保有という小作権を区別する動きが強まり、この動きのなかで慣習保有農は謄本所有者に切り替えられた（Campbell 2009）。すなわち、荘園法廷での小作権の確認を経たことを示す謄本があれば、謄本所有農（copyholder）として占有権を主張できるシステムが整備された。このため慣習保有地を購入しても賦役労働が付随しないことから、都市の資産家や自由保有農による土地需要が増加した。また自由保有農の慣習法による地位が強まり、領主の支配権力は一般に14世紀初めから大幅に弱体化していたとも言われる（Campbell 2005）[23]。黒死病期以後、この動きはさらに強まり、14世紀末から15世紀にかけて隷農身分を逃れるための慣習保有農による大量の村外脱出の動機が生じた（Razi 1993）。遅くとも15世紀にはイギリスの身分として賦役労働の義務を負う農奴階級は消滅していたと見られる。

しかしここでも明確な地域差があった（Whittle 1998）。市場経済化の早く進展していたイースト・アングリア地方では慣習保有農は自己の選択で相続人に土地を相続できたため、事実上永久的な占有権を持っていた。彼らは土地に対する無期限の権利を市場で売買することができ、領主は地代や権利金を得ることができても、小作契約を途中で解約したり、小作人を選択したりする権利を基本的に持っていなかった。これに対して封建的・共同体的慣行の残存度の強いミッドランド地方では小作人は相続の権利を持たないため、その権利は期限付きのものであり、領主は小作人を選択し契約の延長を拒否する権利を持っていた。

土地市場と財産の移転

黒死病以後1530年ごろ（16世紀半ばごろ）までは人口の激減により土地供給の過剰状態が出現し、地価は大幅に低下した。地価の低下はまた、領主による定期借地の形での直営農地の土地市場への供給増加にもよるものであった。土地は容易に入手可能であるため、人々は土地を相続しなくてもキャッシュをもっていれば容易に土地保有者になれる状態にあった。土地市場の発達していたイースト・アングリア地方ではこの傾向は特に顕著であった。この時期には、人口は依然として停滞状態にあり、土地は豊富であったが実質賃金は上昇しつつあった。これは基本的に人口の停滞を原因とする労働供給の減少によるものであった。領主による直営地農業は縮小し、また繊維輸出を行う工業地域の活動も停滞気味であったから労働需要増により実質賃金が上昇したのではない（Postan 1966、邦訳５６６—５６７頁）。したがってこの期間でも、ラングダムとマシュールの新所帯形成の〝信号〟理論が成立する。労働需要の減少、雇用機会の減少は、家計収入の将来に対し〝赤信号〟を出した。両親は家計収入の低下を恐れ、そのため実質賃金の上昇にかかわらず、子供による新所帯の創出にゴー・サインを出すことに躊躇したと解釈することができる。

16世紀半ば以降（１５３０年以降）人口の増加の開始とともに、土地市場は再びタイトになり、人々の土地に対する態度に変化が生じた。イースト・アングリア地方においてもノーフォークなどでは土地を家族内で確保しようとする動きが強まり、土地を息子に遺贈することから、家族内での土地の移転が増加した（Whittle 1998）。ただし、16、17世紀の同じイースト・アングリアのケンブリッジシャーでは、土地の分割相続が続き、その程度は小農ほど激しく行われたとされる[24]。最小単位まで分割がなされたためにその後の囲い込みやエングロシングによる土地の集中の契機となった（Spufford 1974, pp.90-91, pp.108-118）。他方、16世紀から17世紀にかけてのミッドランドの遺産相続を克明に分析したハウエル[25]は、次のような特徴を見出している。第一に、土地は相続人たる息子（通常は長子）に遺贈されて相続人はそれにより寡婦を含む家族メンバーの生活を維持する。第二に、他の子供はキャッシュや家畜・家具の形で遺産の相続を受ける。特に16世紀後半からは現金による相続が増える。土地の細分は（土地不足の地方では）経済的に自殺行為になるので行われない（Howell 1983, pp.253-270）。

こうした動きはかつて言われたように感傷的な土地への愛着ではなく、人々が土地市場の様子を見ながら極めて戦略的に必要に応じて土地による遺産の贈与とキャッシュやその他の動産による贈与を選択していたことを示している。ミッドランドにおいて一見土地への強い愛着という現象が見られたのは、十分な土地の売買市場がないことの反映であり、小作人は land or nothing の選択を迫られると land を選択し、家族内に土地を確保せざるをえないという事情によるものであった（Whittle 1998）。

特に重要なのは、家族構造と労働市場との関係である。ハウエルは13世紀の人口過剰の時代では大家族化の傾向がみられたが、14世紀以後相続人以外の息子の離村は村外雇用で得られる賃金収入に依存するようになり、16世紀のプロフィタブルな農業の時代になると彼らはキャッシュを受け取り、それをもとに商業活動に進出したり、教育を受けてプロフェショナルになることが多くなったとしている（Howell 1983, p.270）。この時期のイギリスでは市場性を持つ労働市場が、未熟練労働だけでなく、プロフェッショナルに関しても展開してきたのである。家族構造の労働市場需給に応じての調整がさらに容易になったと言えるであろう。

4　マルサス的メカニズムの消滅

16世紀半ば以降、長年イギリスの人口構造を規定してきたマルサス的メカニズムは消滅したと見られる。クラークによる実質賃金（名目賃金÷農産物価格）と人口データの関係の分析によれば、実質賃金と人口は13―16世紀にかけては明瞭な逆相関を示している。すなわち人口増加は実質賃金の低下と、人口減少は実質賃金の上昇に対応しており、両者の関係は3世紀の間極めて安定していた（Clark 2005b, p.23）。しかしこのマルサス的関係は1640年ごろ崩れていることが指摘されている（同上、Figure 8）。この時期以後は、実質賃金は農業の限界生産力を表すものと見ても差し支えないとすれば、この時期に農業の技術革新による農業革命、後の産業革命につながる初期的経済発展が開始されたと見られるのである（Clark 2005a）。

ここにおいて、人々は安心して実質賃金に基づいて将来計画を立てることができるようになったと見られよう。冒頭で述べたラスレットが見出したC型の単婚家族所帯・核家族の事実は、こうした変化の象徴であった。子供を外部に排出し新しい機会を探索することが家族の目的を達成する最適な戦略となったのである。消費効用の共有主体である家族のメンバーの生存の可能性を最大にするという行動様式に変化が生じたわけではない。そうした行動様式を所与として外的な条件の変化が家族の構造を変化させたのである。外的な変化の最大のものは、経済発展の展望とそれによる労働市場の発展である。加えて1601年エリザベス1世の統治下で救貧法が制定されたことも影響しているであろう。また第3章で見たプロテスタンティズムなかんずくピューリタニズムにおける信団の形成とその下での共同体や家族の解体はこうした条件の下で進展したと考えることができるのである。

5　イギリスの家族構造の変化

以上要するに、イギリスの家族構造は、初期条件として古代の血縁に基づく同族的集団行動から出発し、17世紀以降の期間にはC型の核家族が成立していた。イギリスでは労働は基本的に組織特殊でないため、家族の人的資本は一般的技能から得られる報酬の現在価値からなる。この人的資本自体は相続の対象ではないが、家族の物質的効用の最大化にとっては意味を持つ。また官職などにかかわる無形資産のフランチャイズ価値はあまり重要でないと考えて差し支えない。したがって古代から17世紀にかけての家族構造の変化は、基本的に土地を中心とする有形資産と一般的労働市場からの人的資本のあり方に強く規定されたものであった。

黒死病以前の時期には、封建制であったが古代的な血縁関係に基づく仕組みがある程度残存していた。土地市場は、自由保有農についてはリースやサブ・リースの形の市場が展開していたが、慣習保有農についてては領主の規制が強いこととその保有農地については賦役労働義務が付随していたため土地市場はほとんど未発達であった。しかも基本的に人口に対して土地が不足していたため、土地を手放すと再度の入手は困難であった。それゆえ土地は基本的に長子などに一括相続され、相続人は一族を扶養する義務を負った。しかし労働市場は早期的に展開しており、家族はそこからセカンド・インカムを得ることはでき、少量の土地への権利を与え、賃金収入と合わせて、家族を独立させて新所帯を持たせることはできたが、それはあくまで拡大大家族という縛りのなかであった。新所帯を持ち都市で賃金労働を行いつつもそれは家族全体としての農業収入の補完が実態であり、完全な核家族化には至らなかったと見られる。

黒死病期以後には、労働市場の利用可能性がさらに高まり、また土地の所有権ないし占有権が慣習保有農にまで拡大し、土地の処分を含めた家族の最適化行動が見られるようになった。慣習保有農も賦役労働から解放され謄本所有農に切り替えられた。保有土地が最小最適規模を超えている限り、土地を分割することができるようになり、土地の家族内移転が広範に生じた。また家族以外のものに対しても土地の所有権ないし占有権の売買により現金化することができるようになり、農業を完全に離れて、賃金労働者や教育を受けてプロフェッショナルとなることが可能になった。それに応じて家族構造は変化したはずであり、おそらくラスレットの見出したC型の家族構造は、16世紀以前でも、黒死病期以後の時期にはかなり広範に展開していたと見られる。

第2節　日本の家族そして「家」

少なくとも中世以後の日本の家族構造は、父子単系の直系家族すなわち中根の分類によるC型として特徴づけられる。その特性はヨコの拡大でなくタテの存続を重視することである。しかし父系家族の存続はそれを継承する息子がいなければ不可能である。この問題を回避して家族の存続を重視する立場から、日本では歴史的に養子や婿養子の制度が活用されてきた。しかし家族は定義的に血縁による社会組織であるから、養子などを取り込んだ組織をもはや家族と呼ぶことはできない。このため中根千枝（1970）は、家族構造を養子・婿養子[26]による継承にまで拡張し、実態的な家族概念として非血縁的な成員を許容する制度を「家」と定義した。すなわち、家とは父系単系の直系家族を中核とし、養子・婿養子などの非血縁成員を取り入れながらその存続を図る第一義的な最小の社会集団である。本書ではこの中根の家の定義を踏襲する。以下でのわれわれの課題は、物質的利害の効用や非物質的な価値観をメンバーの間で共有するグループの集団行動として家族の構造を説明するという立場から、こうした家と呼ばれる日本の家族構造の形成と変化の過程を説明することにある。

さて、中根は実態としての家の非血縁性を重視したが、この性質は養子・婿養子にのみかかわるものではないという考え方もありうる。中根も依拠している社会学者有賀喜左衛門の諸研究（1939、1943、1968）では、家の所帯構成に下男・下女といった主従関係にある奉公人をも取り込み、家の非血縁性をより広い意味でとらえている。有賀は、それらの階層の人々をも家族の一員として扱う拡大された疑似的家族としての家の性格を強調し、家という社会集団は信仰・経済・道徳・自治などの生活機能を備えており、血縁非血縁を問わずこの機能の遂行に共同する人々の集合体が家族であるとした。有賀の主張は、家の非血縁性を一般的な属性として明らかにしたという意味で画期的な意味を持つものであった。とくに一般に荘園公領制の下で展開したとされるいわゆる家父長的大経営というものが血縁集団ではないこと、日本の家族構造や家制度が血縁を基軸としたB型の大家族とは異なるものであることを明確に指摘した功績は極めて大きい。

こうした有賀の家概念による家族の拡大解釈に対しては、よく知られた喜多野精一（1976）による批判がある。すなわち有賀が家の生活機能の側面を重視したのに対し、喜多野は家族成員間の感情的融合や人格的合一の側面を強調し、世帯内の非血縁者はあくまで家族外の成員とみなすべきであるとした（笠谷和比古1999b）。しかしこの喜多野の批判に対しては、家族の本来の集団的性格を普遍的な属性として論理的仮説的に抽出することは困難であるとする清水昭俊（1987）による批判がある。たとえば夫婦親子間の情愛に満ちた人格的結合を重視しすぎることはできないことは「社会的事実として親殺し子殺しが現象することをわれわれは日常的に知っている」（143頁）ことにより明らかであるというのである。かわって清水は、村落社会とか同族団といったより公的な社会設定に参入する場合の配慮が、最小の社会単位としての家を、家内的には主従関係にある奉公人と主家に間に疑似的家族関係の設定を必要ならしめた、と有賀の発想を解説する（139頁）。すなわち有賀は、奉公人が主家に入り、名子として分出するまでの生活過程、分出の際の分与財産をめぐる権利関係、主家・本家との庇護と奉仕の関係などを詳細に論じて、奉公人が主家と強い連帯関係にあることを強調するのであるが、こうした発想は、喜多野との論争で焦点を当てられた奉公人と主家との家内的特性にあるのではなく、外的公的な社会的設定に位置する社会的単位としての家という視点に基づくというのである。住み込み奉公人および名子に対する主家・本家の「庇護」の義務を主家・本家に強制するのは、後者の体面というより、村落社会や同族団といったより公的な設定における配慮であって、それゆえに家内的には主従身分関係にある主家と奉公人が強い連帯関係に入るのである、と清水は主張する。

ちなみにこうした清水による有賀説の解釈は、有賀説を日本的な「公と私の入れ子構造」として理解する主張に通じるものであり、この主張は川島武宣（1950）や丸山真男（1961）などによる家族主義イデオロギーに基づく日本社会論へ連なっているとされる（清水昭俊1987、141頁）。すなわち家が日本社会のあり方を規定する側面よりも、上からの国家の姿勢や政治社会のあり方が家族や家的な制度を規定するという考え方である。丸山などの考え方、すなわち明治政府の構築した政治的なイデオロギーが明治の人々の個人主義を圧殺し、家族や共同体を国家支配の基礎単位として再編成し、このことが戦後にまで経路依存的な効果を強く持ったという主張は、科学的主張としてはかなり無理があることは否めない。村落共同体は自発的に結成された集団としての側面を強く持った中間組織であり、ただ組織特殊な人的資本がその存続を必要ならしめたにすぎないことが次章で主張される。ここではしたがって、こうした視点から家族主義ないし家族国家観を導くロジックはかなり危ういものであることをさしあたって指摘しておきたい。この難点を回避するためには、有賀的な広義の家概念の形成をも説明しうる形で家概念を再構成しなおす必要がある。以下ではまずこの作業から取り掛かろう。

1　私的財産継承の視点

実態的には家という形態をとることが多い日本の家族の構造はなぜどのようにして生成してきたのであろうか。中根千枝（１９７０、第3章）はこの問題に最初の理論的接近を試みたパイオニア的考察として興味深い。中根は、家族は主として「血縁と婚姻関係」からなるのに対して、家は「居住・経済的要素」によってその枠が規定されるとして、家の成員の血縁関係が居住・経済関係によって「修正される」過程が家の生成を説明するという仮説を立てる（４３１頁）。この場合居住・経済的要素がバインディングでない（すなわち居住スペースや労働力吸収に余裕のある）比較的富裕な家族では、単系の継承ではなく複数の息子に共同で財産を継承すること、すなわち単系への修正がなされにくいということになる。しかしこの観点から飛騨の白川村の家族構造を観察すると、直系家族成員以外の家族（オジ・オバなどの傍系成員）は奉公人に等しい地位に置かれており、彼らはその家の正式の成員とは認められていないという事実が判明する。すなわち、居住的・経済的制約が比較的緩いにかかわらず、実態的に単系の継承線が成立しているという事実である。中根はこのことから、当初立てた仮説を否定し（すなわち居住・経済的要素が「家構造」の主たる決定因であるという仮説を否定し）、その根拠として社会全体の政治経済的条件から考えれば「居住・経済的要素」は従属的なのでないかと推論し、さらに日本では近世に至るはるか「以前から一世代一夫婦の家族構造が基本になっていた」あるいはそうしたルールが存在したと考えざるをえないという結論を導き出す。

このあたりの中根の論理展開は当時の不十分な学界の研究蓄積に制約されているため、残念ながら若干つめ切れていない面のあることを否定できない。[27] たとえば、中根は「明治末期から大正・昭和の経済変動によって、他に稼ぎの可能性が出てくると、オジ、オバ（傍系成員）たちはいっせいにこの家から去っていったのである」（107頁）としているが、このことは出発点における比較的裕福な家族という前提が、そもそも成立していなかったことを示唆しているとも見られるからである。ともあれ以下の初期条件の項で論じるように、中根の言う「一世代一夫婦の居住単位のルール」（116頁）すなわち複数の息子による共同での家の経営の否定ないし一子相続による財産の非分割のルールが日本社会の歴史的展開の初期から存在したという事実は、その後の吉田孝（1983）などの研究によって明確に否定されている。したがって中根の議論は結論においても誤っていると評価して差し支えないと思われるのであるが、その議論の展開過程はこの問題を考える一つの重要なヒントを示唆していると思われる。それは中根がその議論の展開に当たって土地の細分化による農業危機の可能性のある20世紀のアイルランドや16世紀のドイツなどを常にレファランス軸として使用していることである。言い換えると、中根は相続対象ないし経営体としての財産を、もっぱら土地（耕地）と居住スペースを中心に置いて考えているということである。

しかしながら、日本においてはこの財産概念は極めて限られた意味しか持たない。たとえば日本の土地は古代以来かなり長期にわたって基本的に国家所有であり、律令制の衰退に伴って私有化されたのちもいわゆる王土思想が中世前半まで色濃く残っていた。また後述するように村落共同体的土地所有という考え方も根強く、土地が私有財産の中心部分を占めるに至ったのはかなり最近のことであった。また中世前半までの支配層であった貴族においては官職や官位といった無形の資産が主要な資産であった。加えて職能民と言われる階層にあっては職能にかかわる技能すなわち人的資本がその財産の中心部分をなしていたし、この点は後に詳しく論じるように、「弓馬の士」と言われるように戦闘技能にかかわる職能人であった武士についても同様である。したがって、土地だけでなく、家族ないし家において継承されるすべての財産のそれぞれに関してまたそれぞれの所有階層に関して、なぜ複数の子供による継承でなく単系の継承が生じたのかを考え、母系ないし双系でなく父系での継承が必要とされた理由を考察し、さらになぜしばしば見られるように長子による相続が必然化したのかを論じる、という丁寧な考察が必要とされるのである。

さて、家がそれ自体の存続や永続を志向するということを経済学的に解釈すると、家の構成員が集団として、通時的な消費効用の最大化を行っていると見ることができる。そのためには、各時点で将来時点の可能な消費を制約する貯蓄すなわちその時点での手持ちの財産の配分蓄積方法を適切に管理しなければならない。家を生活組織とみなす場合も経営体とみなす場合も、財産の管理が家の存続のカギとなる条件である。そして家の存続を規定する財産は決して土地だけではない。本章の冒頭で整理したところに従って、以下では、次のような三種類の財産を考察の対象とする。すなわち三種類の財産の私有財産に占める相対的重要性を歴史的に評価し、それぞれについて家的な所有・継承の必要性と可能性を考察することで、制度としての家の発生過程を考察するというのが、以下でのわれわれの考察における戦略である。

（i）無形資産（官職・官位など。場合によっては暖簾などの意味でいわゆる家名を含む。）日本では古代において律令制に基づく官僚社会が樹立されたために、初期から人々の財産には、土地などの有形資産や人的資本だけでなく、官職などの無形資産が含まれることになる。

(ii) 有形資産(土地家屋などの不動産と金融資産・奴隷などの動産)

(iii) 人的資本(技能・職能など。家業という概念は家固有の人的資本により価値を持つと考える。)

われわれの接近法の特徴は、従来「家業・家産・家名の一体的保持」と言われた諸項目(笠谷和比古1999b)を、(i)(ii)(iii)の資産項目として整理して、すべて所得の流列を生み出す資産ないし財産に還元して考えることにある。こうした財産の保有と蓄積の形態は、貴族、職能民、武士あるいは農民など階層ごとに異なっており、そうした財産構造の違いが、組織形成のインセンティブや様式に相互に外部効果を及ぼしながら、階層ごとに異なった歴史的な家の形成に向かったと考えられる。また家族の構造自体も、婚姻の形態や女性の地位の変化などの自生的な社会的変動を経ながらも、家の形成過程と密接な関係を持ちながら変化したものと考えられる。ちなみに永原慶二(1961)は、後述するように荘園公領制の下で、土地からの収益に対する得分権と土地の経営管理に関する家業的な労働報酬が、領家職・預所職・下司職・名主職などの職務ないし地位に対応する形で一体となって階層化した状況を示す概念として「職(シキ)の体系」という用語を提示したが、われわれの接近法はあえて前者の家産にかかわる有形資産からの所得と後者の家業にかかわる人的資本からの所得を分離して考察するという方法をとっている。

ちなみに、村上泰亮・公文俊平・佐藤誠三郎(1979)は、日本における非西欧型の発展過程を家概念に立つ集団(村上たちの表現ではイエ型集団)の果たした役割を中心に解明しようとした意欲的かつ画期的な研究である。[28] ここでは家は平安末期の開発領主(武士)の下で武装農耕集団として形成され

(イエの原型であるという意味で原イエと呼ばれる)、その後室町期の「国人」領主への進化、大名家(藩)、幕藩体制などを経て、明治以降は企業の組織原理として機能したとされる。(国人領主のイエは後期原イエ、近世大名の家は大イエと呼ばれる。)家は一種の経営体とみなされており、その特性は、超血縁性・系譜性・機能的階統制および自立性からなるものとされている。超血縁性とはわれわれが非血縁性と呼んでいるものにほぼ近く、幅広く非血縁的メンバーを取り込む結果、家は家族というより団体としての性格を持つ組織体として特徴づけられている。系譜性とは経営体として存続、永続性を志向することにかかわる。機能的階統制とは家内部の分業と協業、指揮と命令の役割構造の存在などの特性をさし、家は身分的上下関係をこえた集団的合理性に立つ組織であるとされる。自立性とは家自体の不可侵性と自律性などを表す。こうした特徴づけからわかるように、つきつめて解釈すると、村上たちの論理の特色は、家を本来的に生活体としての家族とは異なる機能的で手段合理的な経営体と定義し、実態としての家制度の家族制度に由来する弱さや非合理的動機などを一切排除することから議論を出発させる点にある。

村上たちがその研究で意図したことは日本の非西洋型の発展メカニズムを家という組織の特性によって解読することであった。いわばミクロの組織の特性からダイレクトにマクロ経済の歴史的展開過程を説明しようと試みたと言えよう。しかしこの大胆な試みは、方法論としてもモデル的にもかなり性急で短絡的であると言わざるをえない。ミクロ組織としての家の効率性をマクロにそのままつなげるためには、家を労働と消費に基づく生活のための組織でなく、現代の企業組織につながる効率的な経営体とみなす必要があり、当初から意図的に家と家族構造との関連を否定しつつ進むという、歴史分析としてはかなり無理なロジックの立て方とならざるをえない。なぜなら中根の注意深い概念構成からもわかるように、歴史的経緯から判断する限り、家は家族生活のあり方を基礎に置き、家産・家業などの経済的要素へのかかわりを深める過程で形成されたと見られるからである。

このためもあって、村上たちは家の発生メカニズムに関して、単に中世の東北における開発領主に始まるとしか論じることなく、「(家の発生は) 一つの社会的発明だったたと思われる」(218頁) とか「原イエは、ウジ社会の衰退期に、……ウジ型集団の派生体からの変異体ともいうべきものとして発生し」(187頁) とかの抽象的な推断に終始せざるをえないこととなっている。著者たちはこうした方法論的限界をもちろんある程度認識していたはずであり、そのために歴史的分析とともに、理論的考察を併用し補完的考察を行っている。たとえば、人々の認識活動において重点を置く対象化の方向として、自己を対象化する西欧的な個人主義と、間柄 (関係) を対象とする集団主義があるとの仮説が提示されている。しかしこの点に関しては第1章や第4章で論じたように、個人主義と集団主義を対照的概念としてとらえるという方法自体に潜む問題が十分に認識されていないという大きな欠陥がある。

正確な日本の経済社会の理解のためには、家の分析はやはり家族のあり方から丁寧な概念的枠組みの構築を通じて組み立てられるべきであり、消費の喜びや労働の負担感と達成感など人々の生活構造の視点をとりこみつつなされるべきであろう。もちろんこの方向では経済分析の射程には厳しい限界があり、できることはわずかでしかない。しかしそれにもかかわらずそうした姿勢に基づく分析が必要なのではないだろうか。

2　初期条件

イギリスとの対比の視点から、非物質的な家族の価値観を規定する要因として、古代社会における家族のあり方を考察の出発点としよう。すなわち日本の家族構造は初めから父系直系であったのではなく、いわんやそれに非血縁性を加味し存続性に重点を置いた家構造を持っていたのではない。最初にこのことを確認しておく必要がある。班田収授制の導入を宣言し、律令制国家への一歩を踏み出した大化改新の詔の発布された646年ごろから8世紀の奈良時代（710—84年）に入る以前の時期、すなわち7世紀後半を中心とする時期を対象に、家族の構造を概観することにより、この点を確認しておこう。

まずこの時代の家族構造には明確な父系の単系の出自集団は存在せず、基本的に父系・母系の混じった双系的な血縁社会であったことに注目することが必要である。詔で導入が宣言された戸籍は男系で作成されたが、夫婦は別姓であり、婚姻に関する居住規制も存在しなかった。すなわち夫方居住、妻方居住、新居居住のいずれも確立しておらず、しばしば婿取婚がなされた。

血縁によって自動的に範囲が決まる出自集団、あるいは「特定の祖先からの単系出自によって集団への帰属が自動的に決定され、族外婚制を持ち、メンバーシップが平等であるという、単系出自集団（狭義のクラン・リニッジ）は、いかなるレベルにも一般的に存在していなかった」（吉田孝1983、141頁）のである。婚姻によって個人が結びつき集団が形成される傾向が強く、その集団自体が個人を基礎にした緩やかな組織であった。また共食に象徴される「生活の共同」および水稲耕作に不可欠な共同労働を契機とする「生業（ナリハヒ）の協同」が集団形成の原理として強く作用したとされる。集団の首長は土地の開墾者や所有者がなることが多く、出自集団は主要な条件とはならなかった。
もちろん上層の支配階層では天皇家に見られるような特定の祖先を中心とした父系に傾いた系譜関係を紐帯とする組織が存在したが、その場合の氏（ウヂ）はあくまで「氏上」という個人を中心とした集団であった。また氏上の政治的・社会的地位の変動によって氏は絶えず再編成されており、その意味では、支配階層においても、自己中心に組織される下層階級と同じ原理が機能していたと見ることができる。

また女性と男性の区別ないし差別も存在しなかった。すなわち班田（収授）制では、班田の支給は、戸籍の関係上、戸単位で班給されたが、給田の割当は戸単位でなく個人単位であった。すなわち6年以上給田制[29]であり6歳以上のすべての個人が男女の区別なく給田の配分を受けた。貴族社会においては位階とそれに伴う位封・位田・資人などの特権も個人を単位として与えられた。女性も夫や子とは別個に位階を受けることが原則であり、集団の首長となりえたし、そうした地位を継承することができた（吉田孝1983、132—141頁）。[30]また三位（のちに五位）以上の男性と同じく、三位以上の女性は公的な「家」と呼ばれる公的家政機関[31]を設けることもできた（義江明子1982）。

財産は個人的に保有され、夫婦別産・親子別産であった。具体的にはたとえば、妻が本来所有していた奴婢は夫の財産に混入することなく、妻の死後は本宗（氏）に返却されることになるのだが、妻に実子が居る場合は返還されることなくその子が相続した。また女子成員が他の氏の成員と結婚してできた子供はもとの（すなわち女性の）氏の成員とみなされた（服部早苗1991）。

負債や租税（租調）の支払い義務は個人にかかわるものであり、家族が保証人になることはあってもそれは個人としてであり、家としてではなかった。ちなみに租税支払い義務が家に結び付けられるのは、

9—10世紀以後であり、負債が夫婦から子へと継承されるのは11世紀以降のことであった（飯沼賢司1984）。

財産の継承の対象となったものは、ヤケと呼ばれる門（カド）を持ち濠や塀によって囲まれそのなかに屋（オク）や倉（クラ）が建てられた1区画の施設であった。後に701年の大宝令に定められた相続に関する規則を参照すると、この施設に加えて家人・奴婢と呼ばれた奴隷が相続の対象とされたものと思われる（吉田孝1983、第Ⅲ章）。水田などの耕地は基本的に相続の対象となる私有財産ではなかった。すなわち班田収授制とは「一定の条件を満たすすべての公民（定期的に作成される戸籍によって国家が把握する）に対して国家が定期的に耕作地を給田し、死後にそれを還公させる制度」（小口雅史2002）であって、口分田の所有権は国家に所属し、人々は占有権を持つのみである。したがって相続の対象となる財産ではない。私営田である口分田以外の公営田のうち乗田（輸地子田）と呼ばれるものは公民が1年契約で賃貸し耕作できるものであるが、これはもちろん私的な財産ではない[32]。公民はまた自らも参加して開墾した土地を耕作する場合があるが、この土地は開墾した集団に共同体的に帰属するものとみなされており、耕作者の権利は一般に占有権でしかなく相続財産には含まれないのである（吉田孝1983、158頁、165—166頁）。

以上のような律令制導入初期の古代社会における財産の継承のシステムは、唐の律令制に比べて女子の地位が高く、また個人単位でのシステムであることが特徴であった。すなわち、唐の制度では、女子に対して口分田の割当はなく、女子は結婚して初めて社会的人格を認められる存在であった。また割当は家ベースで行われており、その権利は世襲的に相続される性質のものであった[33]。こうした違いは、日本の社会が「先進的」であったから個人ベースのシステムがとられたのではない。むしろ逆に、いまだ未開の原始的共同体をその基盤に残したまま、その上に先進的な唐の律令システムを模倣したことによっている、とされる。この時代の日本では、夫婦の形態自体が進化の途中にあり、確定したシステムを欠いていたし、また村落共同体もその構成員が容易に変動しうるような流動的な極めて緩やかな集合体でしかなかった。したがって財産を共有しうるような家族や共同体の制度自体が未成立で、公的な掌握の難しい存在であったと考えられる。言い換えると、個人ベースで社会を掌握するしか方法がなかったのである。吉田孝（1983）は、この背景には小規模な自然水系に依存した水稲耕作社会の特質があることを指摘している。すなわち気象条件によって河川の状態が変化し、耕地自体が荒廃と再開墾を繰り返さざるをえない環境下では、人々は常に移住を繰り返さざるをえないわけで、労働の協同を行う集団もその成員が可変的たらざるをえなかった、というのである。5—6世紀以後奈良時代にかけて鉄製の農器具が普及し、大規模な灌漑用水路の掘削により地下水位の低い台地が水田として利用できるようになることで、こうした状態は徐々に改善されていったと見られる（吉田孝1983、144—145頁）。

ところで、以上のような流動性の高い日本社会の特性は律令制による国家統治には極めて不都合なものであったことは言うまでもない。すなわちこのため天武朝（673—686年）のころから氏の公的制度化、その後8世紀初期における嫡子制の導入という形で律令官人制統治機構の整備が進行した。以下主として吉田孝（1983、第Ⅲ章）によりこの経緯をたどっておこう。

まず行われたのは、氏（うじ）の制度としての整備であった。日本では氏は自生的かつ自律的な集団としては未成熟で、その成員の範囲も朝廷におけるランクも未確定であった。このため天武朝では、まず各氏に氏上を定めて申告しそのメンバーを確定することを指令し、次いで八色の姓（やくさのかばね）

を定めた。これはほぼ錦位以上（のちの五位以上）の官人を出しうる畿内の豪族に、八種の姓[34]を与え、彼らに姓の継承の原理として、中国にならって単系出自集団の原則[35]をとることを命じたものである。すなわち日本においては、氏は政治的地位を表わすものであり、その単系継承の制度は意図的に作られたものであった。

しかしこうして作られた氏と姓の制度はいまだ律令国家の支配者集団の単位としてはあまりに流動的であった。すなわち姓は単系出自集団の原則に従ってすべての子に平等に継承され、さらにその子孫に一律に継承されたため、上位の姓を持つものは急速に拡大し、姓の制度は形骸化していった。また氏上という首長位は子孫だけではなく傍系親を含む範囲で移動し、その構成員も絶えず変動を免れなかった。このため氏ではなく家の制度化を図り、家長に子孫優先・長子優先の原則に従って、財産と官位を継承させるという嫡子制がとられることとなった。すなわち八色の姓などにより再編成された氏から出身した官人の地位を、蔭位（おんい）によって父―子[36]の間で継承することを定めたのである[37]。当初は21歳になった者に父祖や父の位階に対応した五位以下の位階を初叙される制度であったが、9世紀になると授与される年齢が若年化し、位階そのものも一、二位高い位階が授与されるようになった。蔭位の制度は701年の大宝令で制定されたものと推定されているが、大宝令ではさらに、明瞭に嫡子制による相続の規定が導入された。すなわち、宅と家人・奴婢からなるいわゆるヤケの全部と財物の半分を嫡子に与え、庶子（嫡子以外の子）には財物の残り半分を均分させることを定めたのである[38]。

3　財産としての官職・官位

律令制の下で家的な嫡子制が導入された眼目は、子孫優先と長子優先の原則を定めて、氏（うじ）よりはっきりした社会的単位として、家（イエ）を創出し、国家による効率的な統治を実現することにあったと想定される。律令国家は、「歴史の進行に対して、イへを先取りしようとした」（吉田孝1983、173頁）とも言うことができる。こうした政治的意図が強く働いたこともあって、しばしば律令制の下での支配層における公的な家の形成は、その後の家制度に異質な特殊性を持っていた。第一に、いまだ家領というものは存在せず、嫡子制で相続の対象となったものは宅を中心とするヤケとその従属民のみであったことである。田地も私有財産ではなかった。第二に、家政機関としての「家」は官人個人の単位で設置されるものであり、上で述べたように夫婦は別々の家を持っていたことである。親子や兄弟においても同様である（関口裕子1980）。第三に、嫡子制の適用範囲は上層の官人貴族に限定されていたことである。721年には戸主の地位の継承予定者としての嫡子制を庶民にまで一律に施行したが、これは戸の負担する賦役の納入責任者という以上の意味は持たなかったであろうとされている（吉田孝1983、173頁）。

しかしながら、大宝令においてヤケの相続に関して嫡子に優先権が与えられたことは、後の家制度に影響を与えたことは否定できないであろう。さらに重要なのは蔭位の制度であった。[39]当時の官人の主要な収入源は、位階や官職・功績に伴う食封（じきふ）すなわち朝廷から支給される封禄と田地であったから（吉田孝1983、180頁）、位階が緩やかな形で世襲されることになったことは、官人貴族にとって中心的な資産をなす位階・官職などからの収入という無形資産が父―子の関係において継承されることになったことを意味するのである。

蔭位の制度は貴族の嫡子に最初に与えられる位階を保証するものであり、その後の昇進や所得を保証するものではなかったから、この無形資産を構成する将来所得は当初においてはかなり不確実なものであり、これが資産として価値の確実なものになるには位階と官職が世襲化されることが必要であった。すなわち律令官僚制の下では「正一位から少初位下に至る五十階梯の有位者集団、なかんずく五位以上の上級位階者が、重要な上級官職を占めることを制度的に保証する、位階と官職のリンクシステム」(佐藤進一1983、45頁)が設けられており、上級貴族が集団として官職を独占するシステムは存在した。しかしその集団の個別メンバーに関しては、蔭位制の保証する地位以上への位階への昇進は、「天皇への功を積む個人の能力や、父子の現実的政治勢力の影響が大きく、嫡子でさえ父祖と同様な位階や官職に昇進できるとは限らない。ゆえに、子が上位官職に上りえない場合、その孫の蔭位は当然低くなり、上位官職層から没落し、その父子連鎖の家筋は、官僚社会から消滅する。逆に、傑出した能力や、王権との関係を密にした結果、上位官職をえられたものの子孫は、官僚社会での家筋を確保できる可能性を持つ」というような性格のものであった(服部早苗1991、19―20頁)。すなわち、官職が世襲化されない限り、それから定義される無形資産の価値は不確実性を免れないのである。

佐藤進一(1983)は、9世紀に始まって、10―11世紀に進行した律令国家機構の改革のなかで特定官庁の分離独立化が進行し、そのなかで官庁業務の収益が個別化することになったこと、そのことを背景に業務の特定門流による請負システムの展開、官職の世襲化が生じたことを指摘した。すなわち第一に、令外官(りょうげのかん)と呼ばれる兼官者の集合体で、出向者のみからなる新しい政治機構がいくつもつくられた。たとえば天皇の直轄下に設けられた蔵人所は、天皇領から供御所——国衙——太政官を経由して宮内庁に運ばれた供御物を一元的に指揮・監督・指示する自己完結的な行政機構であったし、検非違使は従来太政官の下にあった京職（きょうしき）・衛府などの諸機能を吸収して設置されたもので、京都市内における犯罪人の捜索・逮捕・裁判・行刑を一括して担当した。第二に、個別官庁が独自の収益機能を持ち始めたことである。たとえば太政官の弁官局の大少史部門における太政官厨家（くりや）では官司の運営を支えるための収益源が設定されたし、検非違使では贖物（実刑に服する代わりに納める財貨）など職務の執行から直接生じる収益が利用可能となった。第三に、こうした背景の下に特定の氏族が、個別官庁がかかわる収益を目当てに、これらの官庁の運営を独占的世襲的に請け負うシステムが生まれたことである。代表的なものとしては、小槻氏は太政官の弁官局を支配し、また主計主税の両寮を三善氏とともに世襲運営するに至ったし、清原氏と中原氏は大外記の上級ポストを掌握し、事実上一族でこの局を主宰した例をあげることができる。

こうした官司の独占的請負は、「個々の氏族の立場からいえば、独占的に請け負うこととなった官司の運営は、その氏族の家業であり、この家業は……業務の運営が即、収益を生み出すという意味で家産であった」（佐藤進一 1983、48頁）。こうして、9—10世紀にかけて家業の継承が官職に就くための条件となっていく傾向が生じた。官職は当然のことながら分割相続は不可能であり、また蔭位制以来の経過から見て嫡子たる男子によって継承される財産である。この意味でその継承システムは家の形成に密接に関連している。

4　人的資本の継承

以上における官人貴族による官職の世襲化の過程で注目すべきは、その基礎にはそれぞれの氏族における人的資本の蓄積があったことである。官庁に対する特定の氏族の独占力は、その政治力によって入手・保持されたものであろうが、少なくともそうした独占・世襲の正当性を裏付けるためには、そうした業務に適した技能や知識を体現した人的資本の保有が必要であった。たとえば太政官厨家を支配し主計主税両局を世襲した小槻氏は算道の専門家集団であったし、大外記を支配した清原・中原の二氏は明経道すなわち漢文の専門家の家柄であった。法律の知識を要する検非違使では、明法道の専門家の惟宗氏などの氏族が多くかかわった。9—10世紀の史料には、貴族の氏族別の技能・知識の専業化の事実を示唆する礼家、薬家、経家、法家、暦家などの表現が多く見られるとされる（佐藤進一1983、50頁）。また学問だけでなく難波家・飛鳥井家などのように蹴鞠の技能や三条西家などのように和歌・和学の知識を持って家業とするものもあったから、芸能もまた貴族の専業の範囲であったと言えよう（西山恵子1999、源城政好1999）。貴族の世界では礼儀作法も家業となった（加納重文1999）。

このような家ないし一族を単位とする人的資本の蓄積は、貴族だけでなく庶民層を含めて鎌倉期以降南北朝期の前後に広範に生じたと見られる。身分的には寄人、神人、供御人、歴史学上は職能民と呼ばれる技能によって生活をたてる階層の出現である。先に網野善彦（1984）によって触れたように、職能民は、工人と芸能民からなる〝道々の輩〟と呼ばれた人々である。[40] この呼称からわかるように、これらの人々は職業としての技能者であるとともにそれぞれの分野において、一芸に秀でることを目指した求道者の側面を持っていた。これらの人々の出自は、少なくとも工人については律令制時代の官営工房にかかわる品部・雑戸を流れを汲む高度な財生産の技術者だった[41]。網野善彦（1984）は、こうした供御人の出自を漁業などにかかわる海民的な人々を含めて広く考えている。その場合、工人は高度な技術を持った人々というより単純な、多くは木材を主原料や燃料として使用する、いわゆる手工業者であったという側面を持つ（93頁）。しかし、網野のように海民的側面を強調しすぎると、日本の手工業の特質であるものづくりへの求道的姿勢は不明確になる。周辺にさまざまな階層を含みつつも、われわれは供御人などの核は高度技術者の集団であったと考えたい[42]。

第4章で論じたように、律令制が解体する過程で工房が縮小・閉鎖され、そこに属していた手工業者は院宮法家や貴族権門、寺社などのもとに移り寄人・神人・供御人などと呼ばれるに至った。彼らは官営工房時代とは異なり、奉禄を給せられて貢納物を生産するのではなく、身を寄せた寺社・権門王家に対して奉仕するだけでなく、私的利益追求のための商品生産にも従事するに至った。貴族や寺社などの領主は、これら手工業者に給免田を与え、その田地の貢納物の代わりに彼らの生産品を貢納させた。寄人・神人・供御人はその給免田を自ら耕作するというより、間人、脇住（わきじゅう）にまかせたり、周辺の農民に耕作を任せたりして、自らは専業的に〝道々〟の芸能に励み、また販売のための商品生産を行ったのである。供御人は、給免田を支給されただけでなく、国役を免除され、諸国往来の自由などの特権を持っていた。その自由通行・交易の特権を示す文書は鎌倉期には、天皇の支配権につながる形で宣旨・綸旨・蔵人所牒などの形式により公式官庁から発行された。

こうした特権により寄人・神人・供御人などの手工業者の多くは当初すなわち律令制の弛緩し始めた奈良時代から平安中期にかけての時期には自らの根拠地に定着することなく、原料、仕事場、交易の場を求めて移動する生活を送っていたと見られる。集団をなして行動しており、集団を統括する職（しき）は荘官職などと呼ばれ、特定の一族に世襲されたとされる。移動交易に当たって武装は必須であり、荘官と呼ばれる統括者に補任されるような人に率いられるような集団は一個の武士団であったとされる[43]。鋳物師などの商工業者集団にこれらの特質は明瞭に見られる。この点から網野善彦（1984）は、寄人・神人・供御人などは、給免田の支給などの特権の賦与、それぞれの芸能・所職に即した職務の遂行・同姓集団による請負・世襲などの点で、在庁の荘官と区別のできないような存在であった論じている（546―549頁）。また寺社にかかわる商工業者については「神奴」「仏奴」という一種の聖なる聖別された集団としての側面を持っていたともされる（網野善彦1996b、316―317頁）。

寄人・神人・供御人などの商工業者の性格は、しかしながら、平安末期ないし鎌倉期以後大きく変質したと見られる。第一に、生産手段と作業場を所有する手工業経営として畿内をはじめ各地に定着し、技術の伝承を目的とする「家」的な生産組織体が芽生えてきたことである（脇田晴子1988）。定着地の選択は、畿内は需要地として重要であったがその他はおそらく原材料の入手可能性によったものと見られる。たとえば金属工業の中心をなした鋳物師は銑鉄を産出する中国地方に多く定着した（豊田武1952）。「家」的組織は師弟相伝の原則に基づく技術の伝承という形で永続・存続を目指すものであった。世襲集団ではなかったが、実際には技術は父子の間で伝承がなされることが多かったとされる。

第二に、「家」を中心とする手工業者の私的経営の家長を連合する座を形成したことである。座は当初は国家的賦役の免除や給免田の入手という特権を維持するための結託であり、その目的上かなり早期から形成が確認されるが、次第にこうした寺社・権門への奉仕のための座から、商品生産と流通さらには原材料確保のための営業権や独占権を獲得・確保するための営業の座へと性格を切り替えた[44]。第三に、商工業者の集団が上下二つの集団に分化してきたことである。一つのグループは、それ自身の「芸能」によって自らを保つことが可能になり、独自の「道」を進化させていった人々である。その際上層部には官僚や貴族への道を歩んだものもあった（脇田晴子1988）。いま一つのグループは脱落したグループであり、社会的に差別の対象になる人々も生まれた。また公的な身分証明を持たない場合、職能民としての正当性を示すために偽の自由通行の文書を保持することもあったとされる。網野善彦（1984）は、この脱落現象を、農業を基礎とする世界による非農世界の圧迫であったととらえている。

5　土地の私有

土地の財産としての意味を、班田収授制の終了期から近世にかけての時期を四つの期間に区分して整理してみよう。すなわち私的土地所有の拡大期（8世紀後半から12世紀末ごろまで）、荘園公領制の時期（12世紀末から14世紀中ごろまで）、荘園制の動揺解体期（14世紀後半から16世紀末まで）、近世的土地所有の時期（16世紀末から19世紀半ばまで）の四時期区分である。近代以前のこの10世紀に及ぶ期間の土地の財産としての最大の特色は、天皇家・摂関家などの権門勢家と寺社勢力の周辺あるいは江戸幕府を除いて、有力農民、在地領主や中級貴族などを含む一般の経済主体にとって、企業統治理論の用語で言うと、財産の支配権の意味での土地の私的所有権は、極めて弱かったということである。すなわち一般の経済主体が保有していたのは、土地の占有という意味での支配権とさまざまな得分権や年貢収取権などの余剰生産物に対する部分的な所得権のみであり、財産の処分や譲渡にかかわる支配権は基本的には権利には含まれなかったということである。その背景には王土思想があり、これは少なくとも室町期までの律令制における基本思想であった。私的に占有された土地は常に収公のリスクにさらされていた。また徳川期においても、諸侯に対しての江戸幕府の封建的封土権は、天皇家の権利の代行業務という認識であったと見られる。

私的土地所有の拡大期

日本の古代律令制の土地所有形態を国有制と見るかどうかについては、中田薫（1938）以来の論争がある。中田は、口分田は律令の体系においては公田ではなく私田であるとして問題を提起したのであるが、中田のこの議論は律令の条文とそれに付された注釈を法制史的に解釈したものであった。日本の律令制度は中国律令の概念をほとんどそのまま継承したものであったから、「中田説は、実質的には、中国律令における土地私有権を論じたことになり、日本の律令時代に現実に機能していた土地所有権の問題を論じたことにはならない」（吉田孝1983、46頁）という問題点を持つ。中国との違いの観点から日本の国有土地制度の性格を吉田は次のように説明する。中国では春秋戦国時代の社会的分業が進展するなかで、原生的共同体の解体と小家族を経営の単位とする私田の成立が見られ、それに対応してかつて共同体が担っていた「公」が国家機構すなわち「官」に吸収され、公＝官と私とが分裂した。その結果中国の王土思想では、公田と私田を区別しつつ、その両者を包括する高権イデオロギーとして、公田と私田を問わずすべての土地はともに王のものであり、すべての人民は王に隷属しているとする思想が支配的なものとなった。これに対し、日本では律令制導入時には公と私の分裂はいまだ生じておらず、また王土と公田の区別は生じていない。百姓は「公」民であり、公民の口分田は公田、共同体的に利用される山野藪沢などの民要地は公地であると観念されてきた。言い換えると百姓を包括する共同体がそのまま律令体制のなかに公地公民として、包括されていたと見られ、それはすなわち王民王土として意識された、というのである。ちなみに成立期の律令的土地制度を宮本救（1973）によって整理しておくと、公田（公営田）は、雑徭直営によりすべての収穫された稲が宮内省に納められる屯田（官田）と民間に一年契約で賃貸に出され地子が国司（郡司）に納められる賃貸経営[45]の乗田（輸租田）からなっていた。これに対し私田（私営田）は租が国司（郡司）に納められる農民自営の口分田（輸租田）であった。後述するように、菊池康明（1969）の研究によればこの口分田についても賃貸が認められていたようである。

よく知られているように、日本における土地の私有への動きは、王臣家と大寺院の土地所有の形で始まる。その契機は743年の墾田永年私財法であった。この法律は、民間で開墾した田を、それ以前の三世一身法（723年）[46]では、一定期限後に収公する定めになっていたのを変更して、身分に応じた限度[47]を定めて無期限の占有権・用益を認めることで墾田開発の促進を行おうとしたものである。収公の規定は廃止されたが、三年以上不耕作の場合は他人に開墾＝佃食を許すという規定が導入され、事実上私的占有権は弱められた。吉田孝（1983）によれば、唐の均田制は、田地を調査して帳簿に登録し、田地を人々が占有する面積を規定するという限田制の要素と公田とか官田を一定基準で人々に割り当てて耕作させるという屯田制の要素からなっていたのに対し、日本の班田制はその屯田制の要素のみ取り入れて制度化していたが、墾田永年私財法は、追加的に限田制の要素を取り入れ、国家的土地管理を完成させたという性格を持っていた、とされる。すなわちこの法律は、この意味で墾田をも含めて土地を総体的に国家管理の下に置くことにより、律令制を完成させたという性格を持つものであったが、限度を定めつつであっても、墾田の私有を公認したことは土地の私有化への大きな推進力となったことは否定できない。小口雅史（2002）の言うように、「墾田を合法化し積極的な開発を促進することになった墾田永年私財法は、それが墾田を国家的管理に置くためのものであったとしても、私的土地所有の成立のための重要な前提条件であったことはまちがいない」（7頁）のであろう。吉田も班田制は「土地の国有制という通説とは逆に」「土地の私有制への契機となった可能性が強い」（437頁）と述べている[48]。

いずれにせよ墾田永年私有法は田地の私有への契機となった。班田制の下での経営能力の差は、私出挙（しすいこ）[49]などを通じて貧富の差を拡大し、有力農民は蓄えた富により墾田開発に力を入れた。脱落農民は「浮浪」民となり、新たな墾田に働き口を見つけて荘民となる過程で、初期の荘園の形成が進展した。これら有力農民は、無許可の墾田開発の場合は国司などによってその土地を没収されるため、墾田に対する権利を確保するために王臣勢家や大寺院と手を結び、従来共同利用にゆだねられていた山野未墾地（民要地）を囲い込み、これを形式上、諸院・諸宮家・王臣家の荘園とすることで、実質的な大土地経営者となっていった。すなわち土地の国有を建前とする律令制度の下では、無届の墾田はいつ没収されるかもしれず三年不耕作の墾田は借佃がなされうるから、墾田は常に官物（租税収入）の確保を図る国司・郡司などの手による収公の危険にさらされていた。そうした危険を避けるために王臣家の荘園としたのである。彼らはまた口分田をわざと荒廃させ、荒廃田の再開発に対して与えられる6年間の無税措置を利用した。その所得の中心は、自らの営田と私出挙（すなわち消費的な稲や銭の貸付）[50]および墾田を「売田」して（すなわち1年契約の小作に出し）得た地代（地子）であった。

9世紀になると、墾田の開発が進展し流民・浮浪民層の拡大するなかで、戸籍による公民の把握が不正確となり、班田制の維持は次第に不可能になっていった。律令政府は根本的対策として延喜の荘園整理令（902年）により大土地所有容認政策（開発重視政策）への転換を図るが、不成功に終わり、結果的に政策の混乱から班田制は全く行われなくなった。このため政府は、有力農民を対象とする田堵負名制を導入した。これは班田制の下での公田＝賃租田の経営方式に類似する一年ごとの請負制であり、負名（ふみょう）ないし名（みょう）とは有力農民に預けて国の賦課するものを納入することを義務づけた国有の田地を意味する。すなわち名とは徴税請負い単位としての公領であり、そうした名を請け負った有力農民を田堵（たと）と称した。田堵の下の耕作者は作手と呼ばれた。

田堵負名制は、墾田の荘園化が進展するなかで、あくまで土地の国有を守ろうとする律令国家の最後の試みであったが、結果的に土地の私有への動きを食い止めることはできなかった。これは有期の請負制という不安定な経営様式を嫌った田堵が、割り当てられた公田を耕作するのではなく、租税の減免特権のある荒廃地の再開発に向かったことにある。これは荒廃田の借佃期間が私田で3年、公田で6年であり、期日が来れば官に返還する定めであったが、824年の官府で、3年以上の常荒田の借佃期間が終身に改められたことによる。10世紀から11世紀にかけて、これら有力農民は「富豪之輩」とも呼ばれるようになり、田堵として公田を請負耕作する一方で、開発により私領を拡大し、次第に在地領主的な存在に成長した。彼らは当時の慢性的な農村危機を背景に、低湿平野部の荒廃した田地の再開発だけでなく、従来放置されていた谷地型水田の大規模な開発に向かった。

土地の私有化は土地の売買市場の成立につながった可能性がある。小口雅史（2002）は墾田永年私財法により、墾田の永代売買が可能になったとして、公的な認可の下での土地売買が盛んになされたとしている。[51] しかしこの時代の土地の売買の意味については慎重な解釈が必要である。菊池康明（1969）は当時の用語では「売」は、多くの場合一年を限っての賃租を意味していたことを明らかにしている。すなわち「賃租は一般に売買の語であらわされ、……大宝令の段階では法律用語としても売買の語しか存しなかった」(430頁)であり、大宝令での公田の農民への小作や耕作農民同士の自由な小作関係は「売田」の用語で示されていたのである。墾田永年私財法により永年売買が可能になった段階で「賃租」の用語が生まれたと見られるのである。

この永年売買についても、今日的な売買とは性格の異なる取引であったことに注意が必要である。すなわち古代の土地の売買は、永年売買であっても今日的な物権の売買ではなく、次のような意味での債権的性格が強かったというのである。具体的には、個人間の貸借(私出挙)により、利息が累積して債務支払いが不能になると、債務者はその所有地を債権者に占有用益させ、その収益を利息と相殺すると同時に、自らも償還期限を特定することなく——永代——所有地の買戻し権を確保するという「極めてルーズな債務契約が土地永売の不動産質的機能の実態」であったと見られる。これは「負債総額を元本として債務契約を更改し、その担保として、債務者の所有地が債権者に負債完済の時までという条件付きで入質(占有質)されることと実質内容上相違がない」(菊池康明1969、423頁)のである。

律令制の下では公田だけでなく口分田についても賃租が認められていたが、これは厳密に1年の小作であり、しかも毎年国司・郡司に申告して認可を得る必要があった。帳簿に賃租関係が明記され、班田主が常に官により明確に把握されていた。これには公民が負債の累積により大土地所有者に隷属することを防止する目的があった(菊池康明1969、428—429頁)。この意味で永年売買が公認されたことは、債権債務関係を通じて土地の占有権が移動するという大きな意味を持ったと言えるであろう。

荘園公領制の時期

11世紀後半以後、墾田開発に基づく私領の広範な拡大が見られる。在地領主は、公領荒廃地の囲い込みと再開発によって私領を拡大しただけでなく、一般農民の園宅地・小規模な治田の買得、横奪ないし債務の肩代わりによる入手、一郡一郷全体にわたる郡・郷司などの公権を私権化することにより地域全体を私領化すること、などさまざまな方法で領地を拡大したとされる。かつての通説では、開発に成功した有力農民は、国衙から郷司職などに補任され、その職を私的世襲財産として相伝することができた。時に開発領主とも呼ばれるこうした在地領主は、国衙に対して官物・国役などの負担を負っていたが、公領とちがって地子[52]を徴収することができたし、土地の永代売買も可能であった。しかしこうした在地領主の土地所有者としてのポジティブな側面を強調した通説に対して、その後の実証研究の成果は、実際の在地領主の土地所有権は非常に不安定なものであり、国家権力の前において脆弱なものであったことを示している。三年不耕作であれば収公という規定はいつ発動されるかもしれず、官物納人の義務を果たさない場合はいつでも収公されるリスクがあった、領有は国衙から一定の承認を得てはいるのであるが、受領が交代すればその権利は保証されるとは限らない、国家支配力の維持のために国衙は常に私有の制限を志向した、などの理由による。白河院政（1086—1129年）の時期に急増した荘園の権門勢家への寄進は、こうした在地領主たちが所有の不安定性と所有権の脆弱性を免れるために生じたというのは通説の教えるところであるが、その後の研究によれば、在地領主の力は従来考えられていた以上にさらに弱いものであり、逆に言うと国家の潜在的な土地支配権は強大であったと主張されている（永原慶二1968、72—74頁）。

在地領主の所有権については、寄進地系荘園に関する研究が進展するに従ってかなり明らかになってきた。従来の通説は中田薫（1938）によって主張された在地領主が私領の実質的支配権および支配権を保有している側面を強調するものであり、石母田正（1956）、黒田俊雄（1974）などによって踏襲された。すなわち、中田は、寄進は私領主がその所有権を留保したままで土地に付帯する所当の一部を寄進先に与えるにすぎず、寄進後も寄進者である私領主が実権の大半を保持していると主張し（97頁）、石母田は在地領主がその一円的排他的所有権と農民緊縛を強化しつつその後の封建的領主制へ進化する可能性を示そうとした。また黒田も「基本的な収取関係は領主層[53]のもとに形成されており、本所[54]の得分はそれに寄生してのみ存立しえた」としている（黒田俊雄1974、51頁）。[55]しかし、これに対して、永原慶二（1961、1998）などにおける個別荘園の実証結果は、寄進地系荘園において、寄進時ないし寄進がなされる前の所有関係における在地領主の所有権が支配権において脆弱なだけでなく、所得権においても極めて限定されたものであることを明らかにしている。すなわち、在地領主は郡司職・郷司職・名主職などの国衙権力の末端機構として国衙から承認された所職によって領地の日常的管理を行っていたが、その領地はすべて官物賦課の対象となる官物田＝国衙領であり、在地領主の権利は加地子の徴収権に一定地域に対する雑役免、一定の給田を加えたものでしかない。寄進後、在地領主の職分は下司ないし荘官として引き継がれるが、官物と雑事はすべてないし一部[56]が寄進先たる貴族の収取分となるのが通常であった。すなわち「寄進系荘園の成立とは、ふつう考えられるように、在地領主の収取する剰余生産物の一部を、中央権門がたんに上分として受領するという関係の成立を意味するものではない」（永原慶二1961、59頁）のである。言い換えると、12世紀の寄進地系荘園の展開期における在地領主の力は、通説が主張していたよりはるかに脆弱であって、その成長の過程においても、一挙に国衙の支配力を排除する力を持ってはいなかったのである。「在地領主がもともと完全に独自の

（単独で支配する）所領を持っていたかのように理解されているが、実際はそうでない。在地領主は「私領主」権しか持っておらず、それだからこそ収公の危機もあったのである」（永原慶二1998、74頁）というわけである。

12世紀末から14世紀中ごろにかけての期間は、在地領主所領の中央貴族への寄進により大量の荘園が形成された。全国の田地は荘園と従来からの国衙支配下にある公領（および国衙の認可の下にある私領）からなることとなり、土地制度の上ではこの時代は荘園公領制ないし荘園国衙領制の時代と言われる。1069年の延久の荘園整理令はそれまで国衙のレベルで認定していた荘園的土地所有を中央の記録所において審査し改めて太政官府により認定することに規定変更したものであり、正式に荘園公領制を成立させたと言われる。またこの整理令を契機に、諸国の国衙は郡・郷・名などがそれぞれ国衙と直結する別名（べつみょう）の形で官物（かんもつ）や公事（くじ）・雑役を徴収する体制を整えた。これにより国衙は宣旨（朝廷の命令）で全国の田地から一律に官物などを徴収する体制を敷き、そのための帳簿として大田文が作成されるようになった。白河院政期以後、寄進系荘園は増加し、寄進を受けた一般貴族による上級貴族、すなわち天皇家・院・摂関家などの王臣勢家や権門寺社への再寄進が一般化するに至った。続く鳥羽院政期（1129―56年）には、膨大な皇室領荘園が上皇・天皇（院）の周辺に蓄積され、そのかなりの部分が寺社領荘園となった。1156年の保元の荘園整理令は、こうした再寄進により宣旨や院庁下文により立てられた荘園を公認し保護することをうたったもので、荘園公領制を確立させたと言われる（五味文彦・川合康・西谷地晴美2002、126頁）。

荘園は次第に国衙の官僚の干渉からの独立性（不入）と朝廷・国衙への官物納入義務の免除（不輸租）および公事・雑役負担の免除の特権を持つようになった。荘園の寄進先は領家、再寄進先は本所と呼ばれた。[57]本所と領家は中央にあったが、現地には荘官・下司と呼ばれる在地の管理者が置かれた。他方、公領は国衙の直接の管轄下にある国有の田地である。しかし白河院政期には、公領を知行する受領が、四年の任期以後も引き続き任じられたり（重任）、子弟を受領に任じるなどの形で公領に対する支配権を強め、いわゆる知行国のシステムが生まれた。受領は任地に赴任せず、あたかも荘園における領家のような性格を帯びるようになった。

荘園と公領は大田文に記載されたから、実態はかなり明らかであり、石井進のとりまとめた13カ国のデータでは、平均値で61％、中位値で72％の田地が荘園、残りが公領であった。[58]しかし私領については大田文の記録がなく実態は不明である。

荘園公領制は鎌倉幕府によっても継承された。幕府は平家の知行国支配にならって一族を受領に任じ、8カ国を知行国化した。また謀反人（敵方）の所領を、没官のうえ没所領し、[59]地頭職補任の形で御家人に給付した。1186年の太政官府は地頭が謀反人の得分と権利を引き継ぐことを定め、1223年の新補率法は地頭の得分を、一〇町ごとに免田が一町、反別に加徴を五升と定めた。こうして成立したシステムを荘郷地頭制と呼ぶ。鎌倉幕府は地頭の「職」を主従制に基づき知行としてあてがうシステムとして、荘園公領制を再編しそれに組み込んだのであり、1223年の時点で荘園公領制の再編が完成されたと言われる（五味文彦・川合康・西谷地晴美2002、146頁）。

以上のようにして確立した荘園公領制の土地所有システムにおいて、諸職すなわち永原慶二（1961、107頁）によって「「職」（しき）の体系」と呼ばれた本所、領家、荘官・下司、地頭などの間の田地に対する諸権利の関係はどのようなものであったのだろうか。まず下司や荘官となった在地領主については、すでに論じたとおりである。所有権が弱いものであったがゆえに荘園としての寄進を行ったのであり、その支配力は寄進後もさして高まることはなかった。もちろん在地領主は損をしてまで寄進を行ったわけでなく、国衙に官物などを納める代わりに、寄進先に年貢を納め、その過程で自己の得分を増やそうとしたであろう。しかしそうした行動が十分に成功したとの証拠はないようである（永原慶二1961、60頁、1998、65―78頁）。永原の調べた但馬国温泉荘や備後国大田荘の例では寄進により、郷族は下司となり得分を得る立場となったが、それまで納めていた国衙への官物の納付は、寄進先への年貢、再寄進先への上分年貢に切り替わっただけであったと見られる。

それでは寄進を受けた一般の貴族が領主として強い支配権を持ったかというと、それについても事実はそうでないようである。すなわち一般貴族は寄進により領家すなわち寄進を受けた田地の領主となるのであるが、その荘務権[60]と言われる支配権は極めて限定的であった。その理由は、一般貴族の実効支配力の欠如にある。第一に、平安中期までの荘園の特権は、主として官物の免除（不輸租）のみであり、公事・雑役の免除の特権は有していなかった。領家はこの特権を入手しようと努めるのであったが、一般公家には国衙に命じてそうした特権を認めさせる政治的な力はない。それができるのは、中央の権門勢家しかないのであり、それゆえそうした上位権力者を本所とする再寄進を行わざるをえないというのが実情であった。第二に、一般の貴族は中央権門たる院・摂関家の下文によって荘務権を法的に保護されているのみであり、具体的な武力などの支配権はほとんど持っていない。それゆえその荘務権は、在地の側だけでなく貴族社会内部からも常に侵害される恐れがあった。具体的に荘務権の侵害があった場合は本所の力で解決してもらうしか方法がなかったのである。

新古今和歌集を編纂し明月記を表わした藤原定家は中級の貴族であった。その所有する15か所の荘園のうち4か所で荘務権を持っていたが、不明な1か所を除いて上級貴族を本所としていた。その荘務権はしばしば地頭などによって侵害されたようであり、そのつど家人を直接現地に派遣したり、鎌倉に訴えたりして対応したとのことである。「藤原定家の家自体には、年貢等を徴収し、在地農民を支配する実力的組織はなんら存在せず、それは一方における権門の存在、他方における国衙の法的承認を前提としてのみ、彼は賦与された権限として年貢を手に入れえたのである」（永原慶二1961、80頁）という状態であった。

最後に地頭は、言わば荘園体制へ外部から侵入した追加的な権利の請求者であり、藤原定家の場合も地頭と定家の任命した荘官の対立があったように、既存の利害と鋭く対立する存在であった。これについては次項で検討しよう。

荘園制の動揺解体期

後鳥羽上皇による承久の乱（1221年）の後、鎌倉幕府は数多くの御家人を守護・地頭として列島各地、とくに西国に派遣した。守護の権利はそれまでの国司の権利であった軍事・警察にかかわるものであり、さらに国司に対して行政上の指示を行うこともできた。地頭の権利はそれ以前の荘官・下司の権限を継承するものであった。守護・地頭の制度は既存の荘園公領制の秩序を前提とするものであったが、半面それは鎌倉幕府が主従制に基づいて独自に配分割当を行うものであり、既存の行政秩序と鋭く対立した（永原慶二1998、126―136頁）。

地頭と荘官・下司は下級荘官の進止権、百姓などに対する検断権などをめぐって対立した。地頭の得分は新補率法による得分により規制されており、地頭はさらに在地の支配権を梃子に開発地の年貢をわがものにするという非法を行って領家とも対立した。他方、蒙古襲来（1274年、1281年）などにかかわるたび重なる軍役に伴う出費と分割相続による所得の細分化などにより、多くの地頭・御家人は困窮化し、質入れや売買で所領を手放すものが続発した[61]。

これに対して幕府は基本的に地頭・御家人を保護する政策をとった。第一が、領家との仲裁・調整であり、領主に納めるべき年貢を契約で定め、現地の土地・農民支配権を地頭に与えるという請所という方法や、問題となっている荘園の支配権を領家と地頭で分割するという下地中分という方法がとられた。第二は徳政令であり、応仁の徳政令（1297年）では、本主権の慣行[62]に沿って、御家人の所領は御家人役を務めるためのものであるから、売買された御家人の所領はその本主に戻されねばならない、とされた。

南北朝期の動乱（1336―92年）以後、室町期にかけては守護権力が次第に強大化した。武家領主だけでなく在地の荘官職や名主職に対しても守護から軍事動員の要請が出されるようになり、所職所有がそれまでの相伝の由緒でなく軍忠によって左右されることが多くなったし、幕府・守護から課される段銭・棟別銭など一国平均役や兵糧米・軍役を含む守護役などの課役が増加した。これらに応じないときは、荘官職などは維持しえないこととなっていった。守護の荘園経営にかかわる権益も拡大した。たとえば、幕府法廷の裁決の執行は、かつては幕府が任命派遣する使節によって行われたが、これが在地の守護によってなされるようになった。本所領における守護の取り分は、かつては軍事目的で臨時のものに限られていたが、次第に一般化・恒久化し、半済（はんぜい）というシステムが拡がった。半済をかけられた所領には守護から給人が派遣された。さらに守護は国衙領を実質支配しただけでなく寺社本所領の代官に補任され、在地支配と所役納入を請け負う守護請を行うようになった。

室町幕府は公家権力を吸収した公武統一政権であったから、幕府は国家機能遂行の上からも、必ずしも守護の台頭を許すのではなく、寺社・本所・領家の権益を保全しようともした。たとえば応安の半済令（１３６８年）では、禁裏や寺社仏神領では半済を中止し、反済がかけられていない本所領に新たな反済がかけられることを禁止するなど、寺社本所領にこれ以上反済が広がることを防止することが定められた。しかしこの法令には、反済の徴収について勅許を与え下地分割により固定化するといういま一つの効果があったとも言われる（五味文彦・伊藤俊一２００２）。

室町時代までの土地制度は基本的に荘園公領制の枠組みの上に成り立っていた。半済による守護の給分は将軍の意思により職を解かれると解消される性質のものであり、守護地頭制の導入とそれにかかわるさまざまな制度変化は荘郷や名とは異なる新しいシステムを作り出したわけではなかった。「重層的な「職の体系」の解体と守護権門の拡大にもかかわらず、地域社会には前代以来の荘郷の枠組みが温存され、荘郷内部の徴税単位である名制度や、これを運用する公文・田所などの下級荘官の機能が生きており、〔後述の――引用者〕請負代官や武家領主による支配もこのシステムの上に成り立っていた」（五味文彦・伊藤俊一２００２、１９９頁）。

しかしながらこうした変化が寺社・本所・領家にとって甚大な打撃になったのは言うまでもない。下地中分は、耕地のみならず山野を含めて荘園を折半し、相互に一円的な（包括的な荘務権を持つ）支配領域を作り出すものであり、この場合地頭は割り当てられた部分に関しては領主としての権利を持つこととなる。[63] また「いったん地頭の請所となってしまえば、やがて領家側が所定の請切年貢額さえ手に入れにくくなってゆくことはほとんど例外なしに見られることで」あった（永原慶二１９９８、１９０頁）のであり、領家などは所領に対する支配権を失いつつもかろうじて守護権力と結びついた代官請負制により年貢・公事を収取していた。すなわち本所の関係者・守護・僧侶などの有力者を選任して、守護との関係を維持しつつ、域内の荘官や名主百姓を掌握し年貢・公事の徴収を行ったのである。領家による検注はまれになり、それに納める年貢・公事も固定していった。寺社・本所・領家は次第に、剰余取得者でなく単なる得分取得者に化していったのである。また西谷正浩（２００６）は鎌倉中期以降の徳政令が、名主などの中間的な地主の相伝権を強化し、領家（本所）の所有権を不安定化する性格のものであったことを強調している（１７０―１８４頁）。

こうしたなかで室町時代には、貨幣経済化の進展を背景に、土地ないし得分権の売買市場が発生し拡大した。とくに名主加地子の得分権の市場は、有徳人と呼ばれる酒屋などの商人・寺社・金融業者を主要プレイヤーとして発展した。土倉と呼ばれる金融業者[64]のなかには室町幕府の財務管理の代行機能を行う者もあり（桜井英治１９９６、３４２頁）、自ら代官を請け負い、代官請負制を活用して土地集積を行った（中島圭一１９９２）。彼らは請負代官の職務を行うに当たって，年貢を代銭で受け取らず年貢換金の際の差益を入手したり、守護課役を農民に転化するなどの不正をしばしば働いたとされる。これは彼らが取得した名主加地子は請負代官が正当に請求しうる年貢とは違って、なんらかの経済外的強制がなければ収取しにくい性格を持っていたことによると思われる。こうした不正を伴う土地集積に対して、14世紀末から15世紀初頭にかけて、一揆が多発し、それを受けて出された私徳政（地域ごとの徳政）や幕府の徳政令により買得地の請戻しが頻発した。こうした事態は有徳人による土地所有権に対して甚大な打撃を与えたと言われる。

代わって登場したのは、土豪ないし地侍と言われる15世紀の新しい社会階層であった。この階層の多くはかつての名主百姓層であり、年貢の固定化の下で生産性が上昇したため次第に力を蓄え、各種武家階層の被官となったり、私領の開発などを行いながら在地の小領主ないし村落領主として台頭してきた人々であった。彼らは自ら開発した私領を下人・被官などを使役して手づくり経営する一方で、加地子名主職・作職などの得分権を大量に入手し、村内地主として小作地経営を行った（水林彪1987、41―49頁）。得分権の取得の背景には、土豪の農民に対する貸し手としての金融業者としての活動がある（長谷川裕子2004）。農民は、荘園領主（領家）に対しては年貢・公事を、地主としての土豪に対しては加地子を負担したのである。土豪はまたその武力で荘園を下地中分したり押領したりして本年貢を入手することもまれではなかった。

こうした土豪は、しばしば国人と呼ばれる地頭クラスの地域支配者よりも下の在村領主であり、基本的には被支配者層であったが、国人層が戦国大名になるなかでその被官となり支配層の一角を占める者もあらわれた。池上裕子（1994）によればこうした土豪層の台頭は「15、6世紀の村々にわきおこった全国規模の」事象であったとされる。彼らの土地所有権もまた主として集積した得分権所有権であって、買得地や開発地を確保する武力を保有しているため、15世紀以降における新しい在地の土地所有者となった。しかしその土地所有権はさほど強固なものではなかったと言われる。たとえば吉田ゆり子（2004）による伊那地方の土豪熊谷家伝記に基づく研究では、土豪らは戦国期において基本的に在地にとどまり、太閤検地以後農民化したとされている。土豪の支配地における土地は大部分が被官や他の農民に請作されており、かつて家父長的大経営と呼ばれた手作り経営が広範になされたとは考えられない。このため、太閤検地のときには、土豪の所有地は被官に分配され、被官は百姓となり年貢貢納を行うとともに、作合い禁止という一般的な原則に反してまで、旧主である土豪への地代的な支払いは継続され、また百姓身分となった旧被官層が年貢の大部分を負担した、とのことである[65]。

他方、先に述べたように地頭出身の国人は本所・領家の土地支配権に積極的に食い込み、下地中分などの形で知行権を有する在地領主としての地位を固めていた。農民はこうした国人・在地領主の支配に対して惣村（村落）ごとに団結して対抗し、災害による減収などの場合、一荘一郷が一体となって不払い闘争などを行うようになった。土豪はその場合、年老（おとな）と呼ばれるリーダー的存在として機能した。池上裕子（1994）によれば、惣村は、惣村財産の保有・検断・村請の三機能を持っていた。惣村財産保有とは山野用水地とともに寺社免田などの共同による保有管理、また検断権とは村落内部に対する警察権、村請とは外部に対する年貢・公事納入にかかわる団体交渉権であった。惣村では年貢・公事の村請システムとともに、加地子の村請もシステム化され、個々の耕地の本年貢・加地子はまずもって村（惣）によって把握され、惣が個々の耕作者の実情を把握しつつ再生産をコントロールする仕組みが成立したとされる（稲葉継陽2002）。

6　家の形成過程

実態的に家という形をとった日本の家族の構造は、構成員の将来にわたる所得を生み出す財産を単独一括して父系成員が継承するところにその特質があった。以上のわれわれの考察はこうした財産の所有継承方式の必要性と可能性が財産を構成する諸資産の歴史的に形成されてきた特質にかかわっていることを示唆する。次の二点が日本の家族構造を規定する財産の特質として浮かび上がってきたと思われる。

第一は、土地ないし田地の私有財産としての地位の不確かさおよびそれと裏腹の関係として譲渡権などを含む支配権の欠如である。まず、班田収授制の下では土地は基本的に国有であり、人々は期間限定の耕作権を持っていたにすぎない。班田制解体後には、開発した墾田の私有が広がったが、三年不耕の場合は、占有は保証されず、また私有の国衙による認定も不確実なものであった。そうした問題を緩和するために私領の貴族への寄進が行われたが、貴族の領主としての力は十分な所有権の執行力に裏づけられたものではなく、一般貴族は権門勢家への再寄進により、その所有権を確保しようとした。その時点で土地の所有は一般貴族（領家）と権門勢家（本所）の共有（年貢のシェア）という性質を帯びる。その時権門勢家の中心は天皇・上皇からなる院と摂関家であり、これはいわば王権が直接所有主体になったことを意味する。その後、本所と領家の所有にしても、その権利は次第に弱体化し、単なる得分取得者へと変化する。戦国期に年貢の収取者となった国人ないし在地領主は、土地の私的所有権を下地中分などの形で獲得していたが、その土地からの年貢収取権を惣村と激しく争奪するようになる。惣村のリーダーであった土豪ないし地侍と呼ばれた階層も基本的に得分取得者であり、その土地支配権は脆弱であった。近世においては年貢請負制などの形で村落の土地支配権が強化される。

こうした一般経済主体による私的な土地所有権の弱さはまた土地の売買市場の性格にあらわれてくる。奈良時代に始まった土地の売買は、その多くは賃租であり、永代売買とされるものは買戻し権付きの不動産質であった。また室町期に広がった売買市場は名主職や名主加地子という得分の収取権すなわち所得権の売買であり、土地の永久処分権にかかわる支配権の売買ではなかった。また度重なる徳政令の発布は、買得地を常時、請戻しの脅威にさらした。こうした土地売買市場の性質は近世になっても大きな変化はない。

土地私有権の弱さは、一つには、伝統的な王土思想に基づくと思われる。とくに院政期には王土思想が国制を支えるイデオロギーとして機能し始めた（吉田孝1983、439頁）。具体的には、強硬な荘園整理令の施行、国家公定の枡（延久の宣旨升）の制定、大田文に基づく一国平均課税の開始などであり、天皇家の家産としての院領荘園の集積はこうした高権としての院政イデオロギーによるものとされる。いま一つの要因は、貴族にかわって支配権を握った武家政権の土地所有に対する執着の弱さである。鎌倉・室町幕府は、荘園制を所与として成立し、自らはその下での得分権取得者の地位に甘んじたし、太閤検地以降の近世武家政権も、武士による在地支配に固執せず、村落共同体への租税徴収委託により国政を行った。このことは後述するように武士階級の武術にかかわる職能集団としての性格に強く関連している。

日本の家族構造を規定した第二の財産的特質は、財産に占める人的資本の本質的な重要性である。蔭位の制に始まる官位の世襲化は必ずしも官位官職の財産としての価値を保証するものではなかった。官位・官職が確実に世襲され、家業が家産として意識されるには、その官職に関する技能の家業としての独占化が必要であった。平安中期以後に生じた官司の請負制はそうした性質を持つものであった。平安末期から鎌倉初期にかけては供御人などが芸能や手工業における職能民として登場してきた。彼らはその生産する財・サービスを特定の貴族や寺社に納めるだけでなく、広く諸国を回って商品として販売した。財・サービスが商品としての価値を持つことで、職能民の技能は将来所得を生み出す人的資本となり、世襲的あるいは師弟関係を通じて継承されることとなった。奈良時代までの律令制下では、そうした技能の世襲的継承のインセンティブは存在せず、「部」と呼ばれた職能民のグループないし工房では、技術伝承は世襲的氏族内ないし工房内において国家権力によって強制されることによってなされた（石母田正1956、548—571頁）。これは当時の商品・サービス生産は、商品としての交換ではなく貢納を目的とするものであり、生産された商品の市場価値が存在しなかったことによるものと思われる。

職能民の人的資本は、彼らの生産物に対する商品市場の発生・発達を契機として、それを継承するインセンティブが生じた。中世前期においては、農民生産は基本的に自給的であったが、鋳物・土器などの手工業品や塩・魚などでは交換経済が発生していた。中世後期では、名主百姓による代銭納が普及し、それに伴う貨幣経済化・商品経済が展開した（脇田晴子1988）。家が生産組織となり、生産手段と作業場を所有する手工業経営が見られ、技能は人的資本として継承の対象となった。前章で見たように、仏教の易行化に伴う求道精神が、こうした人的資本の蓄積を、人々の精神生活の面で内面的に支えた。南北朝期以後、技能の習得とその高度化は、貴族から賎民まで社会に広く深く浸透した人生の目標となり、工人技能と多種多様な芸能の発展は生活文化の革命をもたらした。横井清の主張するように、その背景にあるものは「解脱の渇仰」に基づく「現世の寿祝」行動であった。「民衆の求めてやまなかった幸福とは、一つにはいかなるものにせよ「一芸」に秀でることであり、もう一つは「有徳」の身になることであった」（横井清1975、（上）68—81頁）。『徒然草』は「滅びゆく王朝的なものに限りない愛惜をいだきながら」そうした前進的人生観を歌いあげ、有徳人と一芸に秀でたものによって支えられた新しい階級の出現を予言したのである（松本新八郎1956b）。

求道精神に基づく「一芸」に秀でることの希求は、商品経済の展開に支えられて人的資本の観念とその継承のインセンティブを生み出した。逆に、易行化の下で解脱への渇仰から生まれた「現世」を寿祝する精神の働きは、現世利益の讃仰となり、求道精神の高まりを通じて「民衆自身の、幸福な「現世」を作り上げようとする意欲にもつながった」（横井清1975、（上）81頁）。商品経済はそうした民衆の意欲を背景に発達したのである。当時の価値観において富裕は「徳」であった（五味文彦1988、368頁）のであり、商品経済の発展と仏教の易行化は、物質生活と精神生活の両面から、人的資本の維持と蓄積の推進力となったと言えよう。

日本の家族の保有する財産の以上のような二つの特質を前提とするとき、家の形成の過程はどのように説明できるであろうか。まず資産の種類別にその属性を考えてみよう。官職・官位などを中心とする無形資産が家族の財産としての意味を持つのは、その世襲が将来にわたってある程度保証されるときである。その場合官職はフランチャイズ価値を持つ。多くの場合そうした条件は、官職にかかわる技能などを特定家族が独占することにより成立する。官職の継承と関連する特殊技能形成を独占し、そこから生み出される将来所得の流列を計算できる状態にある時、官職と関連する人的資本を子孫が継承するインセンティブが生じる。また官職・官位は分割して相続することはできないから、その継承に当たっては一括単独相続という形をとらざるをえない。ただしその相続は官職の技能の性質にもよるが父系で継承しなければならないということはない。しかし、律令国家は統治上の理由から嫡子重視のスタンスをとったから、その限りにおいて父系の継承が必要とされた可能性はある。

次に不動産などの有形資産は、その永代処分権などの譲渡権を含む支配権を持つ場合に最も確実な財産となる。占有権の意味での支配権では、その所有は実質上は単なる所得権でしかない。加えてその場合、その土地から生じる所得に関する権利をすべて持つとは限らず、所得の一部に対する権利が他の経済主体の所有になることがありうる。その場合は将来所得の流列の一部に対する権利のみを持つことになる。日本の土地に関しては最終的な処分権を含む支配権は国家ないし王院勢家が保有することが一般的であった。また官物と呼ばれた税の税引き後所得に関する権利は、各種の職に付随する得分として分割保有された。このような時、一般の家族にとって土地の財産としての価値は主として得分から生じる将来所得の現在値である。これは容易に分割保有されるものであり、財産としての土地は一括単独継承しなければならないものではない。また父系で継承しなければならないということもない。それゆえ財産の一括単独相続の必要性の意味では、土地は家の形成に直接にかかわる必然性はない。

最後に、技能・職能などの人的資本については、それが将来所得を生み出す資産としての価値を持つためには、技能から生み出される財・サービスの価値が市場で評価されることが前提となる。その意味で商品経済の浸透により、この形の資産は継承の対象となったと見られる。また、知識の伝達に排他性はないから複数の子供や弟子に継承することが可能である。しかしそこには知識を受け入れる能力などの差異があるから、伝承に関する努力の限界を考えると単独継承が選ばれることが多いと見られる。また継承の確かさなどはそれに要する時間に依存するから、子供であれば親と人生がオーバーラップする時間の長い長子に、弟子の場合は古参の弟子に継承される可能性が高い。また通常の技能に関しては、男女を問わず継承できるであろうが、武術などは通常は男児に優先的に継承されよう。また手工業的技能であっても、中世においてはその販売には各地を旅行せねばならず、その場合の危険から武装と武力が必須であったから、かりに女児でも系諸可能な技能であっても父系継承が選ばれた可能性がある。

以上の考察から、家の形成は、財産の一括単独相続の意味では、官職のフランチャイズ価値とさまざまな人的資本が密接にかかわっているということになり、具体的には次の三形態で生じたと考えられる。第一は、貴族の官職請負制における官職という無形資産とそれにかかわる人的資本の継承である。これは10世紀から11世紀にかけての中央政治機構の変化の過程で効果を持った。第二は、一般の職能民の人的資本の継承であり、これはとくに南北朝期以後の商品経済の浸透のなかで重要性を持った。第三は、特殊な職能民としての武士の保有する武芸という技能の資産価値の高まりである。武士はまたその技能に基づく武力により、土地に関する所得権を得分権として分有しそれを官職類似の「職」に関連づけて、継承した。

農民における家の形成はかなり遅れて一般的には近世以後であると考えられる。その要因は一つには、惣村を形成する過程で、土豪・地侍といった武士層が在地にとどまり、惣村自治組織のリーダーとなる過程で、武士の家組織が農民に広まったことが考えられる。安良城盛昭（1953）は太閤検知以降の自立した小農民の供給源として、土豪などによる家父長的大経営の下にあった名子・下人・被官などの隷属労働力の自立生産者化を重視するが、家の成立という視点からは、土豪などの在地生産者化が最も大きなインパクトを及ぼしたと見てよいのではないだろうか。もちろん名子・下人・被官などもその影響下で家的な家族構造を志向したと見られるし、家父長的大経営に包摂されていた一般農民（請負百姓）にもそうした影響は及んだと考えられる。農村における家の形成のいま一つの要因は、零細な耕地における労働集約的農法の普及が、その耕地に適合した技能すなわち営農にかかわる人的資本の形成を必要としたことにあろう。近世の基本的農業経営体の母体としての小農経営における耕地特殊技能や村落共同体特殊技能の蓄積である。中根千枝（1970）の言うように、村落を構成する百姓は「農業経営体としての再生産を可能にする条件をそろえ独立した財産体として存続しなければならない」（115頁）のであり、租税の村落による請負制度の下ではその労働力と納税義務者の確保のための家の継承を必要とし、また村落自体の生産性向上のために特殊技能の形成・蓄積が必要とされたと考えられる。

このような意味で、家の形成は何か一つの階層にかかわるものではなく、さまざまな階層のかかわる重層的な過程であった。笠谷和比古（1999b）は家の成立についての諸説を、在地領主起源説、律令官人制起源説および公家権門起源説の三つに整理している。律令官人制起源説と公家権門起源説はともに貴族階級のなかから家システムが生まれたことを主張するものであり、平山朝治（1995）もその最も強い形では藤原氏の摂関政治の過程で家のシステムが成立したと主張する。また、在地領主説は最も古く石母田正（１９４６）にまでさかのぼることができるものであり、村上泰亮・公文俊平・佐藤誠三郎（１９７９）などにまで採用された武士階級の土地経営とのかかわりにその起源を求めるものである。しかし家の形成を一つの社会階層にのみ求めるのは、その契機の統一的考察を不可能にすることになる。律令官人起源説に関しては、それにかかわる律令制下の政治的統治体制に関する詳細な分析を行った吉田孝（１９８３）自身が、その嫡子重視制度などが中世的な家には必ずしもつながるものではなく、家の成立には夫方居住と嫁入婚による父子継承制とともに朝廷の官職の家業化の成立が不可欠の要件であったとしている。また公家権門起源説は吉田が指摘するように官職の家業化をもって初めて家の成立にロジカルにつながるのであるが、これは家職にかかわる人的資本形成の独占化というプロセスがなくては成立しがたい要件である。在地領主起源説については、これが近年の研究によって否定されてきたことは笠谷の指摘するとおりであり、次節でも武士の登場とそこでの家の形成が、弓馬の士としての武士の独特な人的資本形成に密接にかかわっていることが詳しく論じられる予定である。

それゆえ以上の考察によれば、日本の家族構造に特徴的な家の成立の全過程を貫いている基本的な要素は、人的資本の財産としての価値の蓄積と継承であるとしか考えられない。そしてその契機として宗教面での仏教の易行化の進展がもたらした職業的求道精神の高まりがかかわっている、というのが本書の提起する仮説である。貴族に学術知識を中心とする人的資本の価値を高める努力を促し、手工業者に優れた製品と芸能パーフォーマンスの追求を動機づけ、また武士に武術を道として究めるインセンティブを与えたことの深層には、解脱の渇仰、そのための人生観の陶冶の過程があったのである。マックス・ウェーバーは西欧に関してキリスト教なかんずくプロテスタンティズムの発生が個人主義の発生を促したと論じたが、日本では人々の解脱への渇仰が、求道主義を通じる自己実現を求める個人主義の発生につながり、その下での人的資本重視の観念が家の形成をもたらしたのである。日本の家システムという家族構造の起源は、少なくとも宗教的には、集団志向という行動上の性向にかかわるものではなく、自己実現にかかわる人的資本重視という日本の経済社会の発展メカニズム上の特質にかかわるものなのである。

ちなみに上でも触れたように長子相続制は、家族に伝わる人的資本を継承するには親と重なる人生の時間が最も長い長子に継承させることが一番有効であるということから、採用された可能性が強い。有形資産が家計の財産の中心を占めるイギリスでも長子相続が普通であるが、これは得分権の市場が欠如しているという条件下で、土地の過度の分割を防ぎ、労働市場の変化に対応しつつ家族の生存を確保するという目的のための一子による継承がその基本理由であった。たとえば家長が死亡した場合子供に譲り渡すまえは寡婦による一時的な一括相続がしばしば見られる。長子の選択は一括相続を前提とした便宜的な手段であったと見られる。

7　武士・封建制と中世

武士の成立

武士の成立に関して、かつては開発領主ないし在地領主が、自己の領地への侵略を防ぐために武装したことに始まると考えられていた。古代的氏族社会的呪縛を否定し、主体的で個人的な鎌倉武士の英雄史観を展開し、日本史における中世を発見しようとした石母田正（１９４６）は、こうした開発領主の武士化に、武士の発生過程を見ようとした。すなわち東国などの在地領主間の絶えざる私闘（いわゆる自力救済のための実力行使）のなかで、武士団は在地領主の族的集団として発展した。族長としての地位や軍事的統率者としての地位が家督のなかに一体化し、族的結合が一箇の武装した戦闘組織としての性格を持つに至ったのであり、「平安時代農村における武士の成立過程とは、かかる組織としての武士団が平和な領主の族的関係に優位し、それを自己の目的に適合するように再編成していく過程に外ならない」（211頁）とされたのである。こうした考え方は石母田正（1956）でも、土地私有を守るために形成された田堵や富農出身の在地武士団という概念に引き継がれており（109頁、114頁）、さらに安田元久（1962）、豊田武（1963）、石井進（1987）などによっても支持された。

しかしこうした武士発生の在地領主説はその後の研究により、おおむね否定される傾向にある。具体的には、農民の武装化という史実が乏しいこと、また初期の武士の所有する武器は重厚強力であり、新興の富農や田堵が自衛のために武装したものとは考えられないという点などにある（義江彰夫1986、175頁）。また疾走する馬上から自在に弓矢を発射する行為は極めて高度の技術を擁するため、戦闘を家職としての幼いころからの訓練なしには会得できないということもある（笠谷和比古1993、1頁）。さらに言うなら、（戦国期と異なって）戦闘員には被支配集団である農民を含んでおらず、武士団は職業戦士のみから構成されていたということもある。こうした理由から、現在では武士の職能説が一般的であり、そこでは武士は「武芸を持って支配階級に仕える職能人ないし職能団体」（佐藤進一1974、206頁）とか「武技を職能とする世襲の戦士身分の者」（笠谷和比古1999b、1頁）と定義されるのがふつうである。[66] すなわち武士は武芸にかかわる一種の職能民である。発生史的には、武士の起源は中央の軍事貴族出身の豪族が所領を形成し武士化することにより形成されたとされる。こうした武士は所領の開発を盛んに行ったが、それは武士の開発領主化であり、開発領主の武士化ではないのである。

武士は本来的に「弓馬の道」の専門的職能民であり、家業として武技を専門的に扱う「兵（つわもの）の家」に起源を持つと考えられるのである。

このような意味での武士は、東国、西国を中心とする国衙の周辺および京の周辺においてそれぞれ独自の過程を経て形成されたと考えられる。元木泰雄（1994）に主としてよりつつその事情をとりまとめよう。東国は対蝦夷戦争の最前線であり、良質の鉄と馬の産地でもあり、弓馬に秀でた狩猟集団の伝統を継ぐ蝦夷の騎兵隊に対抗することは容易なことではなかった。また関東近辺では9世紀末から多くの騎射に優れた兵士を擁し略奪暴行を繰り返す「党」が横行していた。こうした治安の悪化に対処するため、坂東に下向した桓武平氏などの貴族・皇族の末裔などが軍事的役割を強化し辺境軍事貴族となった。多数の有力な武士団が、中央の有力貴族と密接な関係を持ちながら、「兵の家」としての名をあげ、国衙に比肩する力を持ち、そのなかには郡司・郷司などの行政官となり、国衙行政に参画していく者もあった。彼らはまた開墾により得た所領を、別名として国衙の承認を得ながら領地を拡大した。[67]西国では、国衙による積極的な「兵の家」の育成がなされた。国司として受領した貴族が任期が終わっても土着化し、徴税力強化のための武力として連れてきた郎党が武士化したものが、検非違使・追補使・押領使などの軍事的役職に任用され、郡司などの軍事力となった。[68]また京では四、五位の中下級貴族のなかから武技を専門職とする軍事貴族が育った。摂関政治の時代には、中央の兵家貴族として官職・所領・郎従を持ち、職業武人として家職を世襲していた。いわば官職として武芸を専門にする貴族の一員であった。その後院政時代になると、官職よりも家職たる武芸を優先する傾向が強まり、他の貴族とは一線を画した武力の独占体制を確立し、京武者と呼ばれるようになる。清和源氏・桓武平氏がその代表であり、彼らは地方武士と結合し武士の棟梁として台頭する。[69]

武士、家および個人主義

石母田正（1946）が、開発領主に日本の中世の創造主体を見出そうとした基本的動機は、社会の成員の独立性の基礎は独立の所領ないし生産手段たる土地の保有の上にのみ成り立つと考えたからであった。すなわち律令国家支配からの解放は、土地からの人間の解放・主体化する過程であり、土地所有の個人的形成を農村社会に広く成立せしめるための動因であるという考えである。西洋的モデルに従って、中世＝封建制に移行するための基本的条件として、奴隷の農奴化が必要であり、その前提条件として領主制の成立があるはずだと考えたのである。中世の形成は古代の没落であり、古代の氏族制社会の呪縛を逃れた中世的な自由な個人の確立こそ、古代的生産様式に続く封建的生産様式、さらに近代ブルジョア的生産様式へと（史的唯物論に基づく）段階的発展の最初のステップになるという期待があったのである。アジアのなかでただひとり西欧と同じ封建制を持つことのできた日本の将来に寄せる希望の表明でもあった。石母田がこの著書の最後の部分で、分析対象となった東大寺領黒田庄の記録が天正9年（1581年）に消えたことに触れ、「われわれはもはや〔古代の中世化への移行における――引用者〕蹉跌と〔中世の残存する古代勢力に対する――引用者〕敗北の歴史を閉じなければならない。戸外では中世はすでに終わり、西国には西欧の商業資本が訪れて来たのである」（417頁）と論じていることは誠に印象的である。

初期の武士は、個人的精神・個人的独立性・個人的結合性をその特質とする。武士団は主従関係で結ばれたが、その成員は基本的に非血縁的であった。武士団の構成員は姻族を中心とする同族集団であったが、集団の結合における血縁の力は弱く、婿・舅、養子・烏帽子親などの形をとった基本的に血縁関係のないものが多数を占めていた。鎌倉時代まで家族に属する所領の相続は分割相続を原則とした。戦闘集団としては集団行動が不可欠であったが、その統率を行う惣領は同族のなかから能力ベースで選抜された。惣領を中心にした主従関係は統率者との間の人格的関係であり、個人の結合の上に成立した。「集団的精神の強調された初期武士団ほど個人的精神が強かった時代はない」のである（石母田正1946、213―214頁）。このことは一つには当時の戦闘が騎馬武者の一騎打ちを中心としたものであったことにかかわっていると思われる。個人の武勇の名が第一に評価され、名誉を重んじる精神は個人の独立性を前提とした。[70]

その後南北朝期に武士団は次第に集団的結合の度合いを強めている。所領の相続は、長子相続制となり、存続を目的とする家の概念が支配するようになる。これは分割相続が嫡子と庶子の対立を招いたり、所領の細分化による没落をもたらすなどの問題を起こしたことによると説明される。こうした要因は否定できないものの、所領の細分化がもし土地の経営効率を引き下げたのであれば、それは共同経営で回避できたはずのものである。いま一つの要因としては、武士もいわゆる「職の体系」に組み込まれていたということがあるかもしれない。すなわち検非違使・追補使・受領あるいは守護・地頭などの家職を相続するには単独相続しかないからである。しかしこの場合も長子でなければならないという理由は必ずしもないという問題がある。

それゆえ、家制度が武士にも成立したことの主要な理由は、弓馬の術にかかわるさまざまな技能（人的資本）を家産の中心的資産として継承するには、父親と最も長く人生をともにする長子に継承するのが最も適切であることによると考えざるをえない。とくに南北朝期以後は、歩兵戦が戦闘において大きな役割を占めるようになり（佐藤進一1974、214―223頁）、単なる弓馬の術だけでなく、それぞれの武士団に特殊な用兵上のノウハウや暗黙知が重要な人的資本となってきたこともかかわっていると思われる。

武士は開発により所領を拡大することを試みたが、鎌倉時代末期以後、多くは農業を離れていく。下人や所従を用いた直営地経営をやめ、農業とのかかわりは所領全体を農民に耕作させ、一円性のある村知行に主体を置くか、単なる得分取得者となっていくのである。これは当時の軍事的緊張に対応して、軍事行動に専念したという側面が強いが（豊田武1963、246頁）、それとともに自己の資産の中心をあらためて軍事と武術にかかわる人的資本にウェイトを置いたとも解釈できよう。またその背景には、開発領主の権利が最後まで確定しなかった日本の土地所有の基本的性格に適応せざるをえなかったとも考えられよう。太閤検地の時代に農民ないし惣村に土地の支配権が与えられたとき、多くの土豪ないし地侍が在地の農民化の道を選んだのは、このことを逆の意味で裏書きしていると言える。

石母田は初期における武士団の個人の独立性を称賛し、それが所領の保有にあるとした。しかし上で見たように武士による土地の保有は極めて脆弱の基礎しかなく不安定なものであった。石母田自身も認めるように開発私領の所有権の唯一の保証は国衙の土地証験しかないのであった。武士は開発所領を確定的に所有するために、寄進・武力行使を含むさまざまな努力を行うが、結局それは成功したとは言えない。したがって、武士の個人的精神はある意味で契約に基づく財産権の形に支えられて成立したのではなく、強固な自己実現への意思という形に変化して保持されたと言えるかもしれないのである。

中世と封建制

日本史の段階区分としてどの時代を封建制の時代と見るかに関して戦後の日本史研究は錯綜した論争を展開した。

石母田正（1946）『中世的世界の形成』はこの問題を提起した画期的な研究として迎えられた。石母田の主張は、日本の中世の成立過程は、最も典型的な西欧的中世であるということであり、加えて日本では民族移動や征服にかかわるかく乱要素がなかったために「より純粋な過程を呈示」（159頁）していると主張された。さらに、石母田は10世紀ごろ現れた中世武士団＝領主制が封建制のトレーガーであり、在地領主が古代的氏族社会の桎梏をはねのけつつ成長する過程に日本の中世の起源を見たのである。すなわち中世の成立は古代の没落であり、古代の没落の過程が同時に中世の形成の過程でなければならない、として中世武士団こそ古代の否定の中心的主体であると主張したのである。

大山喬平（1978）はこの石母田説を、（ⅰ）古代の奴隷が土地の占有者として（相対的に）独立の経営者＝農奴になること、（ⅱ）土地の占有者（農奴）に対して土地の所有者（領主）の成立すること、の二つの段階の同時進行であると整理した。すなわち日本における中世＝封建制の成立は領主的土地所有と農奴的土地占有の二要件からなり、それはまさに典型的西欧的中世＝西欧的封建制であるとしたのである。

永原慶二（1961）もおおむね石母田説を受容し、律令国家において班田農民は相対的に奴隷制支配の下にあったのであり、従属的ウクラードとしての家父長的奴隷制を伴いながらも、ひとまず農民的名主・在家という過渡的形態を形成したのち、農民は農奴となっていったと主張した。そしてこれを領主側から見て「十三世紀の後半から十四世紀の内乱期を通じて、王朝国家の旧秩序が解体し、在地領主が「職」の体系から離脱する段階は、封建領主＝農奴制の本格的展開期」（310頁）と言うべきであろうとした。

石母田・永原説に対しては、領主制を封建制の唯一のメルクマールとするという点を中心に批判が展開された。黒田俊雄（1974）は、領主制を封建制＝農奴制ないし自立的小農経営の唯一の起点とするという誤った論理に立っているとして批判を展開した（380―381頁）。黒田においても10―14世紀に封建制が成立したことは否定されないが、そこでは領主制はむしろ「副次的」であって、この期間は荘園制の時代であったと見るべきであるとした。荘園制という非領主的展開のなかに農民層の個別的生経営の自立を原動力とする展開があったことを重視すべきであるというのである（黒田俊雄1967、247頁）。戸田芳実（1967）もまた日本の中世社会では在地領主の下の下人という形の農奴とともに、荘園公領において荘園領主化の直属農民という形の封建的隷属農民がいたことを重視すべきであると主張した（276―277頁）。彼はさらに封建制へのトレーガーたる在地領主が「職」を梃子として古代以来の国家権力に依存しているという既存仮説の論理構造に問題があるとした。「職の体系」という本来領主的土地所有と無関係な律令体系の一部分である「職」そのものがなぜ封建的土地所有や封建的関係を生み出すのかという問題が不問に付されている、というのである。戸田は、「職の体系」や「荘園制」は古代的な構造ではなく、それら自体が封建的な機構だと考えるべきだと主張したのである。

永原慶二（1968）はこうした黒田・戸田仮説の新しさを認めるもののその論理構成は不十分であると指摘した。まず黒田説については、この荘園制＝封建制という議論は、家父長的奴隷制ウクラードの問題を無視しているとして批判した。また戸田説については、永原は、（ⅰ）職の重層的関係が軍役給付を伴っていない、（ⅱ）「職」の進止と人の進止は分離されている、すなわち上級者が下級者に職を補任してもその進止を左右する権利を持っていない、という二点を挙げて、荘園制の生産関係を封建制とみなすことに反論している（永原慶二1968、124―127頁）。言い換えると永原は荘園制における「職」の秩序は本質的に封建的ヒエラルキーとは区別されるべきであり、「職」の体系は基本的に在地領主の成長を阻害するものであったとしている。永原が古代以来の国家的土地所有体制の壁と在地領主の矮小性を指摘していることが注目される。その後の永原はこの問題について、荘園制は律令国家の変質の上に展開した家産官僚国家であり、これは中世に当たる。しかしこれは封建制ではない。封建制は16世紀に、小農の安定化、村落共同体、荘園公領の壊滅、請負代官制の進展の下に成立した、と総括している(永原慶二1998、8頁、303頁)。

以上のような石母田説を中心とする比較的早期における封建制の成立を主張する議論に対して安良城盛昭(1953)は、農奴制=封建制という、直接生産者が基本的に小経営生産者として自立することを封建制の基本的前提とする立場から、太閤検地以後の小農自立政策の導入に封建制成立の契機を見る見解を展開した。中世は荘園制の世界であり、それは名主層による家父長的奴隷制経営や在地領主による直営地の隷属農民を用いた耕作などに見られる家父長的奴隷制の世界であり、その体制は戦国期を含めて室町幕府滅亡の時まで持続したと主張した。日本の中世の生産様式では家父長的(家内的)奴隷制経営――名主と下人・所従――を基本とし、それが奴隷的作人層の労働によって捕捉されているのであって、小農民経営の一般的成立もなく、「農奴身分」の成立もない。安良城によれば、日本の封建社会は太閤検地による小農自立化政策の下での農奴制成立を画期として幕藩制社会において成立した、ということになる。中世期においてはアジア的社会の下での国家的奴隷制の重圧などにより、小農民経営の自立は困難であり、近世幕藩体制において初めてそれが可能になったと見るのである。

この安良城仮説に対しても、その後積み重ねられてきたさまざまな研究は必ずしもこの見解を支持するものでないとの批判がなされていることも注意されなければならない。長谷川裕子(2004)におけるサーベイに依拠しつつこの点を概観しておこう。第一は、太閤検地の実情が正しく押さえられていないという批判である。まず太閤検地が意図して小農自立を目指したという見解に対しては、小農を検地帳の名請人とする方針は必ずしも明確でなく、また名請人の選定は年貢の村請の視点から村が決定していたなどが指摘されている。またこれは上でも指摘したところであるが、作合いの禁止による小農の保護については、地主小作関係は多くの事例で近世にも存続しており、中間的得分取得が廃止されたとまでは言い切れないとされている。第二に、これは上ですでに論じたことであるが、さまざまな研究で太閤検地以前の中世において、小経営の農民の活動が存在したことが指摘されていることである。戸田芳実は、班田制が崩壊する過程では、奴隷が農奴になったのではなく、零落した小農が、家族と小経営を維持したままで名主や私営田領主の支配下にはいったことを指摘し、こうした階層こそ封建的農奴とみなすべきであると指摘した（戸田芳実1967、第2章）。また黒田俊雄（1967）は上述のように荘園領主層の下に自立した個別的小経営を行う農民が存在したことを強調したし、それ以前にも松本新八郎（1956a）は名主による名田の家父長的大経営のなかから独立小農民が分化したことを指摘していることなどである。

ただこれらの議論はすべて、日本の経験のなかに西欧を発見しようという試みであったということは確認すべきことであろう。史的唯物論に立つにせよ、立たないにせよ、封建制の性格規定が、日本の西欧的発展のコース上での位置付けにつながっていたのである。研究者の念頭には、常に古代奴隷制—封建制—絶対王政—市民社会—近代社会、そして近代社会においては資本主義から社会主義へというシェーマが念頭にあった。この西欧のシェーマを法則視する傾向は、近代資本主義の先に社会主義社会をいかに打ち立てるかという革命戦略の問題を提起した戦前期の日本資本主義論争にさかのぼる。講座派は、明治維新は市民革命ではなく絶対王政を成立させたにすぎないという立場から、市民革命の必要を説き、労農派は明治維新を市民革命とみなし、直ちに社会主義革命を行うべきだとした。封建制と中世の時期区分をめぐる論争もこの流れのなかにあった。たとえば早期に封建制の成立を見る石母田の見解は、暗黙裡に明治以前の時期に日本が近代的な商業的市民的社会を築きうる準備段階に到達していたことを示唆していた。安良城の日本をアジア的に見る見解では、明治以前の社会は中世封建制の時期であり、近代的な市民社会の基礎となる前提は満たされていなかったということを暗に含意していた。

こうした視点に対して速水融・宮本又郎（1988）や速水融（2003）は、西欧の経験に日本をダブらせる方法に異議を唱えた。すなわち、古代奴隷制の成立したヨーロッパの国では封建制がなく、封建制のあった国では古代奴隷制の歴史はないとして上記シェーマ自体に疑義を呈し、さらにヨーロッパの封建制はヨーロッパ固有の現象であるという性格が強いこと、そしていてそれに近似する時代を日本に探すとすれば戦国時代であるが、それは日本では非常に不安定な時代でしかなかったと主張したのである。他方で、速水・宮本は太閤検地以後の制度変化の意味を重視しており、太閤検地はヨーロッパと異なる領主制を成立せしめたとも主張する。すなわちそこでは石高制が導入され、直営地経営を行う在地領主制は否定されたことが、日本の特色として重視されるのである。速水・宮本自身の考えは、人が経済的価値観に立ち最適化行動を行う社会であると定義される「経済社会」の成立という概念に集約される。速水融（2003）はこうした経済社会が、貨幣の流通・市場の形成・勤労のエトスなどを伴って、15—16世紀に畿内平野において萌芽的に形成され、その後17世紀にかけて、全国に広まったと主張する。

かつての日本経済史家の多くは、多かれ少なかれ唯物史観の歴史法則の呪縛の下にあったし、政治史家の多くは丸山真男的な天皇制史観の強い影響下にあった。そうした制約から自由な立場からは速水・

宮本的な解釈が一つの自然な結論となるのであろう。われわれは15世紀以後に大きな歴史の転換点があったという速水の視点は極めて重要であると考える。それは「南北朝内乱は前近代を大きく分かつ転換期」（網野善彦1984、148頁）であったとする網野善彦の年来の主張とも重なる。しかしその転換点をとらえるにあたって速水・宮本の定義での経済社会の成立という概念は、それ以前の社会との比較の視点が弱くいまだかなり荒削りのように思われる。とくにこの転換点を人々の最適化行動の有無で定義することにわれわれは違和感を覚える。この章の分析はこの点を埋めるための努力の第一歩である。

第3節　結　論

本章の冒頭で論じたようにわれわれは、家族の目的は、現在および将来の利用可能な所得の制約の下で通時的な消費を計画し、個人および家族の生存の確保と善き生の実現を目指すことにあり、こうした合理的な最適化行動を目指す点では日本人とイギリス人はなんら異なることはないと仮定する。こうした合理的な最適化行動の意味ではなんら差のないイギリスと日本の家族が、異なった家族構造を持つのは、家族の所有する有形資産・無形資産および人的資本などの財産の構成が相異することとその市場性や所有権のあり方にかかわるルールや規制の違いによる、ということになる。こうした考え方により、イギリスの家族構造がおそらく黒死病期以後、A型となり、日本のそれが平安後期以後、漸次C型となった理由を説明することができる。

まず日本では、律令制が極めて初期に導入され、その下で官職の世襲化とそれにかかわる特殊技能の蓄積が進展した。このことが官職のフランチャイズ価値を生み出し、それが家族の最適化のための財産管理の対象としての価値を持つこととなった。言い換えると、官職はこの時点で継承されるべき無形資産としての価値を持つ財産となった。律令制はまた、官営工房などにおける財サービスの生産に関する技能継承を制度化し、その下で形成された人的資本は官営工房の私営化の後も民間において技能の継承の対象となった。供御人などの保有する技能がこれである。加えて仏教の易行化に基づく職業的求道主義の発生は、専門的特殊技能のかかわる人的資本が家族保有財産に占める地位を高めた。このため職能民としての武士を含む幅広い階層において、蓄積した技能の継承にかかわる人的資本の管理が家族の最適化行動のなかに組み込まれた。こうした家族などの組織固有の技能からなる人的資本は市場性を欠き、このため労働市場の展開は日本では遅れた。他方、有形資産の中心をなす土地については、その所有権が最終的に確定することは長期にわたってなく、代わりに律令制の衰退に伴う農地の荘園化と「職」の体系の成立により、土地の収益に関する得分権の市場が成立した。得分権の市場化、すなわち支配権から切り離された所得権のみの市場での売買、は有形資産である土地を分割することなく、その収益のみを分割して分配することを可能にする。得分権をいかに細分化しようとも、土地利用の最適最小規模の制約に影響を与えることはないため、生産効率は影響されない。こうして日本では、官職や技能にかかわる人的資本や無形資産が家族の最適化行動の結果として継承されることとなった。土地の得分権は官職・「職」や技能に不可分のものとして付属する限りで一括継承の対象となった。無形資産と人的資本の価値が重要となった平安中期以後、効率的な継承の視点から長子一括相続を特質とする「家」制度ができてきたのである。

イギリスでは、律令制的な大規模な官僚制度は存在しなかったから官職に伴う無形資産や人的資本の問題はない。また、労働技能の多くは一般的なものであり、市場性を欠く特殊な人的資本が多く蓄積されることはなかった。このため労働に関する市場は早期から形成されてきた。他方、土地の占有権の市場は徐々に形成されたものの、土地からの収益のみを取り出して市場化するという得分権の市場に対応するものは発達しなかった。このため土地の占有権は最小最適規模の所有という効率性条件に強く規定されながら市場化された。歴史的に、囲い込みが始まる以前は、分割相続によって土地の平均的所有規模は長期的に縮小傾向を持った。ほぼ最小最適規模に近い土地（たとえば20から30エーカーほどの土地）にまで縮小すると、その土地は一括相続せざるをえないものであり、長子に相続され、長子はかわりに家族ないし一族の扶養の義務を負った。13世紀には実質賃金は低下し、労働市場からの報酬だけでは家族の成員が独立した家計を持つことを許容するには不十分であり、労働市場からのセカンド・インカムで家族所得を補完しつつ、イギリスの家族は拡大家族ないし多核家族などの形で複合的大家族的な性格を維持した。黒死病期以後の人口縮小期に至って初めて、実質賃金は安定し次第に上昇し始めた。十分な収入が労働市場から得られるという条件が整い、家族の成員は徐々に家族から独立し、核家族への動きが進展したのである。

第6章　市場経済化と村落共同体——日本とイギリス

本章では慣習的共同体経済社会から市場メカニズムに基づく近代的経済社会への移行過程に関して日英の比較史的考察を行い、宗教の変化の見地から、日本の「村（ムラ）」と呼ばれる共同体的集団行動を発生史的に考察する。日本における宗教の変化による求道思想の発達は、日本経済の発展過程の極めて初期から人的資本の重要性を高めた。ものづくりのための高度な技能の蓄積・普及が中世後期の日本経済の商工業化を推進したのである。求道主義はまた家業や官職あるいは地域に特殊な技能形成を促し、それぞれの家・組織や地域はそうした技能の継承を志向した。このため日本では近代化ないし近代的市場経済化の開始にあたって経済のさまざまな側面で大量の組織特殊的な人的資本を抱え込んでいたと見られる。本章ではこうした視点から、日本とイギリスにおける近代化過程での村落共同体の消長の問題を考察する。議論の焦点は、共同体内の組織などにかかわる特殊な人的資本は市場性を欠き、このため慣習的共同体経済から市場経済への移行にあたって、共有財産に関して私的財産権ないし個人的所有権が設定されるときその各メンバーへの分割割り当てが困難になるという点にある。

一般的に言うと、慣習と指令に基づく共同体的経済から市場メカニズムに基づく近代的経済に移行するには、財産の私的所有権を確定しなければならない。後に説明するようにこの財産権の確定は通常国家によってなされる。その際、市場価格で評価しうる財産を共同体メンバーの間に分割し、所有権を確定することは、比較的容易であるが、共同体に特殊な共有財産の私的所有権の設定は多大の困難が伴う。これは、こうした財産は、それに先立つ各メンバーによる財産への過去の投資についての評価が困難であるだけでなく、それが共同体外では基本的に役に立たない性格の資産であるため、共同所有が解消されるとその市場価値がゼロになってしまうことによる。オープンな労働市場が発展している経済では、人的資本は主として市場性のある一般的技能からなっており、共同体資産の個人への分割、それを前提とする共同体の解体は抵抗が少なく容易である。逆に、オープンな労働市場の発展が不十分な経済では、人的資本は主として組織特殊技能から構成されており、共同体資産を個人間に分割することは容易でない。このような経済では、その後の市場経済の展開のなかで共同体的組織が持続する可能性がある。このように考えると、共同体に基づく慣習経済の解体と市場経済化への移行の過程には二つの可能な均衡があることとなる。第一の均衡は、国家による所有権設定時に、オープンな労働市場が十分に発展した経済であり、こうした経済では一般的な技能を体現した人的資本のシェアが大きく、財産権の設定は容易であり、個人による資産保有と運用を前提とした経済システムの発展が見られる。この経済ではスムースな慣習的共同体経済の解体が生じる。第二の均衡は、国家による所有権設定時にオープンな労働市場が未発達な経済であり、人的資本における組織特殊技能のシェアが大きく、法制度として土地などの非人的資本に関する個人所有権が設定された後も、分割不可能な人的資本の所有に基づく行動が持続するケースである。この均衡では共同体の解体には抵抗が生じ、慣習的共同体経済から市場経済への移行は必ずしもスムースではない。

以下では、前者はイギリスにおける市場経済化、後者は日本における市場経済化に対応する均衡であると考える。日本の明治以降の社会の特質を表す言葉として、「家」と並んで「村」という概念が用いられることがあるが、その一つの宗教的基礎からの解釈は、こうした財産権設定時に成立する均衡の違いにあるというのが本章の主要メッセージである。

第1節　市場経済移行と集団行動に関する二つの均衡

アジアや西欧の歴史的経験に関する多くの観察によれば、市場経済の発生はそれ以前の共同体的な慣習経済の解体を意味する。すなわちヒックス（Hicks 1969）が論じたように、市場経済の勃興は、慣習と指令に基づく共同体経済から貨幣を用いた効率的交換を実現するシステムへの転換を意味する。共同体の解消は、組織のメンバーに共有され慣習や指令に基づき運営されていた組織の資産価値の清算を意味する。資産価値の清算は、共同体所有の純資産の個人へのそれぞれの持分権に従った分割を必要とする。言い換えると、市場経済化は財産の個人的所有権の確立を必要とする。あるいはノース（North 1980）の言うように、財産権の設定により市場に基づく本格的な経済成長は開始される。しかし、西欧の歴史的発展に関してノースとトーマス（North and Thomas 1973）が明らかにしたように、個人的所有への移行は必ずしも容易なことではない。

それは第一に「所有権創設ないし施行の費用は、どんな団体、あるいは個人にとっても便益を上回る」であろうからであり（邦訳8頁）、第二に個人的所有権の維持には、略奪などを防止するための公共的支出ないし投資が必要であり、それには必ずフリー・ライダーの問題が発生するからである。この二つの理由から、個人的所有権の創設は、多くの国で国家によって行われた。西欧においては個人的所有権の成立は近代市民社会の成立要件とみなされ、市民革命の主要アジェンダとして遂行された。イギリスにおける所有権の設定は16世紀以後急速に進み名誉革命時の権利の章典で完成した。アジアではキャッチアップのための国家建設の一環として財産権の確立が進んだ。日本では明治維新時の地租改正により私的所有権が確定した。またアジア・アフリカの植民地化された国々では、母国政府が近代化政策の一環としてこれを行った。ただしここで注意すべきは、国家は必ずしも効率的な財産権を設定するとは限らないことである。それは、国家の目的は歳入ないし支配者の確保するレントの最大化にあり、市場経済化ないしそれに基づく経済成長はその手段でしかないからである。このため国家は財産権の設定にあたって歳入確保を優先し、しばしば非効率な財産権の設定を行う可能性がある（North 1980）。

以上のNorth and Thomas（1973）、North（1980）などに基づく議論では、しかしながら、私的所有権確立のためには共同体資産の分割がなされなければならないという視点が欠けている。あるいは、これらの議論には国家が個人的所有権を確立する時、共同体資産の分割にはなんら困難が伴わないというインプリシットな仮定が置かれている。しかし共同体資産の分割は、共同体財産の多くが組織特殊な人的資本で構成されている時、大きな困難に逢着する。それは第一に、組織特殊人的資本は組織が清算され、組織から分離されるとその価値を失うため、共同体が生み出す所得から計算される資産価値が激減する恐れがあるからである。これは、組織特殊人的資本は一般的用途には不向きであり、市場性を持たないことによる。第二に、そうした人的資本形成に要した費用が個人的に負担されたものか共同体によって負担されたものかの判断が難しいため、個人別の持分権の確定が容易でないことである。一般には特殊人的資本への投資は労働者（この場合は共同体メンバー）でなく企業（共同体）が費用を負担すると言われるが、共同作業中にＯＪＴとして人的資本が形成されたとしても、それをすべて共同体の投資とみなすことはできない。なぜなら投資にあたっては、個人の努力（effort）の投入があるからである。それぞれの個人がどの程度の努力を払ったかが立証されなければ、それを持分権に分割することはできないのである。

一般に、生産力の向上、運輸・通信技術の発展やいわゆるグローバル化の進展によって、共同体社会は漸次的に市場経済化する傾向を持つ。その過程で生産物と生産要素の移動性が高まり、労働に関しては、組織特殊人的資本を体化した労働は市場性の高い一般的人的資本を体化した労働によって次第に置き換えられることとなる。しかしこのようなオープンな労働市場の発展の程度には経済ごとに大きな差異がある。たとえば、生産物市場における商品の安全かつ確実な移動を確保することは労働市場における労働の移動確保よりも難しく、生産物市場の発展は労働市場の発展に遅れる可能性がある。他方、国家が歳入極大化目的から商品の移動に課税するため商品市場の発展が阻害されたり、安全保障上の理由から労働移動が国家によって規制されることもある。以下に見るようにイギリスでは生産物市場の発展が遅れ、この結果もあって労働市場の早期的発展が見られた（North and Thomas 1973）。日本では、律令制解体の進行とともに私営化された官営工房の製品の隔地間市場化が進展し、その後も封建領主の換金目的のために、主たる生産物である米の商品化と特産品の売買市場が展開したため商品市場は早期的に発展したが、荘園の領主直営が未発達であったことなどから労働市場の展開はおくれ、しかも幕藩体制の下で労働市場の発展は厳しく規制されていた。国家権力により個人的所有が導入される時点で、オープンな労働市場がどの程度発展しているかは、市場経済の構成原理として個人的所有がどの程度貫徹するか規定する。

オープンな労働市場が発展している経済では、人的資本は主として一般的技能からなっており、共同体資産の個人への分割、それを前提とする共同体の解体は抵抗が少なく容易である。この場合市場経済は資産の個人による所有と運用を軸に展開する。逆に、オープンな市場経済の発展が不十分な経済では、人的資本は主として組織特殊技能から構成されており、共同体資産を個人間に分割することは容易でない。このような経済では、その後の市場経済の展開で共同体的組織が持続し、個人は引き続き組織特殊技能に投資する。たとえば、イギリスでは、労働市場は商品市場や土地市場に比べて早期的に発展しており、主として未熟練労働からなるオープンな労働市場はすでに13世紀には存在していた。17世紀における市民革命期には十分に発展した労働市場が存在しており、それを前提とした人的資本における一般的人的資本の比率の上昇が見られたと推定される。これに対して日本では、19世紀後半に国家が土地所有権を確定するまでは、労働市場は（少なくとも江戸時代には）地域的・身分的に厳格に分割されており、全国的でオープンな労働市場は全くと言ってよいほど存在しなかった。このため共同体の人的資本の多くの部分が組織特殊的であり、共同体解体には大きな抵抗があったことが推定される。

以上の議論から、共同体に基づく慣習経済の解体と市場経済化への移行の過程には二つの均衡があることとなる。[1] 第一の均衡は、国家による所有権設定時に、オープンな労働市場が十分に発展した経済であり、こうした経済では一般的な技能を体現した人的資本のシェアが大きく、個人による資産保有と運用を前提とした経済システムの発展が見られる。第二の均衡は、国家による所有権設定時にオープンな労働市場が未発達な経済であり、人的資本における組織特殊技能のシェアが大きく、法制度としての非人的資本に関する個人所有権設定後も分割不可能な人的資本の所有に基づく行動が持続するケースである。

歴史的には前者はイギリスの市場経済、後者は日本における市場経済に対応すると言えよう。二つの均衡では、集団行動の範囲と意味が大きく異なる。前者の均衡では、市場経済化以後に見られる集団行動は、個人の最適化行動によって裏付けられるものに限られる。集団行動は個人の効用最大化の手段でしかない。後者の均衡では、市場経済への移行以後も組織特殊技能形成に投資するインセンティブが残る。人々は各種の組織に特殊な人的資本に投資しその資産を共同保有する。このため集団行動にそれ自体の価値を見出し、その価値ないし目的と個人の価値ないし目的との間で優先・劣後の競合関係が生じる可能性がある。

以下では、財産としては、土地、物的資産などの有形資産とともに人的資本を考え、人的資本は一般的技能と組織特殊技能からの労働報酬の現在価値からなるものと考える。一般的技能はいかなる組織に属そうとも生産性を発揮するが、組織特殊人的資本は組織を離れるとその生産性は効果を失い、所得フローを生み出さない（Becker 1975）。別の表現で言うと、一般的技能は市場性を持つが特殊技能は市場性を持たない。資産に対する持分権は、現在および将来所得のフローに対する請求権（entitlement）と定義される。組織特殊人的資本を形成するための費用は、個人的に負担される場合と組織によって負担される場合がある。個人負担によって形成された人的資本はその個人の組織に対する持分権となり、当該個人はそれが生み出す所得の流列に対して一定の請求権を持つ。また以下では労働市場の発展のタイミングを所有権設定の時期と比較する形で議論を展開するが、その際商品市場の発展のタイミングをも考慮に入れる。これは市場による生産要素配分の長期的な意味での効率性を仮定すると、一国経済内の要素賦存比率の異なる二地域において要素価格の均等化が生じる場合、早期に労働市場の発達が見られた経済では商品市場の発達は不十分でもかまわないが、労働市場の発達が不十分な経済では商品市場の発達による二地域間の交易が生じていなければならない、という国際貿易理論におけるヘクシャー・オーリン理論による要素価格均等化命題の考慮による。[2]

ちなみに、特殊技能の形の人的資本はどの程度の量的ないし金銭的な重要性を持つのだろう。この点を考える一つの方法は、自分の意思に反して企業を離れた労働者が新しい職場でどのくらい低い賃金で雇われるかを計測することである。Topel（1991）は1980年代半ばのアメリカ企業について、工場の閉鎖や移転で職を失ない、その後再就職した労働者の賃金を調べ、再就職後の賃金が平均14％低いこと、賃金の低下の割合は以前の職場に長くいた人ほど大きいことを見出した。新しい職のサーチ・コストの問題を無視すると、このことは企業特殊技能の価値の大きさを表しているものと考えることができよう。他方マクロ的には、Blair（1995）が、1993年のアメリカの企業部門について、仮に企業特殊技能に対する報酬を賃金所得総額2兆2600億ドルの10％とみなすと、賃金と利潤を合計した法人部門から生んだ所得合計2兆5659億円の4％にあたると推測している。

第2節　イギリスにおける土地所有の個人化と共同体の解体過程

イギリスの中世後期から近世にかけての土地の個人所有化と市場経済化、それに伴う共同体の解体の過程を取り上げる。マクロ的には、11世紀から12世紀にかけての土地豊富・労働不足の時期とその後13世紀の人口増加に伴う土地希少・労働豊富の時期および14世紀後半以後の労働不足の時期が考察の対象となる[3]。イギリスの人口は、1348年の黒死病発生まで増大するが、それ以後の14世紀では減少へ転化し、この傾向は15世紀後半まで持続、その後再び増大（Postan 1975、邦訳56頁、304頁）という動きを示した。ただし農村の人口は長く停滞し、Postan（1966）は、18世紀の産業革命直前においても13世紀のピークの水準にまで回復していたかどうかは疑問であるとしている[4]。14、15世紀は黒死病により極端な土地豊富・労働希少経済に逆転した時期で、別扱いすることも考えられるが、簡単化のためにこの時期の特殊性には触れないで14世紀以後の時期を一括して考察する[5]。

この局面分割を賃金のタームで言うと、13世紀には貨幣賃金はほぼ一定であったが実質賃金は低下し、14世紀から15世紀にかけては実質賃金が大幅に上昇した。Postan（1966）は、13世紀の実質賃金の低下の原因は、土地不足（land hunger）の下で人口が増加したことにあり[6]、14世紀、15世紀の実質賃金の上昇は、人口の低位・労働供給の減少によるとしている。14、15世紀の実質賃金の上昇の一部は、繊維産業の発展による労働需要の増加による面もあると思われるが、ポスタンは、少なくとも繊維の輸出は15世紀には停滞していたなどとしてこの要因を否定する。また農業における労働需要も直営地での耕作経営のための雇用の減少を考えると停滞気味であったとしている。

以下の議論をあらかじめ要約すると次のようになる。11世紀から12世紀までの期間は、豊富な土地資源に対する労働の希少性という条件下で、領主層の希少な労働に対する需要が増加し労働市場の原初的発展が見られ、13世紀には人口増加を背景に雇用労働の大幅な拡大が生じた。また12世紀以降は、局地的な商品市場が次第に発展し、その発展を背景として賦役労働の賃貸小作制への移行が生じた。賃貸小作制への移行は土地と労働の市場化の条件を整備することとなった。また13世紀には人口増加により、土地は相対的に希少となり、自由保有農と領主に関して部分的な土地の譲渡可能性と所有権の法的認定の動きが生じた。こうした動きは、次第に隷農ないし慣習保有農へと波及した。15世紀後半に本格的に始まり16世紀から18世紀前半にかけて急激に拡大した土地の囲い込みは、実態的な土地所有の個人化、荘園制の衰退と農村共同体の解体へと結実した。農村を追われた農民は農村内外ないし都市の商工業に雇用機会を見出し、大量の産業労働力が創出された。大規模な個人所有の拡大・共同所有の否定、それに伴う共同体の解体は、発達した労働市場の展開を伴いつつ進行した。言い換えるとイギリスでは、土地の個人所有への実態的移行は労働市場の発生の後に、労働市場の拡大と並行して生じたのである。こうした変化の下で人々の人的資本蓄積は市場性の高い一般的技能を中心としたものになると考えられる。それゆえイギリスでは農村共同体の解体はスムーズに進行し、個人を基本単位とした経済システムの発展が見られたと考えられる。

1　荘園制度と農村共同体

イギリス中世の経済社会は荘園（マナ）と村落共同体で特徴づけられる。農村共同体は4～6世紀に始まるアングロ・サクソン時代からディーン人、ノルウェー人、チュートン人など各種の人種集団が移住・侵入してくる過程で形成されたものであり、この時代には血族集団としての性格ないし部族的結束は薄れており、自然発生的な土地持分権共有集団（community of shareholders）として組織されていた。しかしその組織はそこに含まれる「個人に対立するような一個の独立した主体」であったと言われる（Vinogradoff 1904、邦訳135―150頁）。荘園制度はノルマン王朝による封建制の樹立とともに、軍事上、財政上、裁判上、治安上の行政目的から導入されたものであり、ノルマン王朝はアングロ・サクソンの王およびその従者の所領を引き継ぐとともに、土地保有の全体系を再編した。農村共同体は荘園に従属させられた。ただし村落共同体の機能はほぼそのまま維持され、国王から領主へ土地を授与するという封建的封土関係の下で、従来の自由保有農民は領主との間での世襲的な封土授与（feoffment）という形の保有形態に切り替えられた。Postan（1975）によると、村落の社会的・経済的機能は荘園組織としてではなく、村落共同体組織として叙述されることが適当であるとされる。[7]

荘園は主として賦役労働により経営される直営地と貸出地・借地（tenured land）からなっていた。賦役労働は財の組織的市場を形成することの取引費用が極めて高いことのために特化と交換がさまたげられていたことから結果した。すなわち荘園領主は、必要な商品を市場で購入するよりも、賦役労働を用いて生産するほうが安価に入手できたのである。[8]荘園の労働者である農民は農奴ないし隷農（villain）

と自由農（自由保有農（freeholder））からなり[9]、ともに原理的には借地人であり借地に対して地代を払ったが、前者は週何日かの領主直営地での賦役労働提供義務を負った。

隷農と領主の関係に関しては、しばしば隷農は領主に対して無権利であり法的には無能力であるとされるが、Vinogradoff（1904）は、封建法には隷農を特定の地所にしばりつけておく規定は全くないことと指摘し、隷農にとっては農奴的賦役をするという犠牲を払ってもなお、農奴的耕作をすることが有利であったから特定の地所にとどまっていたと主張する。North and Thomas（1971）もまた領主と隷農が互いに契約関係にあることを強調している。こうした契約説に対してはよく知られたBrenner（1976）による批判がある。ブレナーは、隷農は暴力が一般的であった時代にそれから身を守るために共同して領主の武力に頼ったのであり、その場合生じるフリー・ライダー問題を防ぐためには、領主は個々の領民に対して強制力を持つ必要があったとして、対等契約論を批判する。また13世紀においても隷農が荘園を離れるときには許可が必要であり、十人組（frankpledge）に毎年顔を出す義務があったとも指摘している。しかしながら、後者の論点に関しては荘園を永久に離れるという場合は隷農の自由意思がきいたであろうし、また隷農の子供がその出生地に縛り付けられるということはなく、単に土地使用権を放棄すればよかったわけであるから、ブレナーの批判は必ずしも説得的ではないと思われる。しかしトーマスとノースの論点についても、North and Thomas（1973）では、後述するように、暴力が一般的であり商品市場が十分に機能しなかったことが領主に賦役労働による直営地経営を選択せしめたということが強調されており、暴力からの保護ということを考えると、単純な契約説で割り切るならば[10]、矛盾が生じる。おそらく領主と隷農の関係は、前者が強い支配力を持ち搾取を行っていたとまでは言えないまでも、領主は農民に対し外部の暴力からの保護と司法を与えていた限りで契約にあたって強い交渉力を持っていたとみなすことが妥当であろう。

　地代は基本的に定額地代であった。それは保有地の譲渡や契約更新に際して上納される権利金（entry fine）と毎年の地代からなっていた。毎年の地代はcustomと呼ばれる定額部分とtallageと呼ばれる臨時徴収の分があった。customがいわゆる定額地代で、当初は物納であったが13世紀以後次第に貨幣納となった。

　荘園における経済活動は、領主からの指令と村落共同体の決定と慣習によって行われた。生産する穀物の種類は領主によって決められており、住民は共同して開放耕地を耕作した。耕作の細目すなわち犂耕、植え付け、収穫時期は共同体が決定した。村民は資材を出し合って犂組を組み、通常６―10頭の雄牛の連畜によりカルーカ（重量犂）を用いた共同耕作を行った。重量犂はイングランドの水はけの悪い粘土質の土壌に適していた。大型耕地向けの経営改革、二圃制と三圃制の間の選択などの経営方針も領主の指令や村落共同体で決定された。また法的な制度はなかったが村落共同体は地代や税の支払いでしばしば共同責任体として機能した（Vinogradoff 1904、邦訳３１９頁、Postan 1966、邦訳５７４頁）。ちなみに、「人々は自らの必要消費以外に生産しなかったし、資本は蓄積されず、分業はほとんど存在しなかった」とも、投資は家畜への投資が中心であったが、「あまり計画的ではなかった」（Postan 1975、邦訳１３４頁）とも言われるが、同時に中世において「様々な技術改良とそれ以前の改良（首環、馬蹄、固定へら付き犂、水車）の広範な利用」が見られたことも事実である（van Bath 1963、邦訳43頁、89頁）。都会や修道院の領地では大きな犂隊を組み高度な農耕技術が採用された。

　こうした村落共同体の機能の基礎には、開放耕地制（openfield system）と荒地（waste）や草地（meadow）の共同使用という土地制度があったことが重要である。開放耕地制の下では農民は荘園内の地条を割り当てられ占有したが、各人の占有分はあちこちに分散した地条の寄せ集まりであり、独立した農耕は不可能であった。荒地や草地は共同の放牧地であり、薪などの入手ないし泥炭採掘地としても農民の生活に不可欠であった。それらは共同で不分割の形で使用され、その用益権は共同体で割り当てられた。共同飼育する家畜の量と種類、垣根や塀の建設、排水施設に関する決定、草刈りに関する規制などは共同体によってなされ、各人に対して基本的に耕地のシェアに応じて配分された。詳しくはVinogradoff（1904、邦訳168—199頁）を参照されたい。複数の耕圃にわたって散在する細長い地条を占有するという不便な保有形態は、集団的な土地占有と共同作業という村落共同体の論理の下で、各人は優等地と劣等地をともに持たねばならないという平等のためのルールがあったことによっている。共同農耕はしかしながら慣習に完全に縛られたものではなく、さまざまな創意と工夫のなされた世界でもあった。たとえば小麦パン食にあわせて冬物の穀類をライ麦から小麦に切り替えること、結果的に土壌改良の効果を持った荳科植物の播種、自由農による領主との話し合いによる耕地の再配分などさまざまな工夫がなされた（Postan 1975、邦訳67—71頁）。おそらくそうした工夫は共同体特殊な技能形成と密接にかかわったものであったであろう。

2　労働市場の発展

11世紀から12世紀のイギリスでは土地が豊富で労働は希少であり、労働不足から労働をめぐる領主間の争いが絶えなかったと言われる。また上述のように、領主と農奴は対等とは言えないものの、ある種の契約で結ばれており、契約条件が不当な場合は、農奴は生成しつつあった都市や別の領地に逃げるという選択肢を持っていた。[12] このような事情はかなり早期に賦役労働に関して原初的市場が形成されていたことを推断することを可能にする。この点はトーマスとノースのロジックを用いると次のように説明される。よく知られているように、土地使用の契約方法には、賦役労働や賃金契約という投入財に関する契約方法以外に生産物に関する分益小作、固定地代という方法がある。契約には契約締結のための交渉と執行のためのモニターに関して費用がかかると考えよう。以下で見るように商品ないし生産物の市場は（少なくとも11―12世紀ないしそれ以前では）十分には発達しておらず、分益小作や固定地代という生産物に関する契約は、価格情報の欠如という理由のため生産物の価値が分からず、したがって交渉費用が高い。他方、契約の執行・モニターの点では、賦役労働・賃金契約という労働投入に関する契約方法は、投入努力を評価し契約に書き込みその後に立証することはいずれも非常に難しく、費用は生産物に関する契約に比べて極めて高い。なぜなら生産物契約の場合、小作の地代を徴収するには個別の生産物の量を確定しさえすればよいからである。したがってこうした状況下で賦役労働が土地使用の契約方法として選ばれたことの背景は、その契約締結費用の安さがある。なぜ賦役労働の契約締結のための交渉費用が安価であったのかというと、それはその当時すでに原初的な労働市場が展開し機能していたと考えざるをえない、というわけである（North and Thomas 1973、邦訳45―46頁）。

古サクソン時代における原初的な労働市場の状況についてヴィノグラドフの説明がある。この時代、専門的軍事化階級である戦士たちは自らの責任において経営すべき農地を与えられ、それに対して貢租納入の義務とともに、貸与された土地を耕作するに十分な労働力を調達して経営する義務を負った。その労働力は当初が奴隷であったが間もなく奴隷だけでは不足するようになり、自由民出身の〝賎しい素姓〟の浮浪者たちを隷属的地位において雇用することとなった。しかし当時においては貨幣が希少であったため、賃金のために土地を与え、その用益権で支払うということが始まったというのである[13]（Vinogradoff 1904、邦訳284頁）。

さらに13世紀には、土地不足と人口増加で、十分な土地を入手できない若者が増加し、人口の二分の一以上が自分の土地だけでは生活のできない零細土地保有者となった。これらの農民は直営地での雇用、富裕な農民による雇用ないし村落共同体内での雇用などの雇用機会を求める雇用労働者となった。村落内で鍛冶屋、大工、行商人、織工などの商工業に従事する者も増え、人口の多い地域では他地域に数百人規模の若者からなる雇用労働を供給することもあった。13世紀において農村人口の三分の一が雇用労働者であったとも（Postan 1966）、総労働の五分の一から四分の一が雇用労働であったとも（Campbell 2009）言われる。とくに直営農園では農奴の労働だけではとても足りず、雇用労働は必須の労働力であった。famuli と呼ばれた農場サーヴァントは年契約で食料や住居の提供を受けるパーマネントな労働力であった[14]。1ヴァーゲイト（virgate、30エーカー）以上の土地を持つ自由保有農においても一時的に年契約の雇用労働を用いることがあったと言われる。当時の商工業の雇用労働力は不安定で季節的な需要に対応せざるをえず、少なくとも二種類以上の職種に対応するのが常であり、その多くが農業と商工業の雇用の兼務を行っていた。第3章で見たように、この時期の高度に発達した労働市場が、実は専門性の欠如によって特徴づけられることに十分な注目を払う必要がある。Clark（2005a, b）は16世紀までのイギリスでは労働生産性の上昇はなかったとしており、また Britnell（2001）は、少なくとも13世紀までの労働市場では職業的専門化の程度は極めて低く、大部分の雇用労働力はパートタイム的な労働の兼業労働者であったとしている。当時の資料が労働者を職業名をかぶせて呼んでいることから誤解が生じやすいが、第3章でも論じたように、occupational surname とか occupational by-name は、職業上の専門化を表すというより行政的な必要から個人を識別するために付けられたものであった。Britnell（2001）はこの理由として、専門化のための熟練を蓄積するに十分なだけの雇用の安定性がなかったこと、仕事が十分にない時のための蓄えを大部分の労働者は持っておらず、失業すると手持ちの狭小な農地を用いて農業に帰るものが多かったことなどを挙げている。

14世紀には北ヨーロッパで発展した毛織物工業のため、15世紀半ば以後はイングランドに新しく成長した毛織物工業のための原毛生産が拡大した。16世紀から17世紀にかけて牧羊（および効率的農耕）のための土地の囲い込み（エンクロージャー）が、農民の土地からの追い出しを伴いつつ、広範な産業労働力の市場の展開をもたらした。この結果17世紀のイギリスでは人口の60％が雇用労働ないし召使（out servant）、小屋住農（cottager）、乞食になったと言われる（Overton 1996, p.41）。こうした囲い込みが農民の土地からの追い出しにつながったのは、一つには直営地の耕作に用いられていた雇用労働が、耕地の放牧地化のため解雇されたこと、また収穫後の麦などの切り株を家畜の飼料にするなどの共同の権利が失われるなどして農耕用の家畜飼育が困難になったことなどによる。また囲い込み（enclosure）とともに、自由保有農の土地の買い占めや賃貸の停止などにより、複数の農家に対する賃貸を一つの農家に対する賃貸に統合すること（engrossing）も盛んに行われ、これがまた農村人口の減少につながった（Thirk 1967）。ちなみに、15世紀後半から16世紀にかけての囲い込みはチューダー・エンクロージャーと言われ耕地の放牧場化を目指したもので、農民の権利や利益を無視して行われる傾向があったが、17世紀には当事者の合意が必要とされる傾向が強まり、18世紀以後は私議会制定法（Private Bill）により適法性を個別に判定しつつ行われるようになった。この時期の囲い込みは議会エンクロージャーと呼ばれ、牧羊のための囲い込みも行われたが、耕作効率増進のための開放耕地の囲い込みや作付面積拡大のための共有地（waste）の囲い込みが主役となった。これらもまた大規模な農民の土地からの追い出しと産業労働力の創出をもたらした。

3　商品市場の遅れた発展

先に述べたように、中世初期において財の流通市場を創設・維持するには多大なコストがかかり、また国家はギルドや独占に特権を与えることで歳入を確保できたため（North and Thmas 1973，邦訳１３８頁）、競争的な商品市場の必要を認識しなかった。一般に中世では、生産物市場の発展は、労働市場の改善に遅れていた。しかし北方民族・回教徒・マジャール人などによる侵略が弱まり、安全が拡大するとともに、国際商業が発展し、その影響などもあって、商品市場は次第に整備されてきた。イギリスでも12世紀には地方領主たちの間の戦闘や強奪で治安が安定しなかったが、ヘンリー2世（在位１１３３―８９年）の治世後、13世紀に入ると著しい治安秩序の回復が見られた。商品に対する市場の出現は荘園制度の本質的な要素、すなわち労働賦役という形をとる労働投入、の最終的な消滅を意味した（North and Thmas 1973，邦訳56頁）。なぜなら、商品市場において商品の価格が決定されることは、労働賦役によって生産される商品の貨幣価値が明らかになることを意味し、それに基づき土地の賃貸のレンタル料を定めることができるようになったから、契約費用が大幅に低下したのである。このため12世紀には貨幣による地代の支払いがなされる小作制（土地の賃貸）が発生し、13世紀の好況期に賦役労働が復活（封建制の反動）したものの、トレンドとしては賦役労働を用いた直営地経営は13世紀末から１３４８年にかけてのある時点以降停滞化し、衰退に向かった（Postan 1937, 1975，邦訳１３８頁）。言い換えると、荘園制・賦役労働制の廃止の背景をなした商品市場の発展がこの時期に進行したと考えられる。賦役労働を行っていた隷農ないし慣習保有農は貨幣地代による小作契約を行うようになり、謄本所有農ないし定期借地農に切り替えられた。ここで慣習保有農とは荘園慣習に従属する土地を保有する農民の意味であり、謄本所有農（copyholder）は、そのうちで裁判所の謄本の形で土地に対する法的権利を持つものである。隷農の保有する土地は、保有権の領主への復帰と他者への譲渡のたびごとに荘園裁判所の審理を通過して荘園裁判所帳簿の謄本を受け取っており、謄本を所持することが土地の保有を意味したからである。ふつう慣習保有農と謄本所有農は同一だとみなして議論することが多い。本書でもこの慣行に従っている。

ちなみに、以上の議論は賦役の貨幣納化と商品市場の発展に関するポスタン仮説に従った。ポスタンは、Postan（1937）において、封建時代は貨幣が希少であったというヴィノグラドフなどの古典的見解を否定し、12世紀においてすでに賦役の貨幣納化が全国的規模で進展したことを指摘した。一時的に13世紀に一時的に賦役が強化されるものの、14、15世紀に貨幣納化は完成し、荘園直営地経営は終焉するとされる。キャンベルは14世紀初めにおいて賦役労働による支払いは六分の一から八分の一程度で残りは金納化したのではないかとしている（Campbell 2005）。またPostan（1975）では、13世紀は商品市場の発展は最盛期にあったと主張し、その証左として局地間の商業が活発であったこと、家計の自給性はさほど高くなかったこと、貨幣賃金が普及していたことなどを挙げている。しかしながら、このうち特定生産物に特化した局地間の商業が活発であったという主張は必ずしも説得的ではない。第4章でも論じたが、そこに挙げられているものは、鉄、錫などかなり特殊な特産品であり、また牧畜に特化していた地域が穀類を他地域から入手していたことが強調されるが、そうした穀類は近接地域から容易に入手可能であったろうし、牧羊地の人口密度の低さを考えると交易の量は小であったと見られるからである。おそらくこの時期の商品市場は主として局地内の余剰食糧の流通市場であり、全国的なものではなかったと見るのがバランスのとれた理解であると思われる。先でも触れたが、13世紀から14世紀における市場（いちば、market）の発展を検討したブリットネルは、当時設立された市場の多くは、外国貿易や隔地間取引にかかわるものではなく、食品生産者、手工業者、商業者などによるローカルな日常品の取引の場であったことを主張している（Britnell 1981）。その多くは人口増により土地なし農民となった者が作った生産物を売りさばく場を提供することで、彼らの生計を助けるために領主が設立したものであった。16世紀においても市場では価格や販売量などに関してさまざまな規制がかけられていた。また道路・運河・鉄道など交通網の整備をバックにした全国的商品市場の発展は16世紀以後19世紀にかけて生じた（Overton 1996, Ch.4）。

4 土地の私有化と共同体の解体

封建法では土地は究極的には国王に所属するものであった。国王以外の土地保有権は認められておらず、領主は国王からの封土授与（feoment）、農民は領主から封土授与を受けた。この場合領主は直接受封者であり、農民は最終受封者である。領主と農民の間に中間受封者がおり幾層にも受封の連鎖があるのが通常であった[15]。土地の受封者は土地の占有権・使用権だけでなく土地から生じる奉仕の割当と徴発などの得分を受け取る特別の権利（付帯権利）を持った。土地の譲渡は、土地を領主に返還し領主がその土地を他の者に与える（代替）という手続きを踏むか、受封者が他の者に土地を与えて被譲渡者の領主となる（再下封）という方法が行われた。付帯権利はどちらの場合も領主側に残ったが、再下封の場合は、受封者の受封者が万一失踪したような場合上級領主は付帯権利を失うことがあった。

封土授与は個別に行われたが、農民に占有権を与えられた土地の使用は共同利用が原則であった。すなわち、荘園制度と村落共同体の下で、開放耕地制により耕地は共同で耕作され、領主の荘園に所属する荒地や草地は共同の放牧場や燃料などの共同の調達場所であった。所有権は排他的支配権を意味しないという意味で完全ではなかったのである。しかしこの共同利用システムはいわゆる所有権確立の過程で次第に解体・消滅していった。

まず、1236年のマートン法および1285年のウェストミンスター法は、自由保有農が十分な放牧のための荒地を持つことができるという権利を確認した。すなわち共有地の用益は、従来は荘園領主から黙認されていたものであったが、これらの条例によって自由保有農民は彼らの土地保有権が彼らに配分されている土地だけでなく、不分割な共有地における不特定な付属用益権を含むものであることを認めさせた。しかしながら、領主はこの権利を自分に都合よく解釈し、自由保有農の現在の保有地が放牧地や森林をどの程度必要としているかを調査し、その残りすべてに権利を主張した。言い換えると、これらの条例により領主は十分な土地が自由保有農に残されている限り、領主が荒地を囲い込むことが許可されたのである。ノースは、North and Thomas（1973）、North（1980）などで、13世紀中に領主や自由保有農が土地の私有権を獲得し、土地を譲渡しうるようになったことを強調して、1217年の大憲章における自由保有農による再下封の禁止規定や1290年の不動産譲渡法が土地譲渡慣行を確認する性質のものであったことを挙げている。[16] こうした立法は確かに私的財産権の制度としての進展を示すものであった。しかし農村共同体の解体というわれわれの問題意識からすると、法制度としての権利でなく事実としての私有の進展が問題にされなければならないし、また Tawney（1912）が強調したように、たかだか農村人口の四分の一ないし五分の一でしかない自由保有農でなく農村全体の変化が問題となる。言い換えると農民の大多数を占める隷農による土地の共有制の行方が問題にされなければならない。Tawney（1912）の16世紀における111荘園6203人の農民のサンプル調査によれば、この時点で慣習保有農は61・1％、定期借地農は12・6％であり、隷農をこの和だと考えると合計73・7％を占めていたことになる。自由保有農は19・5％でしかない。[17] 牧畜などのための共有地はもちろん隷農においても不可欠であり、彼らについても共有地使用権は古サクソン時代から慣習として認められてきていた。少なくとも領主による賦役労働を用いた直営地経営が続く限り、領主はすべての荒地を囲い込むことはできず、隷農による共有地使用と農村の共同体秩序が残ることとなる。イギリス農業全体としては、土地の私有化は13世紀における法制の変化を踏まえて、16世紀初頭以後300年にわたる囲い込みによって進展したと見る必要がある。ただし、ここで引用したトーニーの農民の土地保有比率については、最近キャンベルによって自由保有農の割合が過小評価されているのではないかと指摘されている。これは従来の推計が、封建制が強く慣習保有農の多い教会保有荘園に偏っており、そうでない貴族やジェントリー所有の荘園が十分把握されていないことによる。キャンベルによると（14世紀において）自由保有農のシェアは面積において48―50％、農民数において半数程度とされる（Campbell 2005）。

14、15世紀に次第に顕著になり、16世紀から18世紀にかけて最高潮に達した囲い込みは土地の保有と使用の権利をドラスティックに再配分し、農村共同体を解体した。囲い込みは次の二つの要因の影響で穀物生産が羊毛生産に比べて相対的に有利となり、その利潤率格差に領主が反応したことによって生じた。第一に、内外の原毛需要の増加による価格上昇がある。15世紀には国内の羊毛工業の拡大が原毛生産の利潤率を高めた。この点は古くからTawney（1912）などによっても指摘されてきたことであるが、戦後ではBowden（1952）などが新しいデータにより強調している。第二に、穀物生産の利潤率が土地の過剰利用による収穫逓減の影響で低下したことである。これはland hungerの下で放牧入会地を開拓し耕地化した結果、共同利用すべき放牧地が減少し、飼育しうる家畜が減少したことによっている。家畜の糞尿は当時唯一の有効な肥料であり、その現象が耕地の老齢化と地力減退をもたらした。

この利潤率要因に加えて、初期の段階で囲い込みの進展を支えた条件として、13世紀から14世紀半ばに進行したと思われる賦役労働・生産物地代の賃労働・貨幣地代による代替の進行がある。すなわち、商品市場の発展と貨幣経済化の進展により、農奴制の主従関係と奴隷的義務は貨幣的支払い義務に代わり、それとともに隷農の地位は単なる慣習保有農ないし謄本所有者としての地位に変わった。こうした領主・農民関係の市場化ないし単純化は慣習保有者の定期借地農への切り替えを容易にし、囲い込み進展の基本的背景となった。

また17世紀以後の囲い込みの急激な進展には、農業技術の変化の効果が極めて重要である。それは開放耕地制の下での共同利用権制度が17世紀以後利用可能となった利潤率の高い畜産や資本主義的な大規模経営への移行の大きな障害となったことである。家畜のselective breedingが共同の土地使用では困難であるだけでなく、16世紀後半以後のある期間に生じたとされる農業革命をもたらしたクローバー（clover）やターニップ（turnip、蕪）を用いた効率的な輪作は[18]、共同使用の下では極めて難しい[19]。また土地の灌漑や改良投資あるいはfloating meadow（冬の間牧草地に薄く水を張り凍結を防ぎ牧草の成育をよくする技術）の導入などの投資も共同耕作の下では容易でない。もちろん適切な規制を行えばこうしたことも開放耕地制度の下でも不可能ではないが、コーディネーション・フェイリャーを起こさないためには多大なコストがかかったことであろう。新技術を踏まえた囲い込みによる効率的農業への移行の可能性は、領主に囲い込み実行の高いインセンティブを与えたのである。

言うまでもなく囲い込みの実態は実に多様であるが、おおむねそれは次の三段階を経て行われた（Overton 1996, pp.147-158）。（ⅰ）慣習保有農の定期借地農への切り替え、（ⅱ）共同利用権の撤去、（ⅲ）農家の統合と土地利用形態の改革。このうち（ⅰ）では謄本所有権者の保有する謄本が土地の所有権を法的に主張しえるかどうかが基本的争点となり、訴訟が頻発した。領主は権利金（entry fine）を引き上げることで切り替えを促すことを狙ったが、この場合は引き上げ幅および引き上げができるか否かが大きな争点となった。最も大きな問題となったのが（ⅱ）であった。共同利用権者がすべて同意してくれれば、共有地を買い取ればよいだけで囲い込みは簡単であったが、そうでないことも多く、また土地の所有者と利用権者が同一でないことが多いことも問題を複雑にした。このため不正や暴力的な農民の追い出しなどによる紛糾が避けられなかった。[20]

とくにチューダー・エンクロージャーの時期には、領主が強引な手法で違法に農民の追い出しを図ったとして16世紀後半から17世紀初めには農民暴動が生じることもあった。ただし、チューダー・エンクロージャーの規模ないし重要性については、Gay（1903）のように、ミッドランドにおける局地的なものでしかなかったとし、影響を軽く見る立場と、当時の時代環境においては、極めて過酷なものであり小農に多大の苦難と農村の荒廃をもたらしたことを強調する立場がある。[21] この時期に多く発生した廃村についても、それを囲い込みによるものと見る立場と土地の収穫逓減などにより農村を自発的に離れたことによるものとする立場があり、また浮浪者の増加についても囲い込みによると見る見方と人口増加の結果にすぎないとする立場がある。

しかし18世紀になり議会の調停による囲い込みが行われるに至り、囲い込みの違法問題は大きく進展する。すなわち議会の定めた法律では土地を保有する者の希望のみを取り入れること、[22]多数決は保有者の数だけではなく土地の面積によることなど地主・領主の権利を大幅に拡大したのである（Overton 1996, pp.156-158）。[23]これはこの時期に至って、かつての小作人に対して温情的な世論が、産業革命を背景とした資本主義的効率的農業推進という方向に転換したことによっている。工業労働者のための穀物の増産を支持する声の高まりを背景に、以後囲い込みは急展開を示した（小松芳喬１９５１）。こうした制度変化の影響もあって、農業生産は高成長を遂げたと見られる。イギリス（イングランド、スコットランドおよびアイルランド）の人口は１８０１年の約１５００万人から１８４１年の約２７００万人へと急速に増大したが、小麦需要量の90％を国産でまかなうことができたと言われる（小松芳喬１９５３）ことは、間接的ではあるがこの点の証左である。

Overton（1996）は、１５５０年ごろから約３００年かけて土地の私有制が進行し、１８５０年までにほとんどのイギリスの土地が私有財産制の下に置かれたとしている（p.147）。また小松芳喬（１９５３）は、ヘンリー8世の下で行われた１５３６年以後のローマ教会との断絶、それに伴う修道院の土地の没収と売り出しにより、ノルマン人征服以来かつてなかった規模の所有権の移転が見られたことを強調している。おそらくこの過程で、共有地は優先的に私有化され、農村共同体の解体が急速に進展したものと思われる。[24]この過程でロンドンの商人・銀行家などで土地を購入しジェントリーになるものが輩出し、ジェントリーは階級としてイギリスの土地の巨大支配者となった。[25]

いずれにせよイングランドでは、封建中期というかなりの早期における労働市場の発生ののちに、13世紀以後の労働市場の量的拡大を伴いつつ、土地の所有権の設定が漸次的に進行したのである。13世紀に自由保有農について法的な土地の所有権が認められたが、実際の大規模な土地の私有化と農村共同体の解体は、かなり発達した労働市場を背景にしながら、その後の囲い込みによって生じた。[26] おそらく、それはかなりの長期間に、16世紀から18世紀前半にかけて、進行したものと考えられる。こうしたプロセスでは、人々は市場での評価と流通を念頭に人的資本の蓄積を行うであろうから、一般的な人的資本のシェアが高く、共同体資産は高い譲渡可能性を持ち、共同体の解体はスムーズに進行したと考えられる。

ちなみに、16世紀から18世紀における土地の所有権の設定には、ジョン・ロックの『統治二論』による財産権理論の樹立とその影響の下での名誉革命時の権利の章典における財産権の確立が強いかかわりを持っていたことは言うまでもない。この点については第3章第2節で詳しく論じたとおりである。「時代の子」であったロックはその財産権理論を現実に進行している土地市場の実体と密接にダブらせながら構築したのである。たとえば、第3章第2節2でも触れたように囲い込みを肯定した有名な『統治二論』後篇（第5章）第37節は最初からあったのではなく、ロックの死後1713年にはじめて著者名入りで刊行された第3版において付け加えられたものであった（田中正司2005、263頁）。

ところでわれわれの議論は、村落共同体の解体時に先立って労働市場が発展していたため、農民は共同体に特殊な技能を蓄積するインセンティブを持たず、したがって共同体解体時に価値が大幅に低下する性質の人的資本の蓄積が少なく、共同体解体への抵抗が小さかったというものである。しかし特殊人的資本蓄積が小であったのにはほかの理由はないであろうか。以上の議論のロバスト性を確認するため、二点の考察を追加しよう。第一に考えられることは、中世的な荘園と村落共同体の下で機能した農業技術が陳腐化しこのため、人々のその技術を蓄積するインセンティブが弱まった可能性である。先にも指摘したように、開放耕地制度による共同耕作は家畜の飼育のための十分な共同放牧地の存在を前提としている。土地不足の下でカルーカによる耕作の動力源としてまた糞尿による土地の栄養供給源として不可欠な家畜の飼育[27]が困難になってきたことは、開放耕地制度による共同耕作システムとそれにかかわる固有技術が時代遅れのものになったことを意味する。このことは人々の共同体固有技術蓄積のインセンティブを阻害した可能性がある。また牧羊の利潤率の上昇は農耕技術蓄積のインセンティブ全体を引き下げたことも考えられる。ただし、先にも述べたように、開放耕地制度の下での農耕は決して固定的慣習にのみ縛られたものではなく、さまざまな創意工夫の働く余地を持っていた。したがって、こうした不利な要因を克服するために人々が一層共同体固有技能の改良蓄積に努めた可能性もまた否定できない。積極的な灌漑などへの投資とクローバー・ターニップを用いた新しい農耕が広まったのは17世紀以後のことであり、それまでの時期は、古い技術の改善が模索された。したがってそれを人的資本として蓄積するインセンティブがあったと考えることもできる。

いま一つの要因として、カルヴァン派とくにピューリタンにおける個人的コミットメントを強調する個人主義の広がりがあったことに注目する必要がある。こうした観点の下で人々は、個人的コミットメントから生まれた共同体を重視する傾向を持ったが、そのことは従来の伝統的共同体の意義を軽視することにつながったのである。予定説の下で、「救済される少数者の中に含まれるためには救済されるものの共同体に忠誠をつくし、家族・地域共同体・政治社会との縁を断たなければならなかった」(Taylor 1989、邦訳225頁)のである。そして最終的にはこれらの人々は、伝統的なコミットメントすべてと決別し、「大西洋を横断しニューイングランドの荒野」へと向かったのである。人々がこうした宗教的インセンティブを持つ場合、伝統的な共同体に関して特別な意味を持つ人的資本の蓄積には冷淡にならざるをえないであろう。しかしこの要因もまた顕著になったのは16世紀以後のことであり、少なくともその時期以後の急速な囲い込みの進展にはかなり大きな影響を及ぼした可能性があろう。

第3節　日本における市場経済化と個人所有

日本における個人所有の成立と市場経済化、それに伴う農村共同体の変化の過程を、17世紀初頭の幕藩体制成立期から1868年の明治維新の時期にかけての変化を中心に見ていこう。1603年に成立した幕藩体制は、小農制による農業経営を基盤として、石高制という所領ごとの租税徴収権の授与に基づく臣従と支配の関係からなる封建制度であった。幕府から大名への知行（所領給付）は領地の支配権と租税徴収権を伴うものであったが、大名から家臣への知行は名目的なものであり、家臣は、初期には在地領主制もあったが間もなくすべて城下町に集められ、その知行は俸禄制に切り替えられた。大名やその家臣が農地を経営することはなく、農地経営は家族経営を行い、納税義務を負う小農が担当した。こうした小農経営に基づく石高制は、豊臣秀吉の刀狩と太閤検地によって制度的基礎が作られた。

それ以前の経済制度は、平安時代において11世紀ごろ制度として成立し、原理的には1573年の室町幕府滅亡まで統治原理として存続した荘園（公領）制を基本とするものであった。そこでは下人・所従などの隷属的農民を用いた大経営が行われた。これには、中央の貴族・寺社からなる荘園領主の下で在地領主が直営地大経営を行う場合と在地領主の下で名主と呼ばれた有力農民が家父長的大経営を行う場合とがあった。

第5章で見たように、荘園制が解体し、小農経営へ切り替わる過程は、長期の漸進的な過程であった。室町幕府が荘園制を維持補強するために導入した守護大名による領国制の下では、下人が単なる隷属的労働力ではなく、小農的独立性を強めた。彼らは単婚所帯の耕作農家となり、名主は現物小作契約に近い形で下人農家に耕作を委託し名田全体を管理する経営形態に移行していった。守護職が名目化した戦国期には、下人農家の独立性がさらに強くなり、在地領主がそれらの農家経営を直接管理し、名主と下人農家からなる惣村が自治的共同体的村落を形成した。速水融・宮本又郎（1988）の指摘するように、この戦国大名領国制は上で分析したヨーロッパの封建制にかなり類似した制度[28]であったが、それは戦乱に明け暮れる著しく不安定な過渡的制度であった。第5章でも論じたように、守護大名や戦国大名による領国支配をそれ以前の荘園制の延長と見るか、幕藩体制という日本的（必ずしもヨーロッパ的ではない）封建制に連続する封建制の原初的形態と見るかはかねてから論者によって意見の分かれるところであった。たとえば永原慶二（1980）は後者、石井寛治（1976）や速水融・宮本又郎（1988）は前者の立場をとっている[29]。

以下では、17世紀以後、商品市場は急速に拡大したのに対し、オープンな労働市場の拡大はほとんどなく、明治維新により、労働市場と土地市場が同時的に成立した点に日本の特質があることを示そう。すなわち日本の近代では、それ以前に一般労働市場がほとんど発達していないという条件の下で国家による土地の個人所有の設定がなされたのである。このため、農村社会には稲作技術を中心にした村落共同体に特殊な技能という市場性のない人的資本が大量に残存し、その結果共同体資産の分割は困難となり、共同体解体に対する強い抵抗と解体の遅れが生じたと考えられる。人々の市場行動様式には資産ないし将来所得の部分的共同所有という意識が残り、その後の社会経済システムでは根強く共同体的志向が存続することとなった。

1　小農経営の成立過程

荘園制化の大経営においては、家父長的大経営が一般的であったが、中世末期から近世にかけて大経営は解体し、家族所帯と経営単位の一致した小農経営に次第に移行した。これには一つには農耕技術上の理由がある。荘園制では牛馬を用いた犂耕が一般的であったが、荘園末期には次第に農耕用牛馬が姿を消し、人力による鍬を用いた耕作に切り替わったと言われる。このことは現象としては、下人・名子などの隷属的労働者が農家として自立するに従い、牛馬を持たない小規模農が増えたことに対応している。背景には日本では耕地化可能な土地が少なく、生産の増大を耕地の拡大でなく集約農法による土地生産性の向上によらざるをえなかったということがある。稲作では裏作としての麦の栽培、畑作では二毛作・三毛作という形で耕地の利用頻度を上げ、折敷・堆肥などの肥料の多投、鍬による深耕により生産性の向上が図られたのである。一頭の牛馬で牽く小型の犂耕では深耕が難しいのに対し、鍬ではそれが可能であったと言われる。

いま一つの理由として経営効率上の理由がある。速水融（2003）や速水融・宮本又郎（1988）は、小農経営への移行には、家族が経営体として効率的な組織であったことが効いていると主張する。農業のように労働の集中的管理は困難で、生産の過程が労働するものの努力（effort）の水準に強く依存する場合、隷属労働力の利用より家族労働力の利用が効率的であったと言うのである。また、経営を自ら行うことで最適化行動に対するインセンティブが高まったということも考えられる。この点は家長による家族労働力の緻密な管理などという形で友部謙一・西坂靖（2009）の研究によっても強調されている。またこうしたミクロ経営的効率性に加えて、小農を取り込んだ村落共同体の組織が外部性のコントロールの意味で効率的な経営を補完した面にも注目する必要がある。季節性の強いアジア・モンスーン地帯における稲作では、水車・水路などによる水利コントロールのための共同投資、植え付けや収穫における共同作業が不可欠であり[30]、村落共同体はそうした共同作業の母体として機能していた。具体的には、中世後期には惣、郷などと言われる地縁的農村共同体が発展し、下人農家や名子農家は、名主的有力農家とともに「惣百姓」として自治的村寄合を構成した。そこでは用水、山野利用や年貢・賦役負担など生産と生活全般にわたる諸事項を共同決定したと言われる。

このような小農経営の展開の仕上げをしたのが豊臣秀吉の小農自立化政策であったと言われる。すなわち、1592—95年間に行われた太閤検知は、田畑一筆ごとに標準的な生産高（石盛）を定め、それに基づいて算定された「村高」に対してのパーセンテイジとして年貢米の量を定めた。また、検地帳への登録を通じて小農をも年貢負担者として「直接」把握し、それを本百姓としたのである。検地帳に登録するものは直接の耕作者であることが条件であり、有力農民が名子などの保有地まで一括名請けし「作合い」を行うことは禁止され、一地一作人の原則が貫かれた。こうした措置により小農は自立した生産者として公的に認定されたのである。秀吉はまた刀狩令を出し、武力行使権を武士階級に限定する（兵農分離）とともに、身分統制令によって百姓と町人の身分転換、百姓町人と武士の身分転換を禁止した。

ちなみに速水融（1973）は、こうした小農の自立過程は17世紀における急激な人口増加を説明すると主張する。すなわち中世では家畜的な隷属農であった下人や名子が、自立し結婚するに従いマクロ的出生率が上昇したというのである。[31] また戦国大名や幕藩体制下の領主が行った大規模な開墾がこの人口増加を支えたと考えられる。[32]

2 石高制の下での農村と農民

幕藩体制下でも、村落単位で租税納入高が割り当てられ、租税納入義務を持つ本百姓（ないし高請百姓）は、納入に関して連帯責任制（村請制）に従った。納税は基本的には米や特産物による現物納税であった。また幕府は「村切り」を行い、本百姓の持つ土地を一村落内に集める形で村落を租税納入単位として地理的に再編した。ちなみに、農民の消費しうる財は領主によって制限されるのが常であり、作物についても作付制限令で本田畑では五穀以外のものを植えてはならないことなどが定められていた。

上述したように、幕藩体制下では、将軍から大名へ、大名から家臣に対して行われる知行（所領給付）は石高、すなわち収納を許された年貢米の量で表示された。大名の所領所有は一種「抽象」（永原慶二1980、172頁）的な支配権にとどまり、かつての在地領主のようなその地に根付いた権利を持つことはなかった。幕府の都合により大名はしばしば移封させられた。

太閤検知以後の検地帳には百姓名と土地の所在・境界・面積などが記載されたが、これは年貢額を算定するためのものであり、農民の土地所有を確定したものではない。速水融（2003）は、幕藩体制下の年貢は村が責任納付単位であるから個人、個人の土地所有を確定する必要がなかったことを指摘し、さらに「もし検地が農民の土地所有を確定するものであったら、明治政府が地租改正に際して行った個人的土地所有の確定がなぜ必要であったのか理解しがたい」（111頁）と述べている。これに対して石井紫郎（1966）は、幕藩領主の土地と農民とのかかわりは検地帳に記載された土地とその土地の年貢・賦役上納義務に限られることを指摘し「強いて土地所有者を求めれば農民がそれで」（84頁）である、と主張していた。岩橋勝（1988）は石井の議論を、年貢夫役の義務を果たす限り名請農民は土地の所持を変更することは当初から認められていた[33]と総括している。法制史的にはおそらくそうであろう。しかしこの議論を認め、かつ年貢について村請制が行われていたことを合わせて考えると、この時期の土地に対する所持ないし占有の権利は個々の農民ではなく村落全体の権利であるということにすなわち速水説と基本的に同一になると思われる。最近の多くの研究はこの土地の村落共有という見方を支持しているようである。たとえば肥料となる草葉と薪炭の入手に不可欠であった入会地はもちろん共有地であったが、丹羽邦男は本百姓が私的に占有する土地も本来は共有資産であると意識されていた[34]、田畑の私的所持者が貢租分担を果たさなければ、その土地は村の土地となる性質のものであったと指摘している（丹羽邦男1989、48頁）。私有地の子供への相続は子供が農業に精励する限り正当とされた（丹羽邦男1989、62頁）。土地の共有的性質は、九州・四国南部や本州の日本海側を中心に広く普及していた土地割換制（割地制）において典型的に見られる。たとえば、金沢藩の例では20年ごとに、屋敷地などを除くすべての土地がくじ引きで公平に再分配された（丹羽邦男1989、49—57頁）。この制度の下では土地は村の共有であり、農民の私有権は認められないのだが、土地の持分権の売買・譲渡がなされることもあったようである。しかしそもそも個人の所有権はないのであるから、この場合の持分権は「土地所有権の上に浮遊しているやうなものであった」（小野武夫1936、216頁）と言われる。渡辺尚志（1994）は、入会林地、秣場、村持地などは直接的な共同保有地であったが、耕地も個々の農民が所有権を日常的には保持していても、場合によっては村落共同体の意思で個別農民の耕地所持権の制限や否定が行われるという意味で間接的な共有であったとし、割換制に加えて無年季的質地の請戻し慣行[35]、他村への移動禁止、村借り[36]、村追放などの慣行が存在したことを挙げている。ちなみにこうした村落共同体を単位とする集団的耕作権としての土地の共有を、西谷正浩（２００６）は中世以来の下級所有権の強化過程の一種の到達点とみなしており、15世紀には「耕作農民の耕作権は、いわば村の耕営圏に抱かれる形で存在するようになった」（３８８頁、６３５頁）と表現している。

3　商品市場の発達

徳川時代において、商人は身分的に抑圧されその活動範囲が制限されたが、商品市場は極めて高い発展度にあった。その理由は、各藩の年貢が基本的に現物で納入されたため、藩財政運営にあたってそれを市場で換金する必要が生じ、各藩による専売商業が発達したためである。領主の換金のための領主的商品経済、すなわち地方政府による専売的商業活動は、全国にわたって展開された。幕藩体制の下で石高制が貫徹し、地方での知行制が俸禄制に切り替えられると、参勤交代や江戸藩邸の維持の費用の手当てとともに、現金の必要性が高まり、各藩にとって年貢米の換金が財政運営の必須条件となった。また諸藩は、藩営専売仕法の形で貢租制度の一部として米以外の領内特産物を納めさせ専売方式をしいたが、これに関しても換金の必要があった。各藩の領内市場の規模は狭すぎて役に立たず、各藩は年貢米と特産物を大阪に輸送して販売し現金を入手したのである。堂島の米市場における活発な取引の様子やその全国市場的性格は宮本又郎（１９８８）、本城正徳（１９９４）および高槻康郎（２０１２）などにおいて詳細な研究がなされている。年貢米（蔵米）および民間米（納屋米）・各種特産物の輸送には海運が大きな役割を果たし、また商都大阪では大規模な廻船問屋と品目別・国別の専門問屋が発達した。また諸藩から運ばれた特産物の多くは大阪や京都において加工され、畿内で消費されたり、十分な加工業を持たないが大消費地であった江戸を中心とする各地の都市消費地に送られて消費された。

18世紀以降は、農業生産力の発展を背景に、民間による農民的商品経済もそれなりに発展した。商人が購入した米（納屋米）と各地の農村の特産物（海産物・農産物・それらの加工品・綿織物・絹織物・酒など）が、遠隔地流通網を通じて売買された。特産品の生産の担い手は豪農層であり、商品流通は都市特権商人によって媒介された。幕府はこれら商人に株仲間を形成させて統制した。[37]

江戸時代初期すなわち17世紀においては民間部門の中心をなす農民は高率の租税負担もあってかなり農村自体は自給自足的な状態にあったとされるのが通説であった。すなわち、農民や手工業者の生産する商工業品もその大部分が専売システムによって藩に吸い上げられ、農民・手工業者の手元には自らの商品販売を可能にするほどには残らなかったというのである。ただし、たとえば永原慶二（１９９０）などは、畿内や三河・知多などでは江戸前期から木綿の商品としての生産がかなり高度に展開していたとしている。しかしいずれにしても元禄から享保にかけての時期（１６８８―１７３６年）を画期に、18世紀以後、農民や手工業者による商品生産が飛躍的に拡大し、自律的な商品経済が広範な産業領域にわたって出現したことは間違いない。[38] たとえば享保期以後の畿内の綿作農家の多くは、自ら消費する米と租税として納入する米を市場から購入していたとされる（本城正徳１９９４、98―１０３頁）。同様な事実は同じ時期の山梨県のたばこ・養蚕農家について報告されている。すなわち畿内に比べて農業生産水準の進歩の遅れていたこの地方では、零細農民が水田ではなく雑穀生産を行う畑作を縮小してたばこと養蚕を行い、結果的に飯米の購入者となった（中井信彦1961、212―250頁）。隔地間分業による商品生産がこの時期には後進地域にまで及んできたのである。

19世紀になると、大阪、名古屋、瀬戸内などには局地的市場圏が形成され、そこでは社会的分業と職業分化が生じた。綿織物業など手工業では雇用労働が発生し、村内の交通業に従事する日雇い、生活必需品を販売する商人などの展開が見られた。

こうした現象の背景には上記の領主的商品経済にかかわって運輸流通システムが整備されていたことおよび商人による問屋制前貸金融が広範に展開してきたことがある（林玲子1967）。年貢米と特産物の商品化のために米や特産物を大阪に運ぶ必要があり、日本海から瀬戸内海を経由する航路を用いた帆船による海運が発達した[39]。大阪では両替金融が展開され、限定された範囲ではあったが預金・貸付機能を発揮した。また民間の新たな在方需要が商品生産をけん引したと見られること（本城正徳2002）、も重要であろう。ただし、領主が専売制の強化などで抑圧したこともあって、「商品流通の自由の実現は限定つき」（石井寛治1976、32頁）であったという一面もある。

主として大規模な領主的商品流通を反映して、全国の商品市場は早くから緊密に結びつけられていた。17世紀後半においてもすでに5地域（大阪・広島・名古屋・江戸・会津）の米価変化率の各二地域間の相関係数の平均値は0・566とかなり高く、この値は19世紀前半の0・720と大きく異なるものではなかった（宮本又郎1988、398頁）。ちなみにこの値は、18世紀前半では0・606、後半では0・641であった[40]。

ところで以上の議論に対して斎藤修（2008）は、徳川期には農村は消費の自給度が高く商品経済の発展は十分でなく、したがって西欧に比べて日本の商品市場拡大による成長は低かったと主張している点が注目される。斎藤はまた彼の言うところのスミス的モデルによって、そのことが徳川期の経済成長率が西欧に比べて低かったことの原因を説明するとしている。本書の分析はこれに対して、少なくともイギリスとのマクロ比較史の視点で見ると、日本では労働市場の発達に比べて商品市場の発展が突出して早期的に展開したこと、イギリスでは逆に商品市場の発達が遅れ、労働市場が早期的に発展したという対比が成立することを示しており、斎藤命題に矛盾するようにも見える。しかしながら斎藤の命題は、イギリスなどでは14世紀から17世紀にかけて地代や租税の支払いが貨幣納化され（Overton 1996, p.32）、日本でも鎌倉期中期以後多くの荘園で現物の年貢・雑公事納入に代わって代銭納が広範に行われるようになっていたが（佐々木銀弥１９７２、第3章）、幕藩体制期には石高制の下での米納年貢制に切り替えられたという重要な事実を考慮外に置いていることによって導かれており、論理的に疑問が残る。すなわち農村自給度の問題は租税物納の換金にかかわる商品経済の活発化と一体の関係にあり、両者をあわせて考察しなければ意味がない。物納のため、上で論じたように米などの換金目的の活発な領主的商業が展開したのであり、この二つを一体的に考察すると農村の自給度の高さは消費財の市場取引の狭隘やいわんや経済成長率の低さに直ちにつながるものではない[41]。また消費財の農村自給率の高さ自体も、貨幣納租税の否定が、農村の商品経済化を抑圧したことによって生じた面が強い。すなわちそれもまた「活発な」領主的商業の展開というコインの裏側である可能性が高いのである。

4　労働市場の生成

幕藩体制の下では、士農工商という厳格な身分差別がなされ、職業選択の自由は原則的に存在しなかったが、明治維新後は四民平等の原則により職業選択の自由が認められた[42]。すなわち江戸初期のキリシタン禁制法令に基づく宗門改めに始まる宗門人別帳は、町民、農民、僧侶、賤民につきそれぞれ別個に作成されており、武士階級や領主の戸籍はこれらとは全く別に作成されていた。言い換えると、家ごとに身分ないし職業が厳格に固定されていた。これに対して、明治維新後1871年の制定された戸籍法では身分ごとの族属別の戸籍方式を廃棄し、住居地のみに依存した身分登録が採用された（福島正夫1967、20―27頁）。

小農経済では家族労働が労働需給の中心であり、労働市場の発達は限られたものにとどまらざるをえなかった。局地的な都市と農村の間の労働移動や季節的需給を調整する場としての労働市場はかなりの市場調整機能を発揮したが、マクロ的な意味での労働市場は存在しなかったと言ってよいであろう（斎藤修2008、217頁）。速水融（1988）は、徳川時代においても農村から都市への出稼ぎの形の労働移動が活発であったとして労働市場の発展のあったことを強調している。その論拠は、しかしながら、1773年から1889年の美濃国における宗門人別帳であり、この地域は綿織物業、陶業、醸造業などの産業により局地的市場圏の発達した例外性の高い地域であることに注意が必要である。これから農民の封建的土地緊縛規制がかならずしも強いものではなかった、と主張することは許されても、それを一般的・全国的な市場経済の発展に結びつけて理解することは難しい[43]。このことは速水もまた十分認識しているところであり、速水融（２００３）では、こうした出稼ぎの事実は「今までの研究では見落とされていた重要なポイントである。もちろんこのことは農民の移動が完全に自由であったことを意味するものではない」（１４４頁）として、「人別送り」という移動の証明書が必要であったこと、交通手段が未発達であり人の移動自体が容易でなかったこと、農村から農村への移動はさらに困難であったことなどを指摘している。

明治以降の近代的工場の労働者は、当初は紡績における出稼ぎ型女子労働と従来からの都市職人層の転生であったとも言われるが（永原慶二１９８０、２８７—２８８頁）、南亮進（１９７０）の推計によれば、農林業から非農林業への職業移動は１８７６—８０年においてすでに年平均11・３万人（農林業就業者の０・67％）に達しており、同じ時期の非農林業の就業者増加の85・６％をまかなった。維新後に新たに自由な全国的労働市場が出現したことは間違いないであろう。こうした農業からの流出労働力の大半が、長子以外の家族構成員であった。長子相続制の下にあって彼らは資産を全く分与されず、自らの労働力のみをもって分家した。分家は村内にとどまる場合と村外に出る場合があったが、村内にとどまり、小作農業を行う場合は非農への移動とはならない。非農への移動は、村内にとどまり日雇い・商業・荷馬車曳きなどに従事する場合と、村外に出てさまざまな職業に就く場合があった（福島正夫１９６７、２９１—３６８頁）。Fei and Ranis（1964）や南亮進（１９７０）が示したように、農村にはこうした大量の限界生産力の低い偽装失業的労働者がおり、農業からの流出はルイス・モデルに示すように非農業の需要曲線のシフトに応じて極めて弾力的になされた。明治を代表する市場主義経済学者である田口卯吉はその著書『日本開化之性質』（田口卯吉１８８５）で、維新ののち職業選択の自由が保証され、これにより平等が進展すると主張した。

これに対して、戸主として農業を営む本百姓が農業を離れることは極めてまれであった[44]。彼らは耕地の所有者であるとともに、租税納入担当者であり、かつ農村共同体の構成員であった。彼らの多くは肥料・労働集約的な稲作農業の熟練技術者であり、その離農の機会費用は極めて高く、農村共同体による生産力維持に高い情熱を維持していた（丹羽邦男1989、66―103頁）。

5　個人所有化

幕藩体制の下では土地は最終的には公儀すなわち幕府のものであった。おそらく理論的には最終的にはすべての土地は天皇のものであったが、幕府がその支配を代行していたという理解であったのであろう。上述のように領主は知行の形で土地からの徴税権を、農民は村請負による貢租納入を条件に土地の占有使用権を得ていたにすぎない。このため当初、田畑永代売買禁止（1643年）と分地制限令（1673年）により、土地の売買・譲渡は厳格に禁止されていた。後者は、ある一定の規模以上の耕地保有者（名主は20石以上、百姓は10石以上）でないと分割相続を認めないという規定であった。また太閤検知以来「作合い」（小作料）は禁止されていた。したがって地主的土地保有は原理的にありえないものであった。ただし、質地すなわち窮乏した本百姓がその所持地を富裕な本百姓に期限を限って質入れし自ら用益権を確保する行動は認められていた[45]。

しかしながら、質地の発生は当然ながら質流れの発生をもたらす。幕府は1722年に質地流禁令によって、質地の請戻しは大幅に認めるが今後質流れ地は認めないことを布告した。しかしこれを農民が質地小作関係からの解放令として受け取り、質地奪回運動が生じたため、翌1723年にこの禁令を撤回した。これにより質流れによる土地売買が事実上公認されたと言われる（石井寛治1976、22頁、永原慶二1980、214頁）。すなわち、これ以後百姓身分内の土地移動と富裕農による地主層の形成が容認されたのである。しかしながら、幕府・領主ともに村請による納税制度の維持のために、こうした土地移動の抑止という基本姿勢を固持し、「抑止が困難になっても、決して公然と認めようとはしなかった」（丹羽邦男1989、69頁）と言われる。

1871年7月の廃藩置県により近代的中央政府が成立すると、1872年2月には地所永代売買解禁の布告、さらに土地売買譲渡につき地券渡方規則が出され、この制度改革の動きは1873年7月の地租改正法公布によって完成された。すなわち最終的に土地の個人所有と売買の自由が確立[46]されたのである。地価は将来収益の現在価値に基づいて算定され、その所有者を明記した地券が各個人に配分された。

すなわち、維新政府は、近代的政府機構樹立の第一歩として土地の個人的所有を確定し、村落ではなく個人に租税納付義務を課したのである。それ以前に一般労働市場がほとんど発達していないという条件の下で国家による個人所有の設定がなされたのである。政府はまた四民平等に基づく自由な労働市場を導入し、村落構造も従来の生産共同体としてではなく、行政単位として再編成しようとした。このため、農村には稲作に関する村落共同体ないし耕地に特殊な技能の形の市場性のない人的資本が大量に残ることとなった。この人的資本が市場において無価値となることを防ぐため、農民たちは共同体解体に強く抵抗し、当初は西洋的な個人主義に基づく地方制度の再編を意図していた政府もこうした抵抗を受け入れざるをえないこととなった。以下の三つの事例は、村落共同体といういわば実体のない組織が、政府による個人主義的な形での行政組織の構築に抵抗しそれにある程度成功したことを示している。

第一は地方行政区画体系の整備における従来の経営体としての自然村の温存である。政府は当初1873―74年にかけて、地方支配のため、従来の庄屋・名主・年寄などを廃して、戸長・副戸長を指名して、旧来の町村区画を否定した大区・小区を単位とする行政組織を設立しようとした（大区小区制）。すなわち地方団体をもっぱら行政の遂行のための末端組織として区戸長による個人ないし家の直接的把握を行おうとしたのである。これに対して豪農と呼ばれた有力農民は自由民権運動の流れに立ち区戸長の公選を主張するとともに、村落指導者として村落寄合の機能強化を主張した。士族層の反乱と地租の軽減を求める農民一揆の続発するなかで、政府は方針変更せざるをえなかった。1878年に制定された郡区町村編成法[47]では「府県郡を以て行政の区画とし、其町村は視て以て自然の一部落」とするという趣旨から従来の経営社会組織としての町村を自治組織として公認したのである（大石嘉一郎1961、54―81頁）。

第二は、地方行政の財政収支における村落共同体活動の公認である。1884年政府は区町村会法の地方税規則を改正した。この改正は戸長を官選にし、戸長役場の所轄地域を大幅に拡大して行政村を整備するという[48]「官治的」方向へ向けた改正であったが、区町村費を、公法的規定を受けた公共的費用である区町村費とそれ以外の共同体活動などにかかわる私的費用である協議費を別建てとして、自然村の自治的協議的意義を尊重したのである。すなわち、戸長役場費、会議費、土木費、教育費、衛生費、救助費、災害予防および警備費を区町村会の評決を要する区町村費と定め、それとともに「神社祭典費のごとき人々の申合せに任すへきものは、該費目に加えることを得ず」（藤田武夫1941、110頁）と定めたのである。この点は藤田武夫（1941）と大石嘉一郎（1961）で強調されている。

第三は、地方自治体の資産整備における入会地などの共有地の温存である。1888年公布、翌年施行の市町村制は同年に公布された府県郡制と一体となって戦前期の地方行政システムを確立させたものであるが、[49] 政府はこれに基づき町村の大規模な合併を実行した。町村数は1888年末の71、314から1889年末の15、820へと激減した。合併にあたって大きな問題となったのが財産の確定とくに合併前の町村の保有する村落共有地であった。これについては「旧来の慣行により住民特にその市町村の土地物件を使用する権利を有する者あるときは、市町村会の議決にあらざればその旧慣を改め得ないものとし、市町村有土地物件に関する住民の旧慣を尊重した」(藤田武夫1941、165頁)とされ、共有地は温存されることとなった。その後、政府は行政村の財産的基礎を強化するためと林野行政の一つとして部落有林野の整理統合が必要だとして、これを強行しようとしたため、自然村たる部落と行政村の対立が激化した。しかしこの場合も、この整理統合は村落共同体の激しい抵抗にあい、「多くの地方でその実現はほとんど不可能に近い」状況であったといわれる(小野武夫1936、396頁)。

問題はこうした村落共同体の慣行を維持し、必ずしも個人主義的でないシステムをもたらしたメカニズムである。経済学的には二つの立場がある。[50] 第一は、大石嘉一郎(1961)の提示した仮説であり、有力農民を寄生地主として把握し、彼らが行政と一体となり、行政村において支配的地位を掌握することで小農民の搾取を行ったというものである。こうした有力農民は、地主的土地所有の集積拡大の一環として入会地を入手し、その使用を小農民に保証することで、個別経営体としての効率を維持しつつ搾取を行い、より広域的な行政村で商業などの活動により利益をあげたとされる。この仮説では、村落共同体自体にはさしたる価値を認めず、有力農民(地主)と小作農などの小農は対立関係にあり、地主の極大化行動の結果として、自然村の共同体秩序が温存されたとみなしている。いま一つの見解は有泉貞夫(1980)の仮説であり、有力農民は小農民からなる地域の共同体を名望家としてリードし、積極的に中央から災害復旧、河川改修の費用を調達するとともに、道路・鉄道建設や高等教育施設などの誘致活動を行うことで利益誘導を行い、地域発展を図ったというものである。利益誘導は有力地主が関与する事業に便益を与える効果はあったであろうが、名望家はそれ以上に地域の共同体としての発展に価値を見出したとされる。また彼らは単なる国家権力の受動的代行者ではなく、政党活動などを通じてその意思決定にまで関与し目的を達成しようとしたとされる。

いずれの立場に立とうとも、一般に有力農民は、村落における農道・水利施設などの管理、農業技術の改善、教育施設などにまで私的にかかわり、共同体的秩序を温存しつつ、自己の目的を達成しようとした。彼らを中心に蓄積されてきた人的資本は市場経済のなかで拡散し価値を失うことなく、かなりの期間利用され続けたのであり、社会は必ずしも個人に完全に分解・還元されることなく機能したのである。[51]

第4節　結　論

イギリスでは、労働市場は早期的に発展したが、国内商品市場の展開は遅れた。土地の所有権の設定は、発達した労働市場を前提に、16世紀以後18世紀にかけての囲い込みにより実質的に進展した。日本では、商品市場は極めて早期に隔地間交易の形で広域化し、17世紀以後急速に全国的に拡大したが、労働市場は極めて局地的なものに限られており、全国的なオープンな労働市場は存在しなかった。土地所有権の設定は、こうした状況の下に維新政府の地租改正により断行された。

このためイギリスでは、冒頭に述べたモデルにおける第一の均衡が成立し、日本では第二の均衡が成立した。すなわちイギリスでは、人々はオープンな労働市場での評価と雇用を念頭に人的資本の蓄積を行ったため、一般的な技能を持った人的資本のシェアが高く、共同体資産は高い譲渡可能性を持っていた。この結果イギリスでは共同体の解体ないし慣習的共同体経済から近代的市場経済への移行はスムーズに進行したと考えられる。逆に日本ではオープンな労働市場は発達が遅れ、明治政府による土地の所有権の設定時には、農村社会には稲作技術を中心にした村落共同体に特殊な技能という市場性のない人的資本が大量に残存した。その結果、共同体資産の分割は困難となり、共同体解体に対する強い抵抗と解体の遅れが生じた。人々は共同体特殊な技能への投資を継続し、近代的な市場経済システムの導入後も慣習的な村落共同体的要素がかなり長く持続したと考えられるのである。農村における共同体ないし地域特殊な人的資本の存在は、小農経営における財産体としての家の存続の必要性（中根千枝1970、115頁）が求道主義の影響を受けて技能蓄積を促進したという面によるところが大きいと思われる。とくに村落のリーダー的な地主層の戸主はそうした人的資本をその財産の主要部分としていた可能性がある。農家の土地権益以外の財産のかなりの部分がそうした人的資本によって構成されているとすれば、日本における共同体の解体は、そういう条件の欠如したイギリスにおける場合に比べて、大きな抵抗に遭遇したとしても不思議ではあるまい。この意味で「村（ムラ）」の概念もまた間接的ながらも宗教的基礎を持っているのである。

終　章　宗教の変化と日本経済システム

以上、われわれは日本とイギリスの宗教の変化のインパクトに注目することにより、両国の経済行動上の特質の宗教的基礎を分析してきた。最後に分析の歴史分析や現代経済に対する主な含意を、日本の個人主義に関するものと日本の経済の特質に関するものに関して、とりまとめておこう。われわれの分析は歴史的な宗教の変化の影響にかかわるものであり、そこから言えることにはテーマの限定性からする大きな限界がある。また国際比較の対象はイギリス一国でありこの点でもさまざまな意味でバイアスがあることも考えられる。以下の議論はこうした留保条件つきでなされるのであり、宗教的基礎の歴史的考察以外の要因はあえてあまり考慮しないで、現在の日本経済システムの理解のために必要な経済行動の基底にある諸特質を析出している。これは、こうした方が本書の分析の特質や限界がより鮮明になると考えたからである。このため多少極端とも思われるような含意も導出されることになったが、一定の視角を定めた上での考察の含意ということを踏まえればそれなりに意味のあることであると思われる。

1　日本の個人主義に関する含意

「顔の見える他者の集団」

宗教の変化の仕方は個人主義の性格に対して大きな影響を持った。イギリスでは、主意主義に基づく信仰の下で、神と個人の一対一の疑似的交流が自己のコミットメントのみを重視する宗教的個人主義に帰結し、カルヴァン主義における被創造物神化の拒否が身近な他者への関心を排除するとともに社会全体の厚生を重視する功利主義を生み出した。このことは個人的な感覚と内省のみから知識を組み立てる経験主義哲学の伝統と相まって、顔の見える他者の感覚の弱い、個人の独立とその対極である公共の利益を重視する個人主義を生み出した。人々の周りの世界は、相互に独立な「顔の見えない」個人と総体的な社会ないし公共圏から構成される。これに対して日本では、主知主義に立つ仏教の易行化により、人々は知の探究を世俗の職業生活において実行するというインセンティブを与えられ、職業的求道とその成果を評価し達成度を競うための顔の見える他者の集団を意識することとなった。日本の個人主義では、仏門に代わって、世俗内修行である求道の成果を判定する「顔の見える他者」の集団は重要な意味を持つ。人々の周りの世界は、求道により自己実現を目指す個人とそれを評価する身近な他者の集団、そして輪廻を繰り返す外的世界からなる。

日本の個人主義は自己表現と自己実現に最大の価値を置く個人主義であり、集団行動は個人の弱さを補って競争に打ち勝つためのグループ行動ではなく、起源的には個人の達成度を評価するためのものである。求道行動の有効性や効率性を競うためにグループ間で競争が生じることがありうるが、それは他者を競争により追い落とすための競争ではなく、より高い自己実現に至るための創造的な求道の方法を競うための行動である。カルヴァン主義の強調した予定説では、神の定めた恩寵による救済「枠」に入るための他者を排除する競争が心理の上で生じるが、仏教の易行化の下での救済は、原則的に全員が救済される仕組みであり、そのために他者を押しのける必要はないのである。身近な他者は、仏門に代わって、求道の成果を評価するためのグループを形成する。グループの間で競争が生じることがありうるが、それは他のグループを打ち負かし、それを救済の対象から排除するためのものではない。疑似宗教的知的作業としての求道によりいかに世界ないし縁起のあり方について深い理解に到達できるかということをめぐって、どちらの方法がより効率的に悟りに達しうるかという点で、同じ方法で求道を行いその成果を互いに評価し合うグループの間で競争が起きるのである。[1] また日本のグループは宗教的な源流の意味では、求道の成果の評価機関としてメンバーにとっては個人的価値を超えた特別の価値を持つ面がある。しかしその価値は個人の求道行動のニーズから生じるのであって、あくまで個人の目的が集団のそれに優先する。その意味では日本の経済行動は、イギリスとは違った意味であるが、高度に個人主義的である。

ネガティブな個人主義の可能性

われわれは個人主義を、個人の独立ないし他者からの干渉の排除（イギリス的個人主義）と個人の自己表現ないし自己実現（日本的個人主義）というポジティブな側面に関して歴史的な展開過程を分析してきた。しかし現代社会では個人主義のさまざまな意味でのネガティブな側面が注目されている。個人主義のネガティブな側面は日英の個人主義に関してどのような意味を持つのかを考えてみよう。

カルヴァン主義と経験主義哲学からその起源を説明しうるイギリス的な個人主義は極めて調和的で力強い社会の見取り図を描き出した。自立し他者からの干渉を排除する個人は、自己のコミットメントによって形成されたのではない目的や価値に従う必要を認めない。社会に歴史的に与えられた共同体的紐帯から解放された個人は、自己の選択のみに基づき、のびのびと最適化行動を行う。他者への義務は、自己のコミットメントによって形成される自発的結社活動と公共の福祉という集計量への功利主義的関心を通じて意識しさえすればよい。その義務もまた、効率的な市場秩序が自生的に、あるいは最低限の国家介入の助けによって、大部分を果たすことのできる性質のものであり、個人の自由独立の制約になるものではない、個人はひたすら市場競争を通じた成功を追求すれば最適な結果が自ずからもたらされる、というのである。しかしこうした調和的世界観に対して、よく知られているように現代社会では多くの批判が寄せられつつある。コミュニタリアンは、自己のコミットメント・選択に依存しない目的ないし価値に奉仕することの重要性を説く。すなわち個人が既存の共同体の社会的機能に冷淡であることに現代社会の病理の原因を見出し、個人は家族・国民・文化・伝統・自然などの歴史的に与えられた組織の構成員でもあり、それらの目的や価値に従う義務という意味での負荷を負わされたアイデンティティであるということをも考慮して行動すべきであると主張する。社会関係資本を重視する論者は、現代社会の個々人はあたかもが一人でボーリングをやっているような孤独な状態にあると指摘し、個人間の関係を社会資本として充実させるべきであると主張する。グループ行動そのものが個人的コミットメントに分解できない固有の価値を持つことを認識すべきであるとして、そうした目的のための組織への奉仕と個人間の信頼醸成の必要を説く。

イギリス的な個人主義におけるネガティブな側面の指摘は、明治以降、西洋的個人主義における個人の自由と独立の重要性を学んできたわれわれにおいても無縁なものではない。日本においても核家族化が進展し共同体的結びつきの弱まりつつある社会の現状を危惧する声は強い。しかし、以上の宗教的基礎の考察から言えることは、身近な他者による評価と精進の仕組みのなかに自己実現としての個人主義を追求する日本の個人主義では、こうした徴候は国際比較的には弱く、基本的にさほど懸念すべきことではないということであろう。むしろ警戒すべきは、バーリンが積極的自由[2]の追求における危険な兆候とした、自己実現への強い意識が政治的に利用される可能性である（第3章第3節3参照）。求道の成果を相互評価するための身近な他者との協働関係が自己目的化し、求道の方法を競うためのグループ行動が過度のグループへの忠誠に帰結する可能性である。この場合、身近な他者の集団は、同一の目的達成のために「特殊な原理ないし理念との全面的自己同一化」（Berlin 1969、邦訳325頁）に帰結し、政治的ツールになる危険性が生じる。しかしながらこうした傾向の危険については、われわれは高い対価を支払って、かつての軍国主義化の経験から多くを学んだこともまた事実である。日本の個人主義については、以上のようなそれぞれのタイプの個人主義の持つ内在的欠陥を意識しつつ、その経済行動と経済システム上の積極的な意義と特質に目を向ける必要があるというのが本書の分析からの主要なメッセージである。少なくとも、日本の個人主義は、J・S・ミルが慨嘆したような、集団的凡庸に陥るリスクからは、宗教的起源から考える限り、無縁である。西欧的な個人の独立性の良さを取り入れつつ、この面の長所を生かす工夫を凝らすべきであろう。

2　日本経済の特質に関する含意

需要主導型経済と「ものづくり」

易行化の下での職業的求道行動は、律令制の下での官営工房の伝統と相まって、より高度な商品を求めての財・サービスの生産活動における「ものづくり」の伝統につながった。しかし求道の成果である商品の評価は、需要者である消費者によってなされる。情報・通信・交通などの制度が不完備な中世・近世の世界では、高度な財・サービスを適切に評価しうる消費者は各地に点在するのが常であった。「ものづくり」を行うためには、最低限の販路の確保が必要であり、その条件は商人の「異郷を結ぶ」商業・流通活動が満たした。商人は隔地間商業に積極的に従事し、高品質な生産物の価値を理解しうる消費者を探し出し、「ものづくり」の成果物の販路を開拓したのである。また芸能者なども各地をめぐりつつ需要に応じたサービスの供給を行った。このシステムの下で、支配権は明らかに生産活動でなく商業活動にある。中世あるいは南北朝期以来の日本の「ものづくり」は商業によって、現代的に言うところのマーケッティング活動によってはぐくまれたのである。顧客との相互作用により常に改良を怠らず需要に適合した財・サービスを供給するところに歴史的に見た日本の「ものづくり」の特質があるのである。

イギリスの顔の見える他者への関心を否定する個人主義は、顔の見えないマス集団としての消費者に向けての大量生産という供給主導型の経済システムを生み出した。しかし日本の経済システムはあくまで目に見える消費者という「個別具体的な他者」である需要者すなわち製品評価者によって育てられた生産を基盤とする、その意味で需要主導型の経済であったのである。日本ではかりに幕末開港による西洋文明の導入をせず、すなわちその独自の発展経路上にとどまったとしても、イギリス型の消費財の顔の見えないマスに対しての大量供給という形の産業革命は生じなかったであろう。しかしそれは日本の経済の一定の近代化経路上での進化の遅れによるのではなく、異なった宗教的基礎の上に構築された経済行動の特性の違いによる可能性が強いのである。ちなみに、ポメランツ（Pomeranz 2000）は、中国・日本と西欧は18世紀末までは人口学的・制度的側面、生産要素市場の発達度、人々の消費パターンなどの面でほぼ同等な発展過程をたどってきたと主張する。かりにこの現象面の類似性の指摘が正しいものであったとしても、このことは日本が西欧と同じ、労働節約的・資源集約的な工場制の大量生産システムに至る道を追求してきたことを意味するのではない、というのが本書の結論の意味するところである。

需要主導型経済という特質はまた日本経済の将来を考える上で重要な示唆を持つ。しばしば日本の「ものづくり」は、生産「現場」での共同作業とか情報の流れの効率化に結び付けて、その基礎や源流が語られてきた。こうした要因を否定するわけではないが、少なくとも宗教の変化という歴史的な流れにおいて考える場合、「ものづくり」は日本の消費者による評価によってはぐくまれ、その下で高度な洗練を見た特質である。表現は適切ではないかもしれないが、機械油にまみれた生産活動それ自体は尊いものであるが、それだけでこの特質の説明は完結するものではなく、高度な需要に対する適切な生産の対応が日本経済の本質であり、歴史的に見た発展の原動力なのである。また演劇や茶道などにかかわるサービス生産が室町期における大きな役割を果たしたことからわかるように、宗教的基礎から生じた生産活動の特質は製造業にかかわる製品だけでなく、サービスやソフトの供給が大きな位置を占めてきた。序章で断ったように、本書で言う「ものづくり」は財だけでなくサービスをも含む概念であることに注意が必要である。

日本的企業システムの宗教的基礎

遠い過去における宗教的要因に淵源を持つ本書で見出された日本の経済行動の特質は、現代の集団あるいは企業組織にどのようなかかわりを持っているであろうか。われわれは中世以来の仏教の変化の影響の下にその経済行動のパターンの基礎を形成してきたが、それに加えて幕末開港以来、イギリスなど西洋の文化を吸収しそこから多くを学んだ。その結果日本の経済システムは、本書で言うイギリスで発達した個人主義や生産の特質を取り入れ、大きく変容している。たとえばいわゆる明治維新以後の日本的企業システムは、株主の有限責任制と株式持分権の譲渡可能性というそれまでにない特質を持つ新しい形の企業形態を取り入れたものであるが（寺西重郎２０１１、第3―1章）、導入後において、それは単に株主の利益を最大化するものではなく、残余利益のステークホールダー間のシェアリングと企業統治の協調モデル化という二点で日本的企業システムに変化してきている。西洋から導入した株式企業制度のこうした日本的企業システムと呼ばれるものへの変容は、以上における分析の論脈では、企業内での製造現場などにおけるさまざまな求道主義に基づく集団行動の影響によるものだと考えねばならない。すなわち、中世から近世にかけて日本の求道主義の下での集団は、より効率的で高度な成果をもたらす求道の方法を追求するために、互いの達成度を評価し合い、互いに高め合うための手段であった。こうした効率的求道主義を求めての集団間の競争は、小池和夫の見出した製造現場でのグループ的協同現象に帰結したと見られる（小池和男１９９７）。青木昌彦が強調する水平的な情報のシェアによる効率的生産方法の追求（Aoki 1988）もこうして生まれたのであろう。アンドルー・ゴードンの強調する、テイラー主義に替えて労働者の小集団間の競争により生産性の向上を目指すシステム（Gordon 1993、邦訳（下）「職場の争奪」）の成立もこうした流れから理解できる。小池和男（2012）はさらに、戦前期の綿紡績業の現場労働者の発言が、職場での仕事にとどまらず、企業の成長力の根幹にかかわる生産ラインや新製品の設計にまで及んでいたことを示している。こうした行動は、宗教的基礎においては、求道による世界観の探究という面の表れとみなすことができるかもしれない。

外来の株式企業制度の変容を伴う受容における宗教的基礎の影響は、日本の企業における人的資本と組織効率の重視という特性に現れていると思われる。人的資本の蓄積は、高度成長期において、長期雇用の下での特殊技能形成という形で制度化された。企業特殊技能蓄積のインセンティブの少なくとも一部は非金銭的な求道主義にあると考えられる。組織効率の向上もまた歴史的に見て日本の経済発展の基本的なエンジンであった。宗教的基礎に立って考えた場合、日本の企業の本質は、組織自体が、求道主義に源流を持って自らの目的を持つ本質的に進化性を備えたもの、として意識されていることにある。言い換えると日本の集団や組織の基本的特質は、組織自体がそのメンバーと一体となって経済的効率性や社会貢献などの「求道的」目的を追求する主体であるということである。これは一見日本企業のステークホールダー・モデルによる理解に類似しているが、単なる残余所得のシェアリングだけでなく、企業自体が従業員と一体となって独自の社会的価値にかかわっているという点が単純なステークホールダー・モデルとは異なっている。

市場経済化における特質

日本経済の需要主導型の成長のいま一つの重要な側面は、歴史的に見て日本では商品市場が極めて早期から発達したという事実である。これは律令制下で中央との道路や舟運などの貢納物の中央への運搬のシステムが早くから形成されたため、律令制が弛緩し、貢租物が市場で消化されるようになってからも、このシステムが市場的な流通インフラとして機能したことに源流を持つ。私営化された官営工房で生産された高品質の製品は、当初は供御人などの移動販売・移動生産によって消化されたが、これらの生産者が各地に定着すると、商人による隔地間取引が機能するようになった。この傾向は、中世後期以後、手工業における職業的求道主義の下で、生産が行われるようになると、さらに重要性を増したと見られる。

商品市場の早期的発展に比べて、労働市場の発達は次の三つの理由からかなり遅れたと考えられる。第一は、荘園経営における領主直営の低いシェアである。このため所従などと呼ばれた雇用労働力の需要が少なく、雇用労働市場の一般的展開はさほど進まなかった。第二は、家業特殊的な人的資本の蓄積の影響である。求道主義の影響は、日本の家計においては人的資本が重要な位置を占める状態をもたらした。いわゆる「家」は人的資本を蓄積し代々継承することを目的に形成されたと考えられる。この種の人的資本のシェアが増大するほど、オープンな労働市場の展開は難しい。第三は、荘園制におけるいわゆる家父長的大経営が次第に小農的家族経営にシフトする傾向があったことである。このため中世も後期になるほど、雇用労働などの必要が低下したと見られる。

こうして日本では商品市場の早期的発展と労働市場の展開の遅れが見られたが、この特質はイギリスの経験と対照的であった。イギリスでは、荘園制において領主直営部分が大きなシェアを持った。このため、賦役労働義務を負った隷農が大きな役割を果たしたが、通常、隷農だけでは必要な労働力を満たすことができず、早くから雇用労働の利用が見られた。また農村の副業的な労働者は多くが何種類もの職業をこなす専門性の低い技能の保持者であり、オープンな労働市場の発達には好都合であった。さらに、イギリスの農業は近世に至ると大規模な資本主義的経営に変身し、このため産業革命に先駆けて、本格的な全国的雇用労働市場が形成されたのである。

イギリスにおけるオープンな労働市場の早期的形成は資産としての土地市場の早期的展開と相まってサプライ・サイドの資源配分効率を重視する供給主導型経済システムの前提条件となった。逆に日本では、商人の活動に主導された商品市場の発展が人的資本蓄積と組織効率に重点を置いた求道的ものづくりと相まって需要主導型経済システムの形成につながったのである。

日本の長期的経済発展における三局面

われわれの分析は、明治以降の西欧文明へのキャッチ・アップのはるか以前の、古代から中世にかけての東アジア先進文明へのキャッチ・アップから出発して、日本の経済発展を見ようとしたものである。第2章でも素描した三局面からなる日本経済の発展過程は重要な意味を持つ可能性がある。すなわち、およそ大化の改新の時期ごろから12、13世紀にかけての東アジア先進システムの受容・摂取・消化の時期が第一局面であり、摂取された文明の中心は、律令制度と仏教である。6、7世紀ごろの日本はいまだ未開な原始的共同体の世界であったから、この文明の消化・自国化には最終的には極めて長期を要した。仏教が消化されて国民宗教と見られるものが成立したのは戦国期から江戸期にかけてであり、律令制度は建て前としては室町幕府の終焉時まで残存した。第二局面は、14世紀の南北朝期から江戸時代までの時期である。職業的求道主義に立つ日本の経済行動の基層的特質はこの時期に形成された。この時期はまた東アジア文明の上に立ち、自らの創意工夫で、日本的文化を打ち立て、商工業化を推進した時期である。鎖国を行うまで、この時期の日本は、東および南シナ海における国際的市場におけるグローバルな競争に直面し、そこで主導的な一員としての役割を果たした。第三局面は言うまでもなく明治以降の西洋文明との接触期であり、その摂取と消化の過程は今なお続いている。

このような視点から見ると日本の現在の経済システムは、古代以来の東アジア文明の摂取・消化・自国化の上にイギリスなどの西洋文明の摂取と消化のプロセスが上乗せされて形成されたものであると考える必要がある。日本の近代化は白紙の上に、あるいは西欧に類似した経路の延長上に、イギリス的な供給主導型システムを移植したのではなく、需要主導型システムの上に供給主導型システムを上乗せし、両者の融合をめざしたものだと考えねばならない。その結果、日本の経済システムは今なお大きな変容のプロセスの真っただ中にあり、この変容の過程を正確に把握することが今後の日本経済のあり方を考える上で極めて重要であると思われる。

中村隆英（１９７１）が示したように、１９２０年代までの日本経済は近代産業とともに従来型の需要主導型経済システムの中に育った在来産業にけん引されていた。したがって日本の経済システムにおいてイギリス的な近代産業が根づくのは、１９２０年代以後のことであり、それが開花したのは高度成長期においてであったと言えよう。日本近代化における輝かしい成果とされる戦後高度成長は、イギリス始発の大量生産を目的とする供給主導型の経済システムへの日本社会の敗戦を契機とする全面的順応によって可能になった。それは目に見えないマスとしての消費者のために生産し、社会全体の消費効用を高めるという公共善に寄与するという経済行動原理に立つものであり、社会経済システムの根本的な適応を必要とするものであった。

第一に、戦後社会はリースマン的な受動的な消費者の群れを生み出し、耐久消費財を中心にロストウの言う高度消費社会をもたらした。第二に、人々の求道主義に立つ人的資本蓄積のインセンティブを会社社会という「家」システムへの忠誠に切り替えて活用することが試みられ、その結果いわゆる日本型企業システムが生み出された。

しかしこの高度成長方式は一時的成功をもたらしたに過ぎない。むしろ「失われた20年」の苦い経験に見られるように、日本社会へのイギリス的システムの移植は、容易でないことが明らかになりつつある、というのがバランスのとれた見方であろう。需要主導型システムの供給主導型システムへの代替の形を取る限り、それがスムーズに成し遂げられるとは思われない。昨今の家電業界の苦境はその典型的な例である。まず「高品質商品の大量生産」という戦略の失敗は、供給主導による需要主導の安易な代替の困難さを浮き彫りにした。また比較優位構造がめまぐるしく変化するグローバル経済では、長期雇用による人的資本の蓄積・維持は個別の日本型企業システムのみでは難しいことも明らかとなった。おそらくは、需要主導型システムの供給主導型システムによる代替ではなく、両者の融合の努力が必要であろう。家電業界の例で言うならば、販売と生産の協業、しかも前者が主導する形での高品質を求める顧客開拓と製品イノベーションが必要であろうし、人的資本のためにはその多目的活用が可能になるように、戦前の財閥システムに類似したシステムを持株会社方式の枠内で工夫する必要がある。これらの点については、しかしながら、別の一書で論じることが適当であろう。

3　結びに代えて

明治以来、日本人の集団的ないしグループ内協調的行動は個人的な弱さを集団でカバーして競争に勝ち抜くためのものであるという解釈が支配的であった。この欧米的概念的枠組のレンズを通しての解釈を日本でも多くの論者が受容してきたという側面がある。しかし宗教的基礎から考える限りこれは間違いである。日本における集団は求道の成果を互いに評価するための仲間からなるのであり、グループ間で競争が生じるのはより良い求道の方法を見出すためであって、競争により他を追い落とすことは目的ではない。同様に、欧米の個人主義は、身近な他者との絆を無視し、競争に打ち勝つために個の独立を目指す個々人の独善的な立場の表明であるという見方がある。しかしこれも宗教的基礎から考えると間違った解釈である。欧米では決して独立した個人だけが重視されるのではなく、個人の集合の総体としての社会ないし公共の利益という意識が厳然として個人主義の成立要件として存在する。ジョン・ロックの社会契約論に見られるように社会の成立は国家に先行するのであり、特定の国家は否定されても社会は否定されない。社会があって個人がありうるのである。身近な他者とのつながりの輪として自分の周りの世界を見るか、互いに独立した個人の群れとその総体としての社会の二重構造として周りの世界を理解するかという対照がここにはある。しかし両者は決して対立するものではない。争いのない豊かな世界の建設はこの違いを認識し多様性を尊重することから始まる。

イギリスのピューリタンが大西洋を渡って建国した国であるアメリカは、個人の独立を重視する個人主義に基づく民主主義を普遍的価値として、その存在意義を主張してきた。経済的自由と政治的自由の間の因果関係はかつて考えられてきたような単純なものではないことが知られてきたが、アングロ・アメリカンの金融を中心とするグローバルな市場主義の主張は、独立を重視する個人主義に立つ自由な社会という普遍的価値実現のための必要条件として正当化されてきた。こうした論脈で言うと、宗教的基礎から導かれる日本の普遍的価値は、求道主義にかかわる自己実現を目指す個人主義の生み出した日本文化と、それと双対的な関係にある山川草木の仏性ないし自然との共生の思想である。われわれはこうした普遍的価値を世界に発信していくことが必要ではないだろうか。J・S・ミルは自由を重視する個人主義はそれ自体に価値があるわけでなく、自由が人々の想像性に富んだ生活をもたらすところに主たる価値があると考えた。自己実現を重視する個人主義もその価値は求道による輪廻の世界の理解自体に価値があるというより、求道主義による人的資本の蓄積や人格的能力の陶冶とともに、輪廻の前提の下で、自然を人間と一体のものとして自然との調和を求める共生の思想に主たる価値がある。

グローバリズムは国民国家の制約を超えた自由で民主的な市場秩序がもたらすであろう繁栄の可能性を謳い上げる。共生思想は地球環境問題・資源問題や原発問題などの「宇宙船地球号」の危機の出来に警鐘を鳴らす。個人の独立を重視する個人主義がグローバル化による個人の活躍の場の広がりを志向し、自己実現を重視する個人主義が求道による個人の内面的進化の重要性と自然との共生という視点から人間の行動領域の無制限な拡大への自制を促すという対照がここにある。世界経済の調和的発展のためにはこの二つの方向に働く力のバランスの調整が不可欠である。普遍的価値としての共生思想に関する日本からの情報発信はとりわけ喫緊の課題である。

注

序　章

1　本覚思想という用語自体は日本仏教の教理研究の先駆者でありこの概念の重要性を指摘した島地大等（1875―1927年）が初めて用いたものと言われる。

2　Weber（1920c）。ウェーバーはここで日本人の生活態度の「精神」に固有の性格は、宗教的要因ではなく封建制によって形成されていると論じている。

3　浄土真宗の「反知性的」性格は、京都在住の大名や大商人など個性の強い文化的達人たちに不満足感を与え、諸芸における求道主義の発生につながったとしている（村上泰亮・公文俊平・佐藤孫三郎1979、117頁）。しかし一種の「宗教改革」の結果としての求道主義が、経済社会における職業上のエトスを提供したことまでは論及していない。また網野善彦は、ヨーロッパでプロテスタンティズムが果たした役割を日本で鎌倉新仏教が果たしたのではないか、とりわけ職人や商人においてそうではないかと指摘しているが、自身ではそれ以上の論理展開は行っていないようである（網野善彦1991、79頁）。

4　テイラー（Taylor 1989）はジョン・ロックにおいて発見された自我を点的自我ないし漂白された自我と呼んだ。この定義はわれわれの、道徳的に薄く、身近な他者との間に距離を置く個人主義という概念に極めて近い。ただしテイラーはロックの個人主義論とイギリス経験論との関係に関してほとんど触れていない。

5　この概念は山崎正和（1984、1990）における「柔らかい個人主義」の概念に非常に近い。われわれの個別の他者への配慮に立つ個人主義はこの概念に宗教的基礎を与えたものとみなすことができる。

第1章

1　大塚久雄（1989）は、ユダヤ人の活発な商業・金融活動のなかからは近代的資本主義の萌芽が生まれることはなかったが、古代イスラエルの宗教意識のなかに生まれた宗教倫理がキリスト教に影響し、中世修道院の世俗外禁欲思想の姿をとり、最終的にピューリタンの世俗内禁欲思想につながったという流れからウェーバーの研究成果を解釈している。

2　ウェーバーは次のように結論している。「ふたつの『証明』〔神の前での証明と信団内部での証明――引用者〕は互いに補い合い、一つの方向に向かって作用した。両者は、近代資本主義の『精神』、近代資本主義に特有のエートス、すなわち近代市民階級のエートスが羽ばたくのに力を貸した。別して禁欲的な集会と教派の形成こそは、家父長的・権威的束縛を根こそぎひっくり返し、またひとは人間に従うよりは神に従わねばならないという命題を自己流に解釈しなおして、近代『個人主義』の歴史的基礎のうちのもっとも重要なものの一つを形成した行為であった」(Weber 1920a、邦訳112頁)。

3　たとえば『宗教社会学論集』における「世界宗教の経済論理――比較宗教社会学試論」の「序論」(Weber 1920b) では伝統主義は「日常的な慣習を犯すべからざる行為の規範とするような心的態度および信仰」(邦訳87頁) と定義されている。

4　羽入辰郎 (2002) は、ウェーバーがルターにより見出された概念であるとする職業労働と神の召命という二つの意味を持つBerufという語は、もともとのルター聖書にはなかったことなどを指摘し、こうした点をウェーバーによる不誠実な「資料操作」として批判している。しかしウェーバー的な論理の進め方を行う場合、既存の定理を用いた数学的証明ではないのであるから、いくつかの瑕疵が残ることはある程度仕方ないとも思われる。確かに羽入の綿密な考証はウェーバーのこの論文における論証の持つ問題点を指摘したという点で興味深いし、それ自体は重要な貢献であろう。しかし見出されたいくつかの問題点は、ウェーバーの知的誠実性の欠如によるというよりは、彼の論理展開能力の限界を示すものと見る方が適切ではないだろうか。そしてウェーバーの提起したインセンティブ・システムの重要性という論点自体はこうした瑕疵によって否定されることはないことが重要なように思われる。

5　小笠原真 (1988、142頁) による。

6　ウェーバーはフランクリンとアルベルティではその宗教的意味が全く異なると指摘した。すなわち、フランクリンは営業活動における禁欲ないし職業労働への献身的態度の持つ非合理的行動を主張したが、アルベルティは営業活動そのものに価値を見出したのではなく、営業の結果としての家産そのものの蓄積を重視しており、これはプロテスタントの視点からは家産という人間の行為の所産に価値を認めるという被造物神化にあたるという点にあった。

7　ウェーバーは用心深くアメリカの特殊性を挙げ、そこでは「営利活動は宗教的・倫理的意味を取り去られていて、いまでは純粋の競争の感情に結びつく傾向があり、その結果スポーツの性格を帯びることさえまれではない」（邦訳366頁）と述べている。しかしこの特殊性がいつの時代からのものであるのか、についての言及は避けている。

8　大塚久雄（1989、解説）は、ウェーバーとゾンバルトやブレンターノとの資本主義の精神の定義における違いは、簿記を土台に営まれる合理的経営体を考えているか否かという点と雇用労働者を精神の主体に含んでいるか否かの二点にあるとしている。しかしこの問題はおそらくもっと深い論点をはらんでいる。たとえばジョン・ロックが問題にした私有財産の（金融的な）運用が、プロテスタンティズムの倫理を通じて、資本主義の「精神」にどのような影響を持ったか、という問題がかかわっていると思われる。

9　この資本主義の普遍性に関しては、ウェーバーの「宗教社会学論文集」序言の文章が有名である。「普遍的な意味と普遍的な妥当性を持った発展過程を辿るような文化現象は、ほかならぬ西欧社会に、西欧社会のみに起こったことである、と少なくともわれわれは考えるのだが、これはいったいどういう諸事情が重なったためにそうなったことなのであろうか。近代西欧の文化世界に生を享けた者が普遍史的な諸問題を取り扱おうとすると、どうしてもこういう問題を立てることになるのだが、それは正当なことである。……西洋にのみ、われわれが今日〝有効〟性を認めるような発展段階にある〝科学〟が存在している。……芸術についてもこれと異なることはない。……資本主義についても事態は全く同様である」（Weber 1920b、安藤英治訳71―73頁）。

10　ウェーバーは、こうした問題を解決するには私有財産の分配というマルクスの接近法では不可能であり、経営者の地位の規制という企業統治上の問題から迫る必要があると考えた（Mommsen 1974、邦訳15頁）。

11　Becker and Woessmann（2009）は、カルヴァン主義におけるウェーバー的な禁欲の倫理の効果に対する代替的な見方として、プロテスタンティズムの普及にかかわって生じた教育の普及が経済発展をもたらしたということを、19世紀末のプロシャの地域データを用いた実証研究に基づいて主張している。広義の日常生活の肯定の一環としてルターが教育の普及の必要を強調したことが、人的資本の強化を通じて成長にポジティブな効果を持ったというのである。このルターの評価はわれわれの見解と整合的である。

12　山之内靖（1983）にも同じ趣旨の文章がある。

13　ただし柳父圀近（1983、第2章）ではトレルチに関しても同じ傾向が見られるというニュアンスで書かれているが、これは必ずしも正確な理解とは言えないのではないだろうか。トレルチがドイツ社会の保守性批判をカルヴァンと共有していた（あるいはカルヴァン以上に強く感じていた）ことは事実であろうが、そのルター論はたとえばTroeltsch（1925）を見る限り、はるかに深く公平であると筆者には思える。言い換えるとトレルチはカルヴァンに比べてルターの功績の意味をより高く評価していたように見える。詳しくは第2章で触れたい。

14　同書の第2章として納められた「宗教の進化」と題するBellah（1964）は、宗教の長期的進化を世界史的な視野で論じた力作である。ここでベラーは西洋だけでなく中東・インド・中国および日本における宗教の進化過程を、現世の否定と肯定に注目しつつ、原始宗教・古代宗教・有史宗教を経て近代宗教へ至る過程を論じている。日本の浄土真宗についても触れているがその論理はBellah（1963）とほぼ同一である。

15　Bellah（1957）はウェーバーの問題意識に立ち、日本の近代化の宗教的基礎を検討した先駆的試みである。これは「日本の宗教のうちで何がプロテスタントの倫理と機能的に類似しているか」（邦訳29頁）という問題意識に立った包括的な論考であるが、その問題設定自体にかなりの無理があり、議論の進め方にはわかりにくい点が多い。ちなみに丸山真男（１９６６）はタルコット・パーソンズの社会理論を日本にそのままあてはめようとした点などに無理があり、この書の論理は「率直に言って大きな破たんを示している」としている（３４８頁）。

16　ベラーの議論の一つの追加的な問題点は個人主義の定義にある。すなわち彼はわれわれが以下でイギリス的とみなす自律性と独立性にかかわる個人主義しか念頭に置いていない。

17　所有権さえ内生的に決定される側面を持つ。すなわちGreif（2006、第4章）では支配者による所有権の侵害が生じた場合、商人ギルドがその地域に対する禁輸によって対抗し、支配者が商人の所有権にコミットするように仕向けたことを分析している。

18　Aoki（2001）などと並ぶこの新しい経済制度論については すでに寺西重郎（２０１１、第1—1章補論１）で概観しておいた。Greif（2006）では、制度を各時点におけるゲームの均衡として考えるだけでなく、それが時間にわたって変化する過程を分析することが試みられている。すなわち制度を「行動に一定の規則性を与えるルール・予想・規範・組織のシステムである」と広く定義し（27頁）、現存の制度を支えている自己実現性が力を失い、制度が弱体化（ないし強化）する過程をも分析している。しかしその場合でも制度の決定は、これら四要素に規定されたゲームの均衡としての性質を保持している（岡崎哲二・神取道宏２００９）。

19　言うまでもなくこうした契約がなされるためには、グループ内で情報が共有されていることが必要である。グライフのモデルでは情報の共有もマグリブ社会の重要な特性であるが、説明の簡単化のために以下の説明では、多角的懲罰が成立する場合その前提として情報共有の条件の満たされていると考えておく。

20　イスラム世界の分析の根拠となった史料の分析に関して、Edwards and Ogilvie（2012）の批判がある。グライフのマグレブに関する研究の史料は、カイロ旧市街のゲニーザと呼ばれる文書貯蔵庫から発掘されたヘブライ語書簡であり、エドワードとオギルビはこれに加えて他のユダヤ商人の書簡に基づく研究を検討した。批判の中心点は、マグリブにおいても法的契約が有効に作用したこと、結託に基づく多角的懲罰という事実はなく、インフォーマルな契約についても有名な代理人の高い評判が契約を容易にしたのではないかということである。

21　これ以外にも、グライフは芸術上の自我の発見が12世紀に生じたというモリスの主張（Morris 1972）とイギリスにおける個人主義の数量的な証左がマクファーレンによって提供されたことを挙げている。しかし第5章の注9などで詳しく論じるように、マクファーレンが分析しFrench and Hoyle（2003）によって確認されたとされるデータは家族の土地所有にかかわるものであり、しかもそれは16―17世紀に関するものである。

22　グライフはさらにジェノヴァでは移民が増大し、情報ネットワークが弱体化しそれへの投資が減少したことが個人主義化を加速させたとも論じている（Greif 2006、邦訳241頁）。

23　その他同様の記述は、マタイ伝第19章29、第12章48―50などに見られる。

24　ただし12世紀までに在俗のキリスト教徒の間で懺悔が広まったとの記述はある（Greif 2006、邦訳240頁）。

25　イギリスでは違反者は奴隷にされた（Goody 1983, p.40）。また1059年のグレゴリー7世の改革では、7親等以内のいとこと結婚したものは破門されることとされた（p.135）。

26　病気で死に直面した信者は本来子供に与えられるべき資産を教会に遺贈するように聖職者から圧力をかけられ、あるいは来世の恐怖を感じ、それがあらゆる階層の人々にとって葛藤をもたらした（Goody 1983, p.125）。

27　それ以前の信団の集会を中心とする活動から、土地・建物・人員を持った（土地保有会社）land-holding corporation すなわち教会へと、布教の主体が変化した。

28　グライフはこうしたグッディの主張を踏まえているものの、グッディの主張を正確に引用することなく、また批判し否定することもなく、漠然と「教会は、イデオロギー的理由と組織の利害に基づく理由から、早くも4世紀には、ヨーロッパの血縁的社会組織を弱体化させるようになった」(Greif 2006、邦訳217頁)と、教会の土地所有拡大動機と教義上の動機を区別しない形で表現している。また注25で述べたグレゴリー7世の改革による近親婚の禁止範囲の拡大は、グッディが明確に血縁のよる財産支配の弱体化を意図したものであると述べている(Goody 1983, p.118)にかかわらず、同じ頁でグライフはグッディの指摘に触れていない。

29 グライフはまたイギリスではすでに13世紀において個人主義が一般的であったとするマクファーレン(MacFarlene 1978)の議論を挙げている。マクファーレンの議論はキリスト教とはとくに関係するものではないから、これはグライフの立場にとっては傍証的な意味しか持たない。加えて、マクファーレンの議論にはさまざまな論理的ないし事実把握に関する問題点がある。この点については第5章で論じる。

30 また羽入辰郎(2002)の指摘するような論理展開上の、おそらくはウェーバーの能力不足による、瑕疵がある。

31 イエス・キリストやゴータマ・ブッダの出現のような一定の歴史的事実への反応としてでき上がった宗教を有史宗教という。枢軸宗教とも呼ばれる。有史宗教と原始・古代宗教の比較に関してはベラーの宗教の進化に関する論文が有用である(Bellah 1964)。

32 ただこの点についてはこの時期はいまだ仏教は知識階級のものであり、国民的宗教とはなっていないという問題点が残る。たとえば尾藤正英(1988)によれば、神道、仏教、民俗宗教が融合して大衆的国民宗教が成立するのは15―16世紀の戦国・室町時代である。またこの点を踏まえて山折哲雄(1993)は鎌倉新仏教の民衆性を過度に強調することはできないとしている(151頁)。ただしわれわれは仏教の制度的発展ではなく、思想上のインパクトに重きを置いて議論を進めるので、制度的な国民宗教化の問題にはさほどこだわらない。この点については第4章で論じる。しかしイギリスでもピューリタンは最下層を除き、エリザベス女王時代の社会のすべての部分に浸透していたが、その密度はかなり低かったようである。言わば非妥協的な特殊な「宗教的達人」の集合という面が強く、やはり国民的宗教とは言い難い存在であった。しかし英国国教会を含むプロテスタントとしてはマジョリティを形成していたことは間違いない。この点は第2章で論じられる。

33 「親鸞:一三世紀思想の一面」(加藤周一1960)は13世紀における親鸞を中心とする宗教の変化を西洋的な超越神との比較の視点から論じた興味深い論考であるが、日本の13世紀をヨーロッパにおけるゲルマン社会へのキリスト教浸透の時期（おそらくそれは5―8世紀ごろのことであろう）と対比している。しかしこれでは、ルターの行った改革の意味を考察することはできず、加藤の言う浄土真宗の在家宗教としての特質の問題も考察できないと思われる。

34　上島亨（２０１４）は顕密仏教による国家の思想的支配は鎌倉末期まで続いたすなわち南北朝期には衰退したとしている。

35　「文明の生態史観」はこうした設定に生物学の遷移理論を適用し、一定の条件の下では一定の法則に従い発展が生じるとして、西欧と日本は並行的に発展する可能性があることを主張したものであるが、その理論の実証はなされていない。本書におけるわれわれの分析はこの仮説の一つの検証を提供するものと言えるかもしれない。

36　梅棹忠夫（１９７４）は、彼のモデルにおける第一地域に属する日本では、第二地域に属する諸民族に比べて個人主義傾向が強いと主張し、その根拠を封建制の成立した歴史に求めた（１２９―１３０頁）。すなわち封建制は「個人の自覚的活動の上に建設された社会」であり、そこでは「ある程度個人の自由な活動」が許されていたというのである。ただしこの種の議論は封建制をどのように定義するかによる。ウェーバーの封建制論ではオスマン・トルコにも中国にも封建制はあるわけで、この点に関する梅棹の議論はかなり雑駁である。ちなみに、梅棹のこうした仮説の最初の版は『中央公論』１９５７年2月号に掲載された。

37　この点についてはまた末木文美士（２００６）参照。

38　儒教は仏教とほぼ同時期に渡来した。律令制の導入に伴って渡来したものであるが、天命思想と易姓革命の思想は注意深く排除される形で、すなわち皇孫思想に基づく統治機構に矛盾しない形で導入されたとされる（網野善彦１９９６a、１８６頁）。しかしこの時期は中国で仏教の隆盛期にあたっていたため、日本でも仏教の力が相対的に強かったと言われる。また平安時代以降は、儒教は朱子学の時代に入ったため学問としての性格が強く、宗教性は弱いものとなった（加地伸行１９９０、２４７―２４８頁）。江戸時代には民衆の道徳的教化の方法として儒教は幕府の保護を受けたが、日本では科挙制度が導入されたわけでなく、したがって支配階級である武家を階級的に特権化する教養を儒学が形成したわけではない。しかし近世の儒学が社会的教説として、儒者と呼ばれる中間知識層を通じて、さまざまな階層に対する啓蒙的実用的教養を提供した機能は評価されるべきである（子安宣邦１９９８）。

39　たとえば、キリスト教をヘブライイズムから出たものとみなせば、それ以前から存在したヘレニズム的な傾向をイギリスの土着思想として取り上げることが必要かもしれない。たとえば詩人でオクスフォードの教授であったアーノルドはその著『教養と無秩序』で先鋭的行動をとりがちなピューリタニズムをヘブライイズムと呼び、カソリックの伝統を強く受け継いだ英国国教徒のヘレニズム的行動に対比している（Arnold 1869）。しかしこの問題を考察することは筆者の能力をはるかに超えている。

40　われわれの以下の議論は存在論的個人主義にかかわるものであり、方法論的個人主義については論じない。

41　個人は単に直接に精神と思想において各人の神と向かい合っているだけでなく、また独自な具合に、独自の意味合いにおいて、神と向かい合っている（Troeltsch 1925、邦訳１９３頁）。

42　個人は精神的存在と経験的存在の二つの側面を持つとされる。精神的存在としての個人は人間と社会の近代的イデオロギーにおいて見出されるものであり、経験的存在としての個人は中世以前の社会ないし非近代的社会のどこの社会にでも見出される個人である。

43　ルイ・デュモンは個人主義の成立要件として独立と自律を挙げたが、この要件はそれ自体が個人主義の価値の一部をなすと見ることもできよう。Lukes（1973）は個人主義の価値を、自己の尊厳（the dignity of man）、自律性（autonomy）、プライバシー（privacy）および自己開発ないし自己実現（self-development）の四つの要素でとらえている。ここでプライバシーはトクヴィルやＪ・Ｓ・ミルの干渉からの自由の概念とされており、ルイ・デュモンの独立の概念に近い。

44　この考え方は橋本努（１９９４、１８６頁）の社会論的な存在論的個人主義の概念に極めて近い。橋本は総体主義（totalism）に対する言葉として社会的な存在論的個人主義を個人は「真に基底的に実在しつつ、よって他をあらしめるもの」と定義している。

45　丸山の議論のこうした視点からの解釈は斎藤純一（２００８、２４８—２５０頁）に負う。

第２章

1　世界史の終わりに来たるべき黄金時代には義人のみが復活を許されて暮らす神の国が地上に千年間続くとする説。ユダヤ教の終末論に由来する神学的には問題の多いとされる教説だが、紀元１０００年以後社会不安が高まるとさまざまな形で主張された。

2　「原始人は世界をその多様な所与性において受けいれることができるだけである。古代人は、犠牲を通じて宗教的義務を果たし、神と平和をむすぶことができる。しかし有史宗教ははじめて人間に対して、彼が現実の根本構造を理解し、救済を通じて積極的にそれに参加できることを約束する」(Bellah 1964、邦訳68頁)。
3　キリストの出現、ブッダの悟りと死のような一定の歴史的出来事への反応として成立した宗教。
4　キリストの言行とくに受難において示された神の救済的恩恵・愛を意味する。パウロはアガペを罪人の義化として実存的に体験した。
5　ルネサンスは禁欲の解体を、プロテスタンティズムはその強化を主張した(Troeltsch 1913、邦訳198頁)。ただしトレルチにおいて両者は単純に「対立」しているのではないことに注意が必要である。トレルチは、ルネサンスが一直線に18世紀に啓蒙主義に立つ近代社会につながったのではなく、禁欲の肯定・否定のダイナミックな過程を強調したと見る必要がある。
6　ルネサンスと宗教改革の関係に関する研究としてはSkinner(1978)が有用である。エラスムスとルターの自由意思に関する論争についてはたとえばルター研究所編(1995、45―50頁、132―134頁)をも参照されたい。
7　この経緯に関しては半田元夫・今野國雄(1977、48―56頁)参照。
8　14世紀末から15世紀初めにかけての教会大分裂すなわち1378年からの2人、1409年からの3人の教皇の並立というスキャンダルもまた教皇庁や公会議の自浄能力の欠如を示すものとされた。この問題は一応1414―18年のコンスタンツ公会議で決着した。
9　たとえば先にも触れたが、オランダの代表的人文主義者であるエラスムスは、次第に人間は自分自身の救済のために何もできないほど無力ではないとしてルターを批判するようになり、ルターはこれに対して深い原罪意識に立ち、神の恩恵の前での人間の自由意思の無力さを主張した(ルター研究所編1995、49頁)。
10　ルターによるプロテスタンティズムの普及は、ドイツにおける統一国民国家の建設という政治的潮流に乗ったことにより成功したという側面がある。この観点から、ドイツの各州における宗教改革の採用が、ウィッテンベルグからの地理的な距離の近さに比例しているというCantoni(2012)の分析結果は極めて説得的である。宗教改革というリスキーな政策にコミットするには国民国家建設の意欲を持った諸侯であっても十分な情報が必要であったことを意味しているからである。
11　ドイツでは全国土の三分の一、フランスでは五分の一(半田元夫・今野國雄1977、16頁)、イギリスでは四分の一(指1988、147頁)。
12　これについては一般的信者と同じ程度の理解であったという説もある。またルターが学んだエルフルト大学では唯名論に基づく神学が中心であったことが注意されねばならない。信仰に対する意思の重要性はこの点に胚胎すると見られよう。

13　神が人を神の前での義なる存在と認めること。

14　聖パウロの「ローマ信徒への手紙」には「神の義は福音の中に啓示されている」とあり、また「詩篇」には「あなた（神）の義によって私を救い出してください」とある。すなわち、神の義とは人間をさばく神の厳しさを表す言葉ではなく、キリストの十字架に示された神の恵みによって罪ある人間を赦す「神の正しさ」を意味するとルターは考えた（Christin 1995、邦訳40—41頁）。すなわち人間が自らの努力によって神の前に義となるのではなく、神がキリストの贖罪のゆえ恩恵を持って人を義とするというのである（ルター研究所編１９９５、１７９頁）。

15　このことから、ルターは幼児洗礼の必要性を主張した。ルターはまたこのアウグスティヌス的原罪論の観点から人間の徳と能力を評価するエラスムスなどの人文主義者の主張を否定した（Skinner 1978、邦訳１０６頁）。

16　神は原罪により堕落と罪に隷属した人間を救うためにキリストを神の子としてこの世に遣わせた。キリストは十字架の死と復活により身代わりとなって罪の贖いを果たした。

17　サクラメントとは恩恵を受けるための祭儀的行為であり、カソリックでは秘跡、プロテスタントでは聖礼典とよばれる。カソリックでは、洗礼・堅信・許し・聖餐・叙階・婚姻・癒しの七秘跡が、１２７４年のリヨン公会議で正式なものとされて現在に至っている。

18　この考え方は全信徒による万人司祭説とも呼ばれる。「サクラメントにではなく、思想と伝承から生まれる認識とに存する宗教は、祭司を必要としない。かかる宗教ではめいめいが自分の祭司であり、われわれに認識をもたらす歴史的諸力のほかにはなんの媒介もなく、みずからおのれの神の前に立つのである」（Troeltsch 1925、邦訳１９２頁）。

19　トレルチによれば、ルターのこの点にかかわる思想は次のように要約される。「生活において宗教が歴史的に伝承され示されること、個人の行為と確信とにおいて宗教思想が独自に把握され肯定されること、これがすべてでありそれ以上は何も必要ではない」（Troeltsch 1925、邦訳１９２頁）。

20　トレルチ（Troeltsch 1925）はルターないし古プロテスタンティズムの貢献を次の四点にとりまとめている。（i）信仰の宗教、（ii）宗教的個人主義、（iii）律法倫理に対する心情倫理、および（iv）世俗に対して開かれた肯定的態度。

21　ルターにおいては「神の支配」は、神の右手での支配＝福音による内面的支配と、神の左手での支配＝世俗勢力を用いての、罪とカオスの抑圧としての神の世界維持、の二つの姿で理解されていた（柳父圀近１９８３、93頁）。

22　スイスの宗教改革者。１４１８―１５３１年。神学的にはルターと同じ「聖書のみ」「信仰のみ」の立場に立つが、サクラメントにおけるキリストの体の臨在形式についてはルターと鋭く対立した。本章の注25参照。

23　さらにトレルチはこうも言っている、「ルターは近代ブルジョアジーを暗示するものを厳しくしりぞけた。それはドイツ的俗物性であって、この「俗物」という言葉の持つ狭い意味においても、またある情緒を持った健全な意味においても、そうなのである」（２２８頁）。

24　パンと葡萄酒がキリストの現在に変化することにより、キリストの自己犠牲と神の国の終末を表現する、すなわちミサはキリストの犠牲の象徴であるだけでなく再現であるとした。諸説あるようであるが、この見解は公式には１５４２―４５年教皇パウロ３世によって召集された第19回公会議トリエント公会議において採用された。

25　ルターの現在説は、パンと葡萄酒は単にキリストの体の象徴にすぎないとする象徴説（スイスの神学者ツヴィングリなどによる）から批判を受けていた。カルヴァンの説は現在説と象徴説の折衷的なものと見ることもできる（Elton 1963、邦訳１６５頁およびルター研究所編１９９５、１７５頁）。

26　エミール＝ドゥメルグ『カルヴァンの人と神学』（増田健次訳、新教出版社、１９７７、59―１１５頁）。

27　ただし予定説がカルヴァンの『キリスト教綱要』に登場するのは、１５４３年のことであり、この点にカルヴァンの思考の進化過程を見ることができよう。

28　１６４７年のウェストミンスター信仰告白ではその第３章第３項に「神の聖定によって、神の栄光が現れるために、ある人間とみ使たちが永遠の命を予定され、他の者たちは永遠の死にあらかじめ定められている」と記している（日本基督改革派教会大会出版委員会編１９９４）。

29　予定説は救われないグループに入っていることへの懸念からノイローゼや自殺者を出すこともまれではなかった（Hill 1964, p.489）。

30　トレルチもまたウェーバーのこの点における証明は完全に成功している、と述べている（Troeltsch 1906、邦訳１０２頁）。

31　「富むものは与えられた富を自分のためにだけでなく他人のために用いることによって神の栄光を表す……貧しいものは富むものを財産と貨幣の奴隷となることから解放することにより神の栄光を表す」（久米あつみ１９９８ａ）。こうした考えから、（久米によれば「若干の誤解を交えながら」）ウェーバーは資本主義のエトスが生成したと考えた、とされる。

32　ちなみに、カルヴァンとルターのこうした違いがなぜ生じたかは一つの興味深い論点であるが、十分な考察はなされていないようである。両者はその年齢が26歳離れており、カルヴァンが神学を始めた時期にはルターの宗教改革はすでにかなり進行しており、カルヴァンはルターのようにスコラ的伝統にとらわれることなく単刀直入に聖書に、パウロへさらにはアウグスティヌスへ入っていくことができたということがかかわっているのかもしれない（Elton 1963、邦訳159頁）。ウェーバーは、ルターはその感情的救済教学を自らの宗教的体験によって得たのに対し、カルヴァンは予定説にかかわる「恐るべき（神の）決断」の教理を思索によって得たとしている（Weber 1905、邦訳152頁）。またガリレオが生まれたのはカルヴァンの没した1564年であったが、コペルニクス（1473―1543年）はほぼ同時代に活躍しており、そうした新しい宇宙観などの影響があったのかもしれない。エルトンは、カルヴァンが「神学的思考から、また救済という人間的な問題から、宇宙という超越的問題に方向転換したこと」に宗教改革期の思想におけるカルヴァンの貢献があるとする。カルヴァンの「神である創造主はニュートンの言う最初の原動者（prime mover）とか合理主義者の言う第一原因に似たものを持っている」とも指摘している。

33　J・カルヴァン『キリスト教要綱（1536年版）』（久米あつみ訳、教文館、2000、33―34頁）。

34　柳父の用語では「非人間性」、『プロテスタンティズムの倫理と資本主義の精神』の大塚訳では「非人格性」となっている（Weber 1905、邦訳170頁）。

35　ヘンリーには女児メアリしかおらず、チューダー王朝の安定のために男子の王位継承者を必要としており、1520年代半ばころからヘンリーは妃キャサリンとの離婚を考えていた。再婚した妃アン・ブーリンとの間にできた子供はエリザベスであったが、彼女にも王位継承権を与えた（1534年）。なおアン・ブーリンの次の妃ジェイン・シーモアによって待望の男子エドワードが生まれた。

36　こうした立法は議会において行われた。ヘンリー個人の力と意欲だけでなくトーマス・ウルジやトーマス・クロムウェルという有能な部下の力によるところが大きいとの見方もある（Skinner 1978）。

37　597年教皇グレゴリウスによりアングロ・サクソン人のキリスト教化のため派遣されたアウグスティヌスを初代司教として司教座が設置されて以来、イングランド教会の中枢をなす大主教座としてその地位を保持している。

38　ヘンリーとキャサリンの離婚を宣告し、エドワードによるプロテスタント化を推進したクランマーも処刑される。メアリ時代のプロテスタント処刑者は290人ほどであり、ヘンリー時代の処刑者は約300人、エリザベス時代のカソリック信者の処刑者（ロバート・ブラウンに率いられたプロテスタントの分離派などのメンバーも含むものと思われるは）約200名とされる（指2010、6頁）。

39 「クランマー大主教にとっては、イングランド教会の首長が国王であることは、信仰箇条の一部になりきっていることであったので、メアリ女王が自分は教会の首長ではないといったとき、彼はまったく考えが混乱してしまった」（Hill 1967、邦訳41頁）。

40 多くはジェントリー、聖職者、商人、神学生など上流階級の者であった。

41 スペインの無敵艦隊を破り（1588年）イギリスの国際的地位を高め、黄金時代をもたらしたことで知られる。

42 聖職服（聖職者用の白い短衣）の着用、洗礼時の十字の印、結婚式における指輪の授受、陪餐時の跪拝など、これらはすべて聖書に根拠を見出しえないためプロテスタントは拒否した（八代崇1979、212頁）。

43 1563年英国国教会聖職会議の決議を受けてカンタベリー大主教パーカーが1553年の「四十二カ条」を改訂した草案をエリザベスが公布。これは信仰告白ではないが、19世紀まで聖職者や大学教員になるにはこれへの署名が義務づけられた。

44 長老派とはカルヴァンがジュネーヴの統治にあたり、牧師・教師・長老・執事の四重職制による教会制度を導入したことに起源を持つ長老制による教会運営を主張するピューリタンの一派。ローマ教会の残滓である主教制度を批判し、さまざまな段階の長老会による段階的合議制による教会統治を目指す。後のピューリタン革命の主力となる。

45 カソリックとの戦いはまたカソリック国スペインとの戦いでもあった。英国艦隊によるスペイン無敵艦隊の撃破は1588年のことである（小泉徹1990a）。

46 カソリックに対する迫害は1829年のカソリック教徒解放法成立まで続いた。

47 亡命者たちによって作成された『ジュネーヴ聖書』ではその解説部分で予定説が強調された。

48 岩井淳（1998、186頁）、小泉徹（1990b、183頁）では1629年。

49 以下八代崇（1979、268―276頁）による。これは同時ロードの思想はアルミニウス主義と言われる。同時代のオランダの神学者のアルミニウスに由来する。アルミニウスはプロテスタンティズムの立場に立ちながら予定説を否定し、カソリック的に自由意思説（救済はすべての人に開かれている）と主張した（小泉徹1990b、189頁の注1）。

50 1646年12月4日に完成し、1648年6月20日に議会で承認。

51 ただしこの改革は主教制度に基づく国教会の全国的下

部機構を温存して利用するというものであり、すべての社会秩序を破壊しようとするものではなかった。さまざまな信団からなる分離派と呼ばれるピューリタンは、自発的な結社の形の教会を主張し長老派に対して独立派を形成して対抗した（今井宏１９９０）。

52　チャールズ2世の側近であったクラレンドン伯によってこうした政策の立法化がすすめられた（クラレンドン法典）。王政復古後名誉革命期までの非国教徒に対する差別についてはHill（1967、邦訳１６３—１７０頁、２２６—２３０頁）参照。

53　ヘンリーの離婚の理由は、もとの王妃キャサリンはもともと死んだ兄アーサーの妻であったから、これはカソリックの結婚ルールに違反した結婚であったということであった。詳しくはGoody（1983, pp.168-182）参照。

54　当時のイングランドには８００以上の修道院が存在し、全土の四分の一の土地を支配していた。没収した土地はヘンリーの存命期間に三分の二が売りに出された。買い手は貴族、ジェントリー、大商人などであった（指１９９８、１４７頁）。

55　ただし八代崇（１９９３、２２４—２３７頁）は、ウィリアム・ロードによる改革以前においても、アングリカニズムの予定説は最も非妥協的なカルヴァニズムに比べると温和な面があることを指摘している。

56　聖餐（ミサ）の事効論とは、ミサを構成する形式と材質さえ整っていれば、その執行者の資質や気質は問題でないとして、ミサの超越的性格と執行者の道具的性格を主張するものであり、カソリック的理解である。これに対して人効論とはミサの有効性は執行者の信仰的・道徳的資質に依存すると主張した。

57　カルヴァンが１５５３年から開始したジュネーヴ統治で採用した教会の統治方式。段階的な合議制と牧師、教師、長老、執事の四重職制をとり、信徒の訓練と説教を重視した。なお本章注44をも参照。

58　ピューリタン分離派から分かれた一派。聖書主義、会衆主義、政教分離主義に立ち幼児洗礼を否定し、浸礼による洗礼を重視する。

59　ピューリタンは領主による支配の弱いマナに多く、とくに沼地・牧畜地帯や森林地帯など広大でその経営形態が共同体的作業をさほど必要としない地域でピューリタンの浸透が見られた、と言われる。

60　ヨークシャーのデータでは、ジェントリー家族のうち、ピューリタンであることが確認できるものは、１５７０年において５６７家族中25家族、１６４２年で６７９家族中１３８家族であった（今関恒夫１９８８、67頁）。

61　この二見解の対立の様子は、最近*Historical Research*, Vol.27, Feb. 2004 において組まれたディケンズ特集においてより詳しく知ることができる。山本信太郎（2006）はこの特集の紹介として有用である。また指（2010）はこうした論争を踏まえつつメアリ・テューダー時代の宗教の再解釈を試みたものとして興味深い。

62　仏教思想ではブッダの死後2000年から仏教は衰退期、すなわち末法の時代（正しい仏法の全く顧みられない時代）にはいると考えられていた。すなわち正法の時代（正しい仏法の行われる時代）、像法の時代（外見上仏法は行われていても人々は悟りを求めない時代）を経て、1052年（永承7年）が末法元年にあたるとみなされていた。

63　たとえば京都では1177年の大火、1180年のつむじ風、1181―82年の飢饉と大地震などが『方丈記』に記されている。また吉本隆明（1981）は親鸞が京都にいたとすれば1185年、1245年の二回、関東・越後にいたとすれば1213年、1227年、1240年、1245年、1250年の四回（五回）飢饉と疫病の状況に接したはずであるとしている（26―27頁）。

64　元来祈禱呪法は雨乞い・安産病気平癒祈願・救国護国祈願・叛人退治祈願などのためのものであったが、現実の密教ではそれが本来の目的とみなされていた。また御霊信仰とは政治的事件で非業に倒れた人の「御霊」が流行病を起こすとの考えからその鎮魂を行う儀礼のことである。

65　原始仏教とはゴータマ・ブッダ（紀元前5―4世紀ないし6―5世紀に生きたシャカ族の太子ゴータマ）に始まり、ブッダの入滅後100年経た頃教団が分裂するまでのインド仏教であり、部派仏教とは教団の分裂後の仏教をいう。大乗仏教は、紀元前1世紀ごろからおこった在家信者の活発な宗教参加を背景とする新しい宗教運動であり、大乗とは「大きな乗り物」を意味する。大乗仏教は部派仏教の教説を、自己の悟りを得ることのみを理想とする「小さい乗り物」と呼んで批判した。

66　大乗仏教ではブッダの現れ方には三通りあると考える（三身説）。法身（ほっしん）は永遠不滅の真理の当体であり人格性を持たないし、（少なくとも密教以外では）すがたやかたちはない。ゴータマ・ブッダは衆生の救済のためにこの世にあらわれた人格と身体を持つ仏であり、応身（おうじん）または化身（けしん）と呼ばれる。さらに仏となるために行を積みその報いとして完全な功徳を備え、人格を持った仏身として報身（ほうじん）がある。法華経の久遠実成の仏は法身であり、法華経の阿弥陀仏は報身である。華厳経の毘盧遮那仏（大日如来）は法身とされる場合も報身とされる場合もある。詳しくは『岩波仏教辞典』第2版、852―853頁参照。

67　インド思想では生死の連続を苦ととらえ輪廻転生を脱する解脱が人生の目標とされた。仏教でも輪廻の思想が導入され天・人・畜生・餓鬼（修羅）・地獄の五つの輪廻の世界（五道、のちに人と畜生の間に阿修羅が導入され六道となる）が導入された。六道には極楽は含まれない。輪廻の六道はすべて苦の世界であり、魂は同一であるがそれぞれの世界で別の肉体をまとうこととなる。

68　すなわち、来世成仏。インド仏教における密教では金剛頂経において現世における即身成仏が唱えられたが、その後タントラ仏教（密教の流れをくむチベット仏教）の展開のなかで即身成仏は否定された（『岩波仏教辞典』第2版、644頁）。したがって大乗仏教は基本的に来世成仏を前提としている。ちなみに後述するように、密教における即身成仏思想はその後、日本の平安時代に空海によって完成を見た。

69　ただし、法は継続的に存在し続けるのではなく、一瞬だけ存在し消滅しながら連続すると考え、万物は縁起するという「無常」の思想に抵触しないようにされた。また「業」が苦の生存をもたらすと説き、人間の存在を「五蘊」の相続としてとらえようとした。この主張には不変の固定的な自我や認識対象としての自己は存在しないという「無我」の思想を崩すことなく、なおかつ業の果報を受ける輪廻的存在の主体を矛盾なく説明しようとする意図があるとされる（池田練太郎1998）。五蘊無我の概念がそれである。なお「五蘊」とは通常認識できる人間存在の全体であり、物質的側面である身体（色）、精神的側面である感受（受）、表象（想）、意思（行）、認識（識）からなる。人間と考えられているものは五蘊の構成要素の集まりであり、認識対象としての自我・自己そのものが実在するとは考えられていない。また通常、原始仏教の教理では、世界とは五蘊からなる身心の周辺世界であり、いわゆる森羅万象のことではない。森羅万象としての宇宙とか世界が認識の対象となるのはかなり後のことである（立川武蔵2013、121―122頁）。

70　別の言い方で説明すると、大乗仏教における空とは認識対象としての自己と対象事物に対する執着を否定することである。人は迷いの状態にある時は、自己に対する執着（人我見）と事物に対する執着（法我見）があるが、悟りを得た状態では人我見は人空すなわち主体的無執着、法我身は法空すなわち客観的無執着へと変化する。ナーガールジュナによれば、空とは主体的客観的無執着のことであり、無ではなく、一切の存在を成り立たせる原理である（一切皆空・一切皆成）（田村芳朗1973）。

71　宮本武蔵はその兵法書『五輪書』を空概念で締めくくり、「あるところを知りてなきところを知る是則ち空なり」と論じている。鎌田茂雄はこれを、空とは決まった形のないこと、形を知りえないことである、と訳している。これはここで言う無自性の意味を込めた訳であると言えよう（『五輪書』鎌田茂雄訳、講談社学術文庫、1986年）。

72　浄土教は法然を、浄土真宗（真宗とも言われる）は親鸞を開祖とする宗教。総称して浄土系宗教という場合がある。

73　法然は18歳の時から25年間比叡山で叡空の下で修行し、親鸞は9歳の時から約20年間比叡山で修行した。日蓮は16歳の時出家し鎌倉で次いで比叡山で32歳まで学んだ。道元は13歳の時比叡山に学びそこで得度した。

74　「鎮護国家」に見られる仏法の王法への奉仕の側面と国王を金輪聖王として意義づける王法の仏法への奉仕の側面からなる（黒田俊雄１９７５、４６３、４９９頁）。中世前期における王権と宗教にかかわる考察としては上島亨（２０１０、第二部）を参照されたい。

75　たとえば南都諸宗の貞慶（１１５５―１２１３年、法相宗）、明恵（１１７３―１２３２年、華厳宗）、叡尊（１２０１―９０年、真言律宗）、慈円（１１５５―１２２５年、天台宗）などが旧仏教側の改革派とみなされる人々である。明恵の活動については後述の法然との「論争」を参照されたい。

76　以上の説明は『岩波仏教辞典』第2版、９６４頁などによる。

77　道元禅の本覚思想との関係については松波直弘（２０１１、30―37頁）を参照。

78　京都に対して南方に位置する奈良には、大安寺、薬師寺、元興時、興福寺、東大寺、法隆寺、西大寺の七寺があり、それぞれ学派宗派を形成していた。南都六宗（三論宗、成実宗、法相宗、倶舎宗、華厳宗、律宗）と言われる。また奈良の興福寺（法相宗）と比叡山の延暦寺（天台宗）は南都・北嶺と呼ばれることがある。

79　5世紀ごろ中国で成立したとも言われる。日本には真諦（４９９―５６９年）による翻訳の形で伝来。

80　無始の迷いを次第に打ち破って徐々に心源を覚知するのを始覚といい、煩悩に汚れた迷いの姿であるにもかかわらず、心の本性は清らかな覚体そのものであるのを本覚という（『岩波仏教辞典』４１４頁）。

81　たとえば智顗については、その三諦（さんだい）円融思想と本覚思想における三諦の考え方の違いに注目せよ。最澄においてもたとえば現世における即身成仏は認められなかった。後述するとおりである。

82　一般には本覚思想には源信に由来する恵心流と覚運（９５３―１００７年）に由来するという壇那流があるとされる。

83　別の言い方をするならば基本的に汎心論である仏教にさらに汎神論が接続されたとも言えよう。

84　１２００―５０年ころに書きまとめられた。伝源信とされているがもちろん仮託されたものであると言われる。島地大等によれば、「中古叡山教学のもっとも重要な文献」

（島地大等1933、458頁）とされる。また田村芳朗（1973）はこの文献に天台本覚思想の重要な要素はすべて出ており、それ以後の文献はそれを類型化体系化したものにすぎないとしている。

85　別の表現をすると智顗の世界観は『法華玄義』における十如是の三転読という概念によってあらわされる。客観的に見た一切の法は、相・体・力……以下の九つの属性によって描写されるものであるが、しかしそれを極相に切り詰めて眺めれば、空・仮・中の三諦によってとらえられる。詳しくは田村芳朗・新田雅章（1982、133─148頁）参照。

86　さらに智顗は、修行実践としては、諸法の実相を悟るための一心三観の修行実践が必要であるとする。すなわち空観によって諸法の空性を観得し、そこから仮観によって諸法の現実性を肯定し、さらに中観によって両者を止揚する。この空・仮・中の三観を一心において同時に成立せしめることにより、円融の三諦が証得される、というのである（藤井教公1998）。

87　法華経では久遠のブッダを前提とする後半の議論を本門、歴史上のブッダを前提とする前半の議論を迹門と呼び、迹門は能力の欠ける衆生などを対象とした便宜的（方便的）な議論であり、本門の議論こそ真理であるとする。

88　すなわち「事の法体を改めず、仮と云い、空と云い、中と云ふ。全く泯・不泯を論ぜざるなり」というのが本門の立場だということになる。

89　岩波日本思想体系新装版『続・日本の仏教思想2　天台本覚論』（1973年、155─156頁）。

90　『三十四箇事書』の第27条「円融三諦の事」ではさらに、現象の真理（仮諦）が優れており、空諦と中諦は劣っており、仮諦が常住であり、空と中は仮の真理の表れに過ぎないとされる。すなわち「仮常住とは、空中が荘厳して、仮常住とは云はず。本より法爾にして、仮常住なり。ゆえに、中空は仮が家の荘厳なり」（岩波日本思想体系新装版『続・日本の仏教思想2　天台本覚論』（1973年、177頁）。

91　末木文美士（1993、第17章）は、こうした事常住の思想を久遠成仏の永遠のブッダを仮定する〔すなわち本門の立場に立つ――引用者〕自己同一性の原理と呼んでいる。

92　法相宗は奈良時代から平安時代にかけて南都の一大勢力であった。徳一はこの時会津におり東北での布教にあたっていた。京都との間で論難往復の著作を届けるだけでも非常な困難を伴う地域にいながら論争が行われた背景には東北での宗派勢力の拡大競争という社会的背景があったと言われる（田村晃祐1992、154頁）。

93　六道ともいう、天、人、阿修羅、畜生、修羅、地獄からなる輪廻の世界。

94　岩波文庫『法華経』（中）「提婆達多品第十二」204―225頁。

95　1200―50年ごろのものとされる。岩波日本思想体系新装版『続・日本の仏教思想2　天台本覚論』（1973年、119―150頁）。

96　岩波文庫『法華経』（中）「五百弟子受記品」93―122頁。

97　法華経などでは法身は非人格的な真理そのものとしての仏であるが、密教では法身がそのまま大日如来として人格的な活動を行う。

98　天台密教、空海の東寺における密教（東密）との対比から台密とも呼ばれる。

99　いま一つのランク付け（行位観と言われる）である菩薩の52の修行の階位に対応づけて、究竟即を妙覚、分真即を等覚などと言う場合もある。詳しくは田村芳朗・新田雅章（1982、129―133頁）参照。

100　「修」により本来成仏の修行否定論に陥ることを避け、「証」すなわち悟りを「修」の次元に引き下げることで修行成仏的に悟りを遠くに押しやることを避けた。「巧みな本覚門的本来成仏と始学門的修行成仏の結合」である（末木文美士1993、73頁）と言われる。

101　平安中期の天台の覚運（953―1007年）の問いに師の良源（912―85年）が答えたものとされるが、これも他の多くの本覚思想の文書と同じく覚運・良源に仮託されたもので、実際の成立はいま少し後の院政期のものではないかとされる（末木文美士1992、168―169頁）。

102　すべての生物に共通の生まれ、生き、変化し、死すという変化の原則。

103　檀那疑問・御廟決答「草木発心修行成仏記」『天台小部集釈』（仏書刊行会編纂大日本仏教全書24、大法輪閣、1978年、309―310頁）。漢文の読み下しと解釈は末木文美士（1992）による。

104　道元著、水野弥穂子校注『正法眼蔵』（一）「第三　仏性」（岩波文庫、91―92頁）。

105　いわゆる自然崇拝はいわば被造物神化の世界であり、泉や川を崇拝する異教の神はアングロ・サクソン時代のキリスト教によって強力に排斥されていた（Keith Thomas 1983、邦訳22頁）。

106　院政期ごろから出てきた伝統に縛られず自由な修行・布教を行う僧であり、国家によって認められた既存の教団の枠外の民間布教者であり、多くは単独で行動したが、集団で居住する場合はその場所を別所と呼んだ。

107　それ以前にも奈良時代に恵隠が光明天皇の宮中で無量寿経を説いたと言われる。しかし源信の対象とした当時の貴族は現世否定の契機を欠いており、浄土教は古くからの呪術的な死者への儀礼を代替する追善の儀礼として受け入れられた、とされる。

108 心に阿弥陀仏を念じ極楽浄土の具体的様相を思い浮かべる実践修行の方法。

109 法然著、大橋俊雄校注『選択本願念仏集』(岩波文庫、52—53頁)。

110 中村元・早島鏡正・紀野一義訳注『浄土三部経(上)無量寿経』(岩波文庫、157頁)による。梵文訳では「十念せん」の個所は「心を起こすことが十返にすぎなかったとしても」となっている。同上38頁。

111 法然著、大橋俊雄校注『選択本願念仏集』(岩波文庫、177—178頁)。

112 701年に施行された仏教教団に対する規制。還俗を禁止したり、所属寺院以外での道場の建立や民間教化などを禁止したりした。

113 日本思想史大系15『鎌倉旧仏教』(岩波書店、1971年、43—106頁)。

114 これ以外の主な批判としては法相宗の貞慶による専修念仏停止を求めた『興福寺奏状』があるが、これは国家仏教の立場から新宗の宗派としての資格や念仏以外の諸行の容認などを問題としたものであり教理にかかわる理論的な批判ではない。

115 いま一つの定義では仏智を得た上で衆生の救済を志す心を言う場合もある。

116 日本思想史大系15『鎌倉旧仏教』(岩波書店、1971年、52頁)。

117 法然著、大橋俊雄校注『選択本願念仏集』(岩波文庫、80—81頁)。

118 法然著、大橋俊雄校注『選択本願念仏集』(岩波文庫、156頁)。

119 第19願は漢文書き下しでは「たとい、われ仏となるをえんとき、十方の衆生、菩提心を発し、もろもろの功徳を修め、至心に願を発して、わが国に生まれんと欲せば、寿(いのち)の終るときに臨みて、〔われ〕仮令(もし)、大衆とともに囲繞して、その人の前に現ぜずんば、正覚を取らじ」である。中村元・早島鏡正・紀野一義訳注『浄土三部経(上)無量寿経』(岩波文庫、157頁)による。

120 第20願は漢文書き下しでは「たとい、われ仏となるをえんとき、十方の衆生、わが名号を聞きて、念をわが国に係(か)け、〔さらに〕もろもろの徳本を植えて、〔それらを〕至心に廻向して、わが国に生まれんと欲(おも)わんに、〔この願い〕果遂せずんば、正覚を取らじ」である。中村元・早島鏡正・紀野一義訳注『浄土三部経(上)無量寿経』(岩波文庫、157頁)による。

121 こうした状態になった「私」はウェーバーの言う神の

容器にほかならない、とも言えよう。

122 不可思議光如来、無量光明土。星野元豊・石田充之・家永三郎『親鸞』（日本思想体系11、岩波書店、1971年、補注445頁）による。

123 星野元豊・石田充之・家永三郎『親鸞』（日本思想体系11、岩波書店、1971年、190頁、201頁）。

124 民衆化という用語は、反権力という意味と広範な大衆の支持という二つの意味をもちわかりにくい（末木文美夫（1998、401―405頁）。ここでの山折の用語法は後者の意味である。

125 1696年時点の6008寺院の悉皆調査で90％強が1501年以降の、その内でも1573―1643年の70年間に全体の62％弱、が開創または再興。

126 またウェーバーはゾロアスター教の二元論は「二元論的思考方法の諸要素を用いて神の全能をひそかに限定」せざるをえないという矛盾を抱えているとする（Weber 1921、邦訳260頁）。この「限定」について池田は、二元的世界を神がつくるということは、悪を創造するにあたって神は愛または慈悲を放棄するという神の全能に対する限界設定を意味していると理解している（池田昭1974（Ⅱ））。

127 プロテスタンティズムにおいて人々は全能者における絶対的な世界決定すなわち「永遠の予定」を信じるのであり、この信仰は「神議論の実際的問題に対するいかなる合理的解法をも含まない」のであり、被造物的な尺度を適用することはできないという意味で「神議論そのものが放棄」されている（金井新二1991、209―210頁）。

128 原始仏教の根本教説における四つの真理は、第一に苦諦であり、執着の対象となる人間存在そのものは苦であり、それは誕生（再生）、老、病、死からなるということである。第二は集諦であり、苦の原因は生への渇仰であるということ、第三は滅諦であり、苦の停止は渇望の停止により生じるということ、第四は道諦であり、苦の停止に伴う修行道であり、智恵、戒律、瞑想などにかかわる八つの実践的段階からなる。

129 たとえば、原始仏教は、万物は縁起によって変化し、不変の実態は存在しないという無常を主張し、また人間についても実在としての人間が存在するのではなく、身体、感受、表象、意思、認識という五要素（五蘊）の集まりであって、固定的な自己同一はそのいずれにもないとする五蘊無我を主張した。これに対して部派仏教の説一切有部では、縁起の要素である法は単なる関係性や因果関係ではなく、過去・現在・未来の三世において実在するとし、自我についても五蘊に代表される物質的・精神的な法が実在するとした。（詳しくは斎藤明（1998c）、池田錬太郎（1998）、榎本文雄（1998）参照。）しかしその後の大乗仏教では、そうした諸要素は因果性のみであり、固定的な実体性はないとするナーガールジュナ（竜樹、およそ150―250年）の空すなわち無自性の思想が支配的となった。

130 と同時に、原始仏教による現世的存在からの救済は、冷静にして気位高く「個々人が自分の足で立つ」（Weber 1921、邦訳352頁）ことを要請するものであったため、それはインドの上流身分の俗人教養諸階層のものにとどまり、それ自身は決して大衆的救済信仰とはならなかった。インドでは、仏教はヴェーダの基盤に立つ救済哲学との争いに敗れ、上流階級の支持を失い、大衆の間でのヒンドゥー教の救済宗教との争いに敗れたのである。

第3章

1　被造物神化の拒否というプロテスタントの態度については山之内靖の次のような定義が最もわかりやすい。すなわち「人間そのもの、ないし人間が自己の活動・行為を通して作り出してきたもの、つまり人間的所産が、美的、宗教的、政治的その他、何らかの意味で、それ自体価値を持つという考え方」（山之内靖1997、70頁）を徹底的に拒否する態度、である。

2　たとえばTaylor（1989、邦訳225頁）を見よ。この部分でテイラーは、その後発展した道徳哲学における手続き的合理性の論理を、17世紀のピューリタンの行動分析に用いるという、方法的に誤った議論の展開に陥っている。

3　また国家については国家の存立を脅かす信仰（と無神論者）だけは寛容すべきでないとした。以上の『寛容書簡』の要約は越智武臣（1966、449―455頁）に主として負う。加藤節（1987、125―151頁）は、ロックの寛容論をロックの主要著作に示された思想の全体構造を示す見取図である、としている。

4　20世紀に至ってのことであるが、ロールズ（Rawles 1971）は、個人は全体としての社会でも凌駕できない不可侵性を持つのであり、私的善の和である集計量としての幸福の最大化は人間の固有性・個別の尊厳を無視しているとして功利主義を批判し、カント的義務論的リベラリズムの立場を主張した。ここでロールズの言う人間は自己および個別の他者からなると考えてよいであろう。その場合カルヴァン主義においては、他者としての人間の個別的尊厳を重視することは、被造物神化の拒否により、排除されているのであり、ロールズ的な功利主義批判はカルヴァン主義にまでさかのぼるイギリス功利主義に対する批判である、ということになろう。

5　テイラー（Taylor 1989）は道徳志向を他者の尊重・他者への義務、人生の意味についての感覚、自らの尊厳の確立という三つの軸で考える。われわれは、とくに近代イギリス社会で生まれた経済行動の特質としての自我の概念と個人主義に焦点を当てているが、その特質を個別の他者から距離を置いた態度ないし他者に対する配慮の不在ないし薄さであると考える。この特質をテイラーの質的区別ないし道徳的思考の三つの軸と呼ぶものと比べると、三つの軸のうち、他者の尊重と他者への義務の部分は重なるが、他の二つの軸である人生の意味への配慮と個人の尊厳の確立の軸に関してはそれが周囲からの評価にかかわる限りで重複しているが、人間を取り巻く道徳空間のとらえ方としてはわれわれの個人主義の定義はテイラーのものに比べると若干狭いと言えよう。

6　ここでの自然はロック的な人間の社会的本性の意味である（大槻春彦１９６８、21頁）。

7　正義を高位な規範として打ち立てることで諸善の間の争いに立ち入ることを避けるというロールズの方法はその典型である。ちなみにロールズによる善に対する正の優位の理論に対しては、同じくコミュニタリアンであるサンデルによる批判があることはよく知られている。すなわち善はそれが明確に定義される場合、正を定義する諸規則に異議を与えるという意味で正に対して優位に立つという批判がこれである（Taylor 1989、邦訳１０４頁）。

8　トーマス・アキナスの思想史的位置づけについては、塩野谷祐一（２００９、３７３—４００頁）参照。啓示の真理に近づくには信仰よりも哲学による解明のほうが価値があると考えたが、理性の役割は、神学により全体として方向づけられている目的に向かって近づいていくことにあるとして、階層的には哲学は神学の下位に置かれた。

9　父なる神、子なる神、聖霊なる神のそれぞれが実在し完全に一致し交流するという考え。

10　人間の霊魂が身体に依存しない理性的働きを持ち身体とともに滅びるわけではないとする考え。

11　後者の善悪についての神学的な主意主義的理解は、何かが善であるのは神が命じたからであることを意味する。

12　ただし分類はそれぞれの項目は体系の一部として全体を説明するのに有益である。しかし抽象が個に先行することはない。

13　事物の側には個別のみが存在するのであって、普遍（類や種）はそれらの記号である概念にほかならない。この立場は普遍を事物の側ではなく言葉の側に帰しているという意味で唯名論と呼ばれる（清水哲郎１９９８ｂ）。

14　すなわちオッカムは、トーマス・アキナスの流れをくむスコトゥスの普遍を優位に置く哲学に対し、個別を優位に置く哲学的立場を主張した（渋谷克美２００８）。心の外のいかなるものもそれ自身個であるという個体主義を主張した。事物はすべて個別として存在するのであり、類とか種といった普遍は人間の精神における心的言語ないし記号である概念にほかならないとしたのである（清水哲郎1998b）。

15　11世紀後半ごろから生じた普遍の実在をめぐる論争。音声言語論派は、普遍はものの側には存在せず名称として設置された音声言語にすぎないとし、実在論派は実在するのは個物であるが、それにもかかわらずなんらかの実在がものの側にあるとした。唯名論は音声言語派をさらに発展させたものであり、実在論に対峙した（清水哲郎1998c）。

16　トーマス・アキナスは、人間は不変の知性認識はできるが、個の知性認識はできない、なぜなら普遍は形相によって知性認識されるが、個は「いま及びここ」という個別的状況の制約（すなわち時間や場所という質料的制約）を受けるため知的認識されることはないからであるとした。これに対して神は形相と質料全体の創造者であるから、普遍を知性認識するのと同じ形相により個を知性認識できる、とした（田子山和歌子2008、47頁）。

17　ソクラテスとプラトンの例で言うと、オッカムは、ソクラテスとプラトンは、彼ら自身の存在とは別な、ある第三の存在に置いて一致し類似するのではなくて彼ら自身において一致し類似するのである、と答えた、とされる。すなわちソクラテスとプラトンの存在が措定されるならば、自ずと彼らの間の実在的な類似関係が成立するのであり、そのためには彼ら以外の第三の要因を介在させる必要はない、としたのである（渋谷克実2008）。

18　ホッブスは機械論的自然主義の立場に立つこともあり、イギリス経験論のうちに位置づけられるにふさわしくない面を持っていたが、感覚主義的経験論の見地に立ち、また言語に関しては、抽象的普遍概念は記号にすぎないとして唯名論の立場をとった（杖下隆英1998）。

19　ロックの議論は、真理への生得的調和を想定するさまざまな認識論を排除するだけでなく、プラトン的・アリストテレス的ないしストア的な真理への生得的調和論、すなわち人は本来的に善に向かうという道徳理論を想定する古典的立場対する批判でもあった（Taylor 1989、邦訳197頁）。

20　Kuhn（1977）はベイコン主義科学を次の3点によって要約する。（i）粒子哲学仮説、（ii）日常的な知覚による自然観察でなく、自然が隠している性質を、自然を「拷問」することにより導出する、（iii）そのために大規模な設備を用いた実験を行う。

21　デカルトの生得観念説は神の観念の生得性（山田弘明）と神による永遠真理創造論（小林道夫）からなる。すなわち神は他の創造物と同じく数学的真理をも創造した。神の観念は生得観念であり、真なる本性を持つ。したがって人は生まれながらにして神の創造した自然の法則や原理を刻印されている、と考えたのである。これに対してイギリスの主意主義の伝統に立つロックにとって、神の観念は人間の意思によるのであり、生得観念ではありえなかったのであろう。したがってさまざまな生得観念の存在そのものも否定されざるをえない。

22 人間の心は白紙（タブラ・ラサ）の状態に始まるとされた。

23 デカルトは感覚を精神から切り離し、その結果自己のうちに生得観念を発見し、また生得観念についての反省を通して最初に疑われているものを再構成するというプロセスから主観を構成する。すなわちデカルトの理性は外に対して閉じられ、あるいは自己の上に閉じられているる（Renaut 1989、邦訳39頁）。

24 当時の王立協会における科学的活動と17世紀イギリスのベイコン主義については佐々木力（1995、(上)第1章）および（1992）参照。王立協会は1660年に設立が決定され、1662年に王の憲章を獲得した。

25 ボイルはオクスフォードにおけるロックのメンターかつ友人であり、ロックに多大の影響を与えた（Wood 1984）。

26 ロックは想像という行動についてほとんど触れることはなかったが、ヒュームは『人性論』において、複合観念の考えを延長し、類似した諸観念や同時に繰り返し起こる諸観念がたがいに喚起し合う傾向を持つことに注目して、過去の経験の連想による反応を想像力としてとらえた。これによりヒュームは経験主義を直観主義と結合した。

27 「ロック」という固有名詞ではなく「人間」という普通名詞は、複合観念に付けられた記号であり、その実体が一つの種類に属することを示す。「「金」という普通名詞が示すのは、黄色で、一定の重さを持ち、展性があり、熔性があり、固形の物体であるという複雑（合）観念であり、これらの金の属性の集合は「唯名的本質」（nominal Essence）と呼ばれる。この唯名的本質によって、特定の性質を持った金属が「金」という特定の種類に分類される。他方、この唯名的本質を支えるところの物体の実在的構造は「実在的本質」（real Essence）と呼ばれる。それは「その物体の感知できない諸部分の構造」のことである」（下川潔2007、123—124頁）。

28 ただしロックはすべての場合において内省（内観）のみに頼ったわけでない。内省（内観）のみに頼る方法は知性の受動性という批判を受けたため（大槻春彦1977）、ボイルやデカルトに従って外部観察という医学や物理の方法を用いた。とくに一次性質（物の形）と二次性質（物の色など）という物性的考察では外部観察を取り入れた。

29 ただしテイラーはロックが人間が自己を対象化し「距

離を置いた理性」の下で内省（内観）し、自然法に従いつつ、自分の意思で自己を改造しうることから個人の尊厳の観念を導いていたとしている（Taylor 1989、邦訳２０４頁）。

30　自然法に違反した場合は、死後において神の処罰を受けるということで合理性が含意されている（John Dunn 1984、邦訳１１８頁）。

31　その意味ではデカルト的な機械論的宇宙論のみが人間の「距離を置いた理性」と神が問題なく両立しうる最終的な妥協点であった（Taylor 1989、邦訳１８８頁）。

32　たとえば、ロックはボイルの粒子物理学における一次性質、二次性質の概念にならって、感覚の単純観念に原子構成論的理解を導入した。物質の一次性質は客体と不可分の関係にある密度や形状などであり、二次性質は色や音のように客体によって心に呼び起こされた反応として存在する性質である。ただしこの一次と二次の区別は、ともに知覚され心のなかにあるものであるということから同質的であるとして、バークリーやヒュームによって否定された。

33　主意主義を狭い意味での主意主義と神学的な主意主義とに分ける考え方については鎌田康雄（１９９８）を参照せよ。

34　バークリーはまた「存在することは知覚されることである」として、物体は単なる感覚的諸観念の集合にすぎないと主張した。詳しくは一ノ瀬正樹（２００７）参照。

35　説明は主として大槻春彦による邦訳に従っているが旧仮名遣いは避け、術語の訳は本書の論述に合うように適宜変更してある。

36　デカルトやロックは人間の心と外界の間に設定された「観念」（idea）に関心の中心を置いたが、ヒュームの関心の中心は外界にはなく、人間の自然本性（human nature）の理解に置かれた（中才敏郎２００７）。

37　印象は外的対象についての感覚の印象、精神の諸作用については反省の印象からなる。同じ対象物についての印象と観念の違いは知覚の内容にあるのではなく知覚の勢いと生気の度合いの違いにある。すなわち、印象は観念に優る勢い、生気、活気を持つ。

38　この三つの傾向はそれぞれ「類似」、時間的あるいは場所的「接近」および「原因及び結果」と呼ばれる（Hume 1739-1740、邦訳（１）39頁）。

39　観念連合という用語はもともとロックが造ったのではあるが、彼はそれを心の正常でない反法則過程としてとらえて、知性の論理的思考の範囲外において扱った（Locke 1690b、第2巻第33章、邦訳（３）67―78頁）。

40　ちなみにグレイは、ミルの『自由論』第3章の議論も連合観念論により経験主義の論脈でとらえることができるとしている（Gray 1983）。

41　理神論では自然宗教を受容、啓示宗教を拒否したから、ヒュームは理神論者でもない。

42　ヒュームの正義のルールは三つの項目に分けて説明されている。すなわち所有の安定（Hume 1739-1740、第3編第2部第3節）、承諾による所有の移転（第3編第2部第4節）および約定の責務の履行（第3編第2部第5節）からなる。ヒュームの正義の理論の市場経済思想におけるより広い立場からの位置づけについては猪木武徳（1987、11―29頁）を参照されたい。

43　Hume（1739-1740、第3篇第2部第2節、とくに邦訳（4）75―76頁）参照。

44　たとえば他者から尊敬されることで自分のうちに自負という情念が生じるのは、この共感のメカニズムによる。伝達によって観念が印象を換起するのである。詳しくは中才敏郎（2007）および『人性論』第2巻第1部第11節（Hume 1739-1740、邦訳（3）69―80頁）および第3部第6節（邦訳（3）217―221頁）参照。

45　水田洋による翻訳（Smith 1759）や堂目卓生（2008）では、sympathy を同感と訳しているが、ここではヒュームとの議論の連続性から共感と訳しておく。

46　たとえば、世間は意図したにかかわらず不満足な結果しか生まなかった行為に対して、意図の評価を行うことなく結果のみを見て非難したり、意図しない偶発的な結果に対して強い非難や称賛を行うことが多い。

47　具体的には、任意の他者の別の他者への（ないし私の他者への）行為が適切であり、別の他者が（他者が）感謝していると胸中の公平な観察者が判断する場合、その他者の（私の）行為は称賛に値するとみなし、任意の他者の別の他者への（ないし私の他者への）行為が不適切であり、別の他者が（他者が）憤慨していると胸中の公平な観察者が判断する場合、その行為は非難に値するとみなされる。

48　ただし、公平な観察者や正義を確立する法があれば、完全な社会秩序が成立するとは必ずしも言えない。その理由は人間の弱さにある。法を破る人がいるかもしれないし、公平な観察者の感覚を無視する政治が行われるかもしれない（堂目卓生2008、66頁）。

49　『道徳感情論』は1759年に、『国富論』は1776年に刊行された。このことは『国富論』における利己心の強調が『道徳感情論』の共感のモデルに矛盾するのではないかという問題を生じさせ、「アダム・スミス問題」と呼ばれた。しかし、スミスは『国富論』刊行後の1790年に出た『道徳感情論』の第6版において第1部第3編第3章と第3部第3章を加筆した。『道徳感情論』は道徳と心理学に関するスミスの一般理論であり、『国富論』はこの一般理論を詳細な経済活動分野に適用したものであると理解できる。しかし両書は相互補完的に読まれなければならない。少なくとも共感の原理もまた独立した人間の利己心を前提としたものである。詳しくは、Winch（1978）および田中正司（1997、（下）第3部第1章）参照。またこのアダム・スミス問題の経済思想史上の意味については塩野谷祐一（2009、404―408頁）を参照。

50　ルターは結婚をサクラメントに含めることをやめ、それは基本的な秩序であり市民的なものとして価値を持つとした（ルター研究所編1995、111―113頁）。

51　財産はプロパティであり、土地以外のものも含む。また財産の所有権は占有権より強い譲渡権を含む権利である。

52　たとえば貧しい人から利子を取ってはならないとか公のための利子は正当など（エミール＝ドゥメルグ『カルヴァンの人と神学』増田健次訳、新教出版社、1977年、149頁）。ルターも危険に対する保証という意味で5%を上限として金利を容認していた（ルター研究所編1995、109頁）。

53　農業労働の限界生産性であり、名目賃金÷農産物価格に等しいものとして推計されている。

54　North and Thomas（1973、邦訳211―214頁）。

55　ロックは所有権を絶対的なものとしたのではなく、第一に正義すなわち誠実な労働への成果の分配のなされること、第二に慈愛すなわち他の人々の生存を脅かさないこと、そして第三に人は誠実な労働により生活する理にかなった機会を与えられるべきであること、の三条件の下で成立する条件付きの権利であると考えた（Rawles 2007、邦訳265頁）。

56　Macpherson（1962、邦訳239頁）および田中正司（2005、263頁）。

57　シャフツベリー伯の運動は失敗し、オランダへの亡命を余儀なくされた。失敗の理由は、第一にジェームズの代わりをだれにするか（チャールズの庶子モンモス公かオレンジ公ウィリアムか）、について仲間割れしたこと、第二にルイ14世からの多額の秘密資金援助によってジェームズが議会の同意なしに資金を入手し統治を行いえたことにある（Rawles 2007、邦訳183頁）。

58　ロック自身この運動にかなり深く関与していた。たとえば1681年の3月にオクスフォードで開かれた第三の排斥法議会では、法案が否決された時は武装蜂起まで計画されていたのだが、この時、ロックはシャフツベリーの側近の宿泊地を求めてオクスフォードの家から家へと探し回ることさえ行った（Laslett 1959, p.65）。

59　加藤節（2010、599頁）。なお『統治二論』と『人間知性論』はともに1690年発行と表紙に記載されたが、前者は前年の10月に後者は12月に市場に出たとのことである（大槻春彦1968）。

60　また革命によりジェームズが亡命したカソリックの最

強国フランスの軍事攻勢が続き、それに呼応してイングランド国内ではジェームズ派（ジャコバイト）の策謀が続いており、それを牽制する目的があったとも言われる（加藤節2010）。これに関しては、1689年の権利章典により立憲君主制が確立されるとともに王位継承に関してカソリックの排除が定められ、寛容法によりピューリタン系の非国教徒は、国王への忠誠を誓いさえすれば、宗教的刑罰から除外され、カソリックに関してはそうでないことが定められた。後者については同年のロックの『寛容書簡』が大きな影響を及ぼしたとされる。

61　チャールズ1世は、公共善のために議会の承認なしに臣民の財産を処理しようとしてピューリタン革命に至る内乱を引き起こした。王政復古後その息子チャールズ2世はそうした国王の権利を復活しようとしていた（Dunn 1984、邦訳70頁）。

62　ロックの生きた時代はイギリスにおいてピューリタニズムの最も活発な時代であった。ロックの父親はクロムウェル軍に従軍した厳格なピューリタンであり、ロックが支持したウィッグはピューリタン集団であったが、ロック自身は国教会にとどまった（越智武臣1966、453頁）。

63　詳しくは加藤節訳『統治二論』（Locke 1690a の邦訳）の前篇第4章訳注3および後篇第5章訳注1および加藤節（1987、第5章）を参照。

64　たとえば相対による金融契約がこれを可能にするであろう。また第46節で、ロックが「一週間もすれば腐ってしまうプラムを、ゆうに一年間は食べられる木の実と交換すれば、彼は何の権利侵害も侵さなかったことになる」と述べていることから、ロックは必ずしも貨幣にこだわっていないことが読み取れよう。

65　後篇第5章の第33、37、40、41、44節など。ウッドは全体27節のうち22節が農業にかかわるもので、そのうち9節で現代農業問題を論じているとしている（Wood 1984, p.51）。

66　自然法は神法の一部であり、人々が理性という自然的な力能を使用して知ることのできるものである。言い換えると神は人々の理性を通じて自然法を公布する。

67　ただし、契約の履行の保障を行う第三者を誰にするかについて、平等に自然権を持つ人々の間で意見の一致を見ることは容易でない。したがってホッブスの理論における均衡は内在的に不安定である。

68　ロックの農事とのかかわりは、Wood（1984）に詳しい。シャフツベリー伯（アシュレー公）は巨大地主であり、農業に強い関心をいだいていた。ロックはその果樹園経営を手伝い、果樹や養蚕に関する技術書を編纂したし、オクスフォードではベーコン派の農業学者から強い影響を受けたとされる。公的にもRoyal Society（王立協会）の農業委員会のフェローでもあったし、１６６９―７０年にはcommissioner of board of tradeとして植民地の農業開発にかかわった。

69　Tawney（1941）のデータによれば１６４０年において国王、貴族、ジェントリーの土地所有のシェアはそれぞれ２・０%、６・１%、80・５%であった。１５６１年にはそれぞれ９・５%、13・１%、67・１%であったから、この間ジェントリーのシェアが急増したことになる。

70　ロック自身、遺産相続で不在地主であった。ただし地代収入は年あたり２４０ポンドであり、富裕なジェントリーの地代収入が平均１０００ポンド（Habakkuk 1940-1960、邦訳10―13頁）であったことから見ると、その所有規模は小さい。

71　生越利昭（１９９１、１１８頁）。ウッドもほぼ同じようにlandholder, labourer（worker and manufacturer）およびbroker（merchants and shop keeper）からなる三階級構成としてとらえている（Wood 1984, Ch.3）。

72　ウッドのとらえ方（Wood 1984, p.39）。しかし生越はロックには貿易差額を重視する重商主義者の側面があり、商人一般は非生産的としながらも貿易商人の役割を評価していたとしている（生越利昭１９９１、１１３頁）。

73　土地税は借地農に転嫁されることはなく事実上すべて地主が負担していた（Habakkuk 1940-1960、邦訳26頁）。

74　こうしたロックの主張の背景には、エリザベス１世とその二人の後継者ジェームズ１世、チャールズ１世の治世でのイギリスの経済的繁栄の経験があったと言われる。

75　金融革命に関してはさしあたってDickson（1967）参照。われわれの視点からの金融革命の分析は今後の課題として残されている。

76　たとえばロックは労働者階級の政治参加は全く念頭に置いていなかった。

77　こうした同一通貨への還元による高位の善の質的区別の排除というベンサムの功利主義の議論には、実際には仁愛と合理性への配慮という但し書きが付け加えられている。テイラーこの点を「功利主義者が承認できない道徳的立場から功利主義を語っている」として、ベンサムの議論は矛盾に満ちた言説であると批判している（Taylor 1989、邦訳３８１頁）

78　ちなみにテイラーはこうしたロックに見られる質的区別や道徳空間の無視の傾向を自然主義的な還元主義と呼び、近代の道徳哲学の一般的な二つの特色につながったと論じる。第一は実質的正当化から手続き的正当化への転換であり、功利主義における目的合理性やカント哲学における手続きの普遍性の意味での正当化はその帰結である。第二に、カントから派生しロールズにおいて確立された善に対する正義の優位の原理である。

79　国家設立のための原初的な結合契約のためには全員一致の原則が適用されるが、その後の統治の信託については多数決による。ちなみにロックと違って、自然状態を万人の万人に対する戦争状態とみなすホッブスは、単なる規範認識としての自然法だけではこの状態を克服することはできないとして、当事者間の契約ではなく、第三者に対して各人の自然権を放棄することをお互いに約束する時に初めて国家が社会契約として成立すると考えた。

80　テイラーは2004年の著書で、『統治二論』においてロックが、神の意図は人間の自己保存にあるとした上で、「各人は自分自身を保存すべきであり、勝手にその立場を放棄してはならないのだが、それと同じ理由から、自分自身の保全が脅かされない限り、できるだけ人類の他の人々をも保存すべき」(Locke 1690a、邦訳299頁）だと述べていることを取り上げて、交換の互恵関係の有益性を指摘している（Taylor 2004、邦訳20頁)。しかしこれは神の希望が被造物たる人類全体の保全にあることを指摘しただけであり、必ずしも市場交換の互恵関係を論じたものとは言えないと思われる。

81　加えて西アフリカでのインド綿との競争があった。イギリス製品は労働集約的な高番手の製品ではインド綿の敵ではなかった。

82　とくにそれが産業技術・科学などにかかわる供給面の要因に基づくものであったか、それとも人々の嗜好・選考などに基づく需要面によるものであったかについてはいまだ論争が続いている。

83　これに対して遠距離取引や外国貿易向けの交易の場はfairと呼ばれる。

84　農場ないし酒場で取引された。Dyer（1994, p.278）参照。

85　海外貿易における船主、商人、エージェントや譲渡訴訟、土地管理、宮廷運営などの新しい事務職など。

86　たとえばある荘園の執事は、荘園の記録では40年間代官（reeve）をやっていたとされているが、彼は二分の一vilgater の慣習農地と馬車を持っていただけでなく、長年にわたり製粉場を運営し一時的には鍛冶屋もやっていた。

87　そのきっかけは1690年頃におけるインドからのキャラコやモスリンといった安価で装飾的な輸入綿製品の普及であるとされる。この経験が需要の存在を示し階級的模倣の期待を生んだのであろう。

88　またこのことはイギリス経験論の論脈では極めて分かりやすい現象であることも興味深い。すなわち経験がすべての認識を支配する場合、同一の経験を持つ人々は同一の認識を持つ。イギリス的な階級社会では同一の階級に属する人々は同一の経験をしていたとすれば、これらの人々は同一の認識を持つことになる。同一の認識に基づき階級的嗜好パターンが形成されるとすれば、それが変化するときも階級で一斉に変化し、したがって階級的模倣という現象が生じるということになる、であろう。

89　客観的な人事制度がない時代であったから、政府の各種地位への任命も個人的なつながりもすべていわゆるコネによって行われ、それによって社会構造が決定された（Perkin 1969, pp.44-51）。

90　Perkin（1969, pp.90-91）参照。この点の指摘は後の de Vries（2008）のいわゆるindustrious revolution（勤勉革命）の議論を先取りするものとなっている。

91　Tawney（1941）は、内戦開始までの約1世紀において騎士階級出身のジェントリーは「戦争中毒状態（war-addicted gentry）から善良な農業経営者（good husbands）に」変質し、またロンドンの資本家たちが大土地保有者としてジェントリー階級に加わったことを指摘した。１６４２年のHouse of Lordsにおける１６０３年以降に貴族ないし上院議員になった人の割合はメンバーの半分以上を占めた。ちなみに、これにはジェントリーを登用することで貴族の力を削ぎたいというチューダー王朝（ヘンリー7世）の意図もあったと言われる。

92　このことはハリントンが彼のオシアナ共和国の統治を「本性上の貴族」の特性を持った土地所有者に任せようとしたことを想起させる（佐藤一進２００７、２４９頁）。

93　マッケンドリックやパーキンはイギリスのあらゆる階層に模倣が及んだとしたが（たとえばPerkin 1969, pp.90-91）、実際の階級間の社会的模倣の動きは中産階級までにとどまった可能性を否定できない。18世紀末から19世紀半ばにかけての職業別の家計の消費データを分析したHorrell（1996）は、労働者階級については労働貴族と言われた鉱山・工場の男子労働者の家計でさえ、産業革命期における所得の増加分は在来的な食料などの消費の増加に回され、新しい工業製品の消費には向かっていないことを見出している。ホーレルは労働者家計の消費データをマクロデータと突き合わせることにより、おそらく工業生産による新消費財の主たる買手は上流・中流階級であったのであろうとしている。

94　ジェントリーは産業資本家の富の立脚点である産業技術そのものをも軽蔑の対象としていた（Cain and Hopkins 1993、邦訳30頁）。

95　このミルの判断は必ずしも的確とは言えないかもしれない。18世紀啓蒙思想のイギリスへの影響についてはベイト（Bate 1946）に従って後に検討する。

96　ミル自身は無神論者であったが、神の存在は可能でありその可能性は大きいが証明されていないと考えていた。しかし同時に神は全能ではありえないともみなしていた。なぜなら、もし神が善ならば悪の存在を許すはずはないのにかかわらず悪は存在しているからである（Berlin 1969、邦訳446頁）。

97 「ミルの理想は独創的なものとはいえません。それは合理主義とロマン主義を融合させようとする試みであり、ゲーテとフンボルトの目標でもあったものです」（Berlin 1969、邦訳438頁）

98 フンボルトなどを通じたドイツ・ロマン主義の影響を中心にミル『自由論』の思想史的成立過程を詳細に分析したものとして矢島杜夫（2001、2006）がある。

99 バーリンのミル批判に関してはかなりの研究の蓄積がある。近年のものとしてはグレイとスミスによるGray and Smith（1991）がその代表のようである。ただしここに納められたグレイの論考は、ミルの自由論をその「功利主義」に関する議論と整合的に解釈しようとする意欲作であるが、ミル自身『自由論』の第1章で「あらかじめお断りしたいことがある。効用との関係を切り離して正義を抽象的にとらえる見方によっても、以上の主張を裏付けることができる」（28頁）としていることから見ても、多少的外れなこだわりすぎの議論であると思われる。

第4章

1 四諦（したい）と呼ばれる原始仏教の根本教説における四つの真理は次の四命題からなる。すなわち、人間の存在全体は苦（生の苦、老の苦、病の苦、死の苦の四つの苦に加えて愛別離苦、怨憎会苦、求不得苦、五蘊盛苦の八苦）であるということ、苦の原因は渇望にあるということ、苦の停止により悟りに至り涅槃に達すること、そのためには智恵（正見、正思惟、正語）、戒律（正行、正命、正精進）、瞑想（正念、正定）に関する八正道という修行が必要であること、である。

2 十二因縁（縁起）と言われるいま一つの原始仏教の根本教説であり、無明（無知）、行（潜在的形成力）、識（識別作用）、名色（名称と形態）、六処（六つの感覚）、触（接触）、受（感受作用）、愛（渇愛、妄執）、取（執着）、有（生存）、生（生誕）、老死（老い死ぬこと）の一二の人間の状況の間の因果の関係。この因果関係についての理解が成立すれば、苦の原因は道理の原理に対する無知にあることを悟り、その時、苦は消滅し輪廻も終わる、とされる。大乗仏教の空思想における縁起論では、これらの状況（法）の間の相互依存関係が強調され、すべての状況に固有の実体がないことが強調された。この点については第2章第2節2で述べたとおりである。

3 村上泰亮・公文俊平・佐藤誠三郎（1979）は求道主義（思想）を「世俗的職能・技芸を極限まで深めること（世俗的難行）によって、宇宙的調和の一端をとらえ、宗教に準ずる究極的意味付けの把握に到達しようとする努力」（117頁）と定義している。

4 山崎正和（1990）は室町期における日本的文化の開花の問題をこうした社交やサロンの役割を中心に考察している。

5 趣味的な求道に関してはそれを営利企業化した一種の経済活動組織である家元の問題が生じる。家元は基本的に創造性・個性に対して抑圧的であり、われわれの自己実現を目的とする個人主義分析とは対極にある。家元の間の競争は、本来は効率的な求道方法を競うためのものであるべきだが、実際は収入を求めて互いに他を排除するための競争になっている。家元組織の経済発展へ効果を比較文明論の視点から分析しようとした労作にHsu（1963）がある。

6 それ以前の仏教の渡来した古代では、神道の神々は仏法を守る存在であるとか、仏教が神々をいまだ解脱していない存在としてそれを助ける関係にあるとか、さまざまな形の神仏習合が見られた（末木文美士2006、38—47頁）。

7 ただし伊勢神宮・宗像神社などではこうした説は受け入れられず、神仏隔離が守られたとされる。

8 仏身の三種のあり方を言う。第2章注66参照。

9 ちなみに家永は、現世の乱れと罪状に幻滅し現世否定に陥った人々が新しい仏教に救いを求めたことを「不安に満ちた有限的存在を否定することによって無限者の懐に身を投」じた（66頁）と説明している。無限者とは阿弥陀仏を意味するものと見られるが、こうした有限・無限というとらえ方を導入する根拠は明らかでない。

10 念仏しさえすればよいというのは確かに易行である。しかしそれは実は細い一筋の道で極めて厳しいものであるとも言えよう（吉本隆明1981、43頁、146頁）。

11 また中沢新一（1981）は「仏教をひとつの「宗教」の体系と見る限りは、それは「宗教」としての仏教思想の解体を意味していることになる」とも言っている。

12 すなわち現世成仏であるから成仏の時点でなんらかの形で清算されるのであろうが、「あるがまま」の現世肯定ということからは、清算されることなく無視されるのかもしれない。

13 親鸞の教えにおいても煩悩が消え去るわけではない。第18願により、真仏土に生まれても煩悩はなくなるわけでないのである。「煩悩は煩悩としてあるが、その煩悩はすでに人間的・主我的な「我」としては働かないのである。そこでは我を働かすものが変わったのである。我を律するものが人間的自律ではなくして、如来の真如である」と言われる（星野元豊1971、561頁）。

14 有徳とは富裕の意味である。富裕はしばしば徳の証左とされた。

15　『世阿弥芸術論集』（田中裕校注、新潮日本古典集成、新潮社、1976年、111—112頁）。
16　『梁塵秘抄口伝集』（馬場光子訳注、講談社学術文庫、講談社、2010年、299—310頁）。
17　こうした点に関連して、梅棹忠夫（1977）が、日本人の行動が、われわれが意識している以上、に美意識に規定されていると指摘していることは興味深い。すなわち梅棹が1950年代半ばにインドやパキスタンの寺院建築を見たとき無意識のうちにそこに美を求めていることに気づき、日本人は「何でもかんでも美の尺度ではかろうとし……芸術的感動をもって行動の原動力」とする傾向があり、そのことを「宗教をも美の尺度」で評価するというあやまりを犯している、としていることである（梅棹忠夫1966、38—40頁）。この「あやまり」は以上のような宗教に根差した美意識という歴史的経緯を反映しているのであろう。
18　一つの理念（たとえばB）が別の理念（たとえばA）を否定してしまうのではなく、BがAを否定すれば、次の瞬間にはBがCによって否定されるという意味での相対化。田中は「俳諧化」という概念を導入し俳諧における連のシステムになぞらえて説明している（田中優子1986、70—71頁）。
19　ただし西洋の個人主義についてはマックス・ウェーバーの『プロテスタンティズムの倫理と資本主義の精神』がかたい産業資本主義のための生産目的の個人を創出し、そこでは個人は孤独でおよそ隣人を容認しないものであったとして、硬質の個人主義の生成のきっかけとなったことを論じている（山崎正和1984、108—111頁）。また江戸時代の町人の思想はウェーバーの初期プロテスタントの思想に酷似しているとして超越者の存在を信じていたこと、具体的には「分」と「道」の観念があったことを指摘している（113頁）。
20　五陰（ごおん）と五蘊は同じ意味である。第2章の注69を参照。
21　この10要素と3界の説明は田村芳朗・新田雅章（1982、138—148頁）による。ほぼ忠実に引用してある。ちなみに田村と新田によると、十如是のうちの第10要素である本末究境等は、最初の9の要素が等しく空・仮・中の3法を具足していることを意味するとされる。詳しくは田村芳朗・新田雅章（1982、140—142頁）参照。
22　ここでの世間という言葉は上記の3界の説明で用いた世間とは意味が異なる。後者の世間は世界という意味であり、前者の世間は日本的な交際の範囲から定まる他者集団の意味である。
23　たとえば堂目卓生（2008、47—55頁）。

24　同様な小集団の考えは、濱口恵俊（1988）、濱口恵俊・公文俊平（1982）などにおいて「間人論」という形でも提示された。間人とは人間の漢字の順序を入れ替えて作成された新造語である。濱口・公文氏は個人と社会の間の一種の中間組織として間人という小集団の存在を考え、社会にとって個人はいわば原子の役割を、間人は分子の役割を果たすと考える。しかもこの主張では、間人それ自体が真の実在であり、個人だけでなく間人を要素として社会を構成するものとして考えるほうが社会全体と部分の関係をよりよく説明できるとする。こうした考えは従来の個人対社会というとらえ方に対するアンチテーゼとして新しい社会学の構想を意図した革新的意欲的なものであり、その全面的な評価は別の機会に譲りたいが、われわれの他者集団論はそれ自体が個人を超えた実在ということを考えているわけではなく、あくまで個人のイニシァティブによって構成される不特定の他者のグループの存在意識でしかないという意味で、間人論とは全く異なる。

25　氏族による世襲的手工業品生産から令制官営工房へ移行する中間には過渡的段階として、個別の「戸」を単位とする生産技術伝承方式があった（浅香年木1971、55頁）。

26　厳密には、国衙保有のストックとしての米が人民に対して春に貸し出され、秋に利息分（利稲）を上乗せして返還させた（公出挙）。したがって正税に加えて利稲分が財政収入となる。

27　網野善彦（1996a、296—298頁）。東海道・山陽道・南海道などの陸路が整備された。もともと弥生時代にはある程度水運が発達していたが律令制度は幅数十メートルもある大道を用いた陸運に固執した。網野は、これは律令国家が小なりとはいえ古代国家を志向したことによるのではないかとしている。

28　特権を得るために天皇家（内膳司、御厨子所）と結びついたものが供御人、寺院と結びついたものが神人、神社と結びついたものが寄人と呼ばれた。詳しくは桜井英治（2002）。

29　芸能の場合はサービスの現地生産となるから出職であろうがそうした用語使いがなされたかどうかは不明。

30　定着先は畿内だけでなく原材料の入手の容易さによって選ばれたと思われる。多量の銑鉄が産出された中国地方では、鋳物師の定着が幅広く見られた（豊田武1952）。

31　土一揆ではこれら土倉が主たる襲撃対象とされたが、これは彼らがこうした金融システムを通じて年貢に対する徴収権を持っていたことによる（永原慶二1980、134—135頁）。

32　脇田晴子（1969）には帯の生産販売に関して、神人織手による直販売が禁止された例が挙げられている（3

31頁）。その他の例が桜井英治（2002、124―125頁）に挙げられている。

33　これに対し地方の領地などにある支所的な組織は散所と呼ばれた。散所では地子納が免除された。

34　この点について脇田は、「生産と販売の座が分離している場合、領主が課役を徴収するのは、当然、販売の座からである」（脇田晴子1969、331頁）として、中間マージンをとる商人が課税されるのが合理的であるかのような説明を行っているが、この点単なる合理性からでは説明できないように思われる。販売の座ないし問屋の荘園からの貢納物取扱という歴史的経過から説明する豊田説（豊田武1952）のほうが説得的であると思われる。

35　柳宗悦（1928）は、工芸品の生産がギルド的な小集団での協業によってなされることを重要な要件としている。

36　鈴木敦子（2000）は、16世紀における琵琶湖沿岸の長命寺の兵火からの再建事業を分析し、そこに参加した高度な技術的専門性を持つ職人が寺社に隷属するのではなく、地域流通システムの機能を利用して、自律的な生産活動を行っていたことを明らかにしている（108―130頁）。

37　領主による収奪を逃れるために商業流通のルートを変更した例として周防国宮一における炭薪商人の例が知られている（鈴木敦子2000、33頁）。

38　仏教における世界観は人々の人生観として形成されるものであった。このことを山本七平（イザヤ・ベンダソン）は「日本教」と呼び、「日本教の中心にあるのは……神概念ではなく、「人間」という概念」であると表現した（イザヤ・ベンダソン1971）。

39　「致書安南国」。素庵のために親交のあった儒者藤原惺窩が起草した信書。

40　たとえば丸山真男（1986）は、単に拡大再生産のモデルとのみコメントしており、その出典が不明と述べているが（下、182頁）、このモデルはおそらく福沢のオリジナルなものである。

41　ただし福沢は徳川期250年に限定して問題を論じるときと、鎌倉期以降の700年における停滞を問題とする場合があり、基本的には武家政治の時期を問題としていた。

42　この条件を示したフレーズは福沢における価値判断の多元性（丸山真男1947）を示すとともに、社会主義思想が広まりつつあった時代の雰囲気を示しているとも読めよう。

43　戦士や公職者の階層。商人・職人は卑しく徳を持たないし、農民は国事にかかわるための閑暇を持たないから市民から排除された。

44　ただし、立法府における権威は家柄や世襲財産に基づく世襲貴族ではなく、生来の資質としての卓越した能力を持つ人物（「本性上の貴族」）が持たねばならないとされた。『オシアナ』に関しては浅沼一典（２００１）および佐藤一進（２００７）を参照されたい。また福田歓一（１９８５、３５１—３５６頁）も有用である。

45　以下の説明は、Hont and Ignatieff (1983) のホントとイグナティエフによる序論（１—76頁）による。

46　アリストテレス『政治学』（牛田徳子訳、京都大学出版会、第７巻第１章、３４２—３４４頁）。

47　最近の議論では坂本多加雄（１９９１、第１章）が代表的である。なおこの点の学説史に関しては寺西重郎（２０１１、第４章）を参照されたい。

48　かりに徳のレベルが西洋に遅れているとしてもその差の問題は焦眉の急ではない（１５４頁）。

49　たとえば田中浩（１９９３、１４９—１５５頁）。もちろん福沢の生きた時代にはいまだ社会主義学説は一般化していなかったという事情もある。

50　福沢は士族階級を「浪士、豪農、儒者、医師、文人すべてその精神を高尚にして肉体以上のことに身心を用いる種族」と定義した『時事小言』（福沢諭吉１８８０—１８８１、１１８頁）による。

51　安西敏三（２００７）は、福沢が『文明論之概略』においてギゾーの議論を紹介するにあたってその手沢本においてindividualityに「独一個人の気象」という訳語を当てさらにインヂヴヰヂュアリチという注記した意義を克明に追求している。

52　ただし丸山はまた、福沢はこうした問題点の鋭い洞察にかかわらず「文明と自由への大道をひるまずたじろがず歩み続けた」という文学的感想を付加している（１０７—１０８頁）。

第５章

1　この場合家族はfamilyというより家計（household）と呼ばれるものに近い。

2　これは父系血縁組織の例であるが、ごく例外的にはインドのナヤール族のように母系のB型もある。

3　親子の関係にある二組の夫婦が一つの家族を構成するいわゆるステム（stem）・ファミリーという概念はこのC型の一般化であると考えられよう。基本形態は二世帯であるが、三世代になるのがふつうであるとされる。詳しくは中根千枝（１９７０、34—35頁）参照。

4　Laslett (1988) では、この複合所帯を多核家族所帯と呼び、複合所帯という用語は多核家族所帯と拡大家族所帯を合わせたものを表す用語として用いられているようである。

5　同様な結果が1688年のノッティンガムシャー・クレイウォースのデータに関しても得られている（Laslett 1977）。

6　ラスレットのこのデータにかかわるお気に入りのエピソードを挙げれば、1787年において独身のロンズデイル伯は、49人のサーバントに囲まれて50人からなる世帯を持っていた。ちなみに農業者の46・8％がサーバントを含む数字となっていることからすると、農業における季節的な労働需要に対応するためのサーバント雇用の影響もあったものと見られる。

7　レスターシャー州における家族構造を検討したHowell（1983）は家族の規模が1280年4・84、1379年3・72、17世紀3・34と変化していることを見出し、これは主として子供が家を出る年齢によって決まるものであるが、子供がいない時はサーバントの導入により家族の規模が影響を受けたとしている。

8　加えて、マクファーレンの主張は、彼がこうした事実をマルクス以来の発展段階論やウェーバーの宗教社会学的主張に対するアンチテーゼとして意味付けたことから多くの批判を生んだ。すなわちマルクスはイギリスにおける小農の衰退は15世紀の末に始まり、18世紀の前半に完成したと主張したが、マクファーレンはその議論を否定するために、イギリスには極めて初期から小農と言われる範疇が存在しなかったという形で彼の主張を提示したのである。またウェーバーはイギリスにおける血縁的共同体の衰退を16世紀以後のキリスト教信団の活動を軸に説明したが、マクファーレンはこれに対してもイギリスではそもそも13世紀初めから個人主義が支配していたという形で彼の事実発見を提示し、批判したのである。マクファーレンは彼が行ったことが単に部分的にしか関連性を持たないようなあまりに大きな問題を取り上げて、その主張の重要性を強調しようとしたのであり、議論のプレゼンテーションの不手際がその後の不必要な批判と議論の混乱をもたらしたと言えよう。

9　ただしマクファーレンもたとえば贍本所有地の家族内と家族間の移転に関して暫定的な実証結果を提示しているから全く実証を行わなかったわけではない。彼はアールズ・コルン（北エセックス）の荘園に関する分析で、家族内相続が漸次的に衰退したという証左はないという結論を示唆したが、この点に関して最近の研究（French and Hoyle 2003）で包括的な再検証がなされていて、そこでは1550―1740年のデータに基づいてマクファーレンの暫定的な見解はほぼ肯定されている。しかし同時に著者たちはマクファーレンが考えていた以上に家族保有が重要であったこと、実際の家族間の売買はそれほど頻繁ではなかったことなども指摘している。

10　ローマによる支配は紀元前40年ごろに開始され４１０年ごろ終わったとされる（青山吉信１９９１）。もちろんローマ支配の末期におけるキリスト教の普及はその後のイギリス社会に極めて大きな影響をもたらしたのであるが、社会制度としてのローマ支配のケルト社会への影響は、「一つの小川が、数本の水路となってその地方を貫流し、その周囲の平野を肥沃にさせ、物質的にも周辺に影響を与えながらも、しかし全般的な局面を完全に変えることには成功しなかった」と要約されている（Vinogradoff 1904、邦訳１０２頁）。

11　ただし女系親族関係に由来する感情や利害関係を必ずしも排除するものではなかったと言われる（Vinogradoff 1904、邦訳12頁）。

12　自由保有農（freeholder）とは、貢租の義務は負うが、賦役労働の義務は負わない自由農民。所有地は封建制成立時には封土であったが、次第に占有権を強めた。

13　慣習保有農（customary tenant）とは、もともと隷農ないし農奴、英語ではvillein、と呼ばれた貢租だけでなく賦役義務を負う半自由民であり、後に賦役が金納化されるなどして拘束性を失うと慣習保有農と呼ばれるようになった。

14　マクファーレンに対する一つの強い批判は、主として自由保有農に関する慣習やルールを慣習保有農にまで適用可能であるかのように主張している点にあった。

15　ハウエルはKibworth Hartcourtでは、この時期には土地は村落共同体内で確保すること、できれば家族内に保有すること、に価値が見出されたとしている（Howell 1983、邦訳２５１頁）。

16　自由保有農は一般に分割相続を行った。また慣習保有農であっても相続人以外の息子に土地を残すようにさまざまな工夫を行ったとされる。

17　一家族の生活のためには（15、16世紀では）15エーカー（half virgate）が最低限必要であるとされていた（Howell 1983、邦訳２５０頁）。

18　黒死病期以後のことであるが、売り手の相続人は5世代にわたって買戻し権を持っていた（Howell 1983、邦訳２４４頁）。

19　Virgateはyardlandとも呼ばれる。もっとも二分の一virgateないし四分の一virgateといった小さな取引も記録されているから、多少の規制の弾力的運用もあったのではないかともされている。

20　Whittle（1998, p.44）参照。

21　ただしイギリス全土で行われたわけではない。イギリスでは寡婦は一般に慣習保有地の所有権は持つことができない。

22　ただし3人の証人が必要であり、荘園法廷への報告義務があった。
23　かつてBrenner（1976）などは領主の小作人に対する搾取を強調したが、キャンベルのこの主張はこうした通説へ批判の意味を持つ。
24　多分貨幣など動産を持たないためであろう。
25　ハウエルの調べたレスターシャーKibworth Hartcourtでは最初は寡婦がすべての土地を引き継ぎ数年の後に息子の相続させる。しかしこの方法はKibworth独特でありイギリス全土で行われたわけではない（Howell 1983, pp.245-259）。
26　さらに両養子すなわち夫婦養子もこれに加えることができる。
27　清水昭俊（１９８７）は、中根は出発点では、一世代一夫婦の構造が居住経済的要素により修正される、すなわち「居住条件ゆえに特定の父子関係が構成される」としていながら、到達点では、「逆に特定の父子関係ゆえに居住単位が特定の形態に限定される」と論じているとして、暗に循環論に陥っているとの指摘を行っている（１４８頁）。
28　村上泰亮・公文俊平・佐藤誠三郎（１９７９）への手引きとしては、笠谷和比古（１９９９ａ）が有用である。また平山朝治（１９９５）はこの業績を基礎に置いて、イエ社会と個人主義という観点から日本的な組織形成原理を幅広い視野から考察している。石井紫郎（１９９９）は、著者たちの言う原イエの諸属性は強いて言えば戦国大名ないし近世大名の「家」の特質に近いものだとして、平安末期の開発領主から説き起こす歴史動学分析の妥当性に疑問を呈している。
29　ただしこの規則は大宝令（７０１年）による。それ以前については諸説があるようである。詳しくは小口雅史（２００２）を参照されたい。
30　ただし、大宝令以降は父の朝廷における地位は蔭位制により子に継承できたが、母は継嗣を持ちえず、その公的「家」の発展には限界があった（義江明子１９８２）。
31　三位以上の貴族と親王・内親王に関して家令職員令により規定。家令以下の職員が官より任命され、国家の官人への給与物はこの家政機関によって運営された。
32　公営田は官田（不輸租田）と乗田（輸地子田）からなる。前者は雑徭により直営される耕地であり、全収穫が国家（宮内省）のものとなる。後者は公民に1年契約で耕作させるもので地代である地子が国司（郡司）に収められる。詳しくは宮本救（１９７３）参照。
33　唐の均田制と日本の班田制との違いはまた日本における強い国家規制にある。この点については小口雅史（２００２）を参照せよ。
34　実際に与えられたのは真人（まひと）、朝臣（あそみ）、宿祢（すくね）、忌寸（いみき）の上位の4姓。

35　中国では父系の出自集団であったが、日本では父系制は一般的には確立しておらず、実際には母系を経由して継承されることもあったと考えられる。

36　蔭は兄弟に及ぶが、嫡子を優先するとされた。

37　特定の官職をそのまま世襲するのではない。能力のない子は脱落した。

38　722年の養老令では家人・奴婢・田宅・資財を総計して嫡子2分、庶子1分の割合で分割させた。この点から見るとヤケは分割不可能であったから、単独継承が生じたという吉田孝（1983、182頁）の主張はいささか矛盾している。

39　食封とは、1里（原則として50戸）を単位として設定し、これに指定された封戸（担税者）の納める租の半分と調庸の全部および仕丁などを国がとりまとめて封主に与えたもの（永原慶二1998、41頁）。

40　平安中期以後手工業の技術は「道」ないし「芸能」と呼ばれた（網野善彦1984、120—121頁）。

41　脇田晴子（1988）によると律令時代の工房は世襲でなかったが、奈良時代以降はそのメンバーは世襲的技術集団となったとされる。

42　われわれと同様な見解としてたとえば永原慶二（1998、123—125頁）を参照。

43　こうした手工業者の遍歴による移動販売の様子は笹本正治（2002）にヴィヴィッドに描かれている。

44　脇田晴子（1969）参照。こうした独占のための座の機能はもちろん商品市場の発展に伴う競争の激化を反映するものである。脇田は諸官衙が本所として座に課税し始めたことがこうした座の性格変化の契機となったとしている（脇田晴子1969、251—253頁）

45　宮本は賃租経営という表現を用いているが（宮本救1973、83頁）、後述の菊池康明（1969）に従って、賃租の表現を避けておくことにする。

46　新たに溝池を作って開墾した場合には三代、旧溝池を修復して開墾した場合は一身という期限付き私有を認めた（宮本救1973、61頁）。この法律の狙いは民戸による墾田を国司などによる恣意的な収公からとりあえず保護することにあったとされる（小口雅史2002）。

47　一位の500町から庶人の10町まで段階的に規定。

48　ただしこの問題については、当初の吉田説が雑誌論文として発表された時以来、大宝田令（でんりょう）における百姓墾田の収公規定や墾田を実施する際の共同体の役割などについての論争がある。詳しくは小口雅史（2002）を参照されたい。

49　人々の間の私的な利子付き消費貸借。公的な貸借は公出挙（くすいこ）と呼ばれ営農や納税のためになされた。多くは稲を用いてなされた。

50　富農層の形成に果たした私出挙の役割は戸田芳実（1967、第2章）に強調されている。すなわちこの階層（戸田の用語では富豪層）は稲穀銭酒などの形で大量の動産を所有して、高利貸的行動により班田農民の分解その流亡、離散の過程を激化させたとされる。

51　この売買は国司・郡司・郷長などが介在する公認のものであり、売り手から買い手に対して発行された売券が発行された。

52　地子（じし）とは地代のこと。その上に年貢を納めるべき荘園や私領があれば在地領主は加地子（かじし）と呼ばれる地代を徴収。

53　ここで領主とは「荘官たる領主」のことであり、われわれの言う寄進者たる在地領主の意味である。

54　荘園の再寄進先であり、最終の支配者である上級貴族。

55　この部分が最初に発表されたのは1958年（56頁）。

56　半輪と呼ばれる。残りは国衙が留保。

57　領家の下に預所が置かれる場合もある。それぞれの権利者の職は本所職、領家職、預所職と呼ばれた。こうした権利者の関係を永原慶二（1961）は「「職」（しき）の体系」と呼んだ（107頁）のは、前述のとおりである。

58　最大値は88％、最小値は26％である。データは永原慶二（1998、86頁）参照。

59　1183年の宣旨により、頼朝の権力が朝廷により公認されてからは、敵方所領の没収は天皇と朝廷に対する謀反人所領の没収刑の執行という国家的意味を持つものとされた（五味文彦・川合康・西谷地晴美2002、137頁）。

60　荘務権とは、主として領家が現実に荘園の支配にあたって行使する権利であり、田地の面積や耕作状況の調査（検注）と給田の給付などにかかわる検田権、耕作のモニタリングを行う勧農権、警察権と裁判権などからなる検断権からなる。

61　庶子の地頭や御家人は一期分（一生の間）の知行しか与えられないものも多く、そのなかにはいわゆる悪党に加わるものもでた。

62　売買によって土地は永久に渡されるのではなく、一定の収益をあげた後には本主に戻されるという慣行（五味文彦・伊藤俊一2002）。

63　石母田正（1956）は下地中分が武士の土地所有権を確立したものであると評価している（179頁）。

64　西谷正浩（2006）は、名主加地子という得分権の市場の出現が、名主などの領主と請負耕作者（作人）の間に位置する中間的な存在が作職と呼ばれる一種の地主的存在に転化したことを意味する、と主張している（324－344頁）。

65　こうした事例はかなりあるようである。原田信男（1

983）の紀州に関する研究では、在地の小領主層は、作職と言われる下級所有権を江戸時代においても少なくとも寛永年間まで保持していたようである。西谷正浩（2004）を参照。

66　ただし佐藤の定義については石井進（1987）による、江戸時代に支配者となった武士には適用できないとの批判がある（350頁）。また笠谷の定義では世襲を最初から仮定すると、発生初期の武士団には必ずしも適用しがたいという問題もあると思われる。

67　別名の成立は国衙勧農権の実際上の分割・移譲を意味しており、別名の領主たちは領財の年貢徴収権を国衙に対して保障する責任を持たされており、領内の農業経営全般を管理統括し沙汰する権限（勧農権）を持っていた（大山喬平1978、101―102頁）。

68　林屋辰三郎（1955）は、武士団は地方（東国）の私営田領主の下に成立したというより、国衙領の周辺で受領層の配下の郎党から成立したと主張した。

69　よく知られているように、平清盛は地方武士の取り込みに失敗し、源頼朝はこれに成功した。地方軍制と清和源氏の地方での軍事勢力拡大の関係について石井進（1987、344―349頁）参照。

70　この名誉を重んじる精神は江戸時代まで連綿として受け継がれた。池上英子（2000）はルース・ベネディクトが西洋の罪の意識に対して日本の恥の意識を対比したことを批判して、武士の名誉の意識の個人主義的意味合いの重要性を主張している。

第6章

1　マルクスはノルマンの征服と15世紀の最後の三分の一世紀の間の時期は封建的生産方式の下での小農社会であり、15世紀の最後の三分の一世紀から18世紀までの間に、非封建的小農社会に移行したと考える。移行期は、（i）貨幣経済の勃興、（ii）近代的個人所有権の確立、（iii）小農層分解の進行（土地を収奪され賃金労働者へ転化）によって特徴づけられ、商品市場、労働市場の発展と個人所有化という三現象が一挙に生じたとみなした。

2　たとえば第一地域が第二地域に比べて労働の賦存比率が高く、賃金の土地のレンタル料に比べての比率が低いとすると、労働が第一地域から第二地域へ移動することで資源配分の効率化が達成される。ここでなんらかの事情で労働の移動が妨げられているとすると、第一地域の労働集約的生産物が第二地域に販売されることにより、第一地域の賃金が上昇し、要素価格の均等化が実現される。

3　ノルマン人の征服により1066年にウィリアム征服王のノルマン王朝による封建制が成立する。1455―8

5年のバラ戦争を経て1485年に絶対主義王政のチューダー王朝が成立する。ピューリタン革命による共和制樹立は1649年である。

4　もちろんこれは農業から非農業への労働力移動の結果でもある。

5　「14、15世紀に生じた大きな縮小は、……暗黒時代への逆戻り的状況を引き起こした。しかし交易は減少したとはいえ消滅しなかったし、諸市場は生き残って、それらとともに貨幣経済も存続した」（North 1980、邦訳182頁）。またこの時期は黒死病による人口減少で賃金の高騰が問題となり、1351年には労働者規制法により賃金の規制がなされた。しかしこの規制は1381年におけるワット・タイラーの反乱により最終的に廃止された。

6　13世紀の土地不足は一方で開拓と植民の動きをもたらし、他方で土地保有の小規模化と小屋住農（cottager）や潜入農（squatter）と呼ばれる零細農の増加をもたらした。

7　地方組織としては村落（village, township）に加えて、キリスト教の下での教区（parish）があり、荘園は村落・教区をcut acrossしたとされる。大まかに見てミッドランドでは三者は地理的に一致していたが、北西部では荘園がいくつかの村落を包摂し、北東部のイーストアングリアのノーフォークなどでは一つの村落に複数の荘園があった。

8　加えて商品より労働者のほうが、移動費用が安いことと、荘園慣習法・荘園裁判所や課金制度があり労働の監視コストが節約できたことがある（North 1980、邦訳174—175頁）。

9　自由保有農の内容は多様であり、士族的自由農（knight tenure）、聖職的自由農（spiritual tenure）および一般の自由農（socage tenure）からなっていた。

10　ブレナーの表現では両者は余剰の搾取関係（surplus extraction relationship）にあった。なおブレナーの議論をめぐる論争はAston and Philpin（1985）に収められている。

11　またアングロ・サクソン時代には耕地の割当は時折変更、再分配された。

12　このことはまた、奴隷制度が農奴制に代わる選択肢ではなかったことを意味する。

13　bovarjiと呼ばれた。これがまた後の慣習保有農の始まりでもある。

14　famuliの多くは自己の農地を耕作したり、製粉場を経営する傍らで荘園の事務を行うような性格を持っており、必ずしも専業ではなかった。ただし彼らは農奴よりモチヴェーションが高く監視しやすい労働力であった。

15　軍務、農業労働、相続税、保有地の復帰権など。

16　また1327年になって領主（国王の直接受封者である貴族）に対しても土地の譲渡権が与えられた。

17　残り6・7%は不詳。

18　クローバーは効果的な窒素肥料の供給を可能にする。ターニップは土地の病原菌の除去にきくだけでなく冬季の飼料として用いられる。これらを用いることにより、一部の耕地を休耕することによって土地に栄養を供給し洗浄するという従来の二圃制、三圃制などの耕作方法は不要となり、生産性が高まった。詳しくはOverton（1996）参照。

19　開放耕地の自分の地条にターニップをまいた農民は、秋には他の農民の家畜にそれが食べられてしまう危険をおかすことになる（Overton 1996, p.167）。

20　同一であれば土地とその利用権をともに買い取り、後者を廃棄して囲い込めばよい。

21　Tawney（1912）は、当時の条件下ではかなり穏便な囲い込みであっても祖父伝来の地から追放されるという農民の苦渋は計り知れないものであったとしている。

22　慣習法（common law）では、土地を保有し使用する者の希望が裁定の対象とされた。

23　ちなみに、この議会エンクロージャーに関しても、当時の議会が土地保有者の利害に支配されており、地主が議会の力を利用して囲い込みを強行したとするHammond and Hammond（1911）の見解がある。国家権力による階級的不正行為により小屋住農（cottager）や潜入農（squatter）などの小農から共有地に関する権利がはく奪され、かれらを悲惨な貧困状況に陥れたというのである。しかしこの主張は、Tate（1942, 1944, 1945）などの下院議事録を用いた吟味により、大部分が資料的裏づけを欠くフィクションであることが指摘されており、支持する見解は少ない。最近の評価に関してはMingay（1978）を参照されたい。

24　こうした所有権確立の動きは、課税権の君主から議会への移転など民主社会の構築と並行して進行したことにも注意が必要である。王権に対する最初の制限を規定した１２１５年の大憲章では、自由民による土地の譲渡権の獲得に制限をかける条項が規定されている。領主層である貴族の権益の擁護が意図されたのである。１６４９年のイギリス革命（王政から共和制への移行）を担いその後に成立したオリバー・クロムウェルの政権は、土地の個人所有権を自然権の一部であると主張する独立派の樹立した政権であり、軍隊のなかで財産を参政権から切り離そうとする水平派と対立関係にあった。またジェームズ・ハリントンは、小土地所有者からなる近代的所有権を前提とした政治体制を構想した。すなわちおよそ50万人とされる小土地保有者に参政権を与え、それを5千人ほどのジェントリーが指導するシステムを理想とした（Harrington 1656）。このため、彼はかつて王政を支えた領主による大土地所有への逆戻りを防ぐために、長子相続制を廃して均分相続制にすることを主張した（福田歓一1985）。

25　第3章の注69で指摘したように、1561年では土地保有におけるジェントリーのシェアは67・1％であったが、1640年には80・5％となった。

26　斎藤修（2008）はこれに対してイギリスの土地市場がかなり早期から発展したことを主張している（187―189頁）。しかし初期の土地市場が極めて限定されたものであったことは多くの最近の研究で明らかにされてきたことである。この点については本書第5章第1節2で詳しく説明したとおりである。

27　家畜は運搬や犂耕作の動力、糞尿による土地への栄養の供給および畜産品による収入源という三つの機能を果たしていた。

28　ヨーロッパの内でも、直営が大きなウェイトを占めていたイングランドより隷農的小農経営の傾向の強い大陸ヨーロッパに一層類似している。

29　それぞれの立場の根拠を言うことは簡単ではないが、永原は前者の立場を否定する理由として、太閤検知の重要性を強調しすぎている点を挙げており、速水・宮本は室町幕府による守護大名制の導入は、衰えたとはいえ律令制と荘園制を唯一の維持原理としていることを挙げている。

30　幕藩体制の下では、助郷役（参勤交代の際の人馬役）や国役（河川・道路の修築の際の労役）という賦役労働においても共同労働がなされた。

31　斎藤修（1988）は、そもそも家父長的大経営というものは存在しなかったのではないかという新しい主張を展開した。すなわち家父長的大経営は傍系血縁労働力と隷属労働力からなると言われるが、前者については、中世では分割相続と分家創出が一般的であり、既婚の傍系家族の同居は少なかったと主張する。傍系血縁労働力と見えたものは、同じ居住地内で集団を構成していたのは別の家族ではないかというのである。また後者については名子・下人の多くが家族として自立していた可能性があるとも指摘する。この場合、これらの階層の家族としての自立が出生率の上昇、人口の増加をもたらしたという速水仮説に疑問符が投げかけられることとなる。

32　人口は徳川300年で3・5倍となった（年率0・42％）。とくに17世紀の増加が大きく、18世紀の人口は停滞的であった。耕地は太閤検知では180万町歩、明治初期では440万町歩であったが太閤検知では調査漏れがあったから、約二倍の増加と見られる（速水融2003）。

33　同様の見解は石井良助（1964）にも見られる。また岩橋勝（1988）もこうした見解を受け入れている。

34　言い換えると村の土地は本百姓全体で総有されていたと考えられる。その意味で幕藩体制の下での土地所有はゲルマン的ないし封建的であったと言えるであろう（大塚久雄1955、74頁、91―92頁)。

35　質地、質流地、売却地などを、元金を返却しさえすれば何年経っても土地を請け戻せることができる慣行。

36　年貢金調達や入会に関する訴訟などの費用を村の代表者の保有地を担保にするなどして借り入れすること。返済が滞った場合など村中寄合によって協議された。

37　岡崎哲二(1999)はこの場合の隔地間取引が有効に機能したのは、株仲間の情報機能と多角的懲罰システムが機能したからであるとしている。この点は宮本又郎(2009)でも支持されており、株仲間は単に冥加金による租税収入の確保・物価対策のために導入されたのではなく、日常的に機能する商取引のルール・慣行を商人自身が整備するために、すなわち取引の効率化を目的として導入されたという面があるとしている。

38　この商品経済の発展の背景には、享保期以後の米価の相対的低落すなわち米とその他商品との間の相対価格の変化があったことである。おそらくこれは農業技術の進歩と開墾による耕地拡大により米の供給増があったことおよび都市化によりさまざまな手工業品などに対する需要が増加したことがあるのであろう。「米価安の諸色高」と言われるこの現象は、たとえば新保博・長谷川彰(1988)における京都の醤油と白米の相対価格のデータに明瞭にあらわれている。1726―85年のデータによれば白米の価格は1741―45年をピークに上昇から低下に転じ、逆に醤油価格は1736年を底に低下から上昇に転じている。新保・長谷川は醤油価格の上昇は需要の増加によるとしている。

39　これは、江戸の防衛上の理由から大型河川の橋が作られなかったことなどにより、陸運が未発達であったことにもよる。ちなみに塩釜から房総半島に至る航路が航海上の難所であり、このため太平洋航路は未発達に終わった。

40　このことから相関係数は時間を追って上昇しているように見えるが、同じ著者の計算した12地域(5地域に加えて播州、福知山、防長、佐賀、熊本、信州、出羽を含む)の相関係数の平均値は、18世紀前半で0・715、後半で0・664、19世紀前半で0・684であり、必ずしも上昇傾向は見られない。

41　この斎藤説については、宮本又郎(2009)の各地の特産品は全国的市場を対象に生産されており、農村の自給性を過度に強調することは適切ではないという批判がある。

42　また、1869年には諸道の関門が廃止され、人々は各地を自由に移動し雇用機会を探すことができることとなった。

43　速水の挙げるいま一つの証左は18世紀初めにおける信州信濃農村の出稼ぎの事例であるが、これも江戸に近いという意味で例外的事例であろう。

44　農業就業者数は1872年に14、962千人であり、1911年においても14、003千人であり、なだらかに減少したにとどまる。

45　一定期間を限って土地を担保に金銭を借り、田畑の作徳をもってその期間内に元利を返済し、土地の返済を受けること（年季売り）、または一定期間後に元金を返済して買い戻すことを条件に土地を売買する（本物返）という方法がとられた。

46　ただし、当初は個人所有とはいえ非戸主の所有地の売買には戸主の連印が必要とされ、土地は家産的な性質を持つものとされたが、この規定は1882年に廃止された（福島正夫1967、138頁、157頁）。

47　府県会規則、地方税規則と併せて地方三新法と言われる。

48　従来の自然村である町村をほぼ五つ統合した区域をいわゆる行政村としての一区長役場所轄地域とした。

49　市町村を明確に公法人とし、市町村長を公選とし市町村議会を設置した。藤田武夫（1941）は、この制度が国家官庁の行政委託事務を市町村に負担させる効果を持ったことを強調している。

50　政治史の観点からは、寄生地主の支配下にある共同体秩序を温存することにより、小農層など下からの抵抗エネルギーが政治化することを抑え、寄生地主と国家支配層は一体となって政治システムの安定化を図った、という石田雄などの主張がある。この点に関しては松沢裕作（2009、1―37頁）参照。

51　こうした非個人主義的行動が個人的インセンティブとどのように結びつくかという問題は、国家と地方自治という論脈で奥村弘（1996）や松沢裕作（2009）などにより、また民衆思想の観点から鶴巻孝雄（1992）などで追究されつつある。

終　章

1　しかしながら日本における小集団間の競争が互いに他を排除することを目的になされることは、まれではない。こうした競争の変質が生じた一つの理由は、趣味的求道における家元の形成にあると思われる。第4章注5参照。

2　バーリンは二つのタイプの自由を区別する。一つは消極的自由であり、人から干渉されない自由、いわば選択の自由であり、いま一つはなんらかの目的に従って積極的に自己支配ないし自己実現を行う自由である。

あとがき

私の専門は金融史と日本経済論である。日本経済論に関する私の関心は、日本の経済発展と日本の経済システムからなるが、本書は後者の「システム」論に関する領域での私なりの集大成のつもりである。日本の経済システムに対する関心は、一橋大学の経済研究所の専任講師になった時、藤野正三郎教授に日本経済論のサーベイ論文を書くことを勧められたことに始まる。藤野先生は、それまで抽象的な理論しか勉強したことのない私の「教育」のために勧められたのであろうが、私はすぐこの問題に熱中して、『経済研究』の調査欄に1論文を書いた後も、「その2」「その3」とか次々と作業を拡大していた。それを見た塩野谷祐一教授に、人の研究のサーベイばかりやっていてはだめだ、自分の研究をやれ、と諭されたことや、中村隆英教授に日本資本主義論争に関する議論が抜けていると指摘されたことなど、今となってはあまりに懐かしい思い出である。またこの論文で、篠原三代平教授の論文を、サンプルが五つか六つしかない散布図から結論を引き出すのはおかしいと批判したら、研究室に呼ばれて、それぞれのサンプルが5年平均して計算されているので批判は成り立たないと言われたことも、先生の温顔と共に思い出される。（しかしこの先生の反論はやはり間違っている！）

この研究にかかわる私の学問歴における端緒は以上のようなものであるが、本書の執筆の具体的動機はその後の研究の中から芽生えてきた問題意識にある。あえて生意気なことを言うと、日本の経済システムに関する従来の議論は、あまりに新古典派の枠組みの中でのみ論じられてきたように思われる。日本の経済行動には、独立・自律的な個性の析出が弱いとか、協調的・集団的であるとか、ものづくりに強いとか、である。こうした捉え方が間違っていると言うのではない。私自身日本の経済システムを論じるにあたってできるだけ新古典派経済学のフレームワークに乗せやすい形で表現することに長年にわたって努力してきたし、グローバル化した経済システムにおいてはこうした世界共通の尺度によって日本の理解を深め、外に向かって発信することが不可欠であるということは言うまでもない。しかしそれにもかかわらず、日本の経済行動には、グローバル化を志向する欧米経済を主要題材にして発展してきた新古典派経済学の既存の概念枠組みだけではとらえきれない側面があるような気がしてならない。そうしたものを十分に認識した上でグローバルな市場に適応することが大事なのではないだろうか。日本仏教の変化という視点から問題を考えることによって、この見過ごされてきた側面の理解に手掛かりを求めたいと言うのが、本書執筆の基本的な動機である。

なぜ経済学者が宗教を論じるか、と言われるかもしれない。この問いに対する私の答えはしいて言えば、誰かがやらねばならない作業であるということである。ウェーバーが『プロテスタンティズムの倫理と資本主義の精神』を書いて約110年経つが、日本ではこの論文の解釈に関する文献は山のように出たにもかかわらず、同じ問題意識を日本資本主義に適用する試みはほとんど出てこなかった。ウェーバーの基本的主張である経済行動におけるインセンティブ・システムの問題は日本経済の過去の経路だけでなくこれからのあり方を論じるにあたって無視できない重要性を持っている。私自身がこの作業にあたる最適任者であるとは全く思わないが、日本資本主義を論じるにあたってこの問題はやはりかなり空白の領域であったのではないだろうか。しかし、言って見れば宗教には全くの素人である経済学者の仕事である。宗教の論理から経済学的含意を導出するにあたっては細心の注意を払って作業を行ったつもりであるが、思わぬ間違いもあるものと思われる。とくに宗教思想自体については細かい点について理解力の及ばない部分もあり、自己流の解釈で済まさざるをえない点もあったが、できる限りスタンダードな宗教史の理解に沿って論理を組み立てたつもりである。専門の方々からの忌憚のないご批判を頂ければ幸甚である。社会経済史にかかわるいくつかの既存の著名な諸研究に対して、率直な批判を行わざるをえないこととなったが、これはわれわれの論旨を明確に提示するためにはやむをえないことであったことをご理解いただけると幸いである。また、近年著しい進歩を見せている行動経済学については十分な準備が整わず、本書で関説することがかなわなかった。今後に残された課題である。

ウェーバーのこの論文を初めて読んだのは、40年ほど前の一橋の大学院修士課程で、博士課程に進むためには第二外国語の試験にパスする必要があったことに遡る。どうせドイツ語の勉強をしなくてはならないなら、古典を題材にしようと思いこの論文を手にしたのである。ただしその時論文の意味がどれだけわかったのかはかなり疑問で、しかもドイツ語で読んだのはほんの一部分で残りは邦訳書を流し読みしたと思う。その後の大学院生としての私は、デブルーの Theory of Value の一般均衡理論の説く資源配分効率の証明の美しさに魅了されるなど、理論経済学と数学の勉強に熱中していったのだが、経済社会におけるインセンティブ・システムの重要性というウェーバーの指摘はいつも心の隅のどこかに残っていたように思われる。

この本の執筆に実際に取り掛かったのは前著『戦前期日本の金融システム』を脱稿した２００９年ごろからであったが、その前の10年ほどの準備期間をふくめて20冊近いノートが作成された。私にとって宗教や哲学というのは全く新しい領域であり、今までの著作のなかでは労力的には一番大変な作業であった。苦しい作業ではあったが、しかし学びそして考えるということの楽しみを満喫した日々でもあった。大学院時代よりはるかに集中し熱中して勉強したことは間違いない。しかも執筆にかかったこの間の5年間は、あっちを向きこっちを向き、全くの試行錯誤の毎日で、出版を引き受けてくださった勁草書房宮本詳三氏に大変なご迷惑をおかけした。しかしこうして出来上がってみると、大学院時代からの長い間温めていたテーマにつながっているのではないかと改めて思っている。

ちなみに、日本の経済システムのあり方の問題については、私は『日本の経済システム』を２００３年に岩波書店から出した。この本は、明治大正期の経済システムと高度成長期の経済システムの2時点比較により、政府と民間のインターフェイスの違いというささか新しい視点に立って、戦前期におけるような地方社会を基軸的な結集軸とするような社会構造への転換の必要を説こうとしたものであった。その意味では本書の第6章における村落共同体の議論と密接な関連性を持つものであるが、この両者を接続し地方社会の今後におけるあり方について論じることは今後の課題として残されている。いずれ時間を見て私なりの考えを取りまとめたいと思っている。

この研究にあたっては、私を代表者とする科学研究費基盤研究（A）「中間組織の形成過程と経済的機能：アジアとアフリカに関する歴史的・理論的研究」（課題番号23243033、平成23年度—25年度）と日本経済研究センター研究奨励金（２０１１年）、野村財団研究助成金（２０１１年度）の資金援助を受けた。科学研究費による中間組織に関する月例研究会では参加メンバーから貴重なコメントと刺激を受けた。特にこのプロジェクトの運営を手伝っていただき、生糸貿易の商人組織に関する協同研究を行っている日本大学の同僚松原聖氏には深く感謝したい。また、２００６年から毎年夏に行ってきた日本大学経済学部の中国アジア研究センターでの講演会は、この研究に関する私の思索を深めるにあたって大変有益であった。本書に関しても、文献資料的には日本大学商学部図書館と一橋大学経済研究所資料室のサービスからさまざまな意味で恩恵を受けた。

文献引用について述べておきたい。原則として最初に発表されたものを参考文献に掲載しその年次を表示したが、引用は入手しやすい文庫版などによることが多く、引用頁はその版のものを示した。すなわち最初に発表された版の頁数ではないことが多い。どの版から引用したかは参考文献のそれぞれに明記しておいた。外国語文献は翻訳のあるものは原則的に邦訳から引用し、歴史的な宗教書など著者や刊行年を明確には特定できない資料は参考文献に入れずその都度注で説明した。また宗教用語の説明は『岩波仏教辞典』、『仏教学辞典』（法蔵館）、『岩波キリスト教辞典』などによったが、必要不可欠と思われる場合を除いてその頁数などを示すことはしていない。また文章の引用にあたって傍点などは煩わしいので省略したことも記しておきたい。

本書を長年にわたって私の研究を見守ってきてくれた家族、映子と華代子、それに二人の畏友、坂井悉と上田紘に捧げる。

２０１４年夏

著　者

人名索引

マ 行

ヤ 行

ラ 行

事項索引

ア　行

カ　行

サ　行

タ　行

ナ　行

ハ　行

マ　行

ヤ　行

ラ　行

ワ　行

参考文献

和文（五十音順）

青山吉信（1991）「ローマン・ブリテン」青山吉信編『世界歴史大系　イギリス史1――先史～中世』山川出版社

浅香年木（1971）『日本古代手工業史の研究』法政大学出版会

姉崎正治（1983）『法華経の行者　日蓮』講談社

浅沼一典（2001）『近代共和主義の源流――ジェイムズ・ハリントンの生涯と思想』人間の科学社

阿部謹也（1995）『「世間」とは何か』講談社現代文庫

網野善彦（1980）『日本中世の民衆像』岩波書店

網野義彦（1984）『日本中世の非農業民と天皇』岩波書店

網野善彦（1991）『日本の歴史を読みなおす』筑摩書房（引用は網野善彦（2005）による）

網野善彦（1996a）『続・日本の歴史を読みなす』筑摩書房（引用は網野善彦（2005）による）

網野善彦（1996b）『増補　無縁・公界・楽』平凡社ライブラリー150、平凡社

網野善彦（2005）『日本の歴史を読みなおす（全）』ちくま学芸文庫

安良城盛昭（1953）「太閤検地の歴史的前提」『歴史学研究』163・4号（安楽城盛昭『日本封建制社会成立史論』（上）、岩波書店、1984年、185-279頁）

有泉貞夫（1980）『明治政治史の基礎課程――地方政治状況史論』吉川弘文館

有賀喜左衛門（1939）『大家族制度と名子制度』（有賀喜左衛門著作集3、1967年）未來社

有賀喜左衛門（1943）『日本家族制度と小作制度（上）』（有賀喜左衛門著作集1、1966年）未來社

有賀喜左衛門（1968）「家族理論への適用――喜多野精一氏の『日本の家と家族』を読んで」『家と親分子分』（有賀喜左衛門著作集9、1970年）、未來社、52-69頁

安西敏三（2007）『福沢諭吉と自由主義――個人・自治・国体』慶應大学出版会

飯沼賢司（1984）「「職」とイエの成立」『歴史学研究』増刊号（10月）、534号、64-74頁

家永三郎（1940）『日本思想史における否定の論理の発達』弘文堂（引用は新泉社版の叢書名著の復興10（1969年）『日本思想史における否定の論理の発達』による）

家永三郎（1944）『日本思想史における宗教的自然観の展開』創元社（引用は新泉社版の叢書名著の復興10（1969年）『日本思想史における否定の論理の発達』による）

家永三郎（1947）『中世仏教思想史研究』宝蔵館
家永三郎（1971）「歴史上の人物としての親鸞」星野元豊・石田充之・家永三郎校注『親鸞』（日本思想体系11）岩波書店
池上英子（森本醇訳）（2000）『名誉と順応――サムライ精神の歴史社会学』NTT出版
池上裕子（1994）「戦国の村落」『岩波講座日本通史第10巻　中世４』岩波書店、89-126頁
池田昭（1974）「マックス・ウェーバーのアジア宗教観（Ⅰ）（Ⅱ）」『アジア経済』Vol.15、No.5（18-35頁）、No.11（32-49頁）
池田練太郎（1998）「説一切有部」廣松渉・子安宣邦・三島憲一・宮本久雄・佐々木力・野家啓一・末木文美士編『岩波哲学・思想事典』岩波書店、940-941頁
イザヤ・ベンダソン（1971）『日本人とユダヤ人』角川書店
石井寛治（1976）『日本経済史』東京大学出版会
石井寛治（2007）『経済発展と両替金融』有斐閣
石井紫郎（1966）『権力と土地所有』東京大学出版会
石井紫郎（1999）「「イエ」と「家」」笠原和比古編『公家と武家Ⅱ――「家」の比較文明史的考察』思文閣出版、157-184頁
石井進（1974）『中世武士団』（日本の歴史第12巻）小学館（引用は講談社版（2011年、講談社学術文庫）による）
石井進（1987）『鎌倉武士の実像――合戦と暮しのおきて』（平凡社選書108）平凡社
石井良助（1966）『法制史』山川出版社
一ノ瀬正樹（2007）「バークリ」『哲学の歴史　6　知識・経験・啓蒙」中央公論新社、171-208頁
猪木武徳（1987）『経済思想』岩波書店
猪木武徳（2004）『文芸に現れた日本の近代』有斐閣
石母田正（1946）『中世的世界の形成』伊藤書店
石母田正（1950）『増補　中世的世界の形成』東京大学出版会（引用は1957年版『中世的世界の形成』による）
石母田正（1956）『古代末期政治史序説』未來社（引用は上下合冊した1964年版による）
伊藤俊一（2002）「中世後期の土地所有」渡辺尚志・五味文彦編『土地所有史』（新体系日本史３）山川出版社、204-224頁
稲葉継陽（2002）「戦国期の土地所有」渡辺尚志・五味文彦編『土地所有史』（新体系日本史３）山川出版社、225-246頁
井上順孝編（1998）『神道』新曜社
井上光貞（1956）『日本浄土教成立史の研究』山川出版社
今井宏（1990）「ピューリタン革命」今井宏編『イギリス史　2　近世』山川出版社、191-237頁
今関恒夫（1988）『ピューリタニズムと近代市民社会――リチャード・バクスター研究』

みすず書房
岩井淳（1998）「革命の時代」川北稔編『イギリス史』山川出版社、178-221頁
岩橋勝（1988）「徳川経済の制度的枠組み」速水融・宮本又郎編『経済社会の成立』（日本経済史第1巻）岩波書店、85-128頁
宇佐美隆之（1999）『日本中世の流通と商業』吉川弘文館
内井惣七（1998）「功利主義」廣松渉・子安宣邦・三島憲一・宮本久雄・佐々木力・野家啓一・末木文美士編『岩波哲学・思想事典』岩波書店、505-506頁
宇野重規（2007）『トクヴィル　平等と不平等の思想家』講談社
梅棹忠夫（1974）『文明の生態史観』中央公論社（中公文庫）
梅原猛（1967）『地獄の思想』中央公論社
梅原猛（1969）『共生と循環の哲学——永遠を生きる』小学館
上島亨（2010）『日本中世社会の形成と王権』名古屋大学出版会
上島亨（2014）「鎌倉時代の仏教」『岩波講座日本歴史　第6巻中世Ｉ』岩波書店
榎本文雄（1998）「原始仏教」廣松渉・子安宣邦・三島憲一・宮本久雄・佐々木力・野家啓一・末木文美士編『岩波哲学・思想事典』岩波書店、169-170頁
大石嘉一郎（1961）『日本地方財行政史序説』御茶の水書房
大久保良峻（1998）『天台教学と本覚思想』宝蔵館
大塚久雄（1955）『共同体の基礎理論』岩波書店
大塚久雄（1989）「解説」ウェーバー（大塚久雄訳）『プロテスタンティズムの倫理と資本主義の精神』岩波書店
大槻春彦（1952）「解説」ディヴィド・ヒューム（大槻春彦訳）『人性論（四）』岩波書店、301-347頁
大槻春彦（1968）「イギリス古典経験論と近代思想」大槻春彦編『世界の名著27　ロック・ヒューム』中央公論社、1-60頁
大槻春彦（1972）「解説」ジョン・ロック（大槻春彦訳）『人間知性論（一）』岩波書店、287-331頁
大槻春彦（1977）「解説」ジョン・ロック（大槻春彦訳）『人間知性論（四）』岩波書店、425-451頁
大野達之助（1982）『鎌倉新仏教成立論』吉川弘文館
大山喬平（1978）『日本中世農村史の研究』岩波書店
岡崎哲二（1999）『江戸の市場経済』講談社選書メチエ
岡崎哲二・神取道宏（2009）「解説」アブナー・グライフ（岡崎哲二・神取道宏訳）『比較歴史制度分析』NTT 出版、389-397頁
小笠原真（1988）『ヴェーバー／ゾンバルト／大塚久雄』昭和堂
奥村弘（1996）「「近代日本」認識の方法としての国民国家論と地方自治」東京歴史科学研究会『人民の歴史学』126号、14-29頁
生越利昭（1991）『ジョン・ロックの経済思想』晃洋書房

小野武夫（1936）『日本村落史序説』岩波書店
越智武臣（1966）『近代英国の起源』ミネルヴァ書房
笠谷和比古（1993）『士の思想――日本型組織・強さの構造』日本経済新聞社（引用は岩波同時代ライブラリー版（岩波書店、1997年）による）
笠谷和比古（1999a）「村上泰亮・公文俊平・佐藤誠三郎『文明としてのイエ社会』（1979年）」筒井清忠編『日本の歴史社会学』岩波書店
笠谷和比古（1999b）「序論　「家」の概念とその比較史的考察」笠谷和比古編『公家と武家Ⅱ――「家」の比較文明史的考察』思文閣出版
加地伸行（1990）『儒教とは何か』岩波書店
加藤節（1987）『ジョン・ロックの思想世界』東京大学出版会
加藤節（2010）「解説――『統治二論』はどのように読まれるべきか」ジョン・ロック（加藤節訳）『監訳　統治二論』岩波書店、595-619頁
加藤周一（1960）「親鸞――十三世紀思想の一面」『日本文化研究（８）』新潮社、1960年７月（引用は『加藤周一自選集（三）1960-1966』岩波書店、2009年、92-136頁による）
金井新二（1991）『ウェーバーの宗教理論』東京大学出版会
加納重文（1999）「九条兼実における“家”」笠原和比古編『公家と武家Ⅱ――「家」の比較文明史的考察』思文閣出版、253-272頁
鎌田康雄（1998）「主意主義」廣松渉・子安宣邦・三島憲一・宮本久雄・佐々木力・野家啓一・末木文美士編『岩波哲学・思想事典』岩波書店、705頁
川勝平太（1991）『日本文明と近代西洋』NHK 出版
川北稔（1998）「ヘゲモニー国家への上昇」川北稔編『イギリス史』山川出版社、222-255頁
川島武宣（1950）『日本社会の家族的構成』日本評論社
菊池康明（1969）『日本古代土地所有の研究』東京大学出版会
木曾好能（1995）「解説Ⅱヒューム『人間本性論』の理論哲学」ディヴィッド・ヒューム（木曾好能訳）『人間本性論』法政大学出版局、367-616頁
喜多野精一（1976）『家と同族の基礎理論』未來社
黒田俊雄（1967）『荘園制社会』日本評論社
黒田俊雄（1974）『日本中世封建制論』東京大学出版会
黒田俊雄（1975）『日本中世の国家と宗教』岩波書店
久米あつみ（1998a）「カルヴァニズム」廣松渉・子安宣邦・三島憲一・宮本久雄・佐々木力・野家啓一・末木文美士編『岩波哲学・思想事典』岩波書店、268頁
久米あつみ（1998b）「ピューリタン」廣松渉・子安宣邦・三島憲一・宮本久雄・佐々木力・野家啓一・末木文美士編『岩波哲学・思想事典』岩波書店、1335頁
源城政好（1999）「三条西家における家業の成立」笠原和比古編『公家と武家Ⅱ――「家」の比較文明史的考察』思文閣出版、295-317頁

小池和男（1997）『日本企業の人材育成』中央公論社
小池和男（2012）『高品質日本の起源――発言する職場はこうして生れた』日本経済新聞出版社
小泉徹（1990a）「エリザベスの治世」今井宏編『イギリス史　2　近世』山川出版社、69-112頁
小泉徹（1990b）「初期スチュアート朝の展開」今井宏編『イギリス史　2　近世』山川出版社、140-190頁
小口雅史（2002）「古代　第２章国家的土地所有の成立と展開」渡辺尚志・五味文彦編『土地所有史』（新体系日本史３）山川出版社、22-48頁
小松芳喬（1951）『イギリス農業革命の研究』岩波書店
小松芳喬（1953）『英国資本主義の歩み――農村の近代過程』早稲田大学出版部
五味文彦（1988）『鎌倉と京』大系　日本の歴史第５巻、小学館（引用は小学館ライブラリー版1005（小学館、1992年）による）
五味文彦・伊藤俊一（2002）「転換期の土地所有」渡辺尚志・五味文彦編『土地所有史』（新体系日本史３）山川出版社、165-203頁
五味文彦・川合康・西谷地晴美（2002）「中世前期の土地所有」渡辺尚志・五味文彦編『土地所有史』（新体系日本史３）山川出版社、124-164頁
子安宣邦（1998）「儒教」廣松渉・子安宣邦・三島憲一・宮本久雄・佐々木力・野家啓一・末木文美士編『岩波哲学・思想事典』岩波書店、737-739頁
西郷信綱（1976）『梁塵秘抄』（日本詩人選22）筑摩書房（引用はちくま学芸文庫版（筑摩書房、2004年）による）
斎藤明（1998a）「縁起」廣松渉・子安宣邦・三島憲一・宮本久雄・佐々木力・野家啓一・末木文美士編『岩波哲学・思想事典』岩波書店、169-170頁
斎藤明（1998b）「空」廣松渉・子安宣邦・三島憲一・宮本久雄・佐々木力・野家啓一・末木文美士編『岩波哲学・思想事典』岩波書店、374-375頁
斎藤明（1998c）「無我」廣松渉・子安宣邦・三島憲一・宮本久雄・佐々木力・野家啓一・末木文美士編『岩波哲学・思想事典』岩波書店、1564頁
斎藤修（1988）「大開墾・人口・小農経済」速水融・宮本又郎編『経済社会の成立』（日本経済史第１巻）岩波書店、171-216頁
斎藤修（2008）『比較経済発展論』岩波書店
斎藤純一（2008）『政治と複数性――民主的な公共性にむけて』岩波書店
坂本多加雄（1991）『市場・道徳・秩序』創文社（再刊：ちくま学芸文庫、2007年）
桜井英治（1996）『日本中世の経済構造』岩波書店
桜井英治（2002）「中世・近世の商人」桜井英治・中西聡編『流通経済史』（新　体系日本史12）山川出版社、112-148頁
佐々木銀弥（1972）『中世商品流通史の研究』法政大学出版会
佐々木力（1992）『近代学問理念の誕生』岩波書店

佐々木力（1995）『科学革命の歴史構造』（上、下）講談社学術文庫
笹本正治（2002）『異教を結ぶ商人と職人』中央公論新社
指昭博（1998）「近代国家の成立」川北稔編『イギリス史』山川出版社、138-177頁
指昭博（2010）『イギリス宗教改革の光と影——メアリとエリザベスの時代』ミネルヴァ書房
佐竹昭広（1973）『民話の思想』平凡社（引用は中公文庫版（中央公論社、1990年）による）
佐藤一進（2007）「「共和国」という「統治の学」の殿堂——ジェイムズ・ハリントンとエドモンド・バークに見るその意義」佐伯啓思・松原隆一郎編『共和国ルネサンス』NTT 出版
佐藤進一（1974）『南北朝の動乱』（日本の歴史９）中央公論新社
佐藤進一（1983）『日本の中世国家』岩波書店（引用は岩波現代文庫版、2007年による）
佐藤弘夫（1987）『日本中世の国家と仏教』吉川弘文館
佐藤弘夫（1998）「親鸞」廣松渉・子安宣邦・三島憲一・宮本久雄・佐々木力・野家啓一・末木文美士編『岩波哲学・思想事典』岩波書店、848頁
塩野谷祐一（2009）『経済哲学原理——解釈学的接近』東京大学出版会
渋谷克美（2008）「オッカム」『哲学の歴史　（３）』中央公論新社、631-647頁
島地大等（1933）『日本仏教教学史』明治書院
指昭博（1998）「近代国家の成立」川北稔編『イギリス史』山川出版社、138-177頁
清水哲郎（1998a）「オッカム」廣松渉・子安宣邦・三島憲一・宮本久雄・佐々木力・野家啓一・末木文美士編『岩波哲学・思想事典』岩波書店、1619頁
清水哲郎（1998b）「唯名論」廣松渉・子安宣邦・三島憲一・宮本久雄・佐々木力・野家啓一・末木文美士編『岩波哲学・思想事典』岩波書店、188-189頁
清水哲郎（1998c）「普遍論争」廣松渉・子安宣邦・三島憲一・宮本久雄・佐々木力・野家啓一・末木文美士編『岩波哲学・思想事典』岩波書店、1392-1393頁
清水昭俊（1987）『家・身体・社会——家族の社会人類学』弘文堂
下川潔（2007）「ロック」『哲学の歴史　第６巻　18世紀　知識・経験・啓蒙』中央公論新社、83-162頁、83-170頁
新保博・長谷川彰（1988）「商品生産・流通のダイナミックス」速水融・宮本又郎編『経済社会の成立』（日本経済史１）岩波書店、217-270頁
末木文美士（1992）『日本仏教史』新潮社（引用は新潮文庫版、1998年による）
末木文美士（1993）『日本仏教思想論考』大蔵出版
末木文美士（1998）『鎌倉仏教形成論——思想史の立場から』宝蔵館
末木文美士（2006）『日本宗教史』岩波書店
末木文美士（2008）「顕密体制論以後の仏教研究——中世の諸宗論から」『日本仏教綜合研究』第８巻、1-15頁
鈴木敦子（2000）『日本中世社会の流通構造』校倉書房

関口裕子（1980）「日本古代の家族形態と女性の地位」『家族史研究』第２集、73-95頁
薗田稔（1994）「総説」『日本宗教事典』弘文堂、55-56頁
平雅之（1992）『日本中世の社会と仏教』塙書房
高槻康郎（2012）『近世米市場の展開と形成』名古屋大学出版会
田口卯吉（1885）『日本開化之性質』（鼎軒田口卯吉全集、第２巻）117-140頁
竹内幸雄・秋田茂（1994）「解説　ジェントルマン資本主義の形成、論争そして展開」P. K. ケイン、A. G. ホプキンス（竹内幸雄・秋田茂訳）『ジェントルマン資本主義と大英帝国』岩波書店、159-186頁
竹田聴州（1975）「近世社会と仏教」『岩波講座　日本歴史』第９巻（近世１）、263-302頁
竹中靖一・作道洋太郎（1972）『図説経済学体系　7　日本経済史』学友社
田子山和歌子（2008）「個と普遍――トマス・アクィナスとライプニッツ」『哲学の歴史　第３巻中世　神との対話』中央公論新社、648-654頁
多田厚隆・大久保良順・田村芳朗・浅井円道校注（1973）『天台本覚論』岩波書店
立川武蔵（2013）『ブッダから、ほとけへ――原典から読み解く日本の仏教思想』岩波書店
田中浩（1993）『近代日本と自由主義』岩波書店
田中正司（1997）『アダム・スミスの倫理学』お茶の水書房
田中正司（2005）『新増補　ジョン・ロックの研究』お茶の水書房
田中優子（1986）『江戸の想像力』筑摩書房（ちくま学芸文庫版、1991年）
田村晃祐（1992）『最澄教学の研究』春秋社
田村芳朗（1973）「天台本覚思想概説」多田厚隆・大久保良順・田村芳朗・浅井円道校注『天台本覚論』岩波書店
田村芳朗（1991）『本覚思想論』春秋社
田村芳朗（1996）「天台法華の哲理」田村芳朗・梅原猛『仏教思想５　絶対の真理・天台』角川ソフィア文庫、20-220頁
田村芳朗・新田雅章（1982）『人物中国の仏教　智顗』大蔵出版
杖下隆英（1998）「経験主義」廣松渉・子安宣邦・三島憲一・宮本久雄・佐々木力・野家啓一・末木文美士編『岩波哲学・思想事典』岩波書店、403-404頁
柘植尚則（2007）「アダム・スミス」『哲学の歴史　6　知識・経験・啓蒙」中央公論新社、283-308頁
角山栄（1995）『アジアルネサンス――勃興する信・都市文明』PHP 研究所
鶴巻孝雄（1992）『近代化と伝統的民衆世界――転換期の民衆運動とその思想』東京大学出版会
寺西重郎（2011）『戦前期日本の金融システム』岩波書店
東光寛英（1974）「阿弥陀仏と神」石田充之・滝沢克己編『浄土真宗とキリスト教』法蔵館

堂目卓生（2008）『アダム・スミス』中央公論新社
戸田芳実（1967）『日本領主制成立史の研究』岩波書店
友部謙一・西坂靖（2009）「労働の管理と勤労観――農家と商家」宮本又郎・粕谷誠編『経営史・江戸の経験　1600～1882』（講座　日本経営史１）ミネルヴァ書房、99-134頁
豊田武（1952）『増訂　日本中世商業史の研究』岩波書店
豊田武（1963）『武士団と村落』吉川弘文館
中井信彦（1961）『幕藩社会と商品流通』塙書房
中田薫（1938）『法制史論集　第二巻』岩波書店
中才敏郎（2007）「ヒューム」『哲学の歴史　6　知識・経験・啓蒙」中央公論新社、209-282頁
中沢新一（1981）「解説――二十一世紀に向けた思想の砲丸」吉本隆明『最後の親鸞』春秋社（ちくま学芸文庫版、2002年、229-238頁）
中島圭一（1992）「中世京都における土倉業の成立」『史学雑誌』101巻３号、367-386頁
中根千枝（1970）『家族の構造』東京大学出版会
永原慶二（1961）『日本封建制成立過程の研究』岩波書店
永原慶二（1968）『日本の中世社会』岩波書店（引用は岩波モダンクラシックス版、2001年による）
永原慶二（1980）『日本経済史』岩波書店
永原慶二（1990）『新　木綿以前のこと――苧麻から木綿へ』岩波書店
永原慶二（1998）『荘園』吉川弘文館
中村隆英（1971）『戦前期日本経済成長の分析』岩波書店
中村元（1962）「第４編　日本人の思惟方法」『東洋人の思惟方法３』（中村元選集第３巻）春秋社
那須政隆（1980）『即身成仏義の解説』成田山新勝寺
西谷正浩（2004）「中世後期における下級土地所有の特質と変遷」渡辺尚志・長谷川裕子編『中世・近世土地所有史の再構築』青木書店、43-72頁
西谷正浩（2006）『日本中世の所有構造』塙書房
西山恵子（1999）「中世公家と家業――難波家・飛鳥井家と蹴鞠」笠原和比古編『公家と武家Ⅱ――「家」の比較文明史的考察』思文閣出版、211-224頁
日本基督改革派教会大会出版局編（1994）『ウェストミンスター信仰基準』新教出版社
丹羽邦男（1989）『土地問題の起源』平凡社
羽島卓也（1955）「ロック経済理論の構成」小林昇編『イギリス重商主義論』お茶の水書房、105-170頁
橋本努（1994）『自由の論法――ポパー・ミーゼス・ハイエク』創文社
長谷川裕子（2004）「売買・貸借に見る土豪の融通と土地所有」渡辺尚志・長谷川裕子編『中世・近世土地所有史の再構築』青木書店、127-156頁

服部早苗（1991）『家成立史の研究：祖先祭祀・女・子ども』校倉書房
羽入辰郎（2002）『マックス・ウェーバーの犯罪』ミネルヴァ書房
馬場光子（2010）「解説　後白河院と今様」『梁塵秘抄口伝集』講談社学術文庫
濱真一郎（2008）『バーリンの自由論』勁草書房
濱口恵俊（1988）『「日本らしさ」の再発見』講談社
濱口恵俊・公文俊平（1982）『日本的集団主義』有斐閣
浜林正夫（1983）『イギリス名誉革命史（上）』未來社
原勝郎（1911）「東西の宗教改革」『藝文』第2巻第7号（原勝郎『日本中世史の研究』同文館、1929年、304-321頁）
原田信男（1983）「在地小領主層の動向と近世村落の成立——寛永期における検地と加地子」『歴史学研究』514号、1-20頁
林玲子（1967）『江戸問屋仲間の研究』お茶の水書房
林玲子編（1992）『日本の近世第5巻　商人の活動』中央公論社
林屋辰三郎（1953）『中世文化の基調』東京大学出版会
林屋辰三郎（1955）『古代国家の解体』東京大学出版会
林屋辰三郎（1960）『中世芸能史の研究』岩波書店
林屋辰三郎（1978）『角倉素庵』朝日新聞社
速水融（1973）『日本における経済社会の展開』慶應通信
速水融（1988）「近世農民の地理的移動と階層間移動」『社会的諸集団』（日本の社会史第6巻）岩波書店、192-212頁
速水融（2003）『近世日本の経済社会』麗澤大学出版会
速水融・宮本又郎（1988）「概説17-18世紀」速水融・宮本又郎編『経済社会の成立』（日本経済史第1巻）岩波書店、1-84頁
半田元夫・今野國男（1977）『キリスト教史Ⅱ』山川出版社
尾藤正英（1988）「日本における国民的宗教の成立」『東方学』第75輯、1-18頁（『江戸時代とは何か——日本史上の近世と近代』岩波書店、1992年に収録）
平井直房（1994）「神仏交渉と神道の自立」『日本宗教事典』弘文堂、60-64頁
平山朝治（1995）『イエ社会と個人主義』日本経済新聞社
福沢諭吉（1872-1876）『学問のすすめ』（引用は岩波文庫、1942年版による）
福沢諭吉（1875）『文明論之概略』（引用は松沢弘陽校注、岩波文庫、1995年版による）
福沢諭吉（1879）『民情一新』（引用は福沢諭吉著作集、慶應義塾大学出版会、第6巻による）
福沢諭吉（1880-1881）『時事小言』（引用は福沢諭吉著作集、慶應義塾大学出版会、第8巻による）
福沢諭吉（1893）『実業論』（引用は福沢諭吉著作集、慶應義塾大学出版会、第6巻による）
福沢諭吉（1896）『福翁夜話』（引用は福沢諭吉著作集、慶應義塾大学出版会、第11巻に

よる）
福島正夫（1967）『日本資本主義と「家」制度』東京大学出版会
福田歓一（1985）『政治学史』東京大学出版会
藤井教公（1998）「三諦」廣松渉・子安宣邦・三島憲一・宮本久雄・佐々木力・野家啓一・末木文美士編『岩波哲学・思想事典』岩波書店、591-592頁
藤田武夫（1941）『日本地方財政制度の成立』岩波書店
星野元豊（1971）「『教行心証』の思想と内容」星野元豊・石田充之・家永三郎校注『親鸞』岩波書店
本城正徳（1994）『幕藩制社会の展開と米穀市場』大阪大学出版会
本城正徳（2002）「近世の商品市場」桜井英治・中西聡編『流通経済史』（新　体系日本史12）山川出版社、235-274頁
松沢弘陽（1993）『近代日本の形成と西洋体験』岩波書店
松沢裕作（2009）『明治地方自治体制の起源』東京大学出版会
松波直弘（2011）『鎌倉期禅宗思想の研究――日本禅宗の形成』ぺりかん社
松前健（1994）「日本神話の源流」『日本宗教事典』弘文堂、32-36頁
松本新八郎（1956a）『中世社会の研究』東京大学出版会
松本新八郎（1956b）「序論」歴史学研究会・日本史研究会編『日本歴史講座　第２巻　古代-中世』東京大学出版会
丸山真男（1947）「福沢諭吉の哲学」『国家学会雑誌』第61巻３号（丸山真男著・松沢弘陽編『福沢諭吉の哲学』岩波書店、2001年、66-118頁）
丸山真男（1960）「忠誠と反逆」『近代日本思想史講座』第６巻、筑摩書房（『丸山真男集』第８巻、岩波書店、1996年、163-277頁）
丸山真男（1961）『日本の思想』岩波書店
丸山真男（1966）「ベラー『徳川時代の宗教』について」R. N. ベラー（堀一郎・池田昭訳）『日本近代化と宗教倫理』未來社、1966年、319-354頁）
丸山真男（1986）『「文明論之概略」を読む（上・中・下）』岩波書店
水田洋（2003）「解説」アダム・スミス（水田洋訳）『道徳感情論（下）』岩波書店、451-472頁
水田洋（2006）『新版　社会思想小史』ミネルヴァ書房
水林彪（1987）『日本通史Ⅱ　封建制の再編と日本的社会の確立』山川出版社
南亮進（1970）『日本経済の転換点』創文社
宮本救（1973）「律令制的土地制度」竹内理三編『土地制度史Ｉ』体系日本史叢書６、49-138頁
宮本又次（1938）『株仲間の研究』有斐閣
宮本又次（1941）『近世商人意識の研究』有斐閣
宮本又郎（1988）『近世日本の市場構造』有斐閣
宮本又郎（2009）「市場と企業」宮本又郎・粕谷誠編『経営史・江戸の経験　1600～

1882』（講座　日本経営史１）ミネルヴァ書房、49-84頁
村上泰亮・公文俊平・佐藤誠三郎（1979）『文明としてのイエ社会』中央公論社
元木泰雄（1994）『武士の成立』吉川弘文館
柳父圀近（1983）『ウェーバーとトレルチ』みすず書房
矢島杜夫（2001）『ミル『自由論』の形成』お茶の水書房
矢島杜夫（2006）『ミル『自由論』とロマン主義』お茶の水書房
八代崇（1979）『イギリス宗教改革史研究』創文社
八代崇（1993）『イングランド宗教改革史研究』聖公会出版
安田元久（1962）「武士団の形成」『岩波講座日本歴史４　古代４』岩波書店
柳宗悦（1928）『工藝の道』講談社（講談社学術文庫、2005年）
柳宗悦（1942）『工藝文化』文芸春秋社（引用は岩波文庫版、1985年による）
柳原正治（1987）「第６章　所有権・支配権」大沼保昭編『戦争と平和の法（補正版）――フーゴ・グロティウスにおける戦争・平和・正義』東信堂
山折哲雄（1993）『仏教とは何か』中央公論新社
山折哲雄（2003）「日本思想史のもっとも戦慄すべき瞬間」石田瑞磨訳『親鸞』中公クラシックス、1-26頁
山折哲雄（2011）『法然と親鸞』中央公論新社
山崎正和（1984）『柔らかい個人主義――消費社会の美学』中央公論社（引用は中公文庫版による）
山崎正和（1990）『日本文化と個人主義』中央公論社
山田弘明（2006）「解説」ルネ・デカルト（山田弘明訳）『省察』ちくま学芸文庫、226-265頁
山之内靖（1997）『マックス・ウェーバー入門』岩波書店
山之内靖（1983）「転換期の歴史像――柴田三千雄『近代社会と民衆運動』に寄せて」『思想』12月、714号、1-23頁
山本耕平（1998）「スコラ哲学」廣松渉・子安宣邦・三島憲一・宮本久雄・佐々木力・野家啓一・末木文美士編『岩波哲学・思想事典』岩波書店、871-872頁
山本信太郎（2006）「イングランド宗教改革史研究をめぐって――『ヒストリカル・リサーチ』A. G. ディケンズ特集号に寄せて」『西洋史学』224号、303-316頁
横井清（1975）『中世民衆の生活文化』東京大学出版会（引用は講談社学術文庫版、2007年による）
義江彰夫（1986）『日本通史１　歴史の曙から伝統社会の成熟へ』山川出版社
義江明子（1982）「古代の氏と家について」『歴史と地理――日本史の研究』322号、山川出版社、１-14頁
吉田孝（1983）『律令国家と古代の社会』岩波書店
吉田武彦（1975）『親鸞思想――その史料批判』冨山房（引用は『吉田武彦著作集　親鸞・思想史研究編Ⅱ　親鸞思想』明石書店、2003年による）

吉田ゆり子（2004）「兵農分離と身分」歴史学研究会・日本研究会編『日本史講座 5　近世の形成』東京大学出版会
吉本隆明（1981）『最後の親鸞』春秋社（引用はちくま学芸文庫版、2002年による）
頼住光子（1998）「道元」廣松渉・子安宣邦・三島憲一・宮本久雄・佐々木力・野家啓一・末木文美士編『岩波哲学・思想事典』岩波書店、1161-1162頁
ラフカディオ・ハーン（1896）「前世の観念」平井呈一訳『心――日本人の内面生活の暗示と影響』岩波書店、1951年、216-245頁
ルター研究所編（1995）『ルターと宗教改革事典』教文館
脇田晴子（1969）『日本中世商業発達史の研究』お茶の水書房
脇田晴子（1976）「室町期の経済発展」『岩波講座　日本歴史』第 7 巻（中世 3）岩波書店、50-98頁
脇田晴子（1988）「中世の分業と身分制」永原慶二・佐々木潤之助編『日本中世史研究の軌跡』東京大学出版会、35-67頁
渡辺尚志（1994）『近世の豪農と村落共同体』東京大学出版会
綿貫友子（1998）『中世東国の太平洋海運』東京大学出版会

英文（アルファベット順）

Aoki, Masahiko（1988）*Information, Incentives, and Bargaining in the Japanese Economy*, Cambridge University press（永易浩一訳『日本の経済の制度分析』筑摩書房、2001年）
Aoki, Masahiko（2001）*Toward a Comparative Institutional Analysis*, MIT Press（瀧口和弘・谷口和弘訳『比較制度分析に向けて』NTT 出版、2001年）
Arnold, Mathew（1869）*Culture and Anarchy*, Cambridge University Press（リプリント版 1935年）（多田英治訳『教養と無秩序』岩波書店、1946年）
Aston, T. H. and C. H. E. Philpin（1985）*The Brenner Debate; Agrarian Class Structure and Economic Development in Pre-Industrial Europe*, Cambridge University Press
Bate, Walter Jackson（1946）*From Classic to Romantic: Premise of Taste in Eighteenth Century England*, Harvard university Press（小黒和子訳『古典主義からロマン主義へ――一世紀英国の文学的風土』みすず書房、1993年）
Becker, Gary S.（1975）*Human Capital: A Theoretical and Empirical Analysis, with special reference to Education*, National Bureau of Economic Research
Becker, Sascha O. and Ludger Woessmann（2009）“Was Weber Wrong? A Human Capital Theory of Protestant Economic Theory”, *Quarterly Journal of Economics*, Vol.142, No.2, pp.531-596
Bellah, R. N.（1957）*Tokugawa Religion*, Glencoe III, Free Press（堀一郎・池田昭訳『日本近代化と宗教倫理』未來社、1966年）

Bellah, R. N.（1963）“Value and Social Change in Modern Japan”, *Asian Cultural Studies*, 3, pp.13-16（河合秀和訳『社会変革と宗教倫理』未來社、1973年、第８章、201-239頁）

Bellah, R. N.（1964）“Religious Revolution”, *American Sociological Review*, 29, pp.358-374（河合秀和訳『社会変革と宗教倫理』未來社、1973年、第２章、42-92頁）

Bellah, R. N., Richard Madesen, William M. Sullivan, Ann. Swider and Steven M. Tipton（1985）*Habits of the Heart: Individualism and Commitment in American Life*, University of California Press（島薗進・中村圭志訳『心の習慣――アメリカ個人主義の行方』みすず書房、1991年）

Berlin, Isaiah（1969）*Four essays on Liberty*, Oxford University Press（小川晃一・小池鋕・福田歓一・生松敬三共訳『バーリン　自由論』みすず書房、1971年）

Blair, Margarett（1995）*Ownership and Control: rethinking corporate governance for the twenty-first century*, The Brookings Institution

Bowden, P. J.（1952）“Movements in Wool Prices, 1490-1610”, *Yorkshire Bulletin of Economic and Social Research*, Vol.4, pp.109-124

Brenner, Robert（1976）“Agrarian Class Structure and Economic Development in Pre-Industrial Europe”, *Past & Present*, No.70, pp.30-75

Brentano, Lujo（1923）“Puritanismus und Kapitalismus”, *Der wirtschaftende Mensch in der Geschichte*, Felix Meiner, S. 384（田中善次郎訳「清教主義と資本主義」『近世資本主義の起源』有斐閣、1941年、147-308頁）

Britnell, R. N.（1981）“The Proliferation of Markets in England, 1200-1349”, *The Economic History Review*, New Series Vol.34, No.2, pp.1200-1349

Britnell, R. N.（2001）“Specialization of Work in England, 1100-1300”, *The Economic History Review*, New Series, Vol.54, No.1, pp.1-16

Cain, P. J. and A. G. Hopkins（1993）*British Imperialism: Innovation and Expansion 1688-1914*, Longman（竹内幸雄・秋田茂訳『ジェントルマン資本主義の帝国Ⅰ』名古屋大学出版会、1997年）

Campbell, Bruce M. S.（2005）“The Agrarian Problem in the early Fourteen Century”, *Past and Present*, No.188, pp.3-70

Campbell, Bruce M. S.（2009）“Factor Markets in England before the Black Death”, *Continuity and Change*, Vol.24, No.1, pp.79-106

Cantoni, Davide（2012）“Adopting a New Religion: The case of Protestantism in the 16th Century Germany”, *Economic Journal*, Vol.122, No.560, pp.502-531

Christin, Oliver（1995）*Les Réformes: Luther, Calvin et les protestants*, Gallimard（佐伯晴郎訳『宗教改革』創元社、1998年）

Clark, Gregory（2005a）“The Condition of Working Class in England, 1209-2004”, *Journal of Political Economy*, Vol.113, No.6, pp.1307-1340

Clark, Gregory (2005b) "The Long March of History: Farm wages, Population and Economic Growth, England 1209-1869", *Working Papers*, University of California, Davis Department of Economics, No.05,04

Collinson, Patrick (1983) *Goddy People, Essays on English Protestantism and Puritanism*, The Hambledon Press

Dahl, Robert A. (1982) *The Dilemmas of Pluralist Democracy*, New Haven, Yale University Press

De Vries, Jan (2008) *The Industrious Revolution: Consumer Behavior and the Household Economy, 1650 to the Present*, Cambridge University Press

Dickenz, A. G. (1964) *The English Reformation*, London: Collins

Dickinson, H. T. (1977) *Liberty and Property*, The Orion Publishing Group Ltd.（田中秀夫監訳、中澤信彦他訳『自由と所有――英国の自由な国制はいかにして創出されたか』ナカニシヤ出版、2006年）

Dickson, P. G. M. (1967) *The Financial Revolution in England*, Macmillan and Company Limited

Dumont, Louis (1983) *Essais sur l'individualisme: Une perspective antropologique sur l'délogie moderne*, E'ditions du Seuil（渡辺公三・浅野房一訳『個人主義論考：近代イデオロギーについての人類学的展望』言叢社、1993年）

Dunn, John (1969) *The Political Thought of John Locke: An Historical Account of the Argument of the 'Two Treatises of Goverment'*, Cambridge University Press

Dunn, John (1984) *Locke*, Oxford University Press（加藤節訳『ジョン・ロック』岩波書店、1987年）

Dyer, Christpher (1994) *Everyday Life in Medieval England*, The Hambledon Press

Edwards, Jeremy and Sheilagh Ogilvie (2012) "Contract Enforcement, Institutions, and Social Capital: the Maghribi Traders Reappraised", *Economic History Review*, Vol.65, No.2, pp.421-444

Elton, G. R. (1963) *Reformation Europe 1517-1559*（越智武臣訳『宗教改革の時代』みすず書房、1973年）

Fei, J. C. and G. Ranis (1964) *Development of the Labor Surplus Economy*, R. D. Irwin

French, H. R. and R. W. Hoyle (2003) "English Individualism--- Refuted and Reasserted: the Land Market of Earls Colne (Essex), 1550-1750", *Economic History Review*, LVI, 4, pp.595-622

Gay, Edwin F. (1903) "Inclosures in England in the Sixteen Century", *The Quarterly Journal of Economics*, Vol.17, No.4, pp.576-597

Goody, Jack (1983) *The Development of the Family and Marriage in Europe*, Cambridge University Press

Gordon, Andrew ed. (1993) *Postwar Japan as History*, University of California Press

（中村政則監訳『歴史としての戦後日本』みすず書房、2002年）
Gray, John（1983）“Mill's Conception of Happiness and the Theory of Individuality”, in John Gray and G. W. Smith（1991）（Ｊ・グレイ「ミルの幸福概念と個性の理論」泉谷周三郎・大久保正健訳『ミル『自由論』再読』木鐸社、2000年）
Gray, John（1993）*Post-liberalism: Studies in Political Thought*, Routledge
Gray, John and G. W. Smith（1991）*J. S. Mill, On Liberty in Focus*, Routledge and Kegan Paul（泉谷周三郎・大久保正健訳『ミル『自由論』再読』木鐸社、2000年）
Greif, Avner（1993）“Contract Enforceability and Economic Institutions in Early Trade: the Maghribu Trader's Coalition”, *American Economic Review*, Vol.83, pp.525-548
Greif, Avner（1994）“Cultural Beliefs and the Organization of Society: a Historical and Theoretical Reflection on Collectivist and Individualist Societies”, *Journal of Political Economy*, Vol.102, pp.912-950
Greif, Avner（2006）*Institutions and the Path to the Modern Economy: Lessons from Medieval Trade*, Cambridge University Press（岡崎哲二・神取道宏訳『比較歴史制度分析』NTT 出版、2009年）
Habakkuk, Hrothgar John（1940-1960）“English Landownership, 1680-1740” *The Economic History Review*, Vol.X, No.1, 他三論文（川北稔訳『十八世紀イギリスにおける農業問題』未來社、1967年に所収）
Haigh, C.（1975）*Reformation and Resistance in Tudor Lancashire*, Cambridge University Press
Hammond, John Lawlence and Barbara Hammond（1911）*The Village Labourer 1760-1832*
Harrington, James（1656）*The Commonwealth of Oceana and A System of Politics*, ed. by J. G. A. Pocock, 1992, Cambridge University Press
Hicks, R. John（1969）*A Theory of Economic History*, Clarendon Press, Oxford（新保博訳『経済史の理論』日本経済新聞社、1970年）
Hill, Christopher（1964）*Society and Puritanism in Pre-Revolutionary England*, London: Secker & Warburg
Hill, Christopher（1967）*Reformation to Industrial Revolution: A Social and Economic History of Britain 1530-1780*, London（浜林正夫訳『宗教改革から産業革命へ』未來社、1970年）
Hobbes, Thomas（1651）*Liviathan*（水田洋訳『リヴァイアサン』岩波書店、（１）1954年、（２）1964年、（３）1982年、（４）1985年）
Homans, G. C.（1941）*English Villagers of the Thirteenth Century*, Cambridge, Mass.
Hont, Istvan and Michael Ignatieff（eds.）（1983）*Wealth and Virtue: The Shaping of Political Economy in the Scottish Enlightenment*, Cambridge University Press

（水田洋・杉山忠平監訳『富と徳——スコットランド啓蒙における経済学の形成』未來社、1990年）

Horrell, Sara（1996）“Home Demand and British Industrialization”, *Journal of Economic History* Vol.56, No.3, pp.561-604

Howell, Cicely（1983）*Land, Family and Inheritance in Transition: Kibworth Harcourt 1280-1700*, Cambridge University Press

Hsu, Fransis L. K.（1963）*Clan, Caste, and Club, D. Van*, Nostrand Co., Inc.（作田啓一・浜口恵俊訳『比較文明社会論——クラン・カスト・クラブ・家元』培風館、1971年）

Hume, David（1739-1740）*A Treatise on Human Nature*（大槻春彦訳『人性論』岩波書店、（1）1948年、（2）1949年、（3）1951年、（4）1952年、『人間本性論』法政大学出版局、木曾好能訳、第1巻（1995年）、石川徹・中釜浩一・伊勢俊彦訳、第2巻（2011年）、伊勢俊彦・石川徹・中釜浩一訳、第3巻（2012年））

Kuhn, S. Thomas（1977）“Mathematical versus Experimental Tradition in the Development of Physical Science”, in *The Essential Tension*, The University of Chicago Press, pp.31-65（我孫子誠也・佐野正博訳『本質的緊張』Ⅰ、みすず書房、1987年、47-88頁）

Langdom, John and James Masschaele（2006）“Commercial Activity and Population Growth in Medieval England”, *Past and Present*, No.190, pp.35-82

La Porta, Rafael, Florencio Lopez-de-Silanes, Andrei Shleifer and Robert W. Vishny（1996）“Trust in Large Organization”, NBER Working Paper 5846

Laslett, Peter（1959）“Introduction” in John Locke, *Two Treaties of Government*, Cambridge at the University Press, pp.3-154

Laslett, Peter（1965）*The World We Have Lost: Further Explored*, Methuen & Co. Ltd（川北稔・指昭博・山本正訳『われら失いし世界』三嶺書房、1986年）

Laslett, Peter（1972）“Mean Household Size in England since the Sixteenth Century”, in Peter Laslett and Richard Wall（eds.）, *Household and Family in Past Time*, Cambridge University Press

Laslett, Peter（1977）*Family Life and Illicit Love in Earlier Generations*, Cambridge University Press（斎藤修「クレイウォースとコックノー」『家族と人口の歴史社会学——ケンブリッジ・グループの成果』リブロポート、1988年、59-138頁）

Laslett, Peter（1988）“The European Household and Its History as Viewed from Japan”（斎藤修「日本からみたヨーロッパの所帯とその歴史」『家族と人口の歴史社会学：ケンブリッジ・グループの成果』リブロポート、1988年、25-58頁）

Locke, John（1689）*A letter concerning Toleration*（大槻春彦編『世界の名著27　ロック・ヒューム』中央公論社、1968年、347-402頁）

Locke, John（1690a）*Two Treatises of Government*（加藤節訳『統治二論』岩波書店、

2010年）

Locke, John（1690b）*An Essay Concerning Human Understanding*（大槻春彦訳『人間知性論』岩波書店、（1）1972年、（2）1974年、（3）1976年、（4）1977年）

Locke, John（1692, 1695）*Some Considerations of the Lowering of Interest, and Raising the Value of Money*（1692）および*Further Considerations concerning Raising the Value of Money*（1695）（田中正司・竹本洋訳『利子・貨幣論』東京大学出版会、1978年）

Lukes, Steven（1973）*Individualism*, Basil Blackwell（reprinted with a new introduction by ECPR Press in 2006）

Macfarlane, Alan（1978）*The Origin of English Individualism*, Basil Blackwell（酒田利夫訳『イギリス個人主義の起源』リブロポート、1990年）

MacIntyre, Alsdair（1984）*After Virtue; A Study in Moral Theory*（Second Edition）, University of Notre Dame Press（篠崎榮訳『美徳なき時代』みすず書房、1993年）

McKendrick, Neil（1982）"Commercialization and the Economy", in Neil McKendrick, John Brewer and J. H. Plumb, *The Birth of a Consumer Society---The Commercialization of Eighteenth Century England*, Indiana University Press, pp.9-196

McNally, David（1988）*Political Economy and the Rise of Capitalism*, University of California Press

Macpherson, C. B.（1962）*The Political Theory of Possessive Capitalism; Hobbes to Locke*, Oxford University Press（藤野渉・将積茂・瀬沼長一郎訳『所有的個人主義の政治理論』合同出版、1980年）

Mill, John Stuart（1859）On Liberty（山岡洋一訳『自由論』日経BP社、2011年）

Mingay G. E.（1978）"General Introduction", in J. L. Hammond and Barbara Hammond, *The Village Labourer*, Longman

Mitch, David（1999）"The Role of Education and Skill in the British Industrial Revolution", in Joel Mokyr（ed.）, *The British Industrial Revolution---An Economic Perspective*, Westview Press, pp.241-279

Mokyr, Joel（1999）"Editor's Introduction: The New Economic History and the Industrial Revolution", in Joel Mokyr（ed.）, *The British Industrial Revolution---An Economic Perspective*, Westview Press, pp.1-127

Mommsen, W. J.（1974）*The Age of Bureaucracy: Perspectives on the Political Sociology*, Basil and Blackwell（得永新太郎訳『官僚制の時代』未來社、1984年）

Morris, Colin（1972）*The Discovery of Individual 1050-1200*, S.P.C.K.（吉田暁訳『個人の発見』日本基督教団出版局、1983年）

North, Douglas（1980）*Structure and Change in Economic History*, Norton & Co., Inc.

（中島正人訳『文明史の経済学——財産権・国家・イデオロギー』春秋社、1989年）

North, Douglas and Robert Paul Thomas（1971）"The Rise and Fall of the Manorial System: a Theoretical Model", *The Journal of Economic History*, 31, No.4, pp.777-803

North, Douglas C. and Robert Paul Thomas（1973）*The Rise of the Western World: A New Economic History*, Cambridge University Press（速水融・穐本洋哉訳『西欧世界の勃興——新しい経済史の試み』ミネルヴァ書房、1980年）

North, Douglass C. and Barry Weingast（1989）"Constitutions and Commitment: Evolution of Institutions Governing Public Choice in Seventeenth Century England", *The Journal of Economic History*, Vol.49, pp.803-832

Oakley, Francis（1961）"Christian Theology and the Newtonian Science: The Rise of the Concept of the laws of Nature", *Church History: Studies in Christianity and Culture*, 30, pp.433-457

Overton, Mark（1996）*Agricultural Revolution in England*（*The Transformation of the Agrarian Economy 1500-1850*）, Cambridge University Press

Perkin, Harold J.（1969）*The Origins of Modern English Society*, Routledge

Pocock, J. G. A.（1985）*Virtue, Commerce and History: Essays on Political Thought and History, Chiefly in the Eighteenth Century*, Cambridge University Press

Pomeranz, Kenneth（2000）*The Great Divergence; China, Europe and the Making of the Modern World Economy*, the Princeton University Press

Postan, M. M.（1937）"The Chronology of Labour Service", Transactions of the Royal Historical Society, Fourth Series, Vol.20, pp.169-193

Postan, M. M.（1966）"Medieval Agrarian Society in its Prime: Section 7 England", *The Agrarian Origin of Middle Ages*（*Cambridge Economic History of Europe Vol.1*）, Cambridge University Press, pp.548-632

Postan, M. M.（1975）*The Medieval Economy and Society: An Economic History of Britain in the Middle Ages*, Weidenfeld and Nicolson（保坂栄一・西谷能雄訳『中世の経済と社会』未來社、1983年）

Rawls, John（1971）*A Theory of Justice*, The Balkan Press of Harvard University Press（川本隆史・福間聡・上島裕子訳『正義論』紀伊國屋書店、2010年）

Rawls, John（2007）*Lectures on the History of Political Philosophy*, ed. by Samuel Freeman, the Belknap Press of Harvard University Press（斎藤純一・佐藤正志・山岡龍一・矢澤正嗣・高岡祐二・小田川大典訳『ロールズ　政治哲学史講義』Ⅰ、Ⅱ、岩波書店、2011年）

Razi, Zvi（1993）"The Myth of the Immutable Family", *Past and Present*, No.140, pp.3-44

Renaut, Alain（1989）*L'ére de L'individu: Contribution à une historie de la*

subjectivité, E'ditions Gallimarad（水野浩二訳『個人の時代——主観性の歴史』法政大学出版局、2002年）

Sandel, Michael（1996）*Democracy's Discontents: America in Search of a public Philosophy*（*Part 1 The Constitution of the Procedural Republic*）, Harvard University Press（金原恭子・小林正弥監訳『民主制の不満——公共哲学を求めるアメリカ（上）手続き的共和国の憲法』勁草書房、2010年）

Skinner, Quentin（1978）*The Foundation of Modern Political Thought, Volume 1 Renaissance, Volume 2 The Age of Reformation*, Cambridge University Press（門間都喜郎『近代政治思想の基礎——ルネッサンス、宗教改革の時代』春風社、2009年）

Smith, Adam（1759）*The Theory of Moral Sentiments*（水田洋訳『道徳感情論（上・下）』岩波書店、2003年）

Smith, Adam（1776）*An Inquiry into the Nature and Causes of the Wealth of Nations*（大内兵衛・松川七郎訳『諸国民の富』岩波書店、（1）1959年、（2）1960年、（3）1965年、（4）1966年、（5）1966年）

Spufford, Margaret（1974）*Contrasting Communities*, Sutton Publishing

Tate, William Edward（1942）"Members of Parliament and the Proceedings upon Enclosure Bills", *Economic History Review*, Vol.12, nos.1&2, pp.68-75

Tate, William Edward（1945）"Opposition to Parliamentary Enclosure in Eighteenth-Century England", *Agricultural History*, Vol.19, No.3, pp.137-142

Tate, William Edward（1967）*The Enclosure Movement*, Walker and Company

Taylor, Charles（1989）*Source of the Self; The making of the Modern Identity*, Harvard University Press（下川潔・桜井徹・田中智彦訳『自我の源泉——近代的アイデンティティの形成』名古屋大学出版会、2010年）

Taylor, Charles（2004）*Modern Social Imaginaries*, Duke University Press（上野成利訳『近代——創造された社会の系譜』岩波書店、2011年）

Tawney, Richard Henry（1912）*The Agrarian Problem in the Sixteenth Century and After*, Burt Franklin

Tawney, Richard Henry（1926）*Religion and the Rise of Capitalism, A Historical Study*（出口勇蔵・越智武臣訳『宗教と資本主義の興隆（上）,（下）』岩波書店、1956年）

Tawney, Richard Henry（1941）"The Rise of Gentry, 1558-1640", *The Economic History Review*, Vol.XI, No.1（浜林正夫訳『ジェントリの勃興』未來社、1957年）

Thirk, Joan（1967）"Ecclosing and Engrossing" in Joan Thirk（ed.）, *The Agrarian History of England and Wales Vol.IV 1500-1640*, Cambridge University Press, pp.200-255

Topel, Robert C. 1991 "Specific Capital, Mobility, and Wages: Wage Rise with Job

Security", *Journal of Political Economy*, Vol.99, pp.145-176

Thomas, Keith (1983) *Man and the Natural World: Changing Attitudes in England 1500-1800*, Penguin Books Ltd.（山内昶監訳『人間と自然界——近代イギリスにおける自然観の変遷』叢書ウニベルシタス272、法政大学出版局、1989年）

Troeltsch, Ernst (1906) *Die Bedeutung des Protestantismus Für die Entstehung der modernen Welt*（堀孝彦訳「近代世界の成立に対するプロテスタンティズムの意義」『トレルチ著作集第８巻』ヨルダン社、1984年、5-163頁）

Troeltsch, Ernst (1909) "Calvinismus und Luthertum: Überlick", aus: *Aufsätze zur Geistegeschichte und Religionssoziologie*（半田恭雄訳「カルヴァン派とルター派——概観」『トレルチ著作集第８巻』ヨルダン社、1984年、252-265頁）

Troeltsch, Ernst (1913) "Renaissanance und Reformation", *Historische Zeitschrift*, Bd.110 (Ernst Troeltsch, *Aufsätze zur Geistegeschichte und Religionssoziologie*, Bd.IV)（内田芳明訳『ルネサンスと宗教改革』岩波書店、1959年、267-332頁）

Troeltsch, Ernst (1925) "Luther, der Protestantismus und die modern Welt", aus Ernst Troeltsch, *Aufsätze zur Geistegeschichte und Religionssoziologie*（半田恭雄訳「ルター、プロテスタンティズムおよび近代世界」『トレルチ著作集第８巻』ヨルダン社、1984年、267-332頁）

Van Bath, B. H. Slicher (1963) *De Agrarishe Geschiedenis van West-Europa (500-1850)*, Uitgeverij Het Spectrum N. V.（速水融訳『西ヨーロッパ農業発達史』慶應義塾経済学会経済学研究叢書９、日本評論社、1969年）

Vinogradoff, Sir Paul (1904) *The Growth of the Manor*, 2nd ed. (1911) London（富沢霊岸・鈴木利明訳『イギリス荘園の成立』創文社、1972年）

Von Mises, Ludwig (1962) *The Ultimate Foundation of Economic Science*, William Volker Fund（村田稔雄訳『経済科学の根底』日本経済評論社、2002年）

Walzer, Michael (1965) *The Revolution of Saints; A Study in the Origins of Radical Politics*, Harvard University Press

Weber, Max (1905) "Die protestantische Ethik und der Geist des Kapitalismus" (*Gesammelte Aufsätze zur Religionssoziologie*, Bd.1, 1920, SS. 17-206)（大塚久雄訳『プロテスタンティズムの倫理と資本主義の精神』岩波文庫、1989年）

Weber, Max (1920a) "Die protestantische Sekten und der Geist des Kapitalismüs" (*Gesammelte Aufsätze zur Religionssoziologie*, Bd.1, 1920, SS.)（中村真二訳「プロテスタンティズムの教派と資本主義の精神」安藤英治他訳『ウェーバー　新装版　宗教・社会論集』河出書房新社、1988年、82-114頁）

Weber, Max (1920b) "Einleitung; Die Wirtschftsethik der Weltreligionen, Vergleichende religionssoziologische Versuche" (*Gesammelte Aufsätze zur Religionssoziologie*, Bd.1, 1920, SS.)（「世界宗教の経済倫理　序論」大塚久雄・生松敬三訳『宗教社会学論選』みすず書房、1972年、31-96頁および安藤英治訳「『宗

教社会学論文集』序言」ウェーバー『宗教・社会論集』河出書房新社、1988年、69-82頁、引用は後者訳による）

Weber, Max（1920c）"Die asiatische Skten-und Heilandsreligiosität"（Hinduismus und Buddhismus, Kapitel 3）（*Gesammelte Aufsätze zur Religionssoziologie*, Bd.1, 1920, SS.）（池田昭・山折哲雄・日隈威徳訳『アジア宗教の基本的性格』勁草書房、1970年、80-98頁）

Weber, Max（1921）*Wirtschaft und Gesellschaft*（英明訳「宗教倫理と現世」『経済と社会』第2部第5章7-12節）（ウェーバー『宗教・社会論集』河出書房新社、1988年、209-357頁）

Weber, Max（1924）*Wirtschaftsgeschichite. Abriss der universalen Sozial- und Wirtschaftsgeschichite*（黒正巌・青山秀夫訳『一般社会経済史要論』岩波書店、（上）1954年、（下）1950年）

Whittle, Jane（1998）"Individualism and the Family-Land Bond: A Reassessment of Land Transfer Patterns among the English Peasantry c.1270-1580", *Past and Present*, No.160, pp.25-63

Winch, Donald（1978）*Adam Smith's Politics: An Essay in Historiographic Revision* Cambridge University Press（永井義雄・近藤加代子訳『アダム・スミスの政治学――歴史方法論的改訂の試み』ミネルヴァ書房、1989年）

Wood, Neal（1984）*John Locke and Agrarian Capitalism*, University of California Press

著者略歴

一橋大学大学院経済学研究科博士課程修了。経済学博士。現在、日本大学客員教授、一橋大学名誉教授。

主著、『日本の経済発展と金融』（岩波書店、1982年）、『工業化と金融システム』（東洋経済新報社、1991年）、『経済開発と途上国債務』（東京大学出版会、1995年）、『日本の経済システム』（岩波書店、2003年）、*Evolution of the Economic System in Japan* (Edward Elgar, 2005)、『戦前期日本の金融システム』（岩波書店、2011年）ほか。

経済行動と宗教　日本経済システムの誕生

2014年 9 月15日　第 1 版第 1 刷発行

著　者　寺《てら》　西《にし》　重《じゅう》　郎《ろう》

発行者　井　村　寿　人

発行所　株式会社　勁《けい》　草《そう》　書　房

112-0005 東京都文京区水道2-1-1　振替 00150-2-175253
（編集）電話 03-3815-5277／FAX 03-3814-6968
（営業）電話 03-3814-6861／FAX 03-3814-6854
堀内印刷所・松岳社

ISBN978-4-326-55071-5　　Printed in Japan